Die handelsrechtliche Rechnungslegung
der Tochtergesellschaft

Europäische Hochschulschriften

Publications Universitaires Européennes
European University Studies

Reihe II
Rechtswissenschaft

Série II Series II
Droit
Law

Bd./Vol. 3212

PETER LANG
Frankfurt am Main · Berlin · Bern · Bruxelles · New York · Oxford · Wien

Michael Hils

Die handelsrechtliche Rechnungslegung der Tochtergesellschaft

Ausgleich konzernbedingter Informationsdefizite im Jahresabschluß der Tochter-AG und der Tochter-GmbH

PETER LANG
Europäischer Verlag der Wissenschaften

Die Deutsche Bibliothek - CIP-Einheitsaufnahme

Hils, Michael:

Die handelsrechtliche Rechnungslegung der Tochtergesellschaft : Ausgleich konzernbedingter Informationsdefizite im Jahresabschluß der Tochter-AG und der Tochter-GmbH / Michael Hils. - Frankfurt am Main ; Berlin ; Bern ; Bruxelles ; New York ; Oxford ; Wien : Lang, 2001
(Europäische Hochschulschriften : Reihe 2, Rechtswissenschaft ; Bd. 3212)
Zugl.: Heidelberg, Univ., Diss., 2000
ISBN 3-631-38254-5

D 16
ISSN 0531-7312
ISBN 3-631-38254-5

www.peterlang.de

Meinen Eltern

Vorwort

Die vorliegende Arbeit hat im Sommersemester 2000 der Rechtswissenschaftlichen Fakultät der Ruprecht-Karls-Universität Heidelberg als Dissertation vorgelegen. Im Nachgang konnte Literatur bis November 2000 berücksichtigt werden.

Mein großer Dank gilt Herrn Prof. Dr. *Peter Hommelhoff*, der mir das Thema vorgeschlagen und die Arbeit betreut und begutachtet hat. Ihm danke ich an dieser Stelle sehr herzlich. Dank gilt auch Herrn Prof. Dr. *Detlef Kleindiek* für sein Zweitgutachten sowie Herrn Prof. Dr. *Karlheinz Misera* für die Betreuung der römisch-rechtlichen Promotionsexegese.

Gewidmet ist die Arbeit meinen Eltern und meiner Patin *Margret Hils*, die mir durch ihre großzügige Unterstützung die Promotion ermöglicht haben. Ihnen schulde ich mehr als Dank wie auch meinen treuen Mitstreitern und Freunden Dr. *Katharina Franck* und Dr. *Nikolai Wolff*.

Frankfurt am Main, im März 2001 *Michael Hils*

Inhaltsübersicht

Inhaltsverzeichnis

Einleitung

A. Einführung in das wirtschaftliche und rechtliche Umfeld des Konzerns

Unternehmensgruppen und Konzerne haben sich im Verlauf des 20. Jahrhunderts stürmisch entwickelt[1]. Man schätzt, daß in Deutschland mittlerweile rund 75 % der etwa 8000 deutschen Aktiengesellschaften und rund 50 % der etwa 700.000 deutschen Gesellschaften mit beschränkter Haftung einer Unternehmensgruppe angehören[2]. Damit ist der Konzern nicht nur bei Großunternehmen vorherrschend. Er hat auch im mittelständischen Bereich überragende Bedeutung. Unternehmensgruppen mit verselbständigten Tochter- und Enkelgesellschaften sind die prägende Organisationsform der im globalen Wettbewerb stehenden Wirtschaft[3]. Dabei beruht die verbreitete Konzernbildung sowohl auf ökonomischen[4] als auch auf juristischen Vorteilen[5]. Denn jedes Konzernunternehmen ist ein selbständiges Subsystem, das flexibel agieren kann. Die dabei bestehende Möglichkeit der rechtlichen Verbindung mit ausländischen Gesellschaften erleichtert insbesondere das grenzüberschreitende unternehmerische Handeln[6]. In der Europäischen Gemeinschaft verwirklichen die Gesellschaften ihre Niederlassungsfreiheit durch Errichtung und Erwerb von Tochtergesellschaften in den Mitgliedsstaaten. Die grenzüberschreitende Verbindung in der Gruppe ist gerade erwünscht[7].

---

1 Erstmals nachweislich sprach vom „Concern" der Wiener Universitätsdozent und Advokat *Julius Landesberger* beim 26. DJT von 1902. Vgl.: Welche Maßregeln empfehlen sich für die rechtliche Behandlung der Industrie-Kartelle? Verhandlungen des 26. DJT II (Berlin, 1902) Seite 294, 301. Er bezeichnete den Begriff als eine Schöpfung der Praxis in Anlehnung an die englische Finanzwirtschaft. Zur Begriffsentwicklung: *Rehbinder*-Konzernaußenrecht, Seite 33 f. m.w.N.

2 *Emmerich/Sonnenschein*, § 1 II, Seite 4 m.w.N. des verfügbaren statistischen Materials. Zu den absoluten Zahlen über deutsche Kapitalgesellschaften vgl. *Kübler*, Gesellschaftsrecht, § 14 II 2, Seite 160 f.

3 Nach den Jahresberichten des *Bundeskartellamts* haben die Zusammenschlüsse der Unternehmen in den 80er Jahren stets kräftig zugenommen. Dazu der Jahresbericht von 1988 in BT-DS 11/4611, Seite 5 ff. sowie *Burgard*-Offenlegung von Beteiligungen bei der AG, Seite 1 m.w.N. Seit Ende der 80er Jahre stagnieren die angezeigten Zusammenschlüsse auf hohen Niveau (ca. 1500 Fälle pro Jahr). Dazu der Jahresbericht von 1996 in BT-DS 13/7900, Seite 10 ff. mit entsprechenden Schaubildern.

4 Zu den betriebswirtschftlichen Vorteilen: *Kallfass*, in: Das Gesellschaftsrecht der Konzerne im internationalen Vergleich: ein Symposium des Max-Planck-Instituts für ausländisches und internationales Privatrecht, Hamburg, Seite 19 ff. Nachweise zum Wirtschaftsschrifttum auch bei *A/D/S*-Teilband 4, § 18 AktG Rn. 5.

5 Zu den Vorteilen der Konzernierung gegenüber der Verschmelzung und sonstigen Formen der übertragenden Umwandlung vgl.: *K/K-Koppensteiner*, Vorb. § 319, Rn. 3 m.w.N. sowie *Kübler*, Gesellschaftsrecht, § 28 I 2, Seite 354, *Hommelhoff*-Konzernleitungspflicht, Seite 233 und *Emmerich/Sonnenschein*, § 1 III 4, Seite 13.

6 *Lutter*, in: FS für Stimpel, Seite 825, 826 f. auch m.w.N. zum Aufbau des multinationalen Konzerns.

7 *Forum Europaeum Konzernrecht*, ZGR 1998, Seite 672, 674 f.

Die Gruppen- und Konzernbildung wirft aber auch Probleme auf[8]. Denn zunächst wendet sich die Rechtsordnung an das einzelne Rechtssubjekt und nicht an den Verbund zivilrechtlich selbständiger Unternehmen, der nur wirtschaftlich eine Einheit bildet[9]. Im Bereich des Gesellschaftsrechts entwickelte sich dazu ein eigenständiges - in Deutschland teilweise kodifiziertes - Konzernrecht. Es soll die Gesellschafter und Gläubiger der Konzerngesellschaft vor Gefahren durch die Verlagerung von Leitungsmacht, Verantwortlichkeit und Kontrolle schützen. Dabei bestehen unterschiedliche Gefahren auf der Ebene der herrschenden Muttergesellschaft und auf der Ebene der abhängigen Tochtergesellschaft. Sie erfordern unterschiedliche Schutzsysteme[10]. Diese begegnen der Spannung zwischen der wirtschaftlichen Einheit des Konzerns und der rechtlichen Vielheit seiner Glieder[11]. Im Bereich der Bilanzierung hat sich ein eigenständiges Konzernbilanzrecht entwickelt. Es soll zum Schutz der Publizitätsadressaten die Konzernverbindungen und die wirtschaftliche Lage des Gesamtkonzerns sowie der einzelnen Konzernunternehmen transparent machen. Um europäische Mindeststandards zu schaffen, wurde die Bilanzierung harmonisiert und der konsolidierte Abschluß europaweit vorgeschrieben. Neben die selbständigen Einzelabschlüsse tritt nunmehr der Jahresabschluß des Gesamtkonzerns. Die Einzelabschlüsse dienen aber nach wie vor der Transparenz der wirtschaftlichen Lage des einzelnen Konzernunternehmens. Damit setzt sich im Konzernbilanzrecht die Spannung zwischen Einheit und Vielheit fort: Dem Konzernabschluß stehen die selbständigen Einzelabschlüsse der Mutter- und Tochterunternehmen gegenüber.

Festzuhalben bleibt, daß die Regelungen für Konzerne nicht allein die Erkenntnis widerspiegeln, daß normales Gesellschafts- und Bilanzrecht zum Schutz der Außenseiter gegen die qualifizierten Verbundgefahren kaum ausreichen. Vielmehr zeigen sie auch europaweit die rechtliche Akzeptanz der Unternehmensgruppe oder des Konzerns als legitime Organisationsform der Wirtschaft[12].

---

8 Die Fusionskontrolle im Rahmen des Kartellrechts begegnet den Gefahren für den Wettbewerb auf gesamtwirtschaftlicher Ebene. Dieser Aspekt der Konzernbildung soll hier nicht vertieft werden.

9 Diese Konzerndefinition geht auf die Wirtschaftswissenschaft der 20er Jahre zurück; erstmals *Passow*, Betrieb, Unternehmung, Konzern (1924), Seite 100. Ausführlich: *Rehbinder*-Konzernaußenrecht, Seite 34.

10 *Kübler*, Gesellschaftsrecht, § 28 I 1 und 2, Seite 353 f. m.w.N. des konzernrechtlichen Schrifttums.

11 So erstmals *Bühler*, Konzernbilanzen und Konzernbesteuerung, Seite 229 ff. Er bezeichnete das Problem als zentral für das Konzernrecht, da die Einheit des Konzerns sowohl für die betriebswirtschaftliche Betrachtung wie auch für die des täglichen Lebens in den Vordergrund tritt. Im Anschluß daran: *Rehbinder*-Konzernaußenrecht, Seite 33 ff. m.w.N. und *Hommelhoff*-Konzernleitungspflicht, Seite 21 m.w.N.

12 *Forum Europaeum Konzernrecht*, Seite 678 ff. sowie *Hommelhoff*, a.a.O. Seite 32 ff.

B. Problemstellung

Sobald eine Gesellschaft in einen Konzern einbezogen ist, reichen die für ihre Rechnungslegung vorgesehenen und ausgestalteten Instrumente nicht mehr aus. Innerhalb des Konzernverbundes bestehen zahlreiche Einfluß- und Manipulationsmöglichkeiten. So können aufgrund der einheitlichen Leitung Verträge zu unangemessenen Konzernverrechnungspreisen oder Zahlungen von Konzern- und Steuerumlagen veranlaßt werden. Darüberhinaus läßt sich der konzerninterne Geschäftsverkehr zur Verlagerung von Gewinn oder Liquidität steuern[13]. Es ist davon gesprochen worden, daß die Einzelabschlüsse von Konzernunternehmen, die innerhalb des Konzerns Geschäfte zu nicht marktüblichen Konditionen abschließen müssen, nahezu völlig aussagelos sind[14]. Deshalb ist seit dem AktG 1965 und dem PublG 1969 neben dem Einzelabschluß ein eigenständiger Konzernabschluß vorgeschrieben. Seit dem Erlaß der 7. Richtlinie gilt dies EG-weit. In der Diskussion zur Internationalisierung und Globalisierung der Rechnungslegung steht dieser Konzernabschluß ganz im Mittelpunkt des Interesses. Darüber gerät erneut in Vergessenheit, was seit langem die Rechnungslegung konzernverbundener Gesellschaften kennzeichnet. Der Konzernabschluß ist auf der Ebene der konzernherrschenden Muttergesellschaft angesiedelt. Er faßt die Einzelabschlüsse ohne deren konzerninterne Beziehungen zusammen und stellt die Lage des Gesamtkonzerns dar[15]. Dadurch enthält er kaum Informationen über die Lage eines einzelnen einbezogenen Unternehmens. Die Lage des einzelnen Tochterunternehmens ist nach wie vor in deren Einzelabschluß darzustellen, und für entsprechende Informationen ist diese Einzelrechnungslegung heranzuziehen[16].

In der vorliegenden Arbeit soll das Problem der konzernbedingten Informationsdefizite in der Rechnungslegung der Tochtergesellschaft untersucht werden. Die Untersuchung wird auf abhängige Tochtergesellschaften im Unterordnungskonzern beschränkt, da entsprechende Steuerungen auf der einheitlichen Leitung durch die Konzernführung nach § 18 Abs. 1 AktG beruhen. Nicht untersucht werden schwächer gebundene Unternehmen wie beispielsweise

---

13 Zu diesen Gefahren der Verfälschung der Wirtschaftslage, die für Mutter- und Tochterunternehmen grundsätzlich gleichermaßen bestehen: *Emmerich/Sonnenschein*, § 1 III 5 b, Seite 15 f. mit zahlreichen Beispielen und Nachweisen.

14 So *Ballwieser*, WPg 1987, Seite 57; ähnlich auch: *Busse von Colbe/Ordelheide*, Konzernbilanzen, Seite 32 f. Unter der Aussagefähigkeit wird die Zweckerfüllung eines Informationsinstrumentes verstanden. Dazu: *Schruff*, Die Einflüsse der 7. EG-Richtlinie auf die Aussagefähigkeit des Konzernabschlusses, Seite 5 f.

15 *Begründung RegE*, Rechnungslegung im Konzern, Vorbemerkung, BT-DS IV/171 Seite 241. Abgedruckt auch bei *Kropff*, Aktiengesetz, Seite 437.

16 Auch der Gesetzgeber betonte, daß „der Konzernabschluß die Einzelabschlüsse nicht ersetzen kann und nicht ersetzen will"; *Begründung RegE*, a.a.O.

assoziierte Unternehmen oder Gemeinschaftsunternehmen[17]; ebensowenig - wegen der fehlenden Abhängigkeit - die Unternehmen eines Gleichordnungskonzerns im Sinne des § 18 Abs. 2 AktG[18]. Die Untersuchung beschränkt sich auf Tochtergesellschaften in der Rechtsform einer Kapitalgesellschaft - dies sind nach der Legaldefinition des HGB Aktiengesellschaften, Kommanditgesellschaften auf Aktien[19] und Gesellschaften mit beschränkter Haftung[20]. Diese sind nicht nur am weitesten verbreitet und stehen praktisch im Vordergrund. Vielmehr muß allein bei den Kapitalgesellschaften die Rechnungslegung den schärferen, europarechtlich fundierten Vorschriften nach §§ 264 ff. HGB genügen[21]. Nur hier hat der Jahresabschluß nach der Generalnorm des § 264 Abs. 2 HGB ein den tatsächlichen Verhältnissen entsprechendes Bild der Vermögens-, Finanz- und Ertragslage zu vermitteln; der Lagebericht nach § 289 Abs. 1 HGB den Geschäftsverlauf und die allgemeine Gesamtlage den tatsächlichen Verhältnissen entsprechend unter Hinweis auf die Risiken der künftigen Entwicklung wiederzugeben. Die Rechnungslegung dieser Gesellschaften muß damit trotz der Konzernierung und der Veränderungen infolge der Leitung nach § 18 Abs. 1 AktG ein den tatsächlichen Verhältnissen entsprechendes Bild vermitteln. Ob und wie die konzernbedingten Informationsdefizite ausgeglichen werden, um das Ziel der Rechnungslegung zu erreichen, ist eingehend zu untersuchen. Mit Blick auf die Besonderheiten der Situation einer Tochtergesellschaft ist darzulegen, wie die Gefahr der Aussagelosigkeit für die Einzelrechnungslegung abhängiger Kapitalgesellschaften gebannt werden kann.

C. Gang der Untersuchung

Zunächst sind die Funktionen und Ziele der Rechnungslegung in Hinblick auf diejenigen Publizitätsadressaten zu bestimmen, die in besonderer Weise auf die Informationen über die

---

17 Um ein assoziiertes Unternehmen handelt es sich nach § 311 HGB, wenn ein maßgeblicher Einfluß auf die Geschäfts- und Finanzpolitik ausgeübt wird und eine Beteiligung nach § 271 Abs. 1 HGB besteht, wofür im Zweifel ein Anteil von 20 % genügt.

18 Im Gleichordnungskonzern wird die einheitliche Leitung zwischen mehreren gleichgeordneten Unternehmen auf freiwilliger Basis vergemeinschaftet. Regelmäßig besteht eine Gesellschaft bürgerlichen Rechts ohne die entsprechenden konzernrechtlichen Probleme. Zum Gleichordnungskonzern nach § 18 Abs. 2 AktG: *Hüffer*-AktG, § 18 Rn. 20 ff., *K/K-Koppensteiner*, § 18 Rn. 5 ff. und ausführlich *A/D/S*-Teilband 4, § 18 AktG Rn. 77 ff. m.w.N. Im Gleichordnungskonzern ist regelmäßig kein Konzernabschluß zu erstellen, da die einheitliche Leitung nicht von einem selbständigen Unternehmen ausgeübt wird oder dies jedenfalls keine Beteiligung hält. Dazu *A/D/S*, a.a.O. Rn. 84 f. Ansonsten hat das deutsche BiRiLiG vom Wahlrecht des Art. 12 der 7. Richtlinie mit der Verpflichtung des Gleichordnungkonzerns zu einem konsolidierten Konzernabschluß samt Lagebericht keinen Gebrauch gemacht.

19 Die KGaA wird im folgenden bei der Behandlung der AG miterfaßt, soweit keine Besonderheiten für die KGaA bestehen.

20 Diese Legaldefinition enthält die Überschrift des 2. Abschnittes des 3. Buches des HGB: Ergänzende Vorschriften für Kapitalgesellschaften nach §§ 264 ff. HGB.

21 Vgl. Art. 1 Abs. 1 der Vierten gesellschaftsrechtlichen Richtlinie (78/660/EWG) sowie Art. 1 der Ersten gesellschaftsrechtlichen Richtlinie, der sog. Publizitätsrichtlinie (68/151/EWG).

Tochtergesellschaft im Konzernverbund angewiesen sind (1. Kapitel). Sodann sind jene auf der Konzernverflechtung beruhenden Veränderungen darzulegen, die für die Publizitätsadressaten und deren Information bedeutsam sein können (2. Kapitel). Nach Erörterung der rechtshistorischen Entwicklung der Erkenntnis und Lösung der Problematik der konzernbedingten Informationsdefizite (3. Kapitel), ist zu analysieren, inwieweit das geschriebene Recht der Rechnungslegung den Eigentümlichkeiten konzernabhängiger Gesellschaften gerecht wird und inwieweit nicht (4. Kapitel). Soweit Informationsdefizite festgestellt werden, sind auf dem Boden des geltenden Rechts Lösungsansätze für die Transparenz der konzerngeprägten Wirtschaftslage (5. Kapitel) sowie für die Transparenz des rechtlichen Konzerngefüges (6. Kapitel) zu finden.

1. Kapitel
Die Funktionen und Ziele der handelsrechtlichen Rechnungslegung der abhängigen Tochterkapitalgesellschaft

Das Recht der handelsrechtlichen Rechnungslegung von Kapitalgesellschaften ist angeglichenes Recht. Das „Gesetz zur Durchführung der Vierten, Siebenten und Achten Richtlinie des Rates der Europäischen Gemeinschaften zur Koordinierung des Gesellschaftsrechts (Bilanzrichtliniengesetz - BiRiLiG)" führte mit Wirkung vom 1.1.1986 die heutige Form der handelsrechtlichen Rechnungslegung sowie deren Prüfung und Offenlegung ein[22]. Die Umsetzung der Richtlinien soll europaweite Transparenz in der publizierten Rechnungslegung von Kapitalgesellschaften erreichen[23]. Die Richtlinien verfolgen damit den Schutz der Gesellschafter sowie Dritter, insbesondere der Gläubiger. Nunmehr haben Kapitalgesellschaften nach § 264 HGB einen dreiteiligen Jahresabschluß und - soweit sie nach § 267 HGB groß oder mittelgroß sind - einen Lagebericht zu erstellen[24]. Die Rechnungslegung großer und mittelgroßer Kapitalgesellschaften ist nach §§ 316 ff. HGB prüfungspflichtig. Die Offenlegung erfolgt nach Maßgabe der §§ 325 ff. HGB[25].

Die genannten Vorschriften gelten auch für die Rechnungslegung konzernabhängiger Kapitalgesellschaften. Auch bei Tochter-AG und Tochter-GmbH sind die Beteiligten schutzwürdig. Der Informationsbedarf der Publizitätsadressaten hat besonderes Gewicht. Dieser Informationsbedarf ist Grundlage der Funktionsanalyse des Abschlusses der konzernabhängigen

---

22 Das Bilanzrichtlinien-Gesetz (BiRiLiG) vom 19.12.1985, BGBl. I, Seite 2355, hat als Artikelgesetz sowohl ein eigenes neues Drittes Buch mit §§ 238 bis 342 HGB geschaffen, als auch etliche andere Gesetze geändert. Zur Bedeutung des BiRiLiG: *Baumbach/Hopt*, Einl. vor § 238, Rn. 1 ff.

23 Transparenz schafft die als Zahlenwerk korrekte und auch ansonsten dem Gesetz entsprechende Rechnungslegung und deren Veröffentlichung im genannten Sinne von Publizität. Dazu *Lutter*, in: Das vereinigte Deutschland im Europäischen Markt - Bericht über die Fachtagung 1991 des IDW, Seite 409, 429.

24 Nach § 264 Abs. 1 Satz 3 HGB sind kleine Kapitalgesellschaften im Sinne des § 267 Abs. 1 HGB von der Lageberichtserstellung befreit. Diese Erleichterung für kleine Kapitalgesellschaften wurde durch Art. 2 Nr. 1 D-MarkBilanzÄndG vom 25.7.1994 (BStBl. I Seite 544) mit Wirkung ab dem 30.7.1994 eingeführt. Die Erleichterung geht auf ein Erleichterungswahlrecht nach Art. 6 der EG-rechtlichen Mittelstandsrichtlinie (90/604/EWG) zurück - ABl. EG Nr. L 317 vom 16.11.1990 Seite 57 ff. Diese Richtlinie ist auch erläutert bei *Lutter*, Europäisches Unternehmensrecht, Seite 144/146 mit weiteren amtlichen Fundstellen.

25 Offenlegung ist nach der Legaldefinition in der Überschrift des 4. Unterabschnittes des 2. Abschnittes des Dritten Buches des HGB die „Einreichung zu einem Register, Bekanntmachung im Bundesanzeiger" (Publizität i.e.S.). Demgegenüber ist Publizität im weiteren Sinne (disclosure) jede Veröffentlichung bzw. allgemeine Zugänglichmachung von Informationen. Vgl.: *Burgard*-Offenlegung von Beteiligungen bei der AG, Seite 27. Ausführlich zur Publizität: *Wiedemann*, Gesellschaftsrecht I, Seite 575 ff. und *Heuser*, in: *Busse von Colbe*, Lexikon des Rechnungswesens, Seite 514 ff.

Kapitalgesellschaft[26]. Aus diesem Blickwinkel sind die Funktionen der Einzelrechnungslegung (unter A) und des Konzernabschlusses (unter B) sowie die EG-rechtlichen Zielsetzungen (unter C) zu untersuchen.

A. Die Funktionen der Einzelrechnungslegung der Tochtergesellschaft

Neben der Informationsfunktion hat die handelsrechtliche Einzelrechnungslegung der Tochterkapitalgesellschaft Dokumentations- und Ausschüttungsbemessungsfunktion[27]. Die Dokumentationsfunktion ist auf die Buchführung beschränkt und soll nachfolgend nicht näher interessieren[28]. Die beiden Hauptfunktionen sind durch die Konzernierung jedoch beeinflußt:

I. Die Ausschüttungsbemessungsfunktion der Rechenwerke

Die Rechnungslegung hat in ihrer Ausschüttungsbemessungsfunktion den als Dividende oder Gewinn an die Gesellschafter ausschüttungsfähigen Betrag festzusetzen[29]. Diese Gewinnermittlung ist die klassische Funktion des kaufmännischen Jahresabschlusses[30]. Die Funktion erfüllen die Rechenwerke in Bilanz und GuV. Sie ist von einer Offenlegung der Rechnungslegung unabhängig[31]. Die tatsächliche Ausschüttung des bilanzierten Jahresgewinns erfolgt nach einem Gewinnverwendungsbeschluß, der auch Rücklagen und Ergebnisvorträge einbezieht[32]. Die Bilanzierungsvorschriften zur Gewinnermittlung haben bei Ansatz und Bewertung

---

26 Zu dieser Vorgehensweise: *Hommelhoff*, ZIP 1983, Seite 383, 384.

27 Diese Einteilung folgt *Baetge*, Bilanzen, Abschnitt 142 S. 54 ff., *Pellens*, in: *Busse von Colbe*, Lexikon des Rechnungswesens, Seite 320 ff. und *Küting/Weber-Baetge/Fey/Fey*, Band Ia, § 243 Rn. 19 ff.

28 Zur Dokumentationsfunktion der §§ 238 ff. HGB: *Baetge*, Bilanzen, Abschnitt 142.1 S. 54; Moxter, Bilanzlehre, Band I, Seite 81. Die Dokumentationsfunktion fordert eine übersichtliche, vollständige und für Dritte nachvollziehbare Erfassung und Aufzeichnung aller Geschäftsvorfälle in der Buchführung sowie aller Vermögensgegenstände und Schulden im Inventar. Die Dokumentation ist Grundlage des Jahresabschlusses und der damit verbundenen Information und Rechenschaft. Daneben hat die Dokumentation präventive Funktion für vermögensbezogene Straftaten - dazu *Baetge*, Bilanzen, Abschnitt 142.1 Seite 54 sowie *Küting/Weber-Baetge/Fey/Fey*, Band Ia, § 243 Rn. 21 - und dient dabei zugleich der Beweissicherung der Urkundstatbestände, dazu *Küting/Weber-Ellerich*, Band Ia, I Rn. 181 m.w.N. sowie: *Pellens*, in: *Busse von Colbe*, Lexikon des Rechnungswesens, S. 320; *Leffson*, Die GoB, Seite 47 ff. und 158. Aus den Vorschriften nach §§ 238 ff. HGB wurden unter Berücksichtigung der GoB konkretisierende Dokumentationsgrundsätze entwickelt. Zu diesen Dokumentationsgrundsätzen: *Glade*-Rechnungslegung, Teil I Rn. 237 und *Baetge*, Bilanzen, Abschnitt 153.1 Seite 77 ff., *Küting/Weber-Baetge/Kirsch*, Band Ia, I Rn. 290 f. sowie *BBK-Budde/Kunz*, § 238 Rn. 86 f. und § 239 Rn. 3 f.

29 *Coenenberg*, Jahresabschluß und Jahresabschlußanalyse, Seite 11 f.; *Ballwieser*, in: FS für Clemm, Seite 1, 7.

30 *Pellens*, in: *Busse von Colbe*, Lexikon des Rechnungswesens, Seite 320.

31 Der Begriff der Ausschüttungsbemessungsfunktion erfaßt die Zahlungsbemessungsfunktion insbesondere der Bilanz unter gesellschaftsrechtlichen Gesichtspunkten und soll deshalb hier verwendet werden. Der Begriff der Zahlungsbemessungsfunktion umfaßt demgegenüber auch die öffentlich-rechtliche Steuerbemessungsfunktion, die im Vorliegenden nicht interessiert. Dazu aber *Coenenberg*, a.a.O., Seite 14 f. Die Handelsbilanz ist nach dem Maßgeblichkeitsprinzip in § 5 Abs. 1 EStG Grundlage der Steuerbilanz.

32 *Ballwieser*, a.a.O., Seite 8.

zwei gegenläufige Ziele. Sie begrenzen einerseits den ausschüttungsfähigen Gewinn zum Schutz der Gläubiger. Andererseits sichern sie den Minderheitsgesellschaftern eine Mindestausschüttung. Die Ausschüttungsbemessung ist bei konzernabhängigen Kapitalgesellschaften je nach Konzernform außer Funktion gesetzt. Dies ist nach Ausführungen zur selbständigen Kapitalgesellschaft (unter 1) zu erörtern (unter 2).

1. Die Ausschüttungsbemessung bei der selbständigen Kapitalgesellschaft

Bei der Ausschüttungsbemessungsfunktion geht es um die Ermittlung folgender Größen in den Rechenwerken der Kapitalgesellschaft:

a. Die Ermittlung einer Ausschüttungssperre

Das Gesetz sperrt in der Bilanz Aktiva in Höhe des gezeichneten Kapitals, bestimmter Rücklagen und der Schulden, weil nur der Überschuß der Aktiva über die genannten Passiva ausschüttbar ist[33]. Den Umfang der Sperre regeln zahlreiche Vorschriften des HGB und des AktG. So sind beim Eigenkapital bestimmte Kapital- und Gewinnrücklagen zu bilden[34]. Bei der AG kommen gesetzliche Rücklagen nach § 150 AktG hinzu. Die Ausschüttungssperre sichert den Gläubigern ein Mindesthaftungsvermögen, da sie wegen der Haftungsbeschränkung von Kapitalgesellschaften schutzbedürftig sind[35]. Diesem Ziel dienen Vorsichts-, Realisations- und Imparitätsprinzip. Die „vorsichtige" Bilanzierung soll verhindern, daß Kapital als Gewinn ausgeschüttet und dem Zugriff der Gläubiger entzogen wird[36]. Abgesichert wird die Ausschüttungssperre der Bilanz zum Schutz der Gläubiger durch die Definition von Höchstwerten für die Vermögensbewertung (§ 253 HGB), durch Aktivierungsverbote (§ 248 Abs. 2 HGB) und Passivierungspflichten (§ 249 HGB).

---

[33] Geßler/Hefermehl/Eckardt/*Kropff*, Vor §§ 148 ff. AktG, Anm. 9; *Moxter*, Bilanzlehre, Band I Seite 93 f.; zu beachten ist, daß das Eigenkapital durch den Ausweis bei den Passiva als Verbindlichkeit fingiert wird.

[34] Kapitalrücklagen sind nach Maßgabe des § 272 Abs. 2 HGB zu bilden; Gewinnrücklagen für eigene Anteile nach § 272 Abs. 4 HGB sowie für bestimmte aktive Bilanzierungshilfen nach §§ 269 und 274 Abs. 2 HGB. Weitere Ausschüttungssperrvorschriften insbesondere für die AG bei: *Coenenberg*, Jahresabschluß und Jahresabschlußanalyse, Seite 12.

[35] *Moxter*, a.a.O. sowie *Ballwieser*, in: FS für Clemm, Seite 1, 8. Demgegenüber erscheint eine strenge Ausschüttungsbemessung bei Einzelkaufleuten und Personenhandelsgesellschaften aufgrund der persönlichen Haftung nicht vordringlich. Die Ausschüttungen werden bei Personengesellschaften aufgrund der Entnahmerechte nach dem dispositiven § 122 HGB geregelt. Dazu *Stobbe*, Die Verknüpfung handels- und steuerrechtlicher Rechnungslegung, Seite 25.

[36] *Moxter*, Bilanzlehre, Band I, Seite 93; *Kübler*, ZHR 159 (1995), Seite 550, 552 und *Ballwieser*, a.a.O. Seite 8.

b. Die Ermittlung des Jahresergebnisses

Auch wenn der Gläubigerschutz im Vordergrund steht, soll doch andererseits der Gewinnanspruch der Gesellschafter der Kapitalgesellschaft nicht ausgehöhlt werden[37]. Deshalb verhindern Ansatzpflichten sowie Bewertungsuntergrenzen für Aktiva und Obergrenzen für Passiva, daß den Gesellschaftern der Gewinn als Kapitalrendite vorenthalten wird. Die gesetzliche Mindestausschüttung schützt die Minderheitsgesellschafter vor den Mehrheitseignern sowie zudem die Aktionäre der AG vor den Verwaltungsorganen[38]. Die Ermittlung des Jahresergebnisses ist nach dessen Feststellung Grundlage für die Gewinnverwendung[39]. Der Jahresüberschuß oder -fehlbetrag ist als „Rohposten" in der Bilanz (§ 266 Abs. 3 A V. HGB) und der GuV (§ 275 Abs. 2 Nr. 20 bzw. Abs. 3 Nr. 19 HGB) auszuweisen, bevor über seine Verwendung entschieden wird. In der GmbH entscheidet über die Gewinnverwendung nach dem gesetzlichen Normalstatut die Gesellschafterversammlung nach §§ 29, 46 Nr. 1 GmbHG[40]. Demgegenüber teilen sich bei der AG Unternehmensleitung und Hauptversammlung die Kompetenz zur Entscheidung über die Verwendung des Jahresergebnisses[41].

c. Die Ermittlung des Bilanzgewinns

Der Bilanzgewinn wird unter teilweiser Verwendung des vorher festgesellten „Jahresergebnisses" gebildet. Er ist wegen der bereits verwendeten Beträge nur noch ein Bruchteil des anfänglichen Jahresgewinns[42]. Der Bilanzgewinn hat nur für AG und KGaA Bedeutung und tritt in der Bilanz an die Stelle der Posten „Jahresüberschuß/Jahresfehlbetrag" und „Gewinnvortrag/Verlustvortrag" (§ 268 Abs. 1 HGB)[43]. Die GuV der AG ist entsprechend zu ergänzen (§ 158 Abs. 1 AktG)[44]. Die Hauptversammlung beschließt nach §§ 119 Abs. 1 Nr. 2, 174 AktG über die Verwendung des Bilanzgewinns[45], die sich materiell nach

---

37 *Kübler*, Gesellschaftsrecht, § 16 II, Seite 210 f.

38 Zur Mindestausschüttung: *Coenenberg*, Jahresabschluß und Jahresabschlußanalyse, Seite 12 sowie *Moxter*, Bilanzlehre, Band I, Seite 98 ff.

39 *Stobbe*, Die Verknüpfung handelsrechtlicher und steuerrechtlicher Rechnungslegung, Seite 25.

40 *Lutter/Hommelhoff*, § 29 Rn. 23 ff. sowie *Baumbach/Hopt*, § 29 Rn. 1 ff. mit einer Auflistung der umfangreichen Literatur. Da § 29 GmbHG durch das BiRiLiG geändert wurde, gelten für vor dem 1.1.1986 eingetragenen Gesellschaften andere Regelungen. Dazu: *Lutter/Hommelhoff*, § 29 Rn. 1 und Rn. 59 ff.

41 *Hoffmann-Becking*, in: Münchener Handbuch des Gesellschaftsrechts, Band 4, § 46 Rn. 1 ff.

42 *Glade*-Rechnungslegung, § 268 Rn. 4 f.; *A/D/S*,-Teilband 4, § 58 AktG Rn. 109 sowie Teilband 5, § 268 Rn. 14 f.

43 Bei der GmbH entscheiden nach dem gesetzlichen Normalstatut allein die Gesellschafter über den Gewinn.

44 Die Vorschrift des § 158 Abs. 1 AktG beachtet die Vorgabe des § 275 Abs. 4 HGB, wonach Ergänzungen der GuV erst nach dem Posten „Jahresergebnis" ausgewiesen werden dürfen. Dazu auch *Hüffer*-AktG, § 158 Rn. 1. Die Angabe kann nach § 158 Abs. 1 Satz 2 AktG auch im Anhang gemacht werden. Wird von dieser Wahl Gebrauch gemacht, hat die Angabe in der gleichen Form wie in der GuV zu erfolgen; dazu *A/D/S*-Teilband 4, § 158 AktG, Rn. 28 f.; ebenso *Hüffer*-AktG, § 158 Rn. 7.

45 Diese Vorschriften geben nur das formelle Recht der Bilanzgewinnverwendung, *Hüffer*-AktG, § 174 Rn. 1.

§ 58 AktG richtet. Soweit keine Rücklagen gebildet werden haben die Aktionäre Anspruch auf den Bilanzgewinn (§ 58 Abs. 4 AktG). Damit stellt der Bilanzgewinn eine Mindestausschüttungsgröße dar, die den Einfluß der Hauptversammlung gegenüber der Verwaltung absichert[46]. So dient die Ausschüttungsbemessung dem Schutz der Aktionäre.

2. Die Ausschüttungsbemessung bei der konzernabhängigen Kapitalgesellschaft

Bei der konzernabhängigen Tochterkapitalgesellschaft kann die tatsächliche Gewinnentstehung aufgrund der einheitlichen Leitung beeinflußt sein[47]. Das Gesetz reagiert darauf, indem es die Ausschüttungsbemessung in der Bilanz je nach Konzernform außer Funktion setzt. Der Einfluß der Konzernierung auf die Rechnungslegung ist augenfällig:

a. Die Ausschüttungsbemessungsfunktion bei der einfach faktischen Tochter

Im faktischen Konzern ist die faktische Beherrschung der abhängigen Tochtergesellschaft durch die Stimmenmehrheit in Haupt- oder Gesellschafterversammlung die Grundlage der einheitlichen Leitung (§ 18 Abs. 1 AktG) [48]. Ein Beherrschungsvertrag nach § 291 AktG darf nicht geschlossen sein[49]; die einheitliche Leitung muß tatsächlich ausgeübt werden[50]. Je nach Intensität der einheitlichen Leitung wird zwischen einfachem und qualifiziert faktischem Konzern unterschieden. Die intensität der Leitung variiert in der Praxis stark[51]. Im qualifiziert faktischen Konzern wird die Tochtergesellschaft wie eine Vertragstochter behandelt, so daß auch deren Regelungen und Sanktionen analog angewandt werden. Der qualifiziert faktische ist vom einfachen faktischen Konzern streng getrennt zu sehen[52]. (Zu dieser Konzernform unter c.)

---

[46] Eine Aufzählung der die Mindestausschüttung sichernden Vorschriften bei: *Coenenberg*, Jahresabschluß und Jahresabschlußanalyse, Seite 13; Zum Zielkonflikt: *A/D/S*-Teilband 4, § 58 AktG Rn. 6 ff.

[47] Vgl. nur: *A/D/S*-Teilband 4, § 300 Rn. 3 sowie *Hüffer*-AktG, § 304 Rn. 1.

[48] Bei der GbmH kann die Stimmrechtsmehrheit durch die Satzung entsprechend § 45 Abs. 2 GmbHG unabhängig von der Beteiligungshöhe geregelt werden; z.B. Stimmrecht nach Köpfen, unbeschränkte Schaffung von Mehrstimmrechten, aber auch Beschränkungen wie Stimmkraftmaxima und ähnliches. Dazu ausführlich *Hachenburg-Hüffer*, § 47 Rn. 89 f., *Baumbach/Hueck*, § 47 Rn. 24 sowie *Lutter/Hommelhoff*, § 47 Rn. 4 und Anh. § 13 Rn. 5.

[49] Demgegenüber hindert das Bestehen eines Gewinnabführungsvertrags nach § 291 AktG oder eines Unternehmensvertrags nach § 292 AktG die Existenz eines faktischen Konzerns nicht. Dazu *A/D/S*, a.a.O. sowie *Hüffer*-AktG, § 18 Rn. 3.

[50] Nicht gefolgt wird dem manchmal anzutreffenden, aber irreführenden Sprachgebrauch, wonach mit dem faktischen Konzern auch bloße Abhängigkeitsverhältnisse nach § 17 Abs. 1 AktG bezeichnet werden, obwohl dabei gerade keine einheitliche Leitung erfolgt. Ebenfalls ablehnend: *Emmerich/Sonnenschein*, § 19 I, Seite 330 sowie *A/D/S*-Teilband 4, § 18 AktG Rn. 64.

[51] *A/D/S*-Teilband 4, § 18 Rn. 7.

[52] Zum qualifiziert faktischen GmbH-Konzern: *Hachenburg-Ulmer*, Anh. § 77 Rn. 98 f.; *Lutter/Hommelhoff*, Anhang § 13 Rn. 24 ff.; zum qualifiziert faktischen AG-Konzern: *Emmerich/Sonnenschein*, § 20a III 4, Seite 360 f.

Im einfachen faktischen Konzern bleibt das Eigeninteresse der Tochtergesellschaft geschützt, so daß die Tochter wirtschaftlich so gestellt wird, als sei sie eine unabhängige Gesellschaft[53]. Für die Tochter-AG schafft die Regelung der §§ 311 ff. AktG diesen absoluten Vermögensschutz, da wirtschaftliche Nachteile auszugleichen sind[54]. Auch bei der Tochter-GmbH ist das Vermögen im einfachen faktischen Konzern geschützt, weil wirtschaftliche Nachteile aufgrund der passiven Förderpflichten der (Mehrheits-) Gesellschafter nur im Rahmen des Eigeninteresses der GmbH zulässig sind[55]. Das Eigeninteresse ist „das fortwährend neu zu suchende Resultat eines permanenten, in seinem Ausgang offenen Abgleichungsprozesses, in dem die unterschiedlichen auf die Tochtergesellschaft gerichteten Partialinteressen harmonisiert werden"[56]. Bei seiner Bildung ist das Konzerninteresse je nach der Stärke der Konzernbeteiligung zu berücksichtigen[57]. Durch diesen Schutz der Vermögensinteressen der einfach faktisch konzernierten Tochter behält der Jahresabschluß seine Ausschüttungsbemessungsfunktion. Der Interesseschutz verhindert, daß Bilanzvermögen zu Lasten der Gläubiger abfließ oder die Gewinnentstehung zum Nachteil der Minderheitsgesellschafter beeinträchtigt wird. Wirtschaftliche Nachteile sind bei der AG nach §§ 311, 317 AktG auszugleichen und bei der einfach faktisch konzernierten GmbH auch im Fall des Ausgleichs des Nachteils grundsätzlich untersagt[58]. Insoweit ermöglicht das Konzernrecht die Beibehaltung der Ausschüttungsbemessungsfunktion des Jahresabschlusses.

b. Die Ausschüttungsbemessungsfunktion der Bilanz der Vertragstochter

Ein Vertragskonzern entsteht mit Abschluß eines Beherrschungsvertrags (§ 291 Abs. 1 AktG), durch den die abhängige Gesellschaft ihre Leitung dem herrschenden Unternehmen unterstellt[59]. Der Leitungsbegriff entspricht dem des § 76 AktG und umfaßt die gesamte Geschäfts-

---

53 Zu dieser Zielsetzung *A/D/S*-Teilband 4, § 311 Rn. 2.

54 *Emmerich/Sonnenschein*, § 20 II 1, Seite 341; Zutreffend arbeitet *Strohn*-Aktiengesellschaft, Seite 16 ff. diesen absoluten Schutz des Vermögensinteresses als Bestandteil des Eigeninteresses durch die Regelung der §§ 311 ff. AktG für die faktisch konzernierte AG heraus.

55 Zum eigenständigen Eigeninteresse der Tochter-GmbH und zur auf den passiven Förderpflichten beruhenden Verpflichtung, Schädigungen der GmbH zu unterlassen und kollidierende Konzerninteressen trotz eines den §§ 311 ff. AktG entsprechenden Nachteilsausgleichs nicht zu verwirklichen: *Hommelhoff*-Konzernleitungspflicht, Seite 247 ff. und insbesondere das Résumé auf Seite 253; *Hachenburg-Ulmer*, Anh. § 77 Rn. 73; *Lutter/Hommelhoff*, Anhang § 13 Rn. 27.

56 *Hommelhoff*-Konzernleitungspflicht, Seite 247 m.w.N.

57 Auch dazu *Hommelhoff*, a.a.O.

58 *Hommelhoff*, a.a.O., Seite 253 mit Nachweisen zur Gegenmeinung sowie *Lutter/Hommelhoff*, Anh. § 13 Rn. 28 und 33; dort auch zur drohenden Schadensersatzpflicht des herrschenden Unternehmens.

59 *Emmerich/Sonnenschein*, § 8 I, Seite 130; *A/D/S*-Teilband 4, § 18 AktG Rn. 65 ff. §§ 291 ff. gelten unmittelbar aber nur für AG und KGaA. Für die GmbH fehlt eine Kodifizierung, so daß das Vertragskonzernrecht richterrechtlich entwickelt wurde. Dazu *Hachenburg-Ulmer*, Anh. § 77 Rn. 182 ff.

führung und Vertretung der Gesellschaft[60]. Der Beherrschungsvertrag ist fortan die Grundlage der einheitlichen Leitung. Er eröffnet der Konzernleitung insbesondere das Weisungsrecht (§ 308 Abs. 1 AktG) gegenüber der Geschäftsleitung der Tochtergesellschaft[61]. Der Vorstand der Tochter-AG verliert die eigenverantwortliche Leitung nach § 76 AktG bei ausgeübter Weisung; der Geltungsbereich dieser Vorschrift wird beschränkt[62]. Bei der Tochter-GmbH wird das direkte Weisungsrecht der Konzernleitung gegenüber den Geschäftsführern begründet[63].

(1) Der Vermögensschutz bei der Vertragstochtergesellschaft

Im Vertragskonzern bewirkt das Weisungsrechts einen Interessenumbruch, so daß das Konzerninteresse den Vorrang vor dem Eigeninteresse der Tochtergesellschaft erhält[64]. Deshalb kann durch Weisungen bereits während des Geschäftsjahres die Entstehung von Gewinn bei der abhängigen Aktiengesellschaft bzw. der GmbH gesteuert werden[65]. Der Schutz des Vermögensinteresses der Tochtergesellschaft ist eingeschränkt. Zudem ist bei der Tochter-AG im Vertragskonzern die Kapitalbindung nach § 291 Abs. 3 AktG aufgehoben. Danach unterliegen Leistungen der Tochter-AG an die herrschende Mutter nicht mehr den Beschränkungen nach §§ 57, 58, 60 AktG. Einen Teilausgleich schafft allein die Erweiterung der Rücklagenregelung nach § 300 AktG[66]. Bei der Tochter-GmbH bleibt es bei der im Vergleich zur AG reduzierten, auf die Deckung des Stammkapitals beschränkten Vermögensbindung nach § 30 f. GmbHG[67].

Die Regelungen der §§ 302, 303 AktG - sie finden für die Tochter-GmbH entsprechende Anwendung - schaffen zum Schutz der Gläubiger den Ausgleich der weitgehenden Lockerung

---

60 *Begründung RegE*, Leitungsmacht und Verantwortlichkeit bei Bestehen eines Beherrschungsvertrags, BT-DS IV/171 Seite 227. Abgedruckt auch bei *Kropff*, Aktiengesetz, Seite 403; *Semler*, Die Überwachungsaufgabe des Aufsichtsrats, Seite 7 ff.

61 Die Stellung von Aufsichtsrat und Hauptversammlung der Tochter-AG bleiben hingegen von Beherrschungsvertrag und Weisungsrecht unberührt, so daß Weisungen in deren Zuständigkeitsbereich unzulässig sind. *Hüffer*-AktG, § 308 Rn. 12.

62 *Hüffer*-AktG, § 291 Rn. 37; *Kübler*, Gesellschaftsrecht, § 29 II 1 b, Seite 365.

63 Dazu und zu den daraus resultierenden Vorteilen: *Lutter/Hommelhoff*, Anh. § 13 Rn. 50; *Hachenburg-Ulmer*, Anh. § 77 Rn. 215.

64 *Hommelhoff*-Konzernleitungspflicht, Seite 96. Wegen dieser verfassungsändernden Wirkung wird der Beherrschungsvertrag auch Organisationsvertrag genannt: *K/K-Koppensteiner*, Vorb. § 291 Anm. 68 ff. m.z.N. sowie *Kübler*, Gesellschaftsrecht, § 29 I 2 b, Seite 365; speziell zur GmbH: *Hachenburg-Ulmer*, § 53 Rn. 139 sowie Anh. § 77 Rn. 190 ff.; *Emmerich/Sonnenschein*, Seite 132.

65 *A/D/S*-Teilband 4, § 300 Rn. 3.

66 Die Spezialvorschrift paßt die Rücklagenregelung des § 150 AktG den Verhältnissen nach Abschluß eines Beherrschungs- oder Gewinnabführungsvertrags an. Eine andere Definition der einzustellenden Beträge und die Einführung einer Fünfjahresfrist sollen gegen die Aushöhlung der bilanziell darstellbaren Gesellschaftssubstanz schützen, *Begründung RegE*, Sicherung der Gesellschafter und der Gläubiger, BT-DS IV/171 Seite 221. Abgedruckt auch bei *Kropff*, Aktiengesetz, Seite 388.

67 Vgl.: *Hachenburg-Ulmer*, Anh. § 77 Rn. 98 sowie *Stimpel*, in: FS für Goerdeler, Seite 601, 614.

der Vermögensbindung[68]. Das herrschende Mutterunternehmen ist nach § 302 AktG zum Verlustausgleich verpflichtet. Durch Weisungen bzw. Gewinnabführungen laufen die Gewinnansprüche der Minderheitsgesellschafter leer[69]. Deshalb gewährt § 304 AktG den Minderheitsaktionären der abhängigen Tochter-AG einen Anspruch auf Ausgleichszahlung, der sich grundsätzlich nicht mehr nach dem tatsächlichen Gewinn der Tochter-AG richtet[70]. Für die verbleibenden Minderheitsgesellschafter der GmbH hat der Beherrschungs- oder Gewinnabführungsvertrag eine angemessene Ausgleichsregelung zu treffen[71].

(2) Die Einschränkung der Ausschüttungsbemessungsfunktion

Trotz des eingeschränkten Vermögensschutzes der Vertragstochtergesellschaft bleibt die Ausschüttungssperrfunktion der Bilanz zum Schutz der Gläubiger erhalten[72]. Der Verlustausgleich nach § 302 AktG soll die gelockerte Vermögensbindung abfedern. Den verbliebenen Minderheitsgesellschaftern wird ein angemessener Ausgleich bezahlt, da die Ermittlung von Jahresergebnis und Bilanzgewinn beeinträchtigt ist. Damit erfolgt die Dividenden- und Gewinnausschüttung regelmäßig nicht mehr nach den Rechenwerken der Tochtergesellschaft. Nur im Falle des isolierten Beherrschungsvertrages werden über die Mindestdividende hinausgehende Gewinne ganz normal an die Gesellschafter ausgeschüttet[73]. Ansonsten ist die Ermittlung eines korrekten Ergebnisses und dessen Ausschüttung aber ausgeschlossen. Die feststehende Ausgleichszahlung schränkt die Ausschüttungsbemessungsfunktion stark ein. Dies ermöglichen die konzernrechtlichen Schutzmechanismen.

c. Die Ausschüttungsbemessungsfunktion der qualifiziert faktischen Tochter

Auch beim qualifiziert faktischen Konzern beruht die Ausübung der einheitlichen Leitung auf der faktischen Beherrschung über die Stimmenmehrheit, erfolgt in der Intensität aber wie bei einer vertraglich konzernierten Tochtergesellschaft[74]. Die qualifiziert faktische Konzernierung der Tochter-AG ist unzulässig, weil sie mit der gesetzlichen Regelung nach §§ 311 ff. AktG

---

[68] Normzweck des § 302 AktG ist nach herrschender Meinung der Kapitalerhaltungsschutz. Dazu *Ulmer*, AG 1986, Seite 123, 126 sowie *Hüffer*-AktG, § 302 Rn. 3 m.z.N.

[69] *Hüffer*-AktG, § 304, Rn. 1 zum Anspruch aus § 58 Abs. 4 AktG. Gleiches gilt für § 29 Abs. 1 GmbHG.

[70] Zum Zweck der Regelung des Ausgleichs nach § 304 vgl.: Geßler/Hefermehl/Eckardt/Kropff-*Geßler*, Vorbem. zu §§ 304 ff. AktG, Rn. 1 ff. sowie *Hüffer*-AktG, § 304 Rn. 1.

[71] Vgl.: *Lutter/Hommelhoff*, Anh. § 13 Rn. 66 ff.; Durch das Zustimmungserfordernis können die Minderheitsgesellschafter eine entsprechende Vertragsklausel durchsetzen. Eine analoge Anwendung des § 304 AktG ist nach vorwiegender Meinung abzulehnen; ein ungenügender Zustimmungsbeschluß ist aber anfechtbar. Dazu *Hachenburg-Ulmer*, Anh. § 77 Rn. 211 ff. mit Nachweisen der Gegenmeinung.

[72] Voraussetzung hierfür ist, daß die §§ 300 - 303 AktG versuchen, das bilanzielle Vermögen der Tochtergesellschaft zu erhalten. Dazu *K/K-Koppensteiner*, Vorb. § 300 Rn. 1.

[73] *GK-Würdinger*, § 304 Anm. 9; *Hüffer*-AktG, § 304 Rn. 6.

[74] Vgl. *Ulmer*, AG 1986, Seite 123, 125 f. m.w.N.

unvereinbar ist[75]. Die qualifiziert faktische GmbH hingegen ist mit Zustimmung eventuell vorhandener Minderheitsgesellschafter zulässig. Zum Schutz der Gläubiger finden die Regelungen der §§ 302, 303 AktG analoge Anwendung[76]. Die Ausschüttungsbemessungsfunktion der Bilanz ist wie bei der Vertragstochter eingeschränkt.

d. Die Ausschüttungsbemessungsfunktion bei der eingegliederten AG

Für die Aktiengesellschaft gibt es die besondere Konzernierungsform der Eingliederung. Sie ist in §§ 319 - 327 AktG geregelt[77]. Die Eingliederung vollzieht sich durch den Eingliederungsbeschluß in der Hauptversammlung der einzugliedernden AG. Hierfür muß die Mutter- oder Hauptgesellschaft nach §§ 319, 320 AktG mindestens 95 % der Anteile an der einzugliedernden Gesellschaft halten. Durch den Eingliederungsbeschluß der einzugliedernden AG scheiden eventuell noch vorhandene Aktionäre aus und erhalten nach § 320 b AktG eine Abfindung. Nach Eintragung der Eingliederung haftet die Hauptgesellschaft den Gläubigern nach § 322 AktG als Gesamtschuldnerin und erhält ein Weisungsrecht nach § 323 Abs. 1 Satz 1 AktG. Dadurch kommt die Eingliederung einer Verschmelzung nahe, obwohl die eingegliederte Gesellschaft rechtlich selbständig bleibt[78].

Auch bei der eingegliederten AG ist infolge des Weisungsrechts die Kapitalbindung nach § 323 Abs. 2 AktG aufgehoben. Alle Aktien befinden sich in der Hand der Mutter- oder Hauptgesellschaft. Es sind keine außenstehenden Aktionäre mehr vorhanden. Deshalb ist eine Ausschüttungsbemessungsfunktion des Jahresabschlusses der eingegliederten Tochter-AG nicht erforderlich. Die Regelung des § 324 Abs. 1 AktG setzt die Rücklagenregelung in § 150 AktG außer kraft, so daß die Hauptgesellschaft bis zur Grenze der Grundkapitalziffer über das Vermögen der eingegliederten Gesellschaft verfügen kann[79]. Der Schutz der Gläubiger wird durch die gesamtschuldnerische Haftung der Hauptgesellschaft für Verbindlichkeiten der eingegliederten Gesellschaft gewährleistet (§ 322 Abs. 1 AktG) [80]. Die Ausschüttungsbemessung der Bilanz ist damit praktisch außer Funktion gesetzt.

---

75 So die vorherrschende Auffassung der Sanktionsmodelle. Dazu *Emmerich/Sonnenschein*, § 20a IV, Seite 362 mit zahlreichen Nachweisen des Meinungsstandes.

76 Vgl.: *Hachenburg-Ulmer*, Anh. § 77 Rn. 169 ff.

77 Teilweise werden Vertragskonzerne und Eingliederungskonzerne als Vertragskonzern zusammengefaßt. So beispielsweise *A/D/S*-Teilband 4, § 18 AktG Rn. 64 f. Dem wird hier aber nicht gefolgt. Vgl.: *Hüffer*-AktG, § 18 Rn. 3 m.w.N.

78 *Begründung RegE*, *Kropff*, Aktiengesellschaft, Seite 421; *Hüffer*-AktG, § 319 Rn. 2 m.w.N.

79 *Hüffer*-AktG, § 324 Rn. 1 f.; Zum rechtspolitischen Sinn der Vermögensbindung in Höhe der Grundkapitalziffer vgl.: *K/K-Koppensteiner*, § 324 Rn. 3.

80 Nach *Emmerich/Sonnenschein*, § 7 V 3, Seite 125 ist der Schutz nach § 150 AktG wegen der Mithaftung nach § 322 und dem Fahlen außenstehender Aktionäre verzichtbar.

II. Die Informationsfunktion der Rechnungslegung der Tochterkapitalgesellschaft

Im Mittelpunkt der Untersuchung steht die Informationsfunktion der jährlichen Rechnungslegung der konzernabhängigen Kapitalgesellschaft. Die Information in der konzeptionellen Ausgestaltung durch das BiRiLiG beruht auf der Offenlegung der Rechnungslegung[81]. Diese ist nach Gesellschaftsgröße abgestuft. Im allgemein zugänglichen Handelsregister haben mittelgroße Kapitalgesellschaften Abschluß und Lagebericht einzureichen und die Einreichung im Bundesanzeiger bekanntzumachen (§ 325 Abs. 1 HGB)[82]. Erleichterungen gibt es für kleine Gesellschaften (§ 326 HGB); große Kapitalgesellschaften, wozu börsengängige stets gehören, unterliegen der Bundesanzeigerpublizität (§ 325 Abs. 2 HGB).

Materielles Informationsziel der Rechnungslegung ist die Vermittlung eines getreuen Bildes der Wirtschaftslage des Unternehmens (dazu unter 1). Maßstab sind dabei die Publitzitätsadressaten. Die Information wird über die Person des Informationsempfängers definiert und ist die Vermittlung „zweckorientierten Wissens"[83]. Die handelsrechtliche Rechnungslegung der Kapitalgesellschaft folgt dem Vorbild der aktienrechtlichen Rechnungslegung. Sie orientiert sich am Informationsbedarf von Gläubigern und Anlagegesellschaftern, die der Kapitalgesellschaft als „outsider" gegenüberstehen[84]. In der vorliegenden Untersuchung sind nun diejenigen Publizitätsadressaten zu bestimmen, die in besonderer Weise auf Informationen der Tochtergesellschaft im Konzernverbund angewiesen sind und auf deren Informationsbedarf die Funktionsanalyse aufbaut (unter 2 und 3):

1. Das true-and-fair-view-Gebot aus § 264 Abs. 2 HGB

Nach der Generalnorm des § 264 Abs. 2 HGB hat der Jahresabschluß der Kapitalgesellschaft „unter Beachtung der Grundsätze ordnungsmäßiger Buchführung ein den tatsächlichen Verhältnissen entsprechendes Bild der Vermögens-, Finanz- und Ertragslage" wiederzugeben.

---

81 Art und Form der Offenlegung werden als formelle Publizität bezeichnet, *Wiedemann*-Gesellschaftsrecht, Band I, Seite 575. Zur Offenlegung als Basis von Information: *Busse von Colbe/Ordelheide*, Konzernbilanzen, Seite 31. Von der rechtlichen ist die praktische Bedeutung zu trennen. Diese wird teilweise sehr kritisch gesehen, vgl.: *Burgard*, Offenlegung von Beteiligungen bei der AG, Seite 41 ff. Die Rechnungslegung der Personenhandelsgesellschaften dient lediglich der internen Information, so daß die Anforderungen an diese nicht publizierte Rechnungslegung gegenüber den Kapitalgesellschaften geringer sind. Zu den Erleichterungen *Leffson*, in: FS für Goerdeler, Seite 315, 320 ff. Zur fehlenden Verpflichtung einer Anhangs- oder Lageberichtserstellung: *A/D/S*-Teilband 6, § 242 Rn. 4.

82 Zur allgemeinen Zugänglichkeit des Handelsregisters nach § 9 HGB: *Baumbach/Hopt*, § 9 Rn. 1 sowie *Burgard*, Offenlegung von Beteiligungen bei der AG, Seite 28 ff. Zur rechtshistorischen Entwicklung der Publizität der Rechnungslegung: *Ballwieser*, in: FS für Clemm, Seite 1, 3 ff.

83 *Ballwieser*, in: FS für Clemm, Seite 1, 17, der diese Definition von *Wittmann*, Unternehmung und unvollkommene Information, 1959, Seite 14 einer kritischen Prüfung mit entsprechenden Nachweisen unterzieht.

84 *Hommelhoff*, ZIP 1983, Seite 383, 387.

Daneben hat der Lagebericht nach § 289 Abs. 1 HGB ein den tatsächlichen Verhältnissen entsprechendes Bild der allgemeinen Gesamtlage der Kapitalgesellschaft zu vermitteln. Beide als Zielvorgabe formulierten Vorschriften gehen auf entsprechende Vorgaben der 4. EG-Richtlinie zurück. Das „den tatsächlichen Verhältnissen entsprechende Bild" setzt das in der Richtlinie verankerte englische „true-and-fair-view-Prinzip" um und dient dem Schutz der Publizitätsadressaten[85]. Dieses Prinzip ist Grundlage und Ziel der materiellen Information in der jährlichen Rechnungslegung[86]. In der Richtlinie ist das true-and-fair-view-Prinzip als „overriding principle" konzipiert[87]. Doch bereits in der 4. Richtlinie ist der Konflikt mit den Traditionalisten angelegt, da die Richtlinie zugleich dem Einblicksgebot zuwiderlaufende Ansatz- und Bewertungsvorschriften enthält. Der deutsche Gesetzgeber konnte dieses Spannungsverhältnis durch den ausdrücklichen Hinweis auf die GoB im Wortlaut des § 264 Abs. 2 HGB nicht entschärfen. Die Diskussion um den Stellenwert des Einblicksgebots wird wortreich geführt[88]. Der Streit entzündet sich daran, daß die zugrundeliegende Vorschrift des Art. 2 Abs. 3 der 4. Richtlinie nicht in § 264 HGB enthalten ist[89]. Dabei ist die Abkopplungsthese, die das Einblicksgebot aus den Rechenwerken in den Anhang verbannen will, mit den europarechtlichen Vorgaben der Richtlinie kaum vereinbar[90]. Festzuhalten ist jedoch, daß sich der Streit um die Informationsfunktion der Rechenwerke dreht. Die Geltung des true-and-fair-view-Prinzips für die Verbalteile bzw. die Rechnungslegung insgesamt steht außer Streit. Dieser Punkt wird später beim Ausgleich der tochterspezifischen Informationsdefizite Bedeutung erlangen.

Die dem Einblicksgebot entsprechende Rechnungslegung soll den Publizitätsadressaten zu ihrem Schutz das Wissen über die tatsächlichen Verhältnisse der wirtschaftlichen und finanziellen Lage der Kapitalgesellschaft vermitteln. Dies dient insbesondere dem Hauptzweck der Publizität: der Ermöglichung einer anhand der Bilanzanalyse gewonnenen Prognose als Grundlage einer fundierten Entscheidung über die Geschäftsbeziehungen zur rechnungslegenden Kapitalgesellschaft[91]. Die Information über die wirtschaftliche und finanzielle Lage

---

85 Zur gesetzgeberischen Entwicklung der „true-and-fair-view" vgl.: *KK-Claussen/Korth*, § 264 Rn 27. Zur Etymologie des den „tatsächlichen Verhältnissen entsprechende Bildes" *Leffson*, in: Handwörterbuch unbestimmter Rechtsbegriffe im Bilanzrecht des HGB, Seite 96 ff.

86 Die materielle Information und damit Inhalt und Umfang der publizierten Rechnungslegung wird auch als materielle Publizität bezeichnet, *Wiedemann*-Gesellschaftsrecht, Band I, Seite 575 f.

87 *Beisse*, in: FS für Clemm, Seite 27, 31; *Kleindiek*, ZGR 1998, Seite 466, 477.

88 Sehr erhellend *Kleindiek*, ZGR 1998, Seite 466, 473 ff.

89 Dazu: *Leffson*, in: FS für Goerdeler, Seite 317, 324.

90 So auch *Kleindiek*, a.a.O. Seite 477. Zur Abkopplungsthese: *Moxter*, Bilanzlehre, Band II, Seite 67 f. sowie *Beisse*, in: FS für Clemm, Seite 27, 38.

91 Die Bedeutung dieses Zwecks betonen *Hommelhoff*, ZIP 1983, Seite 383 sowie *Pellens*, in: *Busse von Colbe*, Lexikon des Rechnungswesens, Seite 321.

erfolgt technisch nicht nur durch einen korrekten Ergebnisausweis, sondern auch durch die Gliederungsvorschriften der Rechenwerke und die verbalen Angaben des Anhangs und des Lageberichts. Sie geben Einblick in die wirtschaftliche Lage der Kapitalgesellschaft. Insoweit erfaßt die Informationsfunktion die gesamte Rechnungslegung der Kapitalgesellschaft, während die Ausschüttungsbemessungsfunktion auf die Rechenwerke beschränkt ist.

2. Die Zwecke der Rechnungslegung als Informationsinstrument

Das Gesetz setzt die getreue Rechnungslegung der Kapitalgesellschaf mit unterschiedlichen Zwecksetzungen als Informationsinstrument ein. Dabei geraten alle Gruppen der Publizitätsadressaten in Blick[92]:

a. Die Selbstinformation der Unternehmensleitung

Das Handelsrecht bezweckt mit der jährlichen Rechnungslegung die von der Offenlegung unabhängige Selbstinformation der Unternehmensleitung sowohl der Tochtergesellschaft als auch des Konzerns[93]. Der Zwang zu einem jährlichen Überblick über die Vermögens- und Schuldenlage soll zu sachgerechteren unternehmerischen Entscheidungen führen[94]. Dies schützt mittelbar die Gläubiger und alle am Fortbestand des Unternehmens interessierten Personen[95]. Unter betriebswirtschaftlichen Aspekten liefern interne Statistiken die erforderlichen Kennzahlen als Führungsinstrument für die Geschäfts- und Konzernleitung. Dem nur einmal im Jahr aufgestellten Jahresabschluß dürfte hierfür die nötige Zeitnähe fehlen[96].

b. Die Rechenschaft der Unternehmensleitung

Als Verwalter fremden Vermögens haben AG-Vorstand und GmbH-Geschäftsführer der Gesellschaft Rechenschaft abzulegen über Lage und Entwicklung des von ihnen verwalteten

---

92 Diese fünf Interessengruppen - Anteilseigner, Arbeitnehmer, Geschäftspartner, Allgemeinheit und Unternehmen selbst - sind im gesamten Gesellschafts- und Unternehmensrecht von Interesse. Vgl.: *Wiedemann*, ZGR 1975, Seite 385, 386.

93 *Leffson*-GoB, Seite 55 f. Die von der Offenlegung unabhängige Selbstinformation steht bei der Rechnungslegung von Einzelkaufleuten und Personenhandelsgesellschaften im Vordergrund, vgl.: *Baumbach/Hopt*, Einl. vor § 238, Rn. 14, dessen Erwägungen nicht nur für Einzelkaufleute und geschäftsführende Gesellschafter, sondern für sämtliche geschäftsführenden Personen gelten. Geschäftsführend bei den Personenhandelsgesellschaften sind die OHG-Gesellschafter und die Komplementäre der KG. Speziell zur Selbstinformation der GmbH-Geschäftsführer *Lutter/Hommelhoff*, Vor § 41 Rn. 17 m.w.N.

94 *Baumbach/Hopt*, a.a.O.

95 *Pellens*, in: *Busse von Colbe*, Lexikon des Rechnungswesens, S. 321; *Baumbach/Hopt*, a.a.O. Bei Kapitalgesellschaften hat die Selbstinformation auch für die Verpflichtung der Unternehmensleitung zur Einberufung der Haupt- oder Gesellschafterversammlung bei Verlust der Hälfte des Grund- oder Stammkapitals nach § 92 Abs. 1 AktG und § 49 Abs. 3 GmbHG besondere Bedeutung, dazu: *Hommelhoff*, ZIP 1983, Seite 383, 391.

96 So schon *A/D/S*, 4. Auflage, Band 3, Vor §§ 329 ff. Rn. 31, 32.

Vermögens[97]. Bei dieser Rechenschaft als Form gesellschaftsinterner Kontrolle hat die vergangenheitsbezogene Information über den Jahreserfolg zentrale Bedeutung[98].

(1) Die Rechenschaft gegenüber den gegenwärtigen Aktionären

Mit der publizierten Rechnungslegung gibt der Vorstand den gegenwärtigen Aktionären Rechenschaft[99]. Die zur Verfügung gestellte Information ermöglicht den Aktionären die Wahrnehmung ihrer Kompetenzen in der Hauptversammlung: sie ist Grundlage für Entlastungsbeschlüsse (§ 120 AktG), Haftungsansprüche an die Verwaltung (§ 147 AktG), die Gewinnverwendung und Kapitalmaßnahmen[100]. Insoweit ist die publizierte Rechnungslegung von institutioneller Bedeutung und Voraussetzung für das gute Funktionieren der AG[101].

(2) Die Rechenschaft gegenüber den GmbH-Gesellschaftern

Auch bei der GmbH legt die Geschäftsführung mit der Rechnungslegung Rechenschaft bei den Gesellschaftern. Im Gegensatz zur AG ist die Gesellschafterversammlung nach dem gesetzlichen Regelstatut aber oberstes Gesellschaftsorgan. Die Gesellschafter sind deshalb nicht auf die Offenlegung der Rechnungslegung angewiesen[102]. Die umfassende Entscheidungszuständigkeit der Gesellschafterversammlung sowie der kollektive und der individuelle Informationsanspruch sichern die Information und damit die Rechenschaft auf Grundlage der

---

97 Rechenschaft in diesem engen Sinne lehnt sich an den aus dem allgemeinen Zivilrecht bekannten Begriff der Rechenschaft an. Nach § 259 Abs. 1 BGB ist Rechenschaft die genaue Information des Berechtigten durch eine die geordnete Zusammenstellung der Einnahmen und der Ausgaben enthaltende Rechnung. Besonders wichtig ist dabei die Rechenschaft des Mandatars gegenüber seinem Mandanten nach § 666 BGB. Letztlich beruht sie auf der arbeitsteiligen Geschäftsführung bzw. Geldverwaltung. Demgegenüber wird in der Betriebswirtschaft der Begriff der Rechenschaft in einem weiteren Sinne verstanden und häufig fast als Synonym für Information schlechthin verwendet. Vgl.: *Leffson*-GoB, Seite 63 ff.; *Baetge*, Bilanzen, Abschnitt 142.2 Seite 55 ff.; *Küting/Weber-Baetge/Fey/Fey*, Band Ia, § 243 Rn. 22 ff. Hiernach ist Rechenschaft durch die Rechnungslegung auch gegenüber allen Gläubigern anzunehmen.

98 Nach Ansicht von *Lutter*, in: Das vereinigte Deutschland im Europäischen Markt - Bericht über die Fachtagung des IDW 1991, Seite 409, 410 m.w.N. ist die Rechenschaft i.e.S. die eigentliche Zentralfunktion der Rechnungslegung. Die Rechenschaft ist aber vor allem auf die Rechenwerke bezogen und ist allein vergangenheits- und gegenwartsorientiert und nicht auf die Zukunft gerichtet. Deshalb verliert sie in der modernen Entwicklung der Rechnungslegung der Kapitalgesellschaften mit ihrem umfassenderen Informationsauftrag an Bedeutung. Dazu: *Emmerich/Künnemann*, WPg 1986, Seite 145, 148.

99 *Begründung RegE*, Allgemeines, BT-DS III/1915, Seite 93. Abgedruckt auch bei *Kropff*, Aktiengesetz, Seite 15; sowie Geßler/Hefermehl/Eckardt/*Kropff*, Vor §§ 148 ff. AktG, Anm. 5.

100 Geßler/Hefermehl/Eckardt/*Kropff*, a.a.O.

101 Geßler/Hefermehl/Eckardt/*Kropff*, a.a.O., Anm. 4 ; *Hommelhoff*, ZIP 1983, Seite 383.

102 *Lutter*, in: Das vereinigte Deutschland im Europäischen Markt - Bericht über die Fachtagung des IDW 1991, Seite 409, 429 f. Daran zeigt sich, daß Rechenschaft keine Offenlegung des Jahresabschlusses erfordert. Dies gilt nicht nur für die GmbH, sondern auch für die nicht geschäftsführenden Gesellschafter der Personenhandelsgesellschaften. Aus dieser Tatsache, die sich aus dem gesetzlichen Regelstatut der GmbH ergibt, resultiert nach *Lutter* (a.a.O.) letztlich auch die schwache Akzeptanz der Offenlegung der Rechnungslegung nach §§ 325 ff. HGB im GmbH-Recht in der Praxis.

jährlichen Rechnungslegung[103]. Die GmbH-Gesellschafter sind nach dem gesetzlichen Regelstatut interne Publizitätsadressaten. Sie üben keine Außenkontrolle aus wie die Hauptversammlung der AG. Die Offenlegung der Rechnungslegung gewinnt erst dann Bedeutung, wenn die Gesellschafter dem unternehmerischen Geschehen ferner stehen. Dies wenn nach dem Gesellschaftsvertrag die Geschäftsführer autonom agieren oder die Oberleitung bei einem Gesellschafterausschuß oder einem Beirat angesiedelt ist[104].

(3) Die Rechenschaft gegenüber dem Aufsichtsrat

Die Unternehmensleitung ist auch dem Aufsichtsrat einer AG oder einer GmbH rechenschaftspflichtig, da dieser die Geschäftsführung zu überwachen hat (§ 111 AktG, auch i.V.m. § 52 GmbHG)[105]. Dabei ist die jährliche Rechnungslegung nur ein Informationsinstrument; ergänzt wird es durch die internen Vorstandsberichte nach § 90 AktG[106]. Zur Kontrolle ist jedoch die jährliche Vermittlung eines Gesamtüberblicks über die wirtschaftliche Lage anhand der Rechnungslegung wertvoll[107]. Ergänzt und erläutert wird die Rechnungslegung durch den Prüfungsbericht des Abschlußprüfers nach § 321HGB[108].

(4) Die Rechenschaft gegenüber den Arbeitnehmern

Schließlich hat die Unternehmensleitung mit der jährlichen Rechnungslegung tendenziell auch gegenüber den Arbeitnehmern Rechenschaft abzulegen[109]. In Unternehmen mit mehr als 100 Arbeitnehmern ist ein Wirtschaftsausschuß zu bilden (§ 106 BetrVG), der wirtschaftliche Angelegenheiten mit dem Unternehmer zu beraten und den Betriebsrat zu unterrichten hat[110]. Diesem Wirtschaftsausschuß ist unter Beteiligung des Betriebsrats der Jahresabschluß zu erläutern (§ 108 Abs. 5 BetrVG). Damit ist gesetzlich vorgeschrieben, daß die Informationen

---

[103] Im Gegenteil reichen die Informationen der jährlichen Rechnungslegung weder zur Kontrolle noch zur Leitung der GmbH durch die Gesellschafterversammlung, so daß die Geschäftsführer ähnlich dem Vorstand der AG zu weitergehenden gesellschaftsinternen Berichten verpflichtet sind. Dazu *Hommelhoff*, ZIP 1983, Seite 383 ff. mit der Zusammenfassung auf Seite 392.

[104] *Hommelhoff*, a.a.O., Seite 387.

[105] Überwachung beschränkt sich nicht auf die Prüfung der Geschäftsführung, sondern beinhaltet die Einwirkung auf die Leitung, wenn dies geboten ist. Zu den verschiedenen Formen der Einwirkung und damit der Überwachung ausführlich: *Semler*, Die Überwachungsaufgabe des Aufsichtsrats, Seite 87 ff.

[106] Zur Bedeutung der Vorstandsberichte vgl.: *Semler*, a.a.O., Seite 17 ff. Eine entsprechende Berichtspflicht kann auch bei der GmbH bestehen, dazu *Hommelhoff*, ZIP 1983, Seite 383, 388 ff. Die Berichtspflicht des Vorstandes wurde mit der Änderung der Vorschrift des § 90 Abs. 1 Nr. 1 AktG durch das KonTraG vom 27. 4. 98 (BGBl. I, Seite 786) erweitert. Dazu *Hommelhoff/Mattheus*, AG 1998, Seite 249, 253 f.

[107] *A/D/S*, 4. Auflage, Band 3, Vor §§ 329 ff. Rn. 33.

[108] Zur insoweit gegenüber dem Aufsichtsrat bestehenden Gehilfenfunktion des Abschlußprüfers, die durch das KonTraG gestärkt wurde, vgl.: *Hommelhoff/Mattheus*, a.a.O., Seite 251 m.w.N.

[109] Geßler/Hefermehl/Eckard/*Kropff*, Vor §§ 148 ff. AktG, Anm. 5.

[110] Nach §§ 107 Abs. 2 und 58 BetrVG bestimmen Betriebsrat oder Gesamt- oder Konzernbetriebsrat die Mitglieder des Wirtschaftsausschusses.

des Jahresabschlusses dem Betriebsrat als Vertretung der Arbeitnehmer zugänglich gemacht werden und mit der Erläuterung Rechenschaft gelegt wird[111].

c. Die Unterrichtung der Anleger und Gläubiger

Die Unterrichtung der gegenwärtigen und potentiellen Anleger und Gläubiger bzw. aller Marktteilnehmer ist nach der Konzeption des BiRiLiG die vornehmste Aufgabe der jährlich publizierten Rechnungslegung[112]. Die getreue Darstellung der Wirtschaftslage, der Erfolge und Risiken soll diesen Adressaten eine fundierte Geschäftsentscheidung ermöglichen[113]. Dies zielt zunächst auf das Publikum der Aktionäre, die nach dem Leitbild des Aktiengesetzes 1965 ihrer AG nur als Kapitalanleger und nicht als „wirtschaftliche Eigentümer" gegenüberstehen; sie haben eine den Gläubigern vergleichbare Stellung[114]. Dasselbe gilt für die potentiellen Aktionäre[115]. Eine andere Position haben hingegen die GmbH-Gesellschafter und der Aufsichtsrat. Sie verfügen grundsätzlich über weitere Informationsquellen und sind nicht auf die Offenlegung der Rechnungslegung angewiesen. Insgesamt ermöglicht die publizierte Rechnungslegung eine externe Kontrolle der Gesellschaft durch die Marktteilnehmer[116]. Die Gläubiger der Kapitalgesellschaft sollen anhand der Rechnungslegung eine Prognose über die wirtschaftliche und finanzielle Entwicklung des Unternehmens erstellen können. Auf dieser

---

111 Daneben hat die Rechnungslegung weitere Informationsfunktion; die Arbeitnehmer sind in ihrer Position als Gläubiger der Lohn- und Gehaltsforderungen in den Schutzbereich des § 325 HGB einbezogen.

112 Als Anleger in diesem Sinne gelten Geldgeber, die Anteile oder Obligationen über den Kapitalmarkt allein aus Anlagezwecken nachfragen und an der gesellschaftlichen Willensbildung keinen Anteil haben. Dies sind als Anlagegesellschafter die Aktionäre der Publikums-AG und als Obligationsgläubiger die Gläubiger von Schuldverschreibungen, Wandel- und Gewinnschuldverschreibungen nach § 221 AktG und anderen Obligationen nach §§ 793 ff. BGB. Anleger sind bei der GmbH, der zwar der Börsenzugang für GmbH-Anteile aufgrund der Beurkundungspflicht verwehrt ist, die Gläubiger von Obligationen, die als Inhaberschuldverschreibungen mit Börsenhandel ausgegeben werden. Zum Börsenbezug der großen GmbH: *Herrmann*, ZGR 1989, Seite 273, 286. Zudem *Wiedemann*-Gesellschaftsrecht, Band I, Seite 103.

113 *Wiedemann*-Gesellschaftsrecht, Band I, Seite 579; Geßler/Hefermehl/Eckard/*Kropff*, Vor §§ 148 ff. AktG, Anm. 6.

114 *Hommelhoff*, ZIP 1983, Seite 383; *Wiedemann*-Gesellschaftsrecht, Band I, Seite 199 in diese Richtung auch *Begründung RegE* AktG 1965, Allgemeines, BT-DS 3/1915, Seite 93 f. Abgedruckt auch bei *Kropff*, Aktiengesetz, Seite 14 f.

115 Nach dem Daihatsu Urteil des EuGH - abgedruckt u.a. in NJW 1998, Seite 129 ff. - sind „Dritte" nach Art. 44 Abs. 2 lit. g EGV auch potentielle Gesellschafter. Diese Vorschrift bestimmt über die 4. Richtlinie die §§ 264 ff. HGB. Dazu *Hommelhoff*, ZGR 2000, Seite 748, 750. In Übereinstimmung mit der überwiegenden Meinung wird unter Anlegerschutz der Schutz der Individualinteressen der Anleger im Sinne der vorhandenen Teilnehmer verstanden. Anlegerschutz im Sinne des Schutzes des breiten Anlagepublikums mit einer nicht bezifferbaren Gesamtheit potentieller Anleger wird weitgehend vom Funktionsschutz des Kapitalmarktes erfaßt. Zur Terminologie: *Kümpel*, Bank- und Kapitalmarktrecht, Seite 1142

116 So auch *Baumbach/Hopt*, Einl. vor § 238 Rn. 15, der diese externe Kontrolle der gesellschaftsinternen Kontrolle im Sinne der Rechenschaft i.e.S. gegenüberstellt. Die externe Kontrolle über die Publizität der Rechnungslegung war bei der Aktiengesellschaft in ihrer historischen Entwicklung der Ersatz für die staatliche Aufsicht im Rahmen des Konzessionssystems. Zu dieser Erweiterung des Publizitätszwecks: *Wiedemann*-Gesellschaftsrecht, Band I, Seite 576 f. sowie *Hopt*, ZHR 141 (1977), Seite 389, 400 und *von Caemmerer*, in: das Frankfurter Publizitätsgespräch, Seite 142 ff.

Grundlage können die Gläubiger - wie die Anleger - ihre Entscheidung über die Geschäftsbeziehung treffen[117]. Dazu ist insbesondere das Ausmaß der Schuldendeckung durch das Vermögen anzugeben[118]. Die Lieferung einer Entscheidungsgrundlage nützt aber nicht allen Gläubigern. Für Deliktsgläubiger, die Ansprüche als Opfer von Unfällen des Unternehmens geltend machen, hat die Bilanz für Informationen im Vorfeld keine Bedeutung. Für die wesentlich größere Gruppe der Vertragsgläubiger bietet die Rechnungslegungsinformation jedoch die Möglichkeit, Art und Umfang des Finanzierungsrisikos abzuschätzen. Dies gilt nicht nur für große Vertragsgläubiger wie Banken[119], Versicherungen und Großlieferanten, sondern praktisch für alle jene Gläubiger, die auf die Vertragsgestaltung entscheidenden Einfluß nehmen können[120]. Neben dem Schutzkonzept der vorsichtigen Gewinnermittlung gewinnt der Gläubigerschutz mit Hilfe von verbesserter Information in der Rechnungslegung zunehmend an Bedeutung[121].

d. Der Funktionsschutz des Kapitalmarktes

Über den Individualschutz von Gläubigern und Gesellschaftern hinaus dient die Publizität der Rechnungslegung auch dem Funktionsschutz des Kapitalmarktes[122]. Denn eine Kapitalgesellschaft unterliegt der erweiterten Bundesanzeigerpublizität, wenn sie mit Zulassung von ausgegebenen Wertpapieren an einer Börse zum amtlichen Handel oder zum geregelten Freiverkehr stets als große Kapitalgesellschaft gilt (§ 267 Abs. 3 Satz 2)[123]. Damit kommt die zu veröffentlichende Information der Gesamtheit der potentiellen Anleger am Kapitalmarkt zugute[124]. Die Anleger können eine fundierte Anlageentscheidung treffen. Die publizierte Rechnungslegung hat nicht zu unterschätzende kapitalmarktrechtliche Auswirkungen. Sie

---

117 *von Caemmerer*, in: das Frankfurter Publizitätsgespräch, Seite 144 ff. betont den Aspekt der korrekten Preisbildung, damit der Anleger nicht beim Verkauf um das Seine gebracht wird. Zur Bilanzanalyse: insbesondere *Küting/Weber*-Bilanzanalyse, Seite 3-20 sowie *Wiedemann*-Gesellschaftsrecht, Band I, Seite 580.

118 Das Ziel der Schuldendeckungskontrolle nennen beispielsweise: *Baumbach/Hopt*, Einl. vor § 238 Rn. 15; *Wiedemann*-Gesellschaftsrecht, Band I, Seite 580 f.

119 Vgl.: *Wiese/Dykxhoorn/Sinning*, BB 1996, Seite 2031 ff: Nach dieser empirischen Untersuchung darüber, wie deutsche Banken die Qualität von Prüfungsberichten beurteilen, messen 80 % der befragten Kreditabteilungsleiter dem Jahresabschluß sehr große Bedeutung zu.

120 Umgekehrt sind die Wahlmöglichkeiten von Arbeitnehmern oder kleineren Handwerkern oft eingeschränkt. Das Gesetz schützt die Arbeitnehmer aber nach § 114 InsO und die Handwerker durch das Pfandrecht nach §§ 647 ff. BGB. Umfassend: *Kübler*, ZHR 159 (1995), Seite 550, 561.

121 *Döllerer*, BB 1966, Seite 629 ff. stellt zum AktG 1965 fest, daß die Einschränkung der stillen Reserven zugunsten einer verbesserten Information nicht nur dem Schutz der Aktionäre, sondern gerade auch dem der Gläubiger dient. Zur Entwicklung des Gläubigerschutzes in den USA durch eine immer ausgeprägtere Information im Jahresabschluß und zu Parallelen und Unterschieden in der deutschen Entwicklung: *Kübler*, ZHR 159 (1995), Seite 550, 555 f. Zum Vorsichtsprinzip: *Moxter*, Bilanzlehre, Band I S. 158.

122 *Hopt*, Handels- und Gesellschaftsrecht, Rn. 996; *Baumbach/Hopt*, Einl. vor § 238, Rn. 14.

123 *Kübler*-Gesellschaftsrecht, § 18 VI 3, Seite 269.

124 *Mülbert*, Aktiengesellschaft, Unternehmensgruppe und Kapitalmarkt, Seite 79; *Hopt*, ZHR 141 (1977), Seite 389, 400.

wird als Mittel von Marktinformation und -transparenz für den Kapital- und Kreditmarkt begriffen[125]. So sollen die knappen Ressourcen der verfügbaren Anlegerersparnisse dorthin fließen, wo sie mit der höchsten Rendite am effektivsten sind[126]. Damit dient die Publizität dem Funktionsschutz von Kapitalmarkt und Wirtschaft. Individualschutz und Funktionsschutz sind untrennbar miteinander verbunden und einander gleichwertig[127].

e. Die Information der Allgemeinheit

Schließlich hat auch die Allgemeinheit ein berechtigtes Interesse an der publizierten Rechnungslegung der abhängigen Kapitalgesellschaft[128]. Durch die rechtliche Selbständigkeit bleibt die Tochtergesellschaft Bezugsobjekt aller berechtigten Interessen. Die Gesamtschau der Einzelinteressen aller Beteiligten ergibt die gesamtwirtschaftliche Bedeutung des einzelnen Unternehmens. „Angesichts der gesamtwirtschaftlichen Bedeutung der Unternehmen ... besteht ein öffentliches Interesse daran, daß ihre Geschäfte mit kaufmännischer Sorgfalt geführt werden..."[129]. Die öffentliche Rechnungslegung sichert die ordnungsmäßigen Geschäftsführung und soll kaufmännisch fragwürdige Verhaltensweisen erschweren[130]. Die gilt auch für die Rechnungslegung der abhängigen Kapitalgesellschaft.

3. Die Verschiebungen des Informationsbedarfs bei der Tochtergesellschaft

Trotz der verschiedenen Zwecksetzungen und Interessen der Publizitätsadressaten stehen Gläubiger- und Anlegerschutz im Vordergrund. So sagen es ausdrücklich die Präambel der 4. Richtlinie und deren Ermächtigungsgrundlage in Art. 44 Abs. 2 lit. g EGV (vormals Art. 54 Abs. 3 lit. g EGV). Entscheidend ist jedoch, daß sich die handelsrechtliche Rechnungslegung nach aktienrechtlichem Vorbild am Informationsbedarf gesellschaftsfernerer Personen wie dem von Gläubigern und Anlagegesellschaftern orientiert. Bei der konzernabhängigen Tochtergesellschaft kommt es dabei zu einer Verschiebung des Informationsbedarfs der beteiligten Gesellschafter und Gläubiger:

---

125 *Herrmann*, ZGR 1989, Seite 273, 274.

126 Dies ist die sog. Allokationsfunktion des Kapitalmarkts. Dazu: *Kübler*-Gesellschaftsrecht, Seite 372; *Kümpel*, Bank- und Kapitalmarktrecht, Seite 1140 sowie *Hommelhoff*, ZGR 2000, Seite 749, 754.

127 *Baumbach/Hopt*, Einl. vor § 238 Rn. 14.

128 Geßler/Hefermehl/Eckard/*Kropff*, Vor §§ 148 ff. AktG, Anm. 8 mit Nachweisen zur Gegenmeinung. *Lutter/Hommelhoff*, Vor § 41 Rn. 17 verweisen auf das Allgemeininteresse an der GmbH seit BiRiLiG.

129 Vgl.: *Begründung RegE* zum PublG in BT-DS V/3197, Seite 14; auszugsweise abgedruckt auch bei *Wiedemann*-Gesellschaftsrecht, Band I, Seite 577.

130 *Begründung RegE*, a.a.O.

a. Der Informationsbedarf der Minderheitsgesellschafter

Durch die Konzernzugehörigkeit ändert sich der Informationsbedarf der Gesellschafter. Während bei der unabhängigen Kapitalgesellschaft die Gesellschafter eine homogene Gruppe bilden, an der sich der Informationsbedarf orientiert, zerfällt die Homogenität der Gesellschafter bei der abhängigen Tochtergesellschaft. Dem Mehrheitsgesellschafter stehen bei nicht 100-%igen Tochtergesellschaften die Minderheitsgesellschafter gegenüber. Sie werden auch außenstehende Gesellschafter genannt[131]. Für den Mehrheitsgesellschafter in Person der herrschenden Mutter hat die publizierte Rechnungslegung wenig Bedeutung. Denn sie stellt die Geschäftsleitung der Tochtergesellschaft und verfügt damit über direkte Informationsquellen[132]. Demgegenüber stehen die Minderheitsgesellschafter der Leitung und dem unternehmerischen Geschehen der Tochtergesellschaft grundsätzlich fern. Weil ihnen andere Informationsquellen kaum zugänglich sind, haben die Minderheitsgesellschafter der Tochter ein starkes Interesse an der publizierten Rechnungslegung. Dies gilt bei Tochter-AG und Tochter-GmbH gleichermaßen. Denn bei der abhängigen AG rückt der Mehrheitsaktionär de facto in den Innenbereich der AG. Nur die Minderheitsaktionäre stehen der AG nach wie vor als externe Publizitätsadressaten gegenüber. Bei der abhängigen GmbH verlieren die Minderheitsgesellschafter regelmäßig den Einfluß auf die Oberleitung. Auch sie nehmen gegenüber der GmbH eine fernerstehende, quasi externe Position ein[133]. Damit haben die Minderheitsgesellschafter einer nicht 100-%igen Tochtergesellschaft unabhängig von deren Rechtsform eine gesellschaftsferne Position als „outsider". An ihnen hat sich der Informationsbedarf zu orientieren. Hinzu kommen die Minderheitsgesellschafter des Mutterunternehmens. Da der Konzern eine Finanzierungs-, Erfolgs-, Risiko- und Haftungsgemeinschaft bildet, schlägt die Lage der Tochtergesellschaft auf die Muttergesellschaft durch. Dies begründet das Interesse der Muttergesellschafter. Und während der Mehrheitsgesellschafter über direkte Informationsquellen verfügt, können die Minderheitsgesellschafter des herrschenden Unternehmens nur auf die publizierte Tochterrechnungslegung zugreifen.

Damit sind die Minderheitsgesellschafter sowohl der abhängigen Tochtergesellschaft als auch der herrschenden Muttergesellschaft zusammen mit den Gläubigern der Tochtergesellschaft in besonderer Weise auf Informationen über die Tochter im Konzern angewiesen. Die Rechnungslegung der abhängigen Tochtergesellschaft ist deshalb am Informationsbedarf der Minderheitsgesellschafter und Gläubiger auszurichten. Gemeinsam sind sie die „Außenseiter"

---

131 Der Begriff der außenstehenden Gesellschafter hat sich in Deutschland eingebürgert, während man europaweit gerne von „freien" Aktionären spricht. Dazu *Wiedemann*-Gesellschaftsrecht, Band I, Seite 416.

132 Die Situation ist ähnlich der Information der Unternehmensleitung. Dazu oben unter A III 2 a.

133 *Hommelhoff*, ZIP 1983, Seite 383, 387. Zu den aufgrund des gesellschaftsvertraglichen Organisationsstatuts fernerstehenden GmbH-Gesellschaftern bereits oben unter A III 2 b (2).

der rechnungslegenden Tochtergesellschaft. Die veränderte Position der Minderheitsgesellschafter bewirkt diese Verschiebung der Bezugsgruppe.

b. Der Informationsbedarf bei der jeweiligen Konzernform

Der für die handelsrechtliche Rechnungslegung der Tochtergesellschaften maßgebliche Informationsbedarf der Gläubiger und der Minderheitsgesellschafter wird von der jeweiligen Konzernierungsform der Tochtergesellschaft beeinflußt. Dabei rückt für die fundierte Entscheidung über die Geschäftsbeziehungen zum Tochterunternehmen in unterschiedlichem Maß der Gesamtkonzern und dessen eigenständige Konzernbilanzierung in den Blickpunkt des Interesses. Es gilt für diese Konzernbilanzierung, daß sie die Einzelrechnungslegung auch hinsichlich ihrer Informationsfunktion nicht ersetzen kann und will[134].

(1) Der Informationsbedarf der Außenseiter bei der einfach faktischen Tochter

Bei der einfach faktisch konzernierten Tochtergesellschaft bleibt die wirtschaftliche Selbständigkeit grundsätzlich erhalten und der Vermögensstand wird absolut geschützt[135]. Konzernrechtliche Ausgleichsansprüche bestehen nur in Form des Nachteilsausgleichs der Tochter-AG nach §§ 311, 317 AktG. Die Außenseiter selbst haben grundsätzlich keine Ansprüche gegen das Mutterunternehmen. Die Ansprüche der Gläubiger richten sich ebenfalls grundsätzlich gegen die Tochter-AG bzw. die Tochter-GmbH, es sei denn sie werden zusätzlich vom Mutterunternehmen abgesichert. Und auch die Gewinn- und Dividendenansprüche der Minderheitsgesellschafter richten sich ausschließlich gegen die Tochtergesellschaft; nach deren Jahreserfolg bemessen sich Gewinn- und Dividendenausschüttung. Aufgrund dieses konzernrechtlichen Rahmens bleibt die jährliche Einzelrechnungslegung im Mittelpunkt des Interesses der Außenseiter. Denn sie sind allein an der einfach faktisch konzernierten Tochtergesellschaft „beteiligt"[136]. Der Konzernabschluß hingegen ist nur dann von Interesse, wenn die Gläubiger zusätzlich abgesichert wurden oder eine Liquiditätshilfe des Mutterunternehmens in Betracht kommt[137]. Damit ist das Interesse gegenüber der Einzelrechnungslegung der einfach faktisch konzernierten Tochtergesellschaft unverändert wie gegenüber der Einzelrechnungslegung einer unabhängigen Kapitalgesellschaft. Wie schon für die Ausschüttungsbemes-

---

[134] *Begründung RegE*, Rechnungslegung im Konzern, Vorbemerkung, BT-DS IV/171 Seite 241. Abgedruckt auch bei *Kropff*-Aktiengesetz, Seite 437.

[135] Zum konzernrechtlichen Schutz bei der einfach faktisch konzernierten AG: *Hommelhoff*-Konzernleitungspflicht, Seite 124 ff.; und zum Schutz bei der GmbH: *ders.*, a.a.O., Seite 247 f.; dazu auch oben unter I 2a.

[136] *Schildbach*-Konzernabschluß, Seite 41.

[137] So explizit auch *Schildbach*-Konzernabschluß, Seite 41 f. Ein differenziertes Bild ergibt sich hingegen für die Gläubiger und die Minderheitsgesellschafter auf der Ebene des Mutterunternehmens. Auch dazu *Schildbach*, a.a.O., Seite 42 ff.

sungsfunktion gilt dies für die Informationsfunktion der Rechnungslegung[138]. Der Informationsbedarf der Gläubiger und der Minderheitsgesellschafter geht dahin, daß die Außenseiter anhand der Informationen der publizierten Rechnungslegung eine eigenständige Beurteilung der wirtschaftlichen Lage der faktischen Tochtergesellschaft vornehmen und dann eine eigenverantwortliche vermögenswirksame Entscheidung über die künftigen geschäftlichen Beziehungen zum Tochterunternehmen treffen können[139]. Dies gilt insbesondere auch für die in- und ausländischen Anleger einer börsengängigen einfach faktisch konzernierten Tochtergesellschaft[140]. Damit haben die Gläubiger und die Minderheitsgesellschafter der einfach faktisch konzernierten Tochtergesellschaft denselben Informationsbedarf gegenüber der Rechnungslegung wie Gläubiger und Anleger einer unabhängigen Kapitalgesellschaft.

(2) Der Informationsbedarf der Außenseiter bei der Vertragstochter

Bei der vertraglich konzernierten Tochter-AG und der Tochter-GmbH rückt der Konzernabschluß stärker in den Mittelpunkt des Interesses. Aufgrund des Weisungsrechts der Konzernleitung erhält mit dem Interessenumbruch das Konzerninteresse den Vorrang[141]. Im Gegenzug gewährt das Konzernrecht den Außenseitern Ausgleichsansprüche gegen das herrschende Unternehmen. Die Minderheitsgesellschafter erhalten bei der AG nach § 304 AktG und bei der GmbH im Falle vertraglicher Vereinbarung eine garantierte Mindestdividende (fester Ausgleich) oder eine Dividende, die sich nach dem Gewinn der Muttergesellschaft richtet (variabler Ausgleich)[142]. Den Schutz der Gläubiger übernehmen die Ausgleichsansprüche nach §§ 302, 303 AktG, die bei der Tochter-GmbH entsprechend zu leisten sind. Für diese Verpflichtung zu Verlustausgleich oder Sicherheitsleistung im Insolvenzfall hat das herrschende Mutterunternehmen den gesamten Konzern zu mobilisieren, so daß die Bonität des Gesamtkonzerns entscheidend ist[143]. Deshalb richtet sich das Interesse der verbliebenen Minderheitsgesellschafter sowie der Gläubiger in starkem Maße auf die Mutter und damit auf die Konzernrechnungslegung, soweit diese als Informationsquelle verfügbar ist[144]. Die

---

138 Zur Ausschüttungsbemessung oben unter A I 2 a.

139 Der Informationsbedarf orientiert sich insoweit nach den oben unter A II 2 c gemachten Ausführungen nicht am Zweck der Rechenschaft durch die Rechnungslegung. Dennoch weist unter diesem Aspekt *Pausenberg*, WPg 1965, Seite 1, 2 darauf hin, daß die Rechnungslegung den Minderheitsaktionären die Beurteilung der Angemessenheit der Dividendenabführung ermöglichen muß.

140 Beispiele hierfür sind derzeit die T-Online-AG als Telkom-Tochter, die Infineon-AG als Siemens-Tochter oder die Heidelberger Druckmaschinen AG, deren Mehrheitsgesellschafterin die RWE AG (Essen) ist.

141 Dazu oben unter A I 2 b (1).

142 Die analoge Anwendung des § 304 AktG auf die vertraglich konzernierte GmbH wird von der herrschenden Meinung unter Hinweis auf die Möglichkeit einer vertraglichen Regelung bzw. der Anfechtung des Zustimmungsbeschlusses abgelehnt. Dazu *Hachenburg-Ulmer*, Anh. § 77 Rn. 211 ff.; oben unter A I 2 b (1)

143 *Schildbach*-Konzernabschluß, Seite 39.

144 vgl.: *Schildbach*-Konzernabschluß, Seite 39.

Regelung des § 264 Abs. 3 HGB zeigt, daß auch das Gesetz von einer gesteigerten Bedeutung des Konzernabschlusses für die vertraglich konzernierte Tochtergesellschaft ausgeht[145]. Nach dieser Vorschrift ist eine Tochterkapitalgesellschaft von den Bestimmungen über Inhalt, Prüfung und Offenlegung des Jahresabschlusses ausnahmsweise befreit, wenn das Tochterunternehmen in einen offengelegten konsolidierten Abschluß einbezogen ist. Zudem müssen die Gesellschafter der Befreiung zugestimmt haben (§ 264 Abs. 3 Nr. 1 HGB), und das Mutterunternehmen muß zur Verlustübernahme gegenüber den Gläubigern nach § 302 AktG verpflichtet oder freiwillig bereit sein (§ 264 Abs. 3 Nr. 2 HGB)[146]. Bei diesem Schutz der Gesellschafter und Gläubiger verzichtet das Gesetz auf die Einzelrechnungslegung der Tochtergesellschaft.

Aber auch wenn die Voraussetzungen des § 264 Abs. 3 HGB nicht vorliegen, ist das Informationsinteresse der Gesellschafter und Gläubiger verstärkt auf die Rechnungslegung der Mutter und des Gesamtkonzerns gerichtet. Durch die konzernrechtlichen Vorgaben verliert die Rechnungslegung der Vertragstochter wie schon bei der Ausschüttungsbemessung auch bei der Informationsfunktion an Bedeutung[147]. Immerhin richten sich die Ansprüche der Gläubiger zunächst stets gegen die Tochtergesellschaft selbst. Damit behält der Einzelabschluß wenigstens einen Teil seiner Bedeutung.

Entsprechendes gilt grundsätzlich auch für das Informationsinteresse der Außenseiter bei der qualifiziert faktisch konzernierten Tochtergesellschaft.

(3) Der Informationsbedarf der Gläubiger bei der eingegliederten AG

Nach Ausscheiden der Minderheitsaktionäre orientiert sich der Informationsbedarf hinsichtlich des Einzelabschlusses an den Gläubigern der eingegliederten AG. Deren Bedarf wird durch die gesamtschuldnerische Mithaftung der Haupt- und Muttergesellschaft für Verbindlichkeiten der Tochter-AG nach § 322 AktG bestimmt. Über die wirtschaftliche Lage und die Bonität der Muttergesellschaft geben deren Jahresabschluß sowie der konsolidierte Abschluß als der Abschluß aller im Machtbereich des Mutterunternehmens stehenden Tochterunternehmen Auskunft. Aufgrund der Gesamtschuld ist das Interesse der Gläubiger an der Rechnungslegung des Mutterunternehmens sowie an der des Gesamtkonzerns zumindest gleich stark wie das Interesse an der Einzelrechnungslegung der eingegliederten AG.

---

145 Eine Umsetzung des entsprechenden Wahlrechts aus Art. 57 der 4. Bilanzrichtlinie in der Fassung nach Art. 43 der 7. Richtlinie erfolgte durch das KapAEG vom 20.4.1998 (BGBl. I, Seite 707). Vgl.: BR-DS 967/96 Seite 1 f.

146 Die Vorschrift geht auf die Regelung des Art. 43 der 7. Richtlinie zurück, die quasi die Regelung des Art. 57 der 4. Richtlinie übernahm.

147 Zur eingeschränkten Ausschüttungsbemessung der Vertragskonzerntochter oben unter A I 2 b (2).

4. Zusammenfassung

Die Informationsfunktion der Einzelrechnungslegung von Kapitalgesellschaften wird durch das true-and-fair-view-Prinzip der Generalnormen in §§ 264 Abs. 2 und 289 Abs. 1 HGB vorgegeben. Dabei hat sich die Rechnungslegung der abhängigen Kapitalgesellschaft am Informationsbedarf der Außenseiter zu orientieren. Zu deren Schutz wurde die publizierte Rechnungslegung konzipiert. In der abhängigen Kapitalgesellschaft verändert sich die Bezugsgruppe zur Ausrichtung des Informationsbedarfs: schutzbedürftige Außenseiter sind hier die Minderheitsgesellschafter sowohl des abhängigen als auch des herrschenden Unternehmens sowie die Gläubiger. Deren Informationsbedarf und damit auch die Informationsfunktion der Tochterrechnungslegung insgesamt wird - wie schon die Ausschüttungsbemessungsfunktion - von den konzernrechtlichen Regelungen je nach Konzernform unterschiedlich beeinflußt. Bei der einfach faktisch konzernierten Tochtergesellschaft ist das Interesse der Außenseiter an der Einzelrechnungslegung gegenüber der Rechnungslegung einer unabhängigen Kapitalgesellschaft grundsätzlich unverändert. Bei der qualifiziert faktischen Tochtergesellschaft und weitergehend noch bei der Vertragskonzerntochter rücken jedoch das herrschende Mutterunternehmen und damit der konsolidierte Konzernabschluß stärker in den Mittelpunkt des Interesses. Das Gesetz geht in der Regelung des § 264 Abs. 3 HGB im Vertragskonzern unter bestimmten Voraussetzungen sogar davon aus, daß die Einzelrechnungslegung der Tochter entbehrlich ist.

B. Die Funktionen der Konzernrechnungslegung

Nach Maßgabe der §§ 290 ff. HGB und §§ 11 ff. PublG sind Konzerne bzw. deren Mutterunternehmen zur Erstellung eines gesonderten Konzernabschlusses und eines Konzernlageberichts verpflichtet. Auch diese handelsrechtliche Konzernrechnungslegung hat verschiedene Funktionen:

I. Die Dokumentations- und die Ausschüttungsbemessungsfunktion

Die Konzernbuchhaltung des den Konzernabschluß erstellenden Mutterunternehmens hat die Maßnahmen bei der Erstellung des Konzernabschlusses zu dokumentieren[148]. Als Funktion der Konzernbuchführung interessiert die Dokumentation nicht näher[149].

---

[148] Zur Dokumentation sind die Anpassung der Einzelabschlüsse an die im Jahresabschluß des Mutterunternehmens geltenden Ansatz- und Bewertungsregeln (§§ 300, 308 HGB), die Währungsumrechnung ausländischer Tochterabschlüsse sowie die Durchführung der Konsolidierungsmaßnahmen so aufzuzeichnen, daß sie übersichtlich, vollständig und für Dritte jederzeit nachvollziehbar sind. Das gilt besonders in Bezug auf den Abschlußprüfer mit Hinblick auf § 317 Abs. 3 Satz 1 HGB.

Der Konzernabschluß hat keine Ausschüttungsbemessungsfunktion, da die Ausschüttungen an die Gesellschafter und den Fiskus allein durch die Einzelunternehmen erfolgen[150]. Denn der Konzern ist keine Rechtspersönlichkeit mit eigenen Rechten und Pflichten sondern lediglich eine Wirtschaftseinheit. Deshalb bedarf der Konzernabschluß auch nicht der Feststellung, er wird von der Konzernleitung nach § 337 AktG und § 42a GmbHG lediglich vorgelegt[151].

II. Die Informationsfunktion des Konzernabschlusses

Der handelsrechtliche Konzernabschluß und der ergänzende Konzernlagebericht haben ausschließlich Informationsfunktion[152]. § 297 Abs. 2 Satz 2 HGB gibt das inhaltliche Ziel der Information des Konzernabschlusses vor. Er hat unter Beachtung der GoB ein den tatsächlichen Verhältnissen entsprechendes Bild der Vermögens-, Finanz- und Ertragslage des Konzerns zu vermitteln[153]. Der Konzernlagebericht hat daneben nach § 315 HGB zumindest Geschäftsverlauf und Lage des Konzerns unter Einbeziehung der Risiken der künftigen Entwicklung so darzustellen, daß ein den tatsächlichen Verhältnissen entsprechendes Bild vermittelt wird. Die nach dem true-and-fair-view-Prinzip gestaltete Konzernrechnungslegung ist nach § 325 Abs. 3 HGB im Bundesanzeiger bekanntzumachen. Die Konzernrechnungslegung unterliegt damit der Bundesanzeigerpublizität, wie die Rechnungslegung großer Kapitalgesellschaften. Mit dieser Ausgestaltung der Publizität durch das BiRiLiG dient die Konzernrechnungslegung ausschließlich der Information der Publizitätsadressaten. Sie orientiert sich dabei wie die Einzelrechnungslegung nach aktienrechtlichem Vorbild am Informationsbedarf der Anleger und der Gläubiger, die dem Konzern und seinen Gesellschaften als outsider gegenüberstehen. Vorrangiger Zweck der derart ausgestalteten Informationsinstrumente ist es dann, den Marktteilnehmern eine eigenverantwortliche vermögensbezogene Entscheidung zu ermöglichen[154].

---

149 *Baetge*, Konzernbilanzen, Abschnitt 152.1 Seite 23; Die Konzernbuchführung dient auch der Sicherung der Urkundsbestände für Beweiszwecke; insbesondere in Hinblick auf die Straf- und Bußgeldvorschriften der §§ 331 und 334 HGB. Dies übersieht *Pellens*, in: *Busse von Colbe*, Lexikon des Rechnungswesens, Seite 321, weshalb eine Dokumentationsfunktion verneint wird.

150 *Baetge*, Konzernbilanzen, Abschnitt 152.2 Seite 25; *Pellens*, a.a.O., Seite 322.

151 *Coenenberg*, Jahresabschluß und Jahresabschlußanalyse, Seite 422.

152 *Großfeld*, NJW 1986, Seite 953, 959; *Schildbach*-Konzernabschluß, Seite 15.

153 Mit § 297 Abs. 2 HGB wurde Art. 16 Abs. 2, 3 und 4 der 7. Gesellschaftsrechtlichen EG-Richtlinie umgesetzt. § 13 Abs. 2 PublG verweist auf diese Vorschrift.

154 *von Caemmerer*, in: das Frankfurter Publizitätsgespräch, Seite 179 zu Publizitätsfragen im Konzernrecht. Diesem vorrangigen Zweck und der entsprechenden Ausgestaltung des konsolidierten Abschlusses steht es nicht entgegen, daß der Konzernabschluß in zunehmendem Maße für eine Vielzahl von Beteiligten eine wesentliche Grundlage für ihre Entscheidungen ist. Nach *Kropff*, in: FS für Claussen, Seite 659, 666 ff. dient der Konzernabschluß nicht nur den Anlegern und Gläubigern der Muttergesellschaft für ihr Vermögen betreffende Dispositionsentscheidungen, sondern auch der Verwaltung für Geschäftsführungsentscheidungen sowie den Kontrollorganen und dabei insbesondere dem Aufsichtsrat für Kontrollentscheidungen. Seit der

Dem Konzernabschluß liegt die Einheitstheorie zugrunde[155]. Im konsolidierten Konzernabschluß sind Vermögens-, Finanz- und Ertragslage der einbezogenen Unternehmen so auszuweisen, als ob sie ein einziges Unternehmen wären[156]. Deshalb erfolgt die Zusammenfassung der Einzelabschlüsse im Rahmen der Konsolidierung unter weitgehender Ausschaltung konzerninterner Beziehungen. Aufgrund dieser Konzeption sind Konzernabschluß und Konzernlagebericht eigenständige Informationsinstrumente. Sie orientieren sich am Gesamtkonzern bzw. am gesamten Konsoliderungskreis des Mutterunternehmens. Diese funktionale Eigenständigkeit steht im Gegensatz zur Ergänzungsfunktion des früheren aktienrechtlichen Konzernabschlusses. Dieser war konzeptionell ein erweiterter Mutterabschluß. Deshalb konnte der Gesetzgeber des AktG 1965 davon ausgehen, daß der Konzernabschluß über die Darstellung der Gesamtkonzernlage hinaus geeignet sei, „wertvolle Hinweise für die Beurteilung des einzelnen Konzernunternehmens zu liefern"[157]. Hinweise auf die einzelne Tochtergesellschaft gibt der konsolidierte Konzernabschluß nur ganz ausnahmsweise. Deshalb hat der konsolidierte Abschluß keine Ergänzungs- oder Kompensationsfunktion für die Einzelabschlüsse des Mutter- oder der Tochterunternehmen[158]. Informationen enthält zum einen ein Teilkonzernabschluß, den das Tochterunternehmen erstellt. Informationen kann auch ein Segmentbericht nach § 297 Abs. 1 Satz 2 HGB enthalten. Zur Segmentberichterstattung sind börsennotierte Muttergesellschaften verpflichtet. Im Spartenkonzern sind die Einzelunternehmen in verschiedenen Segmenten tätig. Soweit ein Tochterunternehmen als einziges Konzernunternehmen in einem bestimmten Segment tätig ist, enthält ein zu erstellender Segmentbericht wichtige Informationen über dieses Tochterunternehmen. Von diesen Ausnahmen abgesehen ist die Konzernrechnungslegung aber gerade nicht darauf angelegt, über

---

Änderung des § 171 Abs. 1 Satz 1 AktG durch das KonTraG hat der Aufsichtsrat auch die Konzernrechnungslegung zu prüfen. Diese ist insoweit Grundlage der Überwachungstätigkeit des Aufsichtsrates. Zur Neuerung: *Hommelhoff/Mattheus*, AG 1998, Seite 249, 252.

155 Die konzernbilanzielle Einheitstheorie geht von einer einheitlichen Interessenlage von Mehrheits- und Minderheitsgesellschafter aus, so daß die Minderheitsgesellschafter nicht als Konzernaußenstehende betrachtet werden und ihr Anteil am Konzern nicht abgespalten wird. Dem steht die Interessentheorie gegenüber, die das entgegenstehende Interesse der Minderheitsgesellschafter betont. Dazu *A/D/S*-Teilband 3, Vorbem. §§ 290 ff. Rn. 18 ff. Zum geringen Unterschied von Einheitstheorie und der neueren Variante der Interessentheorie mit Vollkonsolidierung: *Baetge*, Konzernbilanzen, Abschnitt 133.3 Seite 13 ff.

156 So explizit Art. 26 Abs. 1 der 7. Richtlinie sowie der darauf beruhende § 297 Abs. 2 Satz 2 HGB, dazu *Großfeld*, a.a.O.

157 *Begründung RegE* zur Rechnungslegung im Konzern, BT-DS IV/171, Seite 241. Abgedruckt bei *Kropff*-Aktiengesetz, Seite 437. Aus dieser Begründung wird teilweise ein Kompensationszweck hergeleitet. Dazu *Baetge*, Konzernbilanzen, Abschnitt 152.4, Seite 29 ff. Ablehnend jedoch *Schruff*, Einflüsse der 7. EG-Richtlinie auf die Aussagefähigkeit des Konzernabschlusses, Seite 43 f. In ähnliche Richtung geht die Diskussion um die Ergänzungsfunktion der 7. Richtlinie.

158 Abweichend wird teilweise in der Informationsfunktion des Konzernabschlusses eine besondere Kompensationsfunktion gesehen, weil der Konzernabschluß nicht nur die Lage der erfaßten Einheit darstellen, sondern auch die Einzelabschlüsse ergänzen und deren Informationsdefizite ausgleichen und kompensieren soll. Dazu ausführlich: *Baetge*, Konzernbilanzen, Seite 28 ff.

einzelne Unternehmen und deren Anteil am Konzernerfolg zu berichten. Insbesondere in großen Konzernen sind deshalb keine Informationen über ein einzelnes Tochterunternehmen in der Konzernrechnungslegung zu erlangen.

Soweit die Publizitätsadressaten - insbesondere der einfach faktisch konzernierten Tochtergesellschaft - an der Wirtschaftslage der einzelnen Tochter interessiert sind, sind sie funktional auf deren Einzelrechnungslegung angewiesen.

C. Die EG-rechtlichen Zielsetzungen für die Rechnungslegung der Kapitalgesellschaft

Mit dem BiRiLiG wurde das Recht der Rechnungslegung von Kapitalgesellschaften an die 4., 7. und 8. gesellschaftsrechtliche EG-Richtlinie und deren Vorgaben angeglichen. Das harmonisierte Bilanzrecht der Kapitalgesellschaften ist seitdem in seinem EG-rechtlichen Kontext zu sehen. Die handelsrechtliche Einzelrechnungslegung dient über ihre Informationsfunktion in erster Linie dem Schutz der Minderheitsgesellschafter und der Gläubiger. Diese Zielsetzung ist schon in der Richtliniengrundlage des Art. 44 Abs. 2 lit. g EGV (vormals Art. 54 Abs. 3 lit. g EGV) vorgegeben. Um den Schutz der Außenseiter in der Rechnungslegung der konzernabhängigen Kapitalgesellschaft konzeptionell zu erhellen und gegebenenfalls den Informationsbedarf zu präzisieren, ist der gemeinschaftsrechtliche Hintergrund mit seinen Vorgaben und Zielsetzungen zu untersuchen. Die EG-rechtlichen Zielsetzungen umfassen sowohl die Ziele des EG-Vertrages selbst, als auch die Ziele der danach erlassenen Richtlinien[159].

I. Der Inhalt und die Ziele der umgesetzten Bilanzrichtlinien

Die Koordinierung des Gesellschaftsrechts erfolgte auf Grundlage des Art. 44 Abs. 2 lit. g EGV durch zahlreiche Richtlinien als sekundäres Gemeinschaftsrecht (Art. 249 Abs. 3 EGV). Nachfolgend sind die mit dem BiRiLiG umgesetzten Bilanzierungsrichtlinien zu erörtern.

1. Die Vierte Richtlinie - 78/660/EWG (Jahresabschlußrichtlinie)

Die nach 13-jähriger Beratung am 25. Juli 1978 verabschiedete Vierte gesellschaftsrechtliche Richtlinie[160] dient nach eigenem Bekundem der „Koordinierung der einzelstaatlichen Vor-

---

159 Im folgenden ist dann, wenn auf den EG-Vertrag Bezug genommen wird, von EG-Recht und nicht von Europarecht die Rede, weil das Europarecht umfassender zu verstehen ist und auch europäische Rechtsentwicklungen erfaßt, die außerhalb der Institutionen der Europäischen Union stattfinden. Ebenso: *Kirchner*, in: FS für Moxter, Seite 601, 604.

160 ABl. EG Nr. L 222 vom 14.8.1978, S. 11 ff; abgedruckt auch bei *Lutter*, Europäisches Unternehmensrecht, Seite 147 ff.

schriften über die Gliederung und den Inhalt des Jahresabschlusses und des Lageberichts sowie über die Bewertungsmethoden und die Offenlegung dieser Unterlagen, insbesondere bei der Aktiengesellschaft und der Gesellschaft mbH ..." [161]. Sie regelt damit die jährliche Einzelrechnungslegung aller Kapitalgesellschaften in den Mitgliedstaaten.

a. Der Regelungsinhalt der Vierten Richtlinie

Die Vierte Richtlinie bestimmt in Art. 1 und Art. 2, daß alle Kapitalgesellschaften der Mitgliedstaaten einen Jahresabschluß zu erstellen haben, der aus Bilanz, Gewinn- und Verlustrechnung und Anhang besteht. Nach Art. 2 Abs. 3 hat dieser Jahresabschluß ein den tatsächlichen Verhältnissen entsprechendes Bild der Vermögens-, Finanz- und Ertragslage der Gesellschaft zu vermitteln. Inhaltlich regelt die Vierte Richtlinie in diesem Sinne die materielle Publizität, das heißt den Inhalt der offenzulegenden Angaben, die in den verschiedenen Teilen der handelsrechtlichen Rechnungslegung der Kapitalgesellschaft zu machen sind (Art. 9 bis 46)[162]. Überdies trift die Richtlinie Bestimmungen zu Prüfung (Art. 51) und Offenlegung (Art. 47 bis 50). Für die Form der Offenlegung im Sinne der formellen Publizität verweist Art. 47 Abs. 1 auf das bereits durch die Publizitätsrichtlinie (Erste gesellschaftsrechtliche Richtlinie - 68/151/EWG[163]) vorgesehene Verfahren.

Ziel der Richtlinie war es ausweislich der Erwägungsgründe ihrer Präambel, „die Vergleichbarkeit und die Gleichwertigkeit der in den Jahresabschlüssen gemachten Angaben zu gewährleisten"[164]. Auf diese Weise sollte im Bereich des Bilanz- und Rechnungslegungsrechts der von der Ermächtigungsgrundlage des Art. 44 Abs. 2 lit. g EGV geforderte Schutz der Gesellschafter und Dritter verwirklicht werden. Die Umsetzung der EG-vertraglichen Ziele des Schutzes der Gesellschafter und Dritter durch die Richtlinienziele von Gleichwertigkeit und Vergleichbarkeit machen es erforderlich, die Bedeutung dieser Begriffe vorab zu klären.

b. Die begriffliche Bedeutung von Gleichwertigkeit und Vergleichbarkeit

Es fragt sich, ob die Begriffe „Gleichwertigkeit" und „Vergleichbarkeit" synonym zu verstehen sind. Ausgangspunkt der Überlegungen ist der Wortlaut der Ermächtigungsnorm (Art. 44 Abs. 2 lit. g EGV). Diese Ermächtigungsgrundlage spricht lediglich von der Gleichwertigkeit

---

161 Präambel der 4. Richtlinie (78/660/EWG), Erwägungsgrund 1.

162 Erläuterungen der Bundesregierung zum Entwurf einer Vierten Richtlinie, BT-DS VI/2875, Seite 16 sowie *Timmermans*, RabelZ 1984, Seite 1, 21. Zur materiellen Publizität als Aspekt der Informationsfunktion der Rechnungslegung bereits oben unter A II FN 86.

163 ABl. EG Nr. L 65 vom 14.3.1968; abgedruckt auch bei *Lutter*, Europäisches Unternehmensrecht, Seite 104 ff.; die formelle Publizität besteht im Kern aus zwei Elementen: aus der Hinterlegung in einem öffentlichen Register und der Bekanntmachung zumindest eines Vermerks hierüber. Vgl.: *Niessen*, RabelsZ 1984, Seite 81, 87.

der Schutzbestimmungen für Gesellschafter und Dritte durch die Koordination bzw. Angleichung des Gesellschaftsrechts durch entsprechende Richtlinien. Diese ausschließliche Nennung der Gleichwertigkeit ist vor dem Hintergrund des Art. 249 Abs. 3 EGV zu sehen. Danach sind Richtlinien lediglich in ihren Zielen, nicht aber hinsichtlich der Wahl der Form und der Mittel für die Mitgliedstaaten verbindlich. Die nationalen Gesetzgeber haben damit einen Gestaltungsspielraum, der durch die Gleichwertigkeit des Ergebnisses determiniert ist. Die Gleichwertigkeit ist insoweit im Zusammenhang mit der Wettbewerbsgleichheit in der EG zu sehen. Für die Bilanzrichtlinien besagt sodann die 4. Richtlinie, es sei erforderlich, „daß hinsichtlich des Umfangs der zu veröffentlichenden finanziellen Angaben in der Gemeinschaft gleichwertige rechtliche Mindestbedingungen für miteinander im Wettbewerb stehende Gesellschaften hergestellt werden“[165]. Damit setzt sich die Gleichwertigkeit des angeglichenen Rechts in der Gleichwertigkeit der danach erstellten Rechnungslegung der Kapitalgesellschaften fort[166]. Gleichwertigkeit ist damit als materielle Gleichwertigkeit der nach angeglichenem Recht erstellten Rechnungslegung zu verstehen. Jeder Jahresabschluß muß ein den tatsächlichen Verhältnissen entsprechendes Bild der Vermögens-, Finanz- und Ertragslage der Gesellschaft vermitteln[167]. Dieser materielle Sinngehalt von „Gleichwertigkeit“ ergibt sich auch aus dem Gebrauch dieses Terminus in Art. 11 Abs. 1b der 7. Richtlinie (83/349/EWG)[168], der durch § 292 Abs. 1 und Abs. 3 HGB umgesetzt wurde; danach ist ein nicht-mitgliedstaatlicher Konzernabschluß für ein EG-Mutterunternehmen befreiend, wenn der nicht-mitgliedstaatliche Abschluß materiell gleichwertig ist[169].

Die Besonderheit der Jahresabschlußrichtlinie besteht nun darin, daß sie mit der detaillierten Vorgabe der Gliederungsschemata für die Bilanz in Artikeln 9 und 10 und für die Gewinn- und Verlustrechnung in Artikeln 22 - 26 der 4. Richtlinie eine genaue Reihenfolge der Posten und damit der Form der Angaben vorschreibt. Dadurch wird gerade auch eine einheitliche Terminologie vorgegeben[170]. Durch die weitreichenden formalen Vorgaben für die jährliche Rechnungslegung der Kapitalgesellschaften kommt der Aspekt der formellen Vergleichbarkeit

---

164 Präambel der 4. Richtlinie (78/660/EWG), Erwägungsgrund 6.

165 Präambel der 4. Richtlinie (78/660/EWG), Erwägungsgrund 3.

166 *Kirchner*, in: FS für Moxter, Seite 601, 616 zieht daraus jedoch den Schluß, daß die Gleichwertigkeit der Schutzvorschriften nur als Auftrag an die Gesetzgeber zu verstehen sei; die Gleichwertigkeit sei kein relevantes Auslegungskriterium für das harmonisierte nationale Recht.

167 Diese Vorgabe gibt schon die Präambel der 4. Richtlinie, in Erwägungsgrund 4; eine verbindliche Vorschrift enthält dann Art. 2 Abs. 3 der 4. Richtlinie.

168 ABl. EG Nr. L 193 vom 18.7.1983, Seite 1 ff.

169 Zum materiellen Informationsgehalt und zur bewußten Wortwahl der „Gleichwertigkeit“: *Niessen*, RabelsZ 1984, Seite 81, 112.

170 Dies betont auch die Erläuterung der Bundesregierung zum Entwurf einer Vierten Richtlinie, BT-DS VI/2875, Seite 16.

ins Spiel. Diese formelle Vergleichbarkeit der Rechnungslegung steht eigenständig neben deren materieller Gleichwertigkeit. Denn die EG-weit zwingend vorgeschriebenen Gliederungsschemata, die vereinheitlichte Terminologie und der Angabenkatalog für den Anhang sollen nicht nur einen materiell-inhaltlichen Vergleich des Aussagegehalts der Rechnungslegung ermöglichen; sie sollen auch einen rein formalen Vergleich der Einzelposten im Sinne formeller Vergleichbarkeit möglich machen[171]. Die Vergleichbarkeit sichert damit die Gleichwertigkeit der Rechnungslegung formal ab, da die Gliederungen für die Zahlen der Bilanz und der Gewinn- und Verlustrechnung als standardisierte Zeichen bei einheitlicher Terminologie europaweit leicht verständlich sind[172].

c. Die Gleichwertigkeit und Vergleichbarkeit als Richtlinienziel

Um das in der Präambel formulierte Ziel der Vierten Richtlinie von materieller Gleichwertigkeit und formeller Vergleichbarkeit der in den Jahresabschlüssen gemachten Angaben greifbar zu machen, sind die Ansätze zur Umsetzung der gesetzten Ziele und der dahinterstehende Schutz der Gesellschafter und Dritter zu erörtern[173]:

(1) Die Ansätze zur Schaffung von Gleichwertigkeit und Vergleichbarkeit

Die Zielvorgabe von Gleichwertigkeit und Vergleichbarkeit für Inhalt und Form der Rechnungslegung von Kapitalgesellschaften ist in zahlreichen Vorschriften angelegt und entsprechend umgesetzt. Dabei dienen Vorgaben zur Vergleichbarkeit stets auch der materiellen Gleichwertigkeit der Rechnungslegung, so daß eine Abgrenzung schwierig sein kann. Beiden Zielen dient die bereits genannte einheitliche Vorgabe der Gliederungsschemata für Bilanz und GuV[174]. Die Vorgabe sichert zudem eine einheitliche Terminologie sowie eine einheitliche Verteilung der Angaben auf die einzelnen Rechnungslegungsinstrumente und damit deren übereinstimmende Aufgabenzuteilung. Daneben wurden einheitliche Bewertungsmethoden vorgegeben und die gleichbleibende Bewertung in einem Unternehmen über mehrere Jahre hinweg durch die Bewertungsstetigkeit abgesichert (Art. 31 Abs. 1b der 4. Richlinie). Die formelle Stetigkeit (Art. 3) sichert die gleichbleibende Darstellung der Angaben in der Rech-

---

171 Diese Vergleichbarkeit ist für die Konzernrechnungslegung neuerdings durch den Rückgriff auf die IAS gefährdet. Dazu *Hommelhoff*, RabelsZ 1998, Seite 381, 392 ff.

172 *Großfeld*, Bilanzrecht, Rn. 403; *Timmermans*, RabelsZ 1984, Seite 1, 23.

173 Vgl. zur Zielsetzung den Wortlaut der Präambel der 4. Richtlinie (78/660/EWG), Erwägungsgrund 6.

174 Bei der GuV stellte Art. 22 der Vierten Richtlinie vier Gliederungen zur Wahl, die zwar nicht vergleichbar aber doch gleichwertig sind. Davon eröffnet das BiRiLiG den Gesellschaften die Wahl zwischen dem Gesamtkostenverfahren nach § 275 Abs. 2 HGB und dem Umsatzkostenverfahren nach § 275 Abs. 3 HGB; beide Gliederungen sind gleichwertig und gehen auf Art. 23 und Art. 25 der Richtlinie zurück.

nungslegung eines Unternehmens[175]. Schließlich wurde das Richtlinienziel der Gleichwertigkeit in Art. 2 Abs. 3 der 4. Richtlinie als kodifizierte Zielvorgabe formuliert. Nach Vorbild des angelsächsischen Grundsatzes des „true-and-fair-view" hat der Jahresabschluß folgliche selbst das getreue Bild der Vermögens-, Finanz- und Ertragslage zum Ziel[176]. Eine entsprechende Zielsetzung formuliert Art. 46 Abs. 1 für den Lagebericht der Kapitalgesellschaft.

(2) Der Schutz durch Gleichwertigkeit und Vergleichbarkeit

Die gleichwertige und vergleichbare Rechnungslegung aller Kapitalgesellschaften der Mitgliedstaaten soll nach Art. 44 Abs. 2 lit. g EGV die Gesellschafter und Dritte schützen. Die Angleichung der publizitätspflichtigen Rechnungslegung schien erforderlich, weil Gesellschafter und Dritte aufgrund der Haftungsbeschränkung durch die häufig europaweite Tätigkeit der Kapitalgesellschaften gefährdet sind[177]. Der Schutz soll nach dem Vorbild der aktienrechtlichen Konzeption durch die Offenlegung der Information in einem öffentlich zugänglichen Register erreicht werden[178]. Den Gesellschaftern und Dritten soll EG-weit eine Grundlage für ihre eigenverantwortliche Vermögensentscheidung an die Hand gegeben werden. Die Bilanzrichtlinien wollen so den grenzüberschreitenden Wirtschaftsverkehr im Gemeinsamen Markt fördern und rechtliche Mindestbedingungen für den Wettbewerb schaffen[179]. Dabei ist die Publizität in Form der Offenlegung ein bewährtes Mittel, um die grenzüberschreitend Beteiligten vor unangenehmen Überraschungen hinsichtlich des Bestandes oder der Kreditwürdigkeit der Gesellschaft zu schützen[180]. Aufgrund dieser Konzeption regelt die 4. Richtlinie nur die Information in der Rechnungslegung, nicht hingegen die Ausschüttungsbemessung. Deshalb findet in den vorgegebenen Gliederungen für Bilanz und GuV die Ergebnisverwendung keinen Niederschlag. Den Mitgliedstaaten wurde in Art. 6 eine entsprechende Anpassung in den Gliederungen gestattet; die inhaltliche Regelung der Ergebnisverwendung stand den einzelnen Mitgliedstaaten jedoch offen[181]. Durch die Vorgabe der Bewertungsmethoden wurde die Ausschüttungsbemessung in Form der gläubigerschützenden

---

175 *Müller*, Stetigkeitsprinzip im neuen Bilanzrecht, Seite 31 m.w.N.; die materielle Stetigkeit oder Bewertungsstetigkeit wurde in § 252 Abs. 1 Nr. 6 HGB umgesetzt; die formelle Stetigkeit umfaßt die Bilanzidentität sowie die Bezeichnungs-, Gliederungs- und Ausweisstetigkeit. *Leffson*-GoB, Seite 432 ff.

176 Zum true-and-fair-view-Prinzip als Ziel der materiellen Publizität bereits oben unter A II 1.

177 Zur Erforderlichkeit der Angleichung der Rechnungslegung vgl. Präambel der 4. Richtlinie (78/660/EWG), Erwägungsgrund 2.

178 Für die Offenlegung verweist Art. 47 der 4. Richtlinie auf das Verfahren der 1. Richtlinie (Publizitätsrichtlinie - 68/151/EWG).

179 *Hommelhoff*, RabelsZ 1998, Seite 381, 392.

180 *Timmermans*, RabelsZ 1984, Seite 1, 21.

181 Falls die Angaben nicht im Jahresabschluß erfolgen, ist die Ergebnisverwendung nach Art. 50 der 4. Richtlinie offenzulegen. Dazu: *Niessen*, in: FS für Everling, Band II, Seite 971, 989.

Ausschüttungssperre durch Bewertungsobergrenzen für Vermögensgegenstände und Bewertungsuntergrenzen für Schulden lediglich mittelbar mitgeregelt[182].

Das Schutzkonzept von Gleichwertigkeit und Vergleichbarkeit soll ein angeglichenes Informationsniveau in der Rechnungslegung als Entscheidungsgrundlage für die außenstehenden Marktteilnehmer erreichen. Dazu sollen Gleichwertigkeit und Vergleichbarkeit der dargestellten Wirtschaftslage den Vergleich zwischen Kapitalgesellschaften verschiedener Rechtsformen, in den verschiedenen Mitgliedstaaten und in verschiedenen Geschäftsjahren (intertemporär) ermöglichen[183]. Das Ziel der Gleichwertigkeit der Rechnungslegung zwischen den Mitgliedstaaten ist dabei kritisch zu hinterfragen. Denn die verschiedenen Wahlmöglichkeiten in der Richtlinie konnten die Unterschiedlichkeit der Publizitätskonzepte beispielsweise Englands und Deutschlands nicht beseitigen. Immerhin ist das Ziel der Gleichwertigkeit aber für die handelsrechtliche Rechnungslegung nach dem HGB fruchtbar zu machen. Erreicht wurde die Gleichwertigkeit der Rechnungslegung von AG und GmbH. Dazu wurde in Deutschland die Informationsfunktion des Jahresabschlusses insbesondere der GmbH verstärkt[184]. Für die Rechnungslegung der konzernabhängigen Tochtergesellschaft ist der Vergleich mit der unabhängigen Einzelgesellschaft zu ermöglichen. Gleichwertigkeit und Vergleichbarkeit beziehen sich damit auch auf die Rechnungslegung von konzernabhängigen gegenüber selbständigen Kapitalgesellschaften. Materielle Gleichwertigkeit ist zum Schutz der Minderheitsgesellschafter und Gläubiger in der EG erreicht, wenn die autonome Entscheidung zwischen der Eingehung von Geschäftsbeziehungen oder der Anlage bei der Tochtergesellschaft oder bei einer unabhängigen Einzelgesellschaft ermöglicht wird. Deshalb haben konzerngebundene Gesellschaften Sonderangaben über Anteile, Forderungen und Verbindlichkeiten zu verbundenen Unternehmen zu machen, um Transparenz in den Beziehungen des bilanzierenden Unternehmens zu anderen Konzernunternehmen zu schaffen[185]; ergänzend wurde in der 7. Richtlinie der Konzern- bzw. Teilkonzernabschluß als Informationsinstrument

---

182 Dadurch wurde auch die Beibehaltung der Verknüpfung der Handels- mit der Steuerbilanz über die Bindung der Ermittlung des steuerrechtlichen Gewinns an die handelsrechtlichen GoB nach dem Grundsatz der Maßgeblichkeit nach § 5 Abs. 1 EStG ermöglicht. Einen EG-weiten Überblick über die Länder, die ihre steuerrechtlichen Gewinnermittlungsvorschriften an das Handelsrecht binden („connection") und die Länder die dies nicht tun („disconnection") gibt *Kloos*, Die Transformation der Bilanzrichtlinie in den Mitgliedstaaten der EG, Seite 59 ff.

183 Zum Zeit- oder Periodenvergleich sowie zum zwischenbetrieblichen Vergleich: *Kloos*, Die Transformation der Bilanzrichtlinie in den Mitgliedstaaten der EG, Seite 41 ff.; *Leffson*-GoB, Seite 427; *Müller*, Stetigkeitsprinzip im neuen Bilanzrecht, Seite 6 ff.

184 Die generelle Offenlegungspflicht wurde für die GmbH erst durch das BiRiLiG geschaffen. Davor bestand die Offenlegungspflicht nur für die AG und für große GmbHs nach dem PublG. Vgl.: *Busse von Colbe/Ordelheide*, Seite 31.

185 Ziel der Sonderposten ist die Transparenz der Beziehungen zu verbundenen Unternehmen. Dazu *Niessen*, in: FS für Everling, Band II, Seite 971, 988.

eingeführt[186]. Die Transparenz der Konzernverbindung soll Gleichwertigkeit und Vergleichbarkeit erreichen und Wettbewerb ermöglichen. In Hinblick auf die anlegenden Minderheitsgesellschafter dient die Offenlegung der gleichwertigen und vergleichbaren Rechnungslegung der Tochtergesellschaft auch dem Streben nach einem europäischen Kapitalmarkt[187]. Dies gilt insbesondere für die börsengängige Tochtergesellschaft.

2. Die Siebente Richtlinie - 83/349/EWG (über den konsolidierten Abschluß)

Die Siebente Richtlinie regelt Erstellung und Offenlegung des konsolidierten Abschlusses als des Jahresabschlusses von Unternehmensgruppe und Konzern[188]. Nach der Präambel sollen „damit die Informationen über die finanziellen Verhältnisse dieser Unternehmenszusammenschlüsse zur Kenntnis der Gesellschafter und Dritter gebracht werden"[189]. Der konsolidierte Abschluß hat ausschließlich Informationsfunktion und dient dadurch dem Schutz der Gesellschafter, der Gläubiger und sonstiger Dritter[190].

a. Der Inhalt der Siebenten Richtlinie

Die Siebente Richtlinie regelt den Inhalt des konsolidierten Abschlusses nach dem Vorbild der Vierten Richtlinie. Geregelt sind die Voraussetzungen für die Aufstellung eines konsolidierten Abschlusses durch ein Mutterunternehmen (Artt. 1 bis 15) sowie die Art und Weise der Aufstellung und der Konsolidierungsmaßnahmen (Artt. 16 - 35). Dabei verweisen Art. 17 für die Gliederungen von konsolidierter Bilanz und GuV und Art. 29 für die Bewertung auf die Vorschriften der Vierten Richtlinie. Vorgeschrieben sind auch Prüfung (Art. 37) und Offenlegung (Art. 38) des konsolidierten Abschlusses. Der Terminus „konsolidierter Abschluß" (consolidated accounts) wurde gewählt, um einer seinerzeit geplanten späteren Angleichung des Konzernrechts nicht vorzugreifen[191].

---

186 In Hinblick auf die Informationen des Konzernabschlusses und um nicht der geplanten 9. Konzernrechtsrichtlinie vorzugreifen wurden nur wenige Sonderangaben für verbundene Unternehmen vorgeschrieben. Denn bislang sind nur dem faktischen Konzern vergleichbare Formen in allen Mitgliedstaaten möglich und bei diesen Formen sind die Eingriffsmöglichkeiten auf der Ebene der Tochtergesellschaft geringer, so daß umfangreiche Sonderangaben zur Transparenz nicht nötig schienen.

187 *Hommelhoff*, ZGR 2000, Seite 748, 750; *Kloos*, Gerhard: Die Transformation der Bilanzrichtlinie in den Mitgliedstaaten der EG, Seite 43 ff.; *Timmermans*, a.a.O., Seite 23.

188 ABl. EG Nr. L 193 vom 18.7.1983, S. 1 ff; abgedruckt auch bei *Lutter*, Europäisches Unternehmensrecht, Seite 211 ff.

189 Präambel der 7. Richtlinie, Erwägungsgrund 1.

190 *Pellens*, in: *Busse von Colbe*, Lexikon des Rechnungswesens, Seite 322; *A/D/S*-Teilband 3, Vorb. zu §§ 290 - 315, Rn. 15 ff.; *Baetge*, Konzernbilanzen, Seite 25 ff., der in der Information Rechenschafts-, Kapitalerhaltungs- und Kompensationselemente unterscheidet.

191 *Niessen*, RabelZ 1984, Seite 81, 91.

b. Die Ziele der Siebenten Richtlinie

Ziel dieser Angleichung der nationalen Vorschriften über die Konzernabschlüsse war, in Fortführung der 4. Richtlinie die Gleichwertigkeit und Vergleichbarkeit der Informationen zum Schutz der Gesellschafter und sonstiger Dritter zu verwirklichen[192]. Dabei stand zunächst die Ergänzung der Einzelabschlüsse von Konzerngesellschaften nach der Vierten Richtlinie im Vordergrund, damit diese Einzelabschlüsse ergänzt um den Konzernabschluß eine mit den Einzelabschlüssen selbständiger Kapitalgesellschaften gleichwertige und vergleichbare Information liefert[193]. Mit dieser Ergänzungsfunktion des Konzernabschlusses war das ursprüngliche Konzept eines Teilkonzernabschlusses auf jeder Stufe verbunden[194]. Diese Konzeption wurde jedoch aufgegeben und die Eigenständigkeit des Konzernabschlusses betont. Das Ziel der materiellen Gleichwertigkeit durch ein den tatsächlichen Verhältnissen entsprechendes Bild der Vermögens-, Finanz- und Ertragslage des Konzerns und der formellen Vergleichbarkeit erstreckt sich nunmehr in drei Richtungen: Es bezieht sich zum einen auf die Konzernabschlüsse untereinander, so daß Unternehmensgruppen untereinander vergleichbar sind. Zum zweiten bezieht es sich auf den Vergleich einer Unternehmensgruppe mit einem selbständigen Einzelunternehmen, so daß die jeweils am Markt auftauchenden wirtschaftlichen Einheiten - sei es als Konzern, sei es als Einzelunternehmen - vergleichbar sind[195]. Dabei ist die Gleichwertigkeit durch den Einzelabschluß selbst zu erreichen, da der Konzernabschluß keine Ergänzungsfunktion hat. Anders war nur die Konzeption des ursprünglichen Vorschlags der Siebenten Richtlinie[196]. Denn zunächst bestand kein Zweifel, daß der Einzelabschluß eines konzernierten Unternehmens nicht ausreicht, um einen getreuen Einblick in die Lage dieser Gesellschaft zu geben, deren Geschick mit dem des Konzerns eng verknüpft ist[197]. Aufgrund des Konzeptionswechsels ist die Präambel der verabschiedeten Fassung an der entsprechenden Stelle nicht sehr präzise. Dennoch sind Gleichwertigkeit und Vergleichbarkeit zwischen zwei Einzelabschlüssen allein Gegenstand der Vierten Richtlinie[198]. Dem steht auch nicht entgegen, daß es die Präambel der Vierten Richtlinie es als wünschenswert

---

192 Präambel der 7. Richtlinie (83/349/EWG), Erwägungsgrund 1 Satz 4.

193 So ausdrücklich die Präambel des ursprünglichen Vorschlages einer 7. Richtlinie von 1976 in Erwägungsgrund 1 (vgl.: BR-DS 348/76). Dieser Text wurde nicht in die 7. Richtlinie übernommen.

194 Zu dieser Konzeption der Ergänzung der Information des Einzelabschlusses durch Teilkonzernabschlüsse im ursprünglichen Vorschlag: Begründung in BR-DS 348/76, Seite 14 f.

195 Vgl.: *Baetge*, Konzernbilanzen, Abschnitt 152.3, Seite 28.

196 Erwägungsgrund 1 der Präambel des ursprünglichen Vorschlags der 7. Richtlinie, ABl. EG Nr. C 121 vom 2.6.1976, Seite 2 ff.

197 Ausdrücklich *Begründung RegE*, BR-DS 348/76 Seite 9.

198 *Kirchner*, in: FS für Moxter, Seite 601, 607 rückt die Eigenständigkeit der 7. Richtlinie und des konsolidierten Abschlusses in den Vordergrund; eine Begründung dafür bleibt er schuldig.

bezeichnet, daß im Fall der Konzernzugehörigkeit einer Gesellschaft der Konzernabschluß offengelegt wird[199]. Der Konzernabschluß ist eigenständiges Informationsinstrument.

3. Die Achte Richtlinie - 84/253/EWG (Prüferbefähigungsrichtlinie)

Die Achte Richtlinie[200] regelt die Ausbildung, Zulassung und Überwachung der mit der Pflichtprüfung der Rechnungslegung betrauten Prüfer[201]. Diese Ergänzung der Prüfungspflichten aus der Vierten und Siebten Richtlinie war von Anfang an geplant[202]. Mit dieser Harmonisierung sollen die Ordnungsmäßigkeit der Rechnungslegung europaweit garantiert und so die Ziele der Vierten und Siebten Richtlinie abgesichert werden[203].

II. Die Zielsetzungen des EG-Vertrages

Die vorgestellten Richtlinien zum Recht der Rechnungslegung wurden auf der Grundlage des Artikel 44 Abs. 2 lit. g EGV[204] erlassen[205]. Diese Ermächtigungsgrundlage steht im Kapitel zum Niederlassungsrecht (Artt. 43 - 48 EGV). Dies ist für die erlassenen Bilanzrichtlinien von Bedeutung:

1. Die Niederlassungsfreiheit und weitere Ziele

Die Niederlassungsfreiheit ist die Freiheit der tatsächlichen Ausübung einer wirtschaftlichen Tätigkeit mittels einer festen Einrichtung in einem anderen Mitgliedstaat auf unbestimmte Zeit[206]. Sie ist die Freizügigkeit der Selbständigen sowie der Unternehmen und gehört zusammen mit der Freizügigkeit der unselbständigen Arbeitnehmer zum freien Personenverkehr[207]. Die Niederlassungsfreiheit stellt nicht nur die Freizügigkeit der selbständigen Einzelpersonen her, sondern auch die der Gesellschaften im Sinne des Art. 48 Abs. 2 EGV,

---

199 Präambel der 4. Richtlinie, Erwägungsgrund 9.

200 ABl. EG Nr. L 126 vom 12.5.1984, S. 20 ff; abgedruckt auch bei *Lutter*, Europäisches Unternehmensrecht, Seite 232 ff.

201 *Kübler*-Gesellschaftsrecht, § 18 I 4, Seite 243.

202 *Niessen*, in: FS für Everling, Band II, Seite 971.

203 Ausführlich zum Inhalt der Achten Richtlinie: *Niessen*, a.a.O., Seite 995 ff.

204 Vertrag zur Gründung der Europäischen Gemeinschaft, in der Fassung des Vertrages über die Europäische Union (Maastricht-Vertrag) - ABl. EG Nr. C 224 vom 31.8.1992, Seite 6.

205 Alle durch das BiRiLiG umgesetzten Bilanzrichtlinien stützen sich in ihren Präambeln ausdrücklich auf die Vorschrift des Art. 44 Abs. 2 lit. g EGV; zu den rechtlichen Konsequenzen der Entscheidung für diese Rechtsgrundlage: *Niessen*, RabelZ 1984, Seite 81, 84 f.

206 Zum Begriff: *Schweitzer/Hummer*, Europarecht, Rn. 1166 ff. (1172); *Randelzhofer*, in Grabitz/Hilf, KommEU, Art. 52 Rn. 1 ff.; HandkommEUV-*Hailbronner*, Art. 52 Rn. 3 ff.

207 Der freie Personenverkehr wiederum gehört neben dem freien Warenverkehr, dem freien Dienstleistungsverkehr und dem freien Kapital- und Zahlungsverkehr zu den vier grundlegenden EG-Freiheiten Zum freien Personenverkehr und den „vier Freiheiten“: *Troberg*, in Groeben/Thiesing/Ehlermann, KommEU, Vorbem. Art. 52, Rn. 1 ff.; *Randelzhofer*, in Grabitz/Hilf, KommEU, Vor Art. 52 Rn. 2 ff.

der alle Erwerbszwecke verfolgende Gesellschaften erfaßt[208]. Gesellschaften üben diese Freiheit insbesondere durch die Gründung von rechtlich selbständigen Tochtergesellschaften oder rechtlich unselbständigen Zweigniederlassungen und Agenturen aus[209].

Die gesellschaftsrechtlichen Richtlinien haben nach Ansicht des EuGH die Aufgabe, „eine Reihe von Bestimmungen in das Recht der Mitgliedstaaten einzufügen zu dem Zweck, Erleichterungen für den praktischen Gebrauch der Freiheit zu schaffen und auf diese Weise die wirtschaftliche und soziale Durchdringung auf dem Gebiet der selbständigen Erwerbstätigkeit innerhalb der Gemeinschaft zu fördern“[210]. Ziel der Niederlassungsfreiheit der erwerbswirtschaftlich tätigen Gesellschaften ist damit fortan das weitere praktische Voranschreiten der wirtschaftlichen und sozialen Durchdringung des Gemeinsamen Marktes durch sekundäre Niederlassungen und damit die weitere Gebrauchssteigerung dieser Freiheit.

Die Niederlassungsfreiheit dient der Realisierung des Europäischen Binnenmarktes als Raum ohne Binnengrenzen mit freiem Verkehr von Waren, Dienstleistungen, Personen und Kapital und damit als Vollendung des Gemeinsamen Markts (Artt. 3 lit. c und 14 Abs. 2 EGV). Der Europäische Binnenmarkt dient seinerseits den Hauptzielen der Gemeinschaft, die in Art. 2 EGV genannt werden[211]. Diese Hauptziele sollen dabei auch durch die Gebrauchssteigerung der Niederlassungsfreiheit erreicht werden.

2. Der Zweck des Art. 44 Abs. 2 lit. g EG-Vertrag

Zur Frage nach dem Zweck des heutigen Art. 44 Abs. 2 lit. g EGV ist zu klären, ob oder inwieweit das Ziel der Niederlassungsfreiheit durch das Ziel der Koordination der Schutzbestimmungen innerhalb der Vorschrift selbst begrenzt wird[212]. Dazu wurde teilweise behauptet,

---

[208] *Troberg*, in Groeben/Thiesing/Ehlermann, KommEU, Art. 58 Rn. 2 ff.; *Hakenberg*, Grundzüge des Europäischen Wirtschaftsrechts, Seite 109.

[209] Dies wird als Ausübung der sekundären Niederlassungsfreiheit bezeichnet. Dazu: *Randelzhofer*, in Grabitz/Hilf, KommEU, Art. 58 Rn. 17 ff. sowie *Troberg*, in Groeben/Thiesing/Ehlermann, KommEU, Art. 58 Rn. 9.

[210] EuGH Slg. 1974, S. 631 (651 f), Nr. 21/23 (Reyners-Entscheidung); *Kirchner*, in: FS für Moxter, Seite 601, 611.

[211] Eine Zielhierarchie des EGV nach dem Vertrag über die Europäische Union (Maastricht-Vertrag) stellt *Basedow*, in: FS für Everling, Seite 49 ff. auf: Die Hauptziele sind in Art. 2 EGV verankert, sie sollen durch die Unterziele der Tätigkeiten nach Art. 3 EGV erreicht werden, denen ihrerseits zahlreiche im Vertrag genannte Subunterziele dienen. Die Niederlassungsfreiheit ist nach dieser Einteilung ein Subunterziel des Unterzieles Binnenmarkt. Zu einer Zielhierarchie vor Maastricht vgl.: *Kloos*, Die Transformation der 4. EG-Richtlinie, S. 38 ff.

[212] Keine Rolle spielt der seit Inkrafttreten des EG-Vertrags am 1.1.1958 bestehende Streit, ob Richtlinien nach Art. 44 Abs. 2 lit. g EGV ausschließlich der Verwirklichung der Niederlassungsfreiheit dienen dürfen - das tun die Bilanzrichtlinien - oder daneben den anderen Grundfreiheiten. Die Auffassung, daß Richtlinien nur zur Verwirklichung der Niederlassungsfreiheit zulässig sind, vertreten heute noch HandKommEUV-*Hailbronner*, Art. 54 Rn. 23. Darstellung der Meinung auch bei *Lutter*, Europäisches Unternehmensrecht, Seite 10 sowie *Troberg*, a.a.O. Rn. 24. Nach Ansicht der Praxis dienten die Richtlinien auf dieser Grundla-

daß sich der Ausbau der Niederlassungsfreiheit und der Schutz der Gesellschafter und der Geschäftspartner komplementär gegenüberstehen[213]. Die Angleichung der Schutzbestimmungen wurde vor allem als Gegenstück zur Liberalisierung des Niederlassungsrechts gesehen. Denn eine Öffnung des jeweiligen inländischen Marktes für die Niederlassung ausländischer Gesellschaften war nur annehmbar, wenn deren Gesellschaftsstatut insbesondere den Gläubigern ausreichendem Schutz bot[214]. Mit der Angleichung des Schutzniveaus sollte zugleich ein „Delaware-Effekt" hinsichtlich der Wahl des Niederlassungslandes innerhalb der Gemeinschaft verhindert werden[215]. Andererseits sollten die gesellschaftsrechtlichen Richtlinien durch die Angleichung der Schutzbestimmungen in den Mitgliedsstaaten die Entwicklung der Niederlassungsfreiheit absichern, da eine weitere wirtschaftliche und soziale Durchdringung des Marktes durch die Gründung von Tochtergesellschaften, Niederlassungen und Agenturen nur durch das Vertrauen der Anleger und Kreditgeber ermöglicht wird[216]. Dieses Vertrauen der Anleger und sonstiger Dritter sollte bei Kapitalgesellschaften mit ihrer Haftungsbegrenzung in der Rechnungslegung durch Information und Transparenz erlangt oder gesteigert werden. Deshalb wurden im Bereich der Rechnungslegung Bestimmungen in das Recht der Mitgliedsstaaten eingefügt, die die Gleichwertigkeit und Vergleichbarkeit der Rechnungslegungsinformation gewährleisten und durch eine getreue Darstellung der wirtschaftlichen Lage der Kapitalgesellschaft das Vertrauen der Dritten sichern. Denn sowohl für den Anleger, der sich an einer Gesellschaft aus dem EG-Ausland beteiligen möchte, als auch für den EG-weit agierenden Kreditgeber ist es wichtig, gleichwertige und vergleichbare Informationen über die Kapitalgesellschaften zu erlangen[217]. Mit dem Schutz der Dritten werden zwangsläufig deren Freiheiten verwirklicht, so daß insbesondere die Freiheit des Kapitalverkehrs profitiert. Im Visier der Bestimmungen über die Rechnungslegung stand aber die Niederlassungsfreiheit der

---

ge zwar in erster Linie dem Niederlassungsrecht, aber daneben auch den übrigen Freiheiten. Dazu *Randelzhofer*, in Grabitz/Hilf, KommEU, Art. 54 Rn. 33 f. sowie *Lutter*, a.a.O. und *Troberg*, a.a.O. Als Hintergrund ist zu sehen, daß Art. 44 Abs. 2 lit. g EGV eine eigene Rechtsgrundlage für Richtlinien ist und dadurch den Umfang der zulässigen Schutzvorschriften und damit die erforderliche Ratsmehrheit beim Richtlinienerlaß bestimmte. Auf dieser Grundlage unterlagen Richtlinien nach Art. 44 Abs. 1 i.V.m. Art. 251 EGV dem Mitentscheidungsverfahren, während Richtlinien nach Art. 47 EGV früher die Einstimmigkeit des Rates erforderten. Dazu *Troberg*, in Groeben/Thiesing/Ehlermann, KommEU, Art. 54 Rn. 25.

213 So *Schön*, ZHR 160 (1996), Seite 221, 225 m.w.N.

214 Dazu *Timmermans*, RabelZ 1984, Seite 1 ff., 12 f., der die Angleichung der Schutzvorschriften als Gegenstück der Liberalisierung des Niederlassungsrechts als „quid pro quo" bezeichnet.

215 Eine Erläuterung des „Delaware-Effekts" auf europäischer Ebene bei: *Timmermans*, a.a.O. Seite 14 f. Diese Überlegungen spielten auch bei Erlaß der Bilanzrichtlinien eine Rolle, vgl. die Erläuterungen der Bundesregierung zum Vorschlag einer Vierten Richtlinie, BT-DS VI/2875, Seite 16 vom 7. Dezember 1971. Dieser Zweck des Art. 44 Abs. 2 lit. g EGV für die primäre Niederlassungsfreiheit in Form von Sitzverlegungen von Kapitalgesellschaften hat durch die Centros-Entscheidung des EuGH, ZiP 1999, Seite 438 neuen Schub bekommen. Zur Situation nach Daily-Mail: *Schön*, ZHR 160 (1996), Seite 221, 224.

216 *Kirchner*, in: FS für Moxter, Seite 611, 613.

217 Ausführlich zu den Interessen der Anleger und Kreditgeber als Voraussetzung der gegenseitigen Marktpenetration der Gesellschaften: *Kirchner*, in: FS für Moxter, Seite 611, 612 f.

Gesellschaften. Denn nach dem Abbau der Hindernisse für die Niederlassungsfreiheit der Kapitalgesellschaften in der Übergangszeit war nunmehr ein Antrieb durch Sicherheit nötig, damit private Anleger und Gläubiger die Gesellschaften zur Nutzung ihrer Freiheit veranlassen bzw. diese dabei unterstützen. Unter diesem Aspekt der Förderung der Niederlassungsfreiheit durch den Schutz der an den Gesellschaften beteiligten Dritten, stehen die Schutzvorschriften, die auf der Grundlage des Art. 44 Abs. 2 lit. g EGV erlassen wurden, der Niederlassungsfreiheit der Gesellschaften tatsächlich nicht entgegen. Zweck der Ermächtigung ist vielmehr die Verwirklichung der Niederlassungsfreiheit und der sonstigen Ziele des EG-Vertrages durch die absichernden Schutzvorschriften bzw. im Bereich der Rechnungslegung durch die Gleichwertigkeit und Vergleichbarkeit der Information. Mit der Verwirklichung dieses Zieles der Bilanzrichtlinien löst sich der Widerstreit zwischen dem Ziel der Niederlassungsfreiheit der Gesellschaften und dem ihr entgegenstehenden Schutz der Gesellschafter und sonstiger Dritter, da mit der Gleichwertigkeit und Vergleichbarkeit der Rechnungslegung sowohl die Niederlassungsfreiheit, als auch der Schutz der Dritten erreicht wird.

D. Zusammenfassung

Hauptfunktionen der handelsrechtlichen Rechnungslegung von Kapitalgesellschaften sind Ausschüttungsbemessung und Information. Die Informationsfunktion wird von den Generalklauseln (§§ 264 Abs. 2 und 289 Abs. 1 HGB) und dem in ihnen verankerten true-and-fair-view-Prinzip vorgegeben. Dieses Prinzip gilt für alle Teile der Rechnungslegung. Es zielt auf den Schutz der außenstehenden Gesellschafter und Gläubiger. Nach der Konzeption des BiRiLiG orientiert sich die Rechnungslegung am Informationsbedarf der Außenseiter. Dies sind bei der abhängigen Kapitalgesellschaft die Minderheitsgesellschafter auf Tochter- und auf Mutterebene sowie die Gläubiger. Ihnen soll die Publizität der Rechnungslegung eine fundierte und autonome Geschäftsentscheidung ermöglichen. Das Konzernrecht und seine Schutzmechanismen verändern den Informationsbedarf der Außenseiter je nach Konzernform. Bei der einfach faktisch konzernierten Tochtergesellschaft ist das Interesse an der Einzelrechnungslegung gegenüber der Rechnungslegung einer unabhängigen Kapitalgesellschaft unverändert. Bei der qualifiziert faktischen Tochter und weitergehend bei der Vertragskonzerntochter rückt mit dem Mutterunternehmen deren Konzernabschluß stärker in den Mittelpunkt. Hier verliert die Einzelrechnungslegung an Bedeutung. Dabei hat der Konzernabschluß keine ergänzende, sondern eigenständige Informationsfunktion. Dieses Konzept gibt auch die 7. Richtlinie vor. Die 4. Richtlinie zielt ausdrücklich auf materielle Gleichwertigkeit und formelle Vergleichbarkeit der Rechnungslegung. Dabei ist die materielle Gleichwertigkeit insbesondere im Verhältnis der Rechnungslegung abhängiger gegenüber selbständiger Kapitalgesellschaften im Auge zu behalten. Mit dieser Vorgabe zum Schutz der europäischen Anleger und Gläubiger dient die Rechnungslegung der Verwirklichung der Niederlassungsfreiheit und damit der Hauptziele nach Art. 2 EGV in der Europäischen Gemeinschaft.

2. Kapitel
Die konzernbedingten Veränderungen für die Tochtergesellschaft als Ursache des Informationsdefizits

Die Konzernverflechtung der abhängigen Tochter- oder Enkelgesellschaft führt zu Veränderungen gegenüber der Lage der selbständigen Kapitalgesellschaft, die für die Publizitätsadressaten und deren Information von besonderem Interesse sind. Die Rechnungslegung hat Veränderungen und konzernbedingte Besonderheiten angemessen zu erfassen. Bereits in der Einleitung wurde festgehalten, daß aufgrund der Gruppenzugehörigkeit und der einheitlichen Leitung die Gefahr der Aussagelosigkeit der Rechnungslegung der Tochtergesellschaft besteht, wenn beispielsweise durch konzerninternen Geschäftsverkehr zu nicht marktüblichen Konditionen die Gewinnentstehung und die Liquidität gesteuert werden[218]. Um dies zu verhindern und die Informationsfunktion der Rechnungslegung zu gewährleisten, sind in diesem Kapitel die Informationsdefizite näher zu untersuchen. Dazu sind die Entstehung von konzernbedingten Informationsdefiziten und weitergehend die Grundlagen hierfür nachzuzeichnen (unter A). Es sind diejenigen Umstände und Veränderungen auszumachen, die auf der Konzernverflechtung beruhen und für die bereits ermittelten Publizitätsadressaten und deren Information bedeutsam sein können (unter B). Dies soll die Transparenz der wirtschaftlichen Lage und ihrer konzernbedingten Besonderheiten in der Rechnungslegung einer konzernabhängigen Gesellschaft ermöglichen.

A. Die Entstehung des konzernbedingten Informationsdefizits

Ein mögliches konzernbedingtes Informationsdefizit ist in der handelsrechtlichen Rechnungslegung von Kapitalgesellschaften angelegt. Es zeigt sich eine strukturelle Schwäche im Recht der Rechnungslegung als Ursache der konzernbedingten Informationsdefizite.

I. Die Entstehung in der Rechnungslegung

Ausgehend von der Verursachung ist die Entstehung von Informationsdefiziten nachzuzeichnen; anschließend erfolgt eine begriffliche Festlegung:

---

218 Dazu oben in der Problemstellung, Seite 3; im Anschluß an: *Ballwieser*, WPg 1987, Seite 57.

1. Die Ursache des Informationsdefizits

Das Informationsdefizit in der Rechnungslegung konzernabhängiger Gesellschaften entsteht auf der Schnittstelle von Konzernrecht und Bilanzrecht. Durch die Gruppenzugehörigkeit kommt es für die Tochter- oder Enkelgesellschaft auf der Realebene, das heißt bei den „tatsächlichen Verhältnissen" im Sinne der Generalnorm des § 264 Abs. 2 HGB, zu tatsächlichen rechtlichen und wirtschaftlichen Veränderungen im Vergleich zur Situation eines unabhängigen Unternehmens[219]. Diese Veränderungen und Besonderheiten machen die konzernspezifische Lage aus. Dabei sind die Vorgaben der tatsächlichen Veränderungen je nach Konzernform und konkreter rechtlicher Ausgestaltung für die einzelne Tochter- oder Enkelgesellschaft unterschiedlich weitreichend. Je nach Konzernform unterscheidet sich auch der Informationsbedarf der außenstehenden Minderheitsgesellschafter und Gläubiger. Demgegenüber geht das Recht der Rechnungslegung nach der Konzeption des BiRiLiG für den jährlichen Einzelabschluß vom Leitbild des rechtlich und wirtschaftlich selbständigen Unternehmens aus[220]. Dies zeigen die nur wenigen konzernspezifischen Vorschriften für die Rechnungslegung. Auf der Abbildungsebene des Einzelabschlusses werden konzernbezogene Sachverhalte und Besonderheiten zunächst weitgehend vernachlässigt. Dies gilt ganz allgemein für die Konzernzugehörigkeit von Unternehmen. Aufgrund des Leitbilds vom selbständigen Unternehmen erfaßt das Recht der Rechnungslegung konzernbezogene Sachverhalte, die auf einheitlicher Planung und Leitung durch die Konzerspitze beruhen, kaum gesondert. Nur ansatzweise regeln ausdrückliche Bilanzvorschriften mögliche konzernbezogene Umstände und Veränderungen. Zu denken ist hier an die Sonderposten in den Gliederungsschemata von Bilanz und GuV der verbundenen Unternehmen sowie an den Konzernabschluß, der eigenständig Informationen zum Gesamtkonzern liefern soll[221]. Diese Informationen erfassen zwar die verbundenen Konzernunternehmen insgesamt aber kaum speziell die abhängige Konzerngesellschaft. Um diesen Bereich der Information ist es deshalb dürftig bestellt. Die abhängige Kapitalgesellschaft spielt in den Vorschriften zur Rechnungslegung fast keine besondere Rolle. Im geschriebenen Recht der Rechnungslegung ist kein Konzept einer tochterspezifischen Rechnungslegung erkennbar. Die auf dem genannten Leitbild beruhenden Vorschriften zur Rechnungslegung und die Vernachlässigung der Konzernwirkung führen zu Informationsdefiziten. Konzernbezogene Veränderungen der Vermögens-, Finanz- und Ertragslage sowie der Gesamtgeschäftslage werden in der Darstellung von Jahresabschluß und Lagebericht nur unzureichend wiedergegeben. Die Außenseiter können sich kein genaues Bild

---

[219] Zu dieser deutlichen Trennung von Realebene und Abbildungsebene, vgl.: *Hoffmann*, DB 1995, Seite 1821, sowie *ders.*, BB 1997, Seite 249 ff.

[220] Deutlich: *Großfeld*-Bilanzrecht, 2. Auflage, Rn. 520.

[221] Zur Eigenständigkeit der Informationen im Konzernabschluß oben im 1. Kapitel unter B II und C I 2b.

von der besonderen Lage der abhängigen Kapitalgesellschaft machen. Der Informationsbedarf der Minderheitsgesellschafter und Gläubiger, der je nach Konzernform der abhängigen Gesellschaft verschieden geprägt ist, wird insbesondere im Vergleich zu den Beteiligten einer unabhängigen Einzelgesellschaft nicht gleichwertig gedeckt. Die vom selbständigen Unternehmen ausgehenden Instrumente der Rechnungslegung ermöglichen keine getreue Darstellung der tatsächlichen Vermögens-, Finanz-, Ertrags- und Gesamtgeschäftslage einer Tochtergesellschaft[222].

2. Die Wesentlichkeit als Kriterium

Durch die Ausübung einheitlicher Leitung (§ 18 Abs. 1 AktG) erfolgt die Einbindung der abhängigen Gesellschaft in die Wirtschaftseinheit des Konzerns. Mit der Konzernverflechtung verbundene Veränderungen und damit Umstände sind generell für die Publizitätsadressaten von Interesse. In Hinblick auf die Rechnungslegung der Tochtergesellschaft löst dennoch nicht jede Veränderung eine Berichtspflicht aus; nicht jeder auf der Konzernverflechtung beruhende Umstand ist offenzulegen, da in der Rechnungslegung nur für das Unternehmen wesentliche Tatsachen und damit wesentliche Umstände zu erfassen sind. Maßgeblich für die Wesentlichkeit ist der Informationsbedarf der Publizitätsadressaten[223]. Als relevante Gruppe von Adressaten sind die Minderheitsgesellschafter und Gläubiger heranzuziehen. Es ist zu fragen, welche Angaben zu machen sind, um ihnen eine fundierte Geschäftsentscheidung zu ermöglichen. Dies bestimmt die Wesentlichkeit konzernbezogener Angaben. Nach Maßgabe dieses Kriteriums wird die Rechnungslegung ihrer Zielsetzung für die Informationsfunktion gerecht.

Der Wesentlichkeitsgrundsatz findet sich für die Berichterstattung auf der Abbildungsebene als „Materiality-Prinzip“ immer wieder im Bilanz- und Konzernbilanzrecht[224]. Sachverhalte von untergeordneter Bedeutung können danach vernachlässigt werden, wenn sie wegen ihrer geringen Größenordnung das Ergebnis kaum beeinflussen[225]. Das Kriterium gilt für die gesamte Rechnungslegung „aber schon heute als Grundsatz ordnungsmäßiger Buchführung

---

222 Zum Informationsdefizit auch: *Coenenberg*, Jahresabschluß und Jahresabschlußanalyse, Seite 392 und 422.

223 So für den Lagebericht: *HFA*, Rechnungslegungsstandard IDW: Aufstellung des Lageberichts, in: Wpg. 1998, Seite 653, 654.

224 Eine Aufführung der vom Wesentlichkeitsgrundsatz geprägten Bestimmungen für das Konzernbilanzrecht liefert: *Schildbach*-Konzernabschluß, Seite 70.

225 *Baetge*, Bilanzen, Abschnitt 153.21 Seite 82 f. sieht den Grundsatz der Wesentlichkeit als Konkordanz der Rahmengrundsätze von Wahrheit, Klarheit, Vollständigkeit und Vergleichbarkeit mit dem Grundsatz der Wirtschaftlichkeit. Dazu *Küting/Weber-Baetge/Kirsch*, Band Ia, I. Kapitel Rn. 307 ff. und §§ 284 - 288 Rn. 5 ff. Zu Wesentlichkeit und true-and-fair-view: *Coenenberg*, Jahresabschluß und Jahresabschlußanalyse, S. 417.

sowohl für den Jahresabschluß als auch für den Konzernabschluß“[226]. Der Grund dafür liegt darin, daß eine Überfrachtung mit Einzelinformationen den Blick auf das Wesentliche verstellt und die Information insgesamt beeinträchtigt. Mögliche Defizite können also nur entstehen, wenn für die Minderheitsgesellschafter und Gläubiger wesentliche Umstände, die auf der Konzernverflechtung beruhen, nicht offengelegt werden.

3. Der Begriff des Informationsdefizits

Ausgangspunkt der begrifflichen Festlegung ist der Informationsbedarf der Minderheitsgesellschafter und Gläubiger. Denn die handelsrechtliche Rechnungslegung orientiert sich an diesem Informationsbedarf der outsider. Folglich beruht das Informationsdefizit auf konzernbedingten Umständen und Veränderungen infolge der einheitlichen Leitung (§ 18 Abs. 1 AktG), deren Offenlegung für die außenstehenden Publizitätsadressaten wesentlich wäre. Defizite können sowohl in der Berichterstattung zum wirtschaftlichen als auch zum rechtlichen Bereich der Lage des abhängigen Unternehmens entstehen. Im wirtschaftlichen Bereich beruht die falsche Wiedergabe bzw. die unzureichende Vermittlung eines entsprechenden Bildes beispielsweise darauf, daß sich eine Zahlenangabe in den Rechenwerken verändert, ohne daß der entsprechende konzernbezogene Informationshintergrund geliefert wird. Damit bleiben Beeinflussungen von Umsatz und Gewinn, die die Vermögens- und Ertragslage der Tochtergesellschaft verändern, dem unbefangenen Bilanzleser verborgen. Dies begründet Informationsdefizite, da die tatsächliche Wirtschaftskraf für die Außenseiter von wesentlichem Interesse ist. „Der Konzernverbund wirkt sich wegen der einheitlichen Leitung ... auf die Marktposition, die Ertrags- und Finanzkraft sowie auf die Vermögens-, Finanz- und Ertragslage der einzelnen Konzerngesellschaften aus“[227]. Die wesentlichen Auswirkungen sind dabei offenzulegen. Demgegenüber kommt es bei den rechtlichen Veränderungen des Konzerngefüges regelmäßig zu keinerlei Niederschlag in den Rechenwerken. Die rechtliche Veränderung hat demnach nicht denselben unmittelbaren Bezug zur Wirtschaftslage der Rechnungslegung wie die wirtschaftlichen Folgen der Konzernverflechtung. Dennoch gehört das rechtliche Konzerngefüge als Grundlage der Wirtschaftslage des abhängigen Konzernunternehmens zum Berichtsgegenstand der Rechnungslegung. Soweit kein getreues Bild dieses Bereichs gezeichnet wird, besteht nach dem Informationsbedarf der Außenseiter auch hier ein Defizit. Damit läßt sich festhalten:

Informationsdefizite sind aufgrund der einheitlichen Leitung und der Konzerneinbindung veranlaßte Veränderungen und Entwicklungen der tatsächlichen wirtschaftlichen und rechtli-

---

[226] *Bericht des Rechtsausschusses* zum BiRiLiG, BT-DS 10/4268 Seite 115; *Großfeld*-Bilanzrecht, 2. Auflage, Rn. 80.

[227] *Scheffler*-Konzernmanagement, Seite 2.

chen Gegebenheiten der Tochtergesellschaft, die sich auf die berichtspflichtige Vermögens-, Finanz- und Ertragslage sowie die Gesamtlage des Unternehmens auf der Realebene wesentlich auswirken und ohne entsprechende Wiedergabe die Informationsfunktion der Rechnungslegung beeinträchtigen. Insoweit wird das Ziel einer dem true-and-fair-view-Prinzip entsprechenden Darstellung mit dem Hintergrund der EG-weit gleichwertigen Information nicht erreicht und die Informationsbedürfnisse der an der jeweiligen Tochtergesellschaft beteiligten Publizitätsadressaten werden nicht erfüllt.

II.Die einheitliche Leitung

Es wurde festgestellt, daß konzernbezogene Umstände grundsätzlich auf die Ausübung einheitlicher Leitung zurückgehen. Deshalb ist die einheitliche Leitung als Grundlage der tatsächlichen Veränderungen, die für die Publizitätsadressaten von Interesse sind, näher zu untersuchen[228]:

1. Der Streit zwischen engem und weitem Konzernbegriff

Der Gesetzgeber verzichtete angesichts der vielfältigen Formen, die die Wirtschaft für die Konzernleitung in der Praxis entwickelt hatte, bewußt auf eine Definition des Begriffs der einheitlichen Leitung[229]. Die Begründung des Regierungsentwurfes läßt es genügen, wenn die Geschäftspolitik und wichtige Fragen der Geschäftsführung aufeinander abgestimmt werden[230]. Deshalb ist der Begriff der einheitlichen Leitung und damit der Konzernbegriff umstritten. Der Streit dreht sich um das Mindestmaß an einheitlicher Leitung. Anerkanntermaßen sind für die Auslegung des § 18 Abs. 1 AktG nicht nur wirtschaftswissenschaftliche Kriterien, wie sie dem Gesetzgeber als Vorbild gedient haben, sondern auch die gesetzliche Zwecksetzung als Kriterium der einheitlichen Leitung heranzuziehen[231]. Maßgeblich sind also vor allem Sinn und Zweck der auf die Konzerndefinition bezug nehmenden Folgevorschriften, deren wichtigste die Konzernrechnungslegungspflicht nach § 329 AktG 1965 a. F. war[232]; folglich ging es bei der Auslegung des Begriffs der einheitlichen Leitung zunächst um die Festlegung des Konsolidierungskreises für den aktienrechtlichen Konzernabschluß.

---

[228] Vgl. *Begründung RegE* zu § 18 AktG, BT/DS-3/1915, Seite 101. Abgedruckt auch bei *Kropff*, Aktiengesetz, Seite 33.

[229] Vgl. *Begründung RegE* zu § 18 AktG, BT-DS 3/1915 Seite 101. Abgedruckt auch bei *Kropff*, Aktiengesetz, Seite 33.

[230] *Begründung RegE* zu § 18, a.a.O.

[231] *K/K-Koppensteiner*, § 18 Rn. 13; *A/D/S*-Teilband 4, § 18 AktG Rn. 6.

[232] § 329 AktG 1965 a. F. regelte die Aufstellung von Konzernabschlüssen und Konzerngeschäftsberichten in einem Konzern, in dem die Konzernunternehmen unter der einheitlichen Leitung einer AG oder KGaA mit Sitz im Inland standen. Der Konsolidierungskreis erfaßte folglich alle Konzernunternehmen nach der Definitionsnorm des § 18 Abs. 1 AktG. Eine entsprechende Regelung enthält auch § 11 PublG.

Die engere Auffassung forderte für die einheitliche Leitung mindestens die Koordination des finanziellen Bereichs, da diese Koordination nicht nur im Einzelunternehmen, sondern auch im Konzern als vergleichbarer Wirtschaftseinheit unverzichtbar sei[233]. Entsprechend den Erkenntnissen der Wirtschaftswissenschaft wurde die wirtschaftliche Einheit des Konzerns betont, weil nur diese Einheit einen einheitlichen Konzernabschluß rechtfertige[234] und deshalb zumindest die Planungseinheit erfordere[235]. Demgegenüber begnügte sich die weitere Auffassung für die einheitliche Leitung mit der Koordinierung durch die Konzernführung in wenigstens einem wesentlichen Bereich unternehmerischer Tätigkeit, wie beispielsweise im Bereich der Produktion oder des Verkaufs[236]. Das Element der wirtschaftlichen Einheit wurde nicht so sehr betont, um mit dieser weiteren Auffassung den Konsolidierungskreis bei der Konzernbilanzierung möglichst weit zu fassen[237].

2. Der Streit nach der heutigen Rechtslage

Die alte Vorschrift des § 329 AktG wurde durch das BiRiLiG beruhend auf der 7. Richtlinie abgeschafft und durch § 290 HGB ersetzt[238]. Seitdem ist die einheitliche Leitung nach § 18 Abs. 1 AktG nicht mehr alleiniges Kriterium für die Verpflichtung zur Konzernrechnungslegung. In § 290 Abs. 2 HGB wurde zusätzlich das Control-Konzept eingeführt[239]. Zur Erleichterung der Feststellung eines Mutter-Tochterverhältnisses durch die Unsicherheiten bei der „einheitlichen Leitung" besteht die Verpflichtung zur Konzernrechnungslegung nach angelsächsischer Vorgabe schon beim Vorliegen bestimmter objektiver Kriterien wie der Stimmenmehrheit oder einem Beherrschungsvertrag[240]. Damit wird der Konzern anhand objektiver juristischer Merkmale definiert, für die die „bloße Möglichkeit des beherrschenden Einflusses" genügt, während sich das Kriterium der einheitlichen Leitung an ökonomischen Gege-

---

233 Den engen Konzernbegriff vertreten: *K/K-Koppensteiner*, § 18 Rn. 20; *A/D/S*-Teilband 4, § 18 AktG Rn. 33 m.w.N., *Hüffer*-AktG, § 18 Rn. 10 m.w.N.; *Scheffler*, in: FS für Goerdeler, Seite 469, 475 sowie *Burgard*-Offenlegung von Beteiligungen bei der AG, Seite 119 ff., der inhaltlich ebenfalls den engen Konzernbegriff vertritt. In diesem engen Sinne wird der Konzernbegriff auch überwiegend in Österreich und der Schweiz verstanden, vgl. *Emmerich/Sonnenschein*, § 4 II 1, Seite 58 mit Nachweisen zu den Nachbarstaaten.

234 *A/D/S*-Teilband 4, § 18 Rn. 6.

235 *A/D/S*-Teilband 4, § 18 AktG Rn. 17 sowie *K/K-Koppensteiner*, § 18 Rn. 18.

236 Den weiten Konzernbegriff vertreten insbesondere Geßler/Hefermehl/Eckardt/Kropff-*Geßler*, § 18 Rn. 34; *Emmerich/Sonnenschein*, § 4 II 1 Seite 57 ff.; nahestehend auch *Slongo*, Der Begriff der einheitlichen Leitung, Seite 187 ff.; *Hommelhoff*-Konzernleitungspflicht, Seite 145.

237 So explizit *Geßler*, a.a.O. Rn. 7.

238 § 290 HGB basiert auf Artt. 1 - 4 der 7. gesellschaftsrechtlichen EG-Richtlinie (83/349/EWG).

239 Der Begriff „Control" wird mit „Möglichkeit eines beherrschenden Einflusses" übersetzt. Dazu und zur dahinterstehenden Konzeption, die auf einem anderen Verständnis der wirtschaftlichen Einheit beruht: *Schruff*, Einflüsse der 7. EG-Richtlinie auf die Aussagefähigkeit des Konzernabschlusses, Seite 24 f.

240 Die Kriterien sind Stimmrechtsmacht nach Nr. 1, Organmacht nach Nr. 2 und Vertragsmacht nach Nr. 3. Zu diesen Begriffen vgl.: *Küting/Weber-Dörner/Wirth*, Band Ia, §§ 284 - 288 Rn. 297.

benheiten orientiert[241]. Nur nach § 11 PublG ist die einheitliche Leitung ausschließliches Kriterium für die Verpflichtung zur Konzernrechnungslegung geblieben. Damit erübrigt das Control-Konzept eine möglichst weite Auslegung der einheitlichen Leitung und damit des Konzernbegriffs zur Sicherstellung der Konzernabschlüsse[242]. Entscheidend ist jedoch ein anderer Punkt: Unter Geltung des § 329 Abs. 1 AktG entschied allein das Tatbestandsmerkmal der einheitlichen Leitung darüber, ob das abhängige Unternehmen im Konzernabschluß berücksichtigt wurde oder nicht. Heute hingegen verwirklichen §§ 290 ff. HGB ein Stufenkonzept, wonach sich die Form der Einbeziehung nach der Intensität der Verbindung zum Mutterunternehmen bestimmt[243]. Bei Verneinung der einheitlichen Leitung kommt eine Einbeziehung als assoziiertes Unternehmen - gegebenenfalls i.V.m. § 13 Abs. 2 PublG - in Betracht; hierfür genügt ein maßgeblicher Einfluß der Konzernleitung auf die Geschäfts- und Finanzpolitik des assoziierten Unternehmens.[244]. Deshalb kann es seit Inkrafttreten des BiRiLiG nicht mehr angehen, den Konsolidierungskreis durch eine weite Auslegung der einheitlichen Leitung auszudehnen. Vielmehr sollte die Auslegung eine möglichst genaue Umsetzung der Stufenkonzeption des Konzernabschlusses ermöglichen. Deshalb hat sich die Auslegung unter Berücksichtigung der wirtschaftswissenschaftlichen Erkenntnisse an der wirtschaftlichen Einheit des Konzerns zu orientieren, da der Konzernabschluß nur im Rahmen der Wirtschaftseinheit sinnvoll ist[245]. Die wirtschaftliche Einheit zeichnet sich durch die Planungseinheit im finanziellen Bereich aus, so daß ein Konzern nur anzunehmen ist, wenn einheitlich festgelegt wird, welchen Erfolgsbeitrag das einzelne Unternehmen zu leisten hat und welche Mittel ihm hierfür zur Verfügung stehen[246]. Die finanzielle Leitung erfordert von der Konzernleitung zumindest die Bestimmung der Eigenkapitalausstattung, der Gewinn- oder Ergebnisverwendung sowie des Verschuldensgrades der abhängigen Tochtergesellschaft und die Überwachung der Liquiditätslage, selbst wenn bei dezentraler Finanzführung eine weitgehende Autonomie der Tochtergesellschaft besteht[247]. Ohne dieses Minimum an Finanzführung

---

[241] *Schruff*, a.a.O., Seite 28 m.w.N.

[242] *A/D/S*-Teilband 4, § 18 Rn. 9 ff. und 16.

[243] Mutter- und Tochterunternehmen (einheitliche Leitung) werden nach der Vollkonsolidierung nach §§ 300 - 309 HGB einbezogen; Gemeinschaftsunternehmen (gemeinsame Führung mit einen anderen Unternehmen) werden anteilig nach der Quotenkonsolidierung nach § 310 HGB einbezogen; assoziierte Unternehmen (maßgeblicher Einfluß) werden nach der Equity-Methode nach §§ 311 f. HGB einbezogen; die Beteiligungsunternehmen werden mit der Beteiligung nach § 271 Abs. 1 HGB bewertet zu Anschaffungskosten erfaßt. Damit werden die einzubeziehenden Unternehmen wie in einem sich erweiternden Kreis erfaßt, vgl.: *Schildbach*-Konzernabschluß, Seite 101 ff.

[244] Der maßgebliche Einfluß wird bei einem Stimmrechtsanteil von 20 % widerlegbar vermutet. Nach der Equity-Methode wird der Beteiligungswert im Konzernabschluß erfolgsgemäß fortgeschrieben. Dazu *A/D/S*-Teilband 3, § 312 Rn. 2.

[245] *Hüffer*-AktG, § 18 Rn. 10.

[246] *Emmerich/Sonnenschein*, § 4 II 1 Seite 57 ff.

[247] *K/K-Koppensteiner*, § 18 Rn. 21; *Scheffler*, in: FS für Goerdeler, Seite 469, 475.

wäre das Finanzierungsrisiko für das Mutterunternehmen und den Gesamtkonzern unkontrollierbar[248]. Danach liegt einheitliche Leitung vor, wenn die Konzernleitung zur Verwirklichung der wirtschaftlichen Einheit die Geschäftspolitik aufeinander abstimmt und zumindest eine einheitliche Finanzpolitik der Konzernunternehmen durchsetzt.

3. Der Konzern im Konzern

Bei dezentraler Ausübung von Leitungsmacht durch die Delegation von Aufgaben der Konzernleitung an Tochterunternehmen im mehrstufigen Konzern, stellt sich die Frage, ob ein Tochterunternehmen seinerseits einheitliche Leitung im Sinne von § 18 AktG über Enkelunternehmen ausüben kann[249]. Dieser „Konzern im Konzern" wäre ein eigener, in den großen Konzern eingebauter Konzern unter Leitung des Tochterunternehmens[250]. Nach dem hier vertretenen Verständnis des Konzerns als einer wirtschaftlicher Einheit, die eine finanzielle Planungseinheit darstellt, ist die einheitliche Leitung umfassend zu sehen[251]. Auch bei Dezentralisierung von Leitungsmacht, muß die Konzernleitung mindestens im Bereich der Finanzführung die Eigenkapitalausstattung, die Gewinnverwendung und den Verschuldensgrad der abhängigen Konzernunternehmen bestimmen und die Liquiditätslage überwachen, um das Finanzierungsrisiko der Wirtschaftseinheit des Konzerns zu begrenzen. Aufgrund dieses Mindestmaßes an finanzieller Führung durch die dadurch konstituierte Konzernspitze kann die Tochtergesellschaft nicht ihrerseits die einheitliche Leitung einer finanziellen Untereinheit bilden[252]. Für das Gesellschaftsrecht gibt es keinen „Konzern im Konzern"[253].

Davon zu unterscheiden ist der sog. Teilkonzern. Dieser ist eine gesetzliche Fiktion, an die im Konzernbilanzrecht in mehrstufigen Konzernen die Erstellung von Teilkonzernabschlüssen auf jeder Konzernstufe vorbehaltlich eines befreienden Konzernabschlusses auf höherer Ebene anknüpft[254]. Möglich ist dies aufgrund des Control-Konzepts, wonach ein Mutterunternehmen nicht tatsächlich die einheitliche Leitung ausüben muß, um zur Erstellung eines Konzernabschlusses verpflichtet zu sein.

---

248 Weitere Argumente bei *K/K-Koppensteiner*, § 18 Rn. 20; *Scheffler*, a.a.O.

249 Die Konzernleitung wird in der Praxis teilweise als Konzernhauptverwaltung bezeichnet. Dazu *Rehbinder*-Konzernaußenrecht, Seite 38 m.z.N. des älteren Schrifttums.

250 Ausführlich: *v. Hoyningen-Huene*, ZGR 1978, Seite 525.

251 *Lutter*, in: Holding-Handbuch, Rn. A 37 m.w.N.

252 *K/K-Koppensteiner*, § 18 Rn. 22; *A/D/S*-Teilband 4, § 18 Rn. 19; *Hüffer*-AktG, § 18 Rn. 14; *v. Hoyningen-Huene*, ZGR 1978, Seite 528.

253 Zu dieser Ansicht kommen für das Gesellschaftsrecht auch Vertreter des weiten Konzernbegriffs: Geßler/Hefermehl/Eckardt/Kropff-*Geßler*, § 18 Rn. 39 f. und *Emmerich/Sonnenschein*, § 4 II 5, Seite 61. Anderes gilt für das Mitbestimmungsrecht, dazu: *Hüffer*, a.a.O. m.w.N. und *Lutter*, in : Holding-Handbuch, Rn. A 37 m.w.N.

4. Die Formen der einheitlichen Leitung

Die unterschiedlichen Grundlagen einheitlicher Leitung bedingen auch verschiedene Formen und Mittel der einheitlichen Leitung durch die Konzernführung[255]. Zunächst kann die einheitliche Leitung sowohl im faktischen als auch im Vertragskonzern über die Organe der abhängigen Tochtergesellschaft ausgeübt werden. Neben dem Abstimmungsverhalten in der Haupt- oder Gesellschafterversammlung der Tochtergesellschaft kommen personelle Verflechtungen der Verwaltungen in Betracht. Dies ist das häufigste und von außen einsichtigste Mittel der einheitlichen Konzernleitung[256]. In der engsten Form sind die Vorstandsmitglieder oder Geschäftsführer bei mehreren Konzernunternehmen identisch, so daß Mitglieder des Konzernvorstandes oder der Konzernleitung im Geschäftsführungsorgan der Tochtergesellschaft vertreten sind - sog. Vorstands-Doppelmandate[257]. Häufig ist dann der Vorstandsvorsitzende einer großen Tochtergesellschaft des Konzerns zugleich Vorstandsmitglied bei der Konzernmutter. Im divisional organisierten Vorstand der Konzernmutter ist er dann für den von der Tochter vertretenen Konzernbereich zuständig. Damit können in der Geschäftsleitung der Tochtergesellschaft die Konzerninteressen unmittelbar und somit schnell und effektiv vertreten werden[258]. Daneben können die Vertreter der Konzernleitung in einem bestehenden Aufsichtsrat der abhängigen Tochtergesellschaft vertreten oder die Aufsichtsratsmitglieder mehrerer Konzerngesellschaften identisch sein, so daß Vertreter des Aufsichtsrats der Muttergesellschaft auch im Aufsichtsrat der Tochtergesellschaft sitzen[259]. Ist die Tochtergesellschaft eine GmbH, so sind die Weisungen der Gesellschafterversammlung nach § 37 GmbHG das wesentliche Leitungsinstrument[260].

Neben dieser Leitung innerhalb der Organe der abhängigen Tochtergesellschaft gibt es das direkte Weisungsrecht im Vertragskonzern und bei der eingegliederten AG. Darüber hinaus bestehen generelle Richtlinien, einzelne Empfehlungen, gemeinsame Beratungen oder bevollmächtigtes Handeln der Konzernleitung für die Tochtergesellschaft[261]. Dabei sollte das

---

254 *v. Hoyningen-Huene*, a.a.O., Seite 525 f. und A/D/S-Teilband 4, § 18 Rn. 19; zur ursprünglichen Konzeption der 7. Richtlinie zu Teilkonzernabschlüssen auf jeder Stufe bereits oben im 1. Kapitel unter C I 2 b.

255 Der Gesetzgeber verzichtete aufgrund der vielfältigen Formen der Praxis auch hier auf eine Festlegung. Vgl. *Begründung RegE* zu § 18 AktG, BT-DS 3/1915, Seite 101. Abgedruckt auch bei *Kropff*, Aktiengesetz, Seite 33 sowie *K/K-Koppensteiner*, § 18 Rn. 29 m.w.N.

256 *A/D/S*-Teilband 4, § 18 AktG Rn. 25.

257 Vgl.: *A/D/S*, a.a.O. Rn. 26; *Scheffler*-Konzernmanagement, Seite 27 ff. sowie ausführlich *Hoffmann-Becking*, ZHR 150 (1986), Seite 570 ff.

258 *Scheffler*-Konzernmanagement, Seite 27 sowie *Hoffmann-Becking*, a.a.O., der sich auch ausführlich mit der Problematik möglicher Interessenkollisionen bei Verstands-Doppelmandaten beschäftigt. Nachweise von Literatur und Rspr. zum Problem der Interessenkollision bei *A/D/S*-Teilband 4, § 18 Rn. 26.

259 Zu den daraus resultierenden Interessenkonflikten: *Hoffmann-Becking*, a.a.O.

260 *A/D/S*, a.a.O. Rn. 28.

261 *K/K-Koppensteiner*, § 18 Rn. 29 und *Hüffer*-AktG, § 18 Rn. 12.

Weisungsrecht nicht den Blick darauf verstellen, daß die einheitliche Leitung heute überwiegend in kooperativen Formen verwirklicht wird. Insbesondere durch die Vorstands-Doppelmandate vollzieht sich bereits die Planung und Formulierung der Konzernziele im Dialog zwischen den verschiedenen Managementebenen, so daß die Interessenlage der Tochtergesellschaft in Politik und Planung des Konzerns unmittelbar einfließt[262]. Demgemäß werden die gemeinsam entwickelten Zielvorstellungen von Vorstand oder Geschäftsführung der Tochtergesellschaft mitgetragen und bei zu treffenden Entscheidungen berücksichtigt und durchgesetzt. Die Konsensbildung tritt an die Stelle der Entscheidung von oben. Durch die Personalunion wird die Leitungsstruktur wesentlich verändert und in Vertragskonzernen sind nunmehr selten Weisungen vonnöten[263]. Diese Formen der Konzernleitungsmacht werden demgemäß fast nur noch in Konfliktsitutionen richtig deutlich.

III. Zusammenfassung

Konzernbedingte Informationsdefizite in der Rechnungslegung beruhen darauf, daß das Gesetz vom Leitbild des rechtlich und wirtschaftlich selbständigen Unternehmen ausgeht. Es gibt deshalb kaum Vorschriften, die die Sondersituation der abhängigen Kapitalgesellschaft berücksichtigen. Die Außenseiter, an deren Informationsbedarf sich die Rechnungslegung zur orientieren hat, werden nur unzureichend über wesentliche Sachverhalte informiert. Die Besonderheiten und Umstände von Interesse beruhen dabei auf der konzerneinheitlichen Leitung. Diese hat zumindest eine einheitliche Finanzpolitik der Konzernleitung umzusetzen. Daran anschließend sind im folgenden alle tatsächlichen Veränderungen zu erörtern, die für die Publizitätsadressaten bedeutsam sein können.

B. Die tatsächlichen Veränderungen durch die Konzernbindung der Tochter

Im Umfang der konzerneinheitlichen Leitung kommt es zu tatsächlichen Veränderungen auf der Realebene der Tochtergesellschaft[264]. Der Informationsbedarf der Publizitätsadressaten erstreckt sich auf diese tatsächlichen Folgen der Konzernverflechtung. Sie sollen im folgenden Abschnitt systematisch erfaßt und dargestellt werden. Es sind die tatsächlichen wirtschaftli-

---

262 *Scheffler*-Konzernmanagement, Seite 101 ff.

263 *Hoffmann-Becking*, ZHR 150 (1986), Seite 570, 572.

264 Durch die wirtschaftliche Einbindung wird die Tochtergesellschaft Teil der einheitlichen Ziel- und Planungsgemeinschaft des Konzerns. Das formale Unternehmensziel der Gewinnerzielung von Konzern und Konzernmutter bildet den Gipfel der Planungspyramide des Gesamtkonzerns, aus dem sich alle Planungen und Veränderungen für die jeweiligen Glieder und damit auch für eine bestimmte Tochtergesellschaft ableiten lassen. Den Aspekt der Planungseinheit des Konzerns betont *KK-Koppensteiner*, § 18 Rn. 18.

chen (unter I.) von den rechtlichen (unter II.) Veränderungen für die Tochtergesellschaft zu unterscheiden:

I. Die wirtschaftliche Einbindung des Tochterunternehmens in den Konzern

Die Konzernführung plant die wirtschaftliche Einheit und integriert danach das Tochterunternehmen in die Wirtschaftseinheit des Konzerns. Die Tochtergesellschaft wird Teil der wirtschaftlichen Einheit der Gruppe. Dies bedingt die zu untersuchenden Veränderungen[265]. Die wirtschaftliche Eingliederung an sich erfaßt in Hinblick auf die Berichterstattung in der jährlichen Rechnungslegung zwei Aspekte. Zum einen ist wirtschaftliche Einbindung ein dynamischer Prozeß, in dem der Tochtergesellschaft nach Erlangung der Anteilsmehrheit oder Abschluß eines Unternehmensvertrages innerhalb der Geschäftsjahre ihre Stellung im Wirtschaftsgefüge des Konzerns zugewiesen wird. Zum anderen ist wirtschaftliche Einbindung auch die Stellung, die die Tochtergesellschaft im Lauf der Jahre innerhalb der Gruppe einnimmt. Dieser statische Aspekt wird für die wirtschaftliche Lage zum Bilanzstichtag relevant.

Bei der Einbindung der Tochtergesellschaft lassen sich als Formen der konzernweiten Zusammenarbeit die Aufgabenaufteilung (unter 1) vom konzerninternen Geschäftsverkehr (unter 2) unterscheiden:

1. Die Veränderungen durch die Aufgabenzuteilung

Ein selbständiges Einzelunternehmen nimmt alle erforderlichen Aufgaben und Unternehmensfunktionen grundsätzlich selbst wahr. Das heißt, es kümmert sich selbst um die Beschaffung, die Forschung und Entwicklung, die Produktion und den Absatz seiner Produkte oder Dienstleistungen. Dabei müssen nicht alle denkbaren Unternehmensfunktionen vorhanden sein: ein reines Handelsunternehmen kann sich auf Beschaffung und Absatz der Handelswaren beschränken und braucht keine eigene Produktion oder Entwicklung. Die vorhandenen Funktionen werden jedoch selbständig wahrgenommen[266].

Im Konzern hingegen bilden die rechtlich selbständigen Einzelunternehmen eine wirtschaftliche Einheit. Das rechtlich selbständige Einzelunternehmen ist wirtschaftlich Teil einer größeren Gruppe. Die wirtschaftliche Selbständigkeit kann durch eine arbeitsteilige Handlungsweise innerhalb des Konzerns ersetzt werden. Dies kann dazu führen, daß bestimmte Unternehmensfunktionen nicht mehr oder nicht mehr in vollem Umfange von dem Konzern-

---

[265] Die wirtschaftliche Eingliederung ist von der rechtlichen Eingliederung im untechnischen und auch im technischen Sinne für die AG nach §§ 319 ff. AktG zu trennen. So auch: *Strohn*-Aktiengesellschaft, Seite 80 FN 272; *Lutter*, ZGR 1982, Seite 244, 266 unter Bezugnahme auf die „unternehmerische Eingliederung" in der Gervais-Entscheidung des BGH.

unternehmen selbständig wahrgenommen werden. Dies führt zu einer Änderung der Unternehmensstruktur des Tochter- oder Enkelunternehmens. Aufgrund der einheitlichen Planung und Leitung zur Umsetzung der Konzernziele wird jedem Konzernunternehmen eine bestimmte Aufgabe zugewiesen. Diese Aufgabe kann auf gesteigerter Spezialisierung beruhen[267]. Auf diese Weise werden die positiven Synergie- und Einspareffekte des Konzerns (corporate opportunities) ausgenutzt[268]. Die Aufgabenausteilung ist das Ergebnis der politischen und geschäftsstrategischen Zielsetzung des Konzerns und führt zu einer nach innen und außen geschlossenen und koordinierten Struktur, die die wirtschaftliche Einheit des Konzerns kennzeichnet.

a. Die Geschlossenheit des Konzerns am Markt

Die Geschlossenheit des Konzerns nach außen erfaßt das geschlossene Auftreten des Konzerns am Markt. Zum Markt hin wird der Konzern im Sinne einer Wirtschaftseinheit regelmäßig um die Abstimmung seiner Produkt- oder Dienstleistungspalette bemüht sein. Aufgrund der Vorgabe des Unternehmensgegenstandes der Konzernobergesellschaft, dem die Konzernleitung verpflichtet ist und der nach außen den Schwerpunkt der Geschäftstätigkeit nach Bereich und Art erkennbar macht, ist ein Konzern regelmäßig nur in wenigen bestimmten Branchen tätig[269]. Dadurch können zwischen den einzelnen Konzernunternehmen Überschneidungen der Produkt- und Dienstleistungspalette oder der Kunden- und Lieferantenbeziehungen vorkommen. Aufgabe der strategischen Konzernführung ist es dann, die Konzernunternehmen zum Zwecke einer optimalen Gewinnerzielung zu koordinieren und jedem Unternehmen seine Produkte sowie seine Zielgruppen, Märkte und Kunden zuzuweisen[270]. Diese zu besetzenden Produkt-Markt-Kombinationen sind die strategischen Geschäftsfelder[271].

---

266 Die Einteilung der Unternehmensfunktionen erfolgt nach: *Baetge*, Bilanzen, Abschnitt 925, Seite 647.

267 Dies muß aber nicht so sein; die Unternehmen können auch wie selbständig geführt werden, was eine weitgehend unverfälschte Erfolgsermittlung ermöglicht. Soweit keine leistungsmäßigen Zusammenhänge bestehen spricht man von einem Mischkonzern.

268 Bei Synergiefeffekten handelt es sich um das Phänomen, daß in einer Gesamtheit - wie zum Beispiel einem Konzern - die einzelnen Teile einen höheren Erfolgsbeitrag leisten, als wenn die Teile voneinander isoliert wären. Die Kostenersparnisse beruhen dabei zum Beispiel darauf, daß Kapazitäten bei Forschung und Entwicklung, Fertigung oder Vertrieb besser ausgenutzt werden. Näher dazu: *Vahlens Großes Wirtschaftslexikon*, Synergieeffekte.

269 Dazu *Hommelhoff*-Konzernleitungspflicht, Seite 46; Der Unternehmensgegenstand als sachliches Unternehmensziel macht den Schwerpunkt der Geschäftstätigkeit ersichtlich. Dazu: BGH, BB 1981, Seite 450; *Hachenburg-Ulmer*, § 3 Rn. 19 ff. sowie § 1 Rn. 8; Dazu ist über die allgemeine Publizität der Satzung hinaus die Eintragung des Unternehmensgegenstandes für die AG nach § 39 Abs. 1 AktG und für die GmbH nach § 10 Abs. 1 GmbHG vorgeschrieben. Er hat die Branche und die dort betriebene Tätigkeit zu bezeichnen, *Wiedemann*-Gesellschaftsrecht, Band I, Seite 328 f.

270 Die strategische Planung und Durchsetzung obliegt als originäre Führungsaufgabe der Konzernleitung als dem Top-Management des Konzerns - *Scheffler*-Konzernmanagement, Seite 41 ff. und Seite 105 ff. Um

(1) Die Veränderung durch die Zuweisung strategischer Geschäftsfelder

Die Verteilung der strategischen Geschäftsfelder und die Abstimmung der einzelnen Konzernunternehmen als strategische Geschäftseinheiten kann insbesondere zu Beginn der wirtschaftlichen Eingliederung in die Gruppe mit Anpassungen für die Tochtergesellschaft verbunden sein[272]. Diese Veränderungen zur Koordination der Geschäftsfelder betreffen zunächst die Marktbeziehungen der Tochtergesellschaft an sich. Die Koordination kann dazu führen, daß bestimmte Produkte oder Märkte neu aufgenommen und besetzt oder aber aufgegeben werden. Insbesondere im Spartenkonzern kann das Tochterunternehmen zur Anpassung der Produkt- oder Dienstleistungspalette veranlaßt werden. Je nach Entwicklung der veränderten Marktbeziehungen kommt es dabei zwangsläufig zu Veränderungen des Umsatzes und des Erfolgsbeitrages. Dadurch bringt die Zuweisung strategischer Geschäftsfelder auf der Realebene Veränderungen für die tatsächliche Ertragslage der Tochtergesellschaft.

(2) Die damit verbundenen strukturellen Veränderungen

Darüber hinaus haben veränderte Geschäftsfelder möglicherweise Auswirkungen auf die Struktur der Unternehmensbereiche der Tochtergesellschaft. Eine Veränderung der Produktpalette beeinflußt naturgemäß die Bereiche von Produktion und Absatz der jeweiligen Gesellschaft. So mag es vorkommen, daß bisherige Geschäftsfelder und damit die zugrundeliegende Produktion aufgegeben werden, um Konkurrenz mit anderen Konzernunternehmen auf einem bereits gesättigten Markt zu vermeiden. Es werden neue Geschäftsfelder besetzt und demgemäß wird eine neue Produktion aufgenommen. Die Koordination der strategischen Geschäftsfelder nach außen kann aufgrund der Interdependenz unternehmerischer Entscheidungen grundsätzlich auf sämtliche Unternehmensbereiche nach innen ausstrahlen. So kann die Aufnahme einer neuen Reihe besonders forschungsintensiver Produkte den Aufbau oder die Erweiterung einer Forschungsabteilung mit sich bringen oder eine Erneuerung der Finanzstruktur. Die Ausdehnung und Erweiterung der Geschäftsfelder wird gerade dann eintreten, wenn die Aufgabenaufteilung innerhalb des Konzerns der Tochtergesellschaft eine weitere Spezialisierung ermöglicht oder wenn die gesteigerte Finanzkraft des Konzerns eine Expansion der Tochtergesellschaft erlaubt. Auf diese Weise kann das Tochterunternehmen bzw. der Konzern eine Produktpalette komplettieren und erweitern sowie durch Expansion neue Kundengruppen und Märkte, gerade auch im europäischen Binnenmarkt, erschließen.

---

jedoch eine marktnahe strategische Analyse und strategische Zielsetzung zu erreichen, wird regelmäßig auch das Top-Management der Tochtergesellschaft in den Prozeß der strategischen Planung einbezogen.

271 Zum Begriff der strategischen Geschäftsfelder: *Scheffler*-Konzernmanagement, Seite 43

272 Unter dem Aspekt der Verteilung und Koordination der strategischen Geschäftsfelder erfolgt regelmäßig auch die Entscheidung über das Portfolio des Konzerns und damit darüber, welche Unternehmen erworben, gehalten oder veräußert werden.

Folglich kann die Koordination der strategischen Geschäftsfelder nicht nur zu Veränderungen der Produkt- oder Dienstleistungspalette sondern möglicherweise auch zu strukturellen Veränderungen im Innenbereich des Tochterunternehmens führen.

b. Die Geschlossenheit des Konzerns nach innen

Die Integration des Unternehmens der Tochtergesellschaft in die Gruppe kann auch eine interne Aufgabenzuweisung im Bereich sämtlicher Unternehmensfunktionen mit sich bringen.

(1) Die integrationsbedingte Umstrukturierung

Soweit zwischen den Konzernunternehmen eine Aufgabenaufteilung quasi im Innenbereich des Konzerns stattfindet, werden die Unternehmensfunktionen oder zumindest deren Schwerpunkte zwischen den Unternehmen konzernweit verteilt und die Aufgabenverteilung hat zwangsläufig funktionalen Gliederungscharakter[273]. Damit erfolgt eine konzernweite Aufgabenaufteilung funktional nach den Verrichtungen. Diese interne Aufgabenaufteilung kann gerade die Koordination der strategischen Geschäftsfelder ermöglichen. So kann beispielsweise ein Unternehmen die Forschung oder Entwicklung für den gesamten Konzern übernehmen, ein Unternehmen die Rohstoffe besorgen, ein Konzernunternehmen ausschließlich oder schwerpunktmäßig produzieren, ein Handels- oder Versandunternehmen den Absatz der Konzernproduktion erledigen oder eine Hausbank die Finanzierung im Konzern vornehmen. Bei dieser Aufgabenverteilung sind denkbar viele Variationen und damit denkbar viele Gliederungsstrukturen der Gruppe möglich. Theoretisch kann jeder Unternehmensbereich jeweils einem rechtlich selbständigen Unternehmen zugeteilt sein[274]. Häufiger werden lediglich einzelne Unternehmensfunktionen des Konzerns „zentral" wahrgenommen. Viele Konzerne verzichten auch ganz auf eine derartige interne Aufgabenzuteilung[275].

Soweit es zu einer solchen integrationsbedingten Umstrukturierung kommt, kann die Veränderung für die Tochtergesellschaft negativ zu einer eigeninteresseverletzenden Stagnation oder zu der teilweisen bzw. kompletten Aufgabe eines Unternehmensbereich führen. Positiv kann es bedeuten, daß die Tochtergesellschaft einen Unternehmensbereich ganz oder teilweise

---

273 Von funktionaler Organisation spricht man regelmäßig bei der Binnenorganisation der Gesellschaftsorgane, so wenn sich beispielsweise die Zuständigkeiten der Mitglieder eines Vorstandes oder eines Aufsichtsrates nach funktionalen Grundsätzen gliedern. Vgl. *Semler*, Die Überwachungsaufgabe des Aufsichtsrats, Seite 12. Zur funktionalen Gliederung eines Unternehmens: *Lutter*, Holding-Handbuch, A 4 f.

274 Eine andere Frage ist die konzernrechtliche Zulässigkeit einer derartigen Konstruktion, bei der jede Tochtergesellschaft nur eine einzige Unternehmensfunktion wahrnimmt.

275 Insbesondere im Holdingkonzern können mehrere Tochtergesellschaften mit unterschiedlichen Geschäftsbereichen zusammengefaßt werden, bei denen zwar die externen strategischen Geschäftsfelder koordiniert, aber die internen Unternehmensfunktionen nicht weiter berührt werden. Vgl.: *Lutter*, Holding-Handbuch, Rn. A 4 f.

„zentral" übernimmt und entsprechend erweitert und ausbaut. Die wirtschaftlichen Veränderungen durch die Abstimmung der Unternehmensfunktionen stellen sich für den Konzern wie für die Tochtergesellschaft als Umstrukturierungen dar.

Folgende Veränderungen sind möglich: der Ausbau oder die Einschränkung bzw. Aufgabe der Forschung und Entwicklung, der selbständigen Beschaffung durch Vorproduktion oder Einkauf, der Produktion sowie des selbständigen Vertriebes oder Absatzes. Den Einschränkungen in diesen vier Bereichen ist gemeinsam, daß sie die Existenzfähigkeit des Unternehmens tangieren, weil diese Bereiche für ein Unternehmen nicht nur lebenswichtig sind, sondern auch nur unter unverhältnismäßigen Anstrengungen wieder aufgenommen werden können[276]. Darüber hinaus kommen im Zuge der Umstrukturiegung in Betracht: die Erweiterung oder Einschränkung des selbständigen Finanzwesens, die Abstellung qualifizierter Mitarbeiter innerhalb der Konzernunternehmen sowie der Zugriff oder Verzicht auf günstige Marktchancen

(2) Die Verteilung von Unternehmensfunktionen

Im Zuge der integrationsbedingten Umstrukturierungen kann es zu einer Zentralisierung von Unternehmensfunktionen kommen. Dann nehmen einzelne Unternehmen Aufgaben der Gruppe zentral wahr. Soweit dieser Vorgang den Funktionsverlust der abhängigen Gesellschaft bedingt, bestehen konzernrechtliche Schwierigkeiten. Die Zentralisierung unternehmerischer Funktionen hat aber nichts mit der zentralen Leitung durch die Konzernspitze zu tun. Zur Ausübung der einheitlichen Leitung hat diese eine einheitliche Finanzpolitik und die Abstimmung sonstiger Grundsatzfragen der Geschäftsführung und -politik der Tochtergesellschaft vorzunehmen[277]. Dazu übernimmt die Konzernleitung die Planung, Durchführung und Kontrolle der Unternehmensfunktionen, die bei dem Tochterunternehmen gerade verbleiben[278]. Daneben erfaßt die Funktionsverteilung zwischen der Tochtergesellschaft und den

---

276 *Strohn*-Aktiengesellschaft, Seite 107 ff.

277 Dazu oben in diesem Kapitel unter A II 2.

278 *Strohn*, a.a.O., Seite 106 f. hat zutreffend erkannt, daß Zentralisation nicht nur in der Form der Leitung - Planung, Durchsetzung und Kontrolle - einer bei der Tochtergesellschaft zur Ausführung verbleibenden Unternehmensfunktion erfolgt. Zentralisation ist darüber hinaus auch die zumindest teilweise Verlagerung einer Unternehmensfunktion auf eine diese Funktion zentral ausführende andere Unternehmenseinheit. Diese Unternehmenseinheit kann eine andere Tochtergesellschaft sein. Ebensogut kann die Verlagerung auch auf die Muttergesellschaft erfolgen. Für die „abgebende" Tochtergesellschaft spielt dies aber keine Rolle. *Rehbinder*-Konzernaußenrecht, Seite 41 f. nennt als Fall der Dezentralisierung die rechtliche Verselbständigung von Unternehmensfunktionen, die bislang in ihrer Ausführung bei der Konzernleitung zentralisiert waren, in einer Tochtergesellschaft, die nunmehr als Vertriebs-, Einkaufs-, Versicherungs- oder Forschungsgesellschaft agiert. Dies ist aber nur eine Dezentralisierung aus Sicht der Konzernobergesellschaft. Für die Tochtergesellschaft bleibt die Ausführung bei einem anderen Konzernunternehmen zentralisiert. Und über den Zentralisationsgrad der Vertriebs-, Einkaufs-, Versicherungs- oder Forschungsgesellschaft im Sinne der Frage, inwieweit sie die Leitung autonom oder nach Vorgabe der Konzernleitung innehat, ist damit nichts gesagt.

übrigen Konzerngesellschaften die funktionale Aufgabenaufteilung im Konzernverbund. Nach dieser Funktionsverteilung läßt sich der Holdingkonzern vom Stammhauskonzern unterscheiden[279]. Des weiteren lassen sich vertikale, horizontale und diversifizierte Konzernstrukturen unterscheiden[280]. Diese Strukturen und die entsprechende Verteilung der Unternehmensfunktionen innerhalb des Konzerns sind zwar meist geschäftspolitisch motiviert und mit wirtschaftlichen Veränderungen verbunden. Sie wirken sich aber auf die rechtliche Struktur im Konzerninneren aus. An dieser Stelle sind wirtschaftliche und rechtliche Veränderung eng miteinander verbunden, sie beeinflussen und bedingen sich gegenseitig[281].

c. Die konzernrechtliche Zulässigkeit der Aufgabenzuteilung

Die funktionale Aufgabenzuteilung durch die Konzernleitung kann nur in dem durch den Unternehmensgegenstand der Tochtergesellschaft vorgegebenen Rahmen erfolgen[282]. Als Umsetzung der Leitungsmacht steht die Aufgabenzuteilung an die Tochtergesellschaft im Interesse des Konzerns. Bei Weisungen oder Veranlassungen zu Maßnahmen, die die Aufgabenzuteilung umsetzen können sich bei Eigeninteresseverletzungen konzernrechtliche Begrenzungen ergeben[283]. Insbesondere die Zentralisation und damit die Beschränkung von Unternehmensfunktionen ist regelmäßig nicht mit dem Tochterinteresse vereinbar. Je nach Konzernform gibt es rechtliche Zulässigkeitsschwierigkeiten:

(1) Die Zulässigkeit im faktischen AG- und GmbH-Konzern

Im einfachen faktischen AG-Konzern sind Umstrukturierungen bei der Tochtergesellschaft nach deren Vereinbarkeit mit der Regelung nach §§ 311 ff. AktG zu beurteilen. Unproblematisch sind die Veranlassungen, die dezidiert nicht nachteilig sind. Dies festzustellen wird jedoch nur in den wenigsten Fällen möglich sein. Vielmehr ist es meist so, daß der Tochtervorstand nicht mit Sicherheit feststellen kann, ob die Strukturänderung für die Tochtergesellschaft vor- oder nachteilig ist[284]. Gerade im Bereich der Geschäftspolitik sind Neuerungen mit einem unüberschaubaren Risiko verbunden[285]. Denn Kennzeichen der Maßnahmen zur

---

279 Dazu mit einer genauen Festlegung dieser Konzernformen: *Lutter*, Holding-Handbuch, A 15 ff.

280 *Scheffler*-Konzernmanagement, Seite 19 f.

281 *Rehberger*-Konzernaußenrecht, Seite 43.

282 *K/K-Koppensteiner*, § 311 Rn. 43 und 59.

283 Zu den gesetzlichen und vertraglichen Grenzen des Weisungsrechts umfassend: *Hommelhoff*-Konzernleitungspflicht, Seite 148 ff. Gesetzliche Grenzen sind insbesondere der statutarische Unternehmensgegenstand der Tochter, das Konzerninteresse und die Existenzfähigkeit der Tochter. Dazu auch *Geßler*, ZHR 140 (1976), Seite 433, 438. Der Wortlaut des § 308 Abs. 1 Satz 2 AktG eröffnet - unbegrenzt - vertragliche Grenzen.

284 Geßler/Hefermehl/Eckardt/*Kropff*, § 311 Rn. 117.

285 So auch *Hommelhoff*-Konzernleitungspflicht, Seite 127.

Umsetzung der Aufgabenzuteilung als Form der wirtschaftlichen Konzernintegration ist es gerade, daß sich ihre Auswirkungen auf die Vermögens-, Finanz- und Ertragslage der Realebene nicht mit hinreichender Wahrscheinlichkeit als vor- oder nachteilig einschätzen lassen[286]. Nach der überwiegenden Meinung sind die Veranlassungen zur Konzernintegration durch Umstrukturierungen wegen des unübersehbaren bzw. unkalkulierbaren Risikos nach § 311 ff. AktG unzulässig[287]. Ziel dieses geldmäßigen Ausgleichs finanzieller Nachteile ist aber allein die Wahrung des Vermögensstandes der Tochtergesellschaft[288]. Die Umsetzung weiterreichender unternehmenspolitischer und konzernintegrativer Vorgaben kann und will diese Regelung nicht erfassen. Deshalb sind konzernintegrative Maßnahmen aus dem Anwendungsbereich der §§ 311 ff. AktG herauszunehmen und am Maßstab der Funktionsfähigkeit der §§ 311 ff. AktG zu prüfen[289]. Eine Aufgabenzuteilung an die faktisch konzernierte Tochter-AG ist zulässig, wenn sie weiterhin selbstgesetzte Unternehmensziele in eigenem Interesse verfolgen kann und in diesem Sinne ein selbständiger Unternehmensträger bleibt[290].

Im einfachen und qualifiziert faktischen GmbH-Konzern hat sich die Aufgabenzuteilung am Eigeninteresse der Tochter-GmbH zu orientieren. Insbesondere die Veranlassung zu dementsprechenden Rechtsgeschäften oder Maßnahmen mit unternehmensstrukturveränderndem Charakter ist nur im Rahmen des Eigeninteresses der faktisch konzernierten GmbH zulässig[291].

(2) Die Zulässigkeit im Vertragskonzern und bei der eingegliederten AG

Demgegenüber ergeben sich keine konzernrechtlichen Probleme hinsichtlich der Zulässigkeit der Aufgabenzuteilung bei der vertraglich konzernierten Tochter-AG und Tochter-GmbH und bei der eingegliederten AG, da im Rahmen des Weisungsrechts das Konzerninteresse vorran-

---

286 Zu den konzernintegrativen Maßnahmen, die definitionsgemäß alle Maßnahmen erfassen, die der Einbeziehung der Gesellschaft in den Konzernverbund dienen und deren Auswirkung auf die künftige Vermögens-, Ertrags- und Finanzlage sich nicht mit hinreichender Sicherheit als vor- oder nachteilig abschätzen läßt, gehört die Ausrichtung der Unternehmenspolitik und die Aufgabe von Unternehmensfunktionen. Dazu: *Hommelhoff*-Konzernleitungspflicht, Seite 132.

287 So Geßler/Hefermehl/Eckardt/*Kropff*, § 311 Rn. 40; Nach *Stohn*, Verfassung der Aktiengesellschaft im faktischen Konzern, Seite 76 und 90 sind derartige Maßnahmen stets nachteilig und wegen der mangelnder Quantifizierbarkeit des Nachteils verboten. Ebenso *K/K-Koppensteiner*, § 311 Rn. 31, 43; *A/D/S*-Teilband 4, § 311 Rn. 56, 59.

288 *Hommelhoff*-Konzernleitungspflicht, Seite 132 und 135; *Strohn*, Verfassung der Aktiengesellschaft im faktischen Konzern, Seite 17.

289 *Hommelhoff*-Konzernleitungspflicht, Seite 138.

290 *Hommelhoff*, a.a.O.

291 *Hommelhoff*-Konzernleitungspflicht, Seite 247 ff.

gig ist. Die Weisung auch zu Umstrukturierungen ist grundsätzlich zulässig[292]. Deshalb bietet sich in Umstrukturierungs- und Sanierungssituationen der Abschluß eines Beherrschungsvertrages an[293]. Entsprechendes gilt für die eingegliederte AG.

2. Die Veränderungen durch den konzerninternen Geschäftsverkehr

Der konzerninterne Geschäftsverkehr steht der Konzernleitung neben der Aufgabenzuteilung als weiteres Gestaltungsmittel zur Steuerung der Gewinnerzielung im Konzern sowie zur wirtschaftlichen Konzernintegration der Tochtergesellschaft[294] auf der Realebene zur Verfügung[295]. Im Bereich der konzerninternen Liefer- und Leistungsbeziehungen kann die Konzernleitung im konzernrechtlichen Rahmen sowohl durch die Veranlassung zum Abschluß entsprechender konzerninterner Verträge an sich, als auch durch Preisvorgaben für diese Verträge Einfluß nehmen. Konzerninterne Lieferungen betreffen dabei den Bezug oder Absatz von Rohstoffen und sonstigen Materialien, von Halb- und Fertigerzeugnissen sowie von Handelswaren zwischen der Tochtergesellschaft und anderen Konzerngesellschaften[296]. Konzerninterne Leistungen betreffen Dienstleistungen wie beispielsweise Forschungs- und Entwicklungstätigkeit, Darlehensgewährung, Vermietung und Verpachtung, Werbeunterstützung und sonstiges mehr, sowie verwaltungsbezogene Dienstleistungen, die die Planerstellung, Koordination oder Kontrolle der Tochtergesellschaft betreffen[297].

a. Die Veränderungen durch die Steuerung der Gewinnentstehung

Der konzerninterne Geschäftsverkehr bietet der Konzernleitung durch Vorgaben für die Preise der Lieferungen und für das Entgelt der Leistungen beim Abschluß der jeweiligen Verträge die Möglichkeit zur Einflußnahme. Im Rahmen des konzernrechtlich Zulässigen läßt sich steuern, bei welcher Gesellschaft in welcher Höhe Vermögen vorhanden und damit Gewinn zu erzielen ist[298]. Die Entgelt- oder Preisvorgaben können sich zum einen auf einzelne Geschäfte beziehen. Das wird besonders bei wichtigen Einzelgeschäften, wie Grundstücksgeschäften oder großen Darlehen der Fall sein. Die Preisvorgaben können sich aber auch auf eine unbestimmte Vielzahl von Geschäften beziehen. Dann spricht man von Verrechnungs-

---

292 Zu den Grenzen des Weisungsrechts: *Hommelhoff*, a.a.O. Seite 148 ff., *Geßler*, ZHR 140 (1976), Seite 433, 438.

293 vgl.: *Hommelhoff*, ZHR 156 (1992), Seite 295, 313.

294 *Strohn*-Aktiengesellschaft, Seite 81 verweist darauf, daß die Veranlassung zum Abschluß eines konzerninternen Großgeschäfts ein Mittel zur wirtschaftlichen Konzernintegration ist.

295 *Ebenroth*, Die verdeckten Vermögenszuwendungen im transnationalen Unternehmen, Seite 6.

296 *Scheffler*-Konzernmanagement, Seite 135.

297 *Scheffler*, a.a.O., Seite 136.

298 Die steuerrechtlichen Grenzen dieser Einflußnahmen ergeben sich au s dem "dealing at arm´s length"-Prinzip.

preisen[299]. Dies sind die innerhalb eines Unternehmens oder eines Konzerns für Lieferungen oder Leistungen festgesetzten Wertansätze. Im Gegensatz zum Marktpreis, der sich aus Angebot und Nachfrage ergibt, ist der konzerninterne Verrechnungspreis das Ergebnis zwekkorientierter Bewertung der Lieferung oder Leistung durch die Konzernleitung[300]. Der Einsatz von Verrechnungspreisen ist ein wichtiges Instrument der Konzernpolitik, da er einen Anreiz für umfangreiche konzerninterne Geschäfte schaffen und überdies zur Steuerung der Erfolgs- und Gewinnentstehung eingesetzt werden kann[301]. Soweit der konzerninterne Geschäftsverkehr zu marktüblichen Preisen abgewickelt wird, hat er grundsätzlich keine erfolgsbezogenen Auswirkungen auf die tatsächliche Vermögens-, Finanz- und Ertragslage des Tochterunternehmens auf der Realebene[302]. Soweit allerdings zu nicht marktüblichen Preisen abgerechnet wird, wird der Erfolg und damit die Ertragslage des Tochterunternehmens verändert[303]. Daneben kann die Vermögens- und die Finanz- bzw. Liquiditätslage der Tochtergesellschaft beeinflußt sein[304].

Zu Lasten der faktisch konzernierten Tochter-AG ist der Einsatz nicht marktüblicher Preise nur im Rahmen der §§ 311 ff. AktG und damit grundsätzlich nur bei einem Nachteilsausgleich nach §§ 311, 317 AktG zulässig. Soweit die Geschäfte mit dem herrschenden Unternehmen abgeschlossen wurden, stellen sie eine nach §§ 57, 58, 60 AktG verbotene verdeckte Gewinnausschüttung dar, die daneben nach § 62 AktG rückforderbar ist[305]. Die Privilegierungs-

---

299 Zum Begriff: *Ebenroth*, Die verdeckten Vermögenszuwendungen im transnationalen Unternehmen, Seite 143 sowie *A/D/S*-Teilband 4, § 311 Rn. 48.

300 Zum Fehlen von Marktpreisen: *K/K-Koppensteiner*, § 311 Rn. 40.

301 Der Grund für die zentrale Festlegung kann darin liegen, daß wegen der engen Zusammenarbeit im Konzern Lieferungen oder Leistungen erfolgen, die nicht auf dem freien Markt erhältlich sind und für die folglich keine objektivierten Marktpreise existieren.

302 Durch die Gewährung von Darlehen an die Tochtergesellschaft kann innerhalb des Konzerns die Liquidität verlagert werden. Soweit die Darlehensverträge zu marktüblichen Zinsen abgeschlossen werden, sind dadurch die Gewinne der einzelnen Unternehmen nicht betroffen. Aber durch die bloße Darlehensgewährung ist es möglich, in der Bilanz der empfangenden Tochtergesellschaft eine - zumindest absolute - Liquidität auszuweisen, die in Wahrheit nicht vorhanden ist. So auch: *Begründung RegE*, Rechnungslegung im Konzern, Vorbemerkung, BT-DS IV/171 Seite 241. Abgedruckt auch bei *Kropff*, Aktiengesetz, Seite 436. Die Konzernleitung kann ein Interesse an der verbesserten Liquidität der Tochtergesellschaft haben, weil die Liquidität für die Beurteilung der finanziellen Stabilität und der Zahlungsfähigkeit im Rahmen der Liquiditätsanalyse durch Banken, Kreditinstitute und sonstige Geldgeber und Gläubiger genau durchmessen wird. Zur Liquiditätsanalyse und allgemein zur finanzwirtschaftlichen Bilanzanalyse: *Coenenberg*, Jahresabschluß und Jahresabschlußanalyse, Seite 598.

303 Aus Sicht der Konzernleitung können sowohl der Ort als auch die Höhe der Gewinnentstehung gesteuert werden.

304 Nach der in der Literatur oft beschworenen Form verfälscht die Steuerung der Gewinnentstehung durch Entgeltvorgaben und Verrechnungspreise jedoch die auf objektiver Wirtschaftskraft beruhende Gewinnermittlung und wird deshalb in der Praxis seltener sein, da sie dem Grundsatz dezentraler Unternehmensführung widerspricht. *Scheffler*-Konzernmanagement, Seite 137.

305 Ausführlich dazu: *Wiedemann/Strohn*, AG 1979, Seite 113 ff. Zu den Unterschieden und Gemeinsamkeiten zwischen nachteiligen Veranlassungen und verdeckten Gewinnausschüttungen: *A/D/S*-Teilband 4, § 311 Rn. 47.

funktion der §§ 311 ff, die der herrschenden Gesellschaft den Nachteilsausgleich auch erst zum Jahresende erlauben, schlägt jedoch nach überwiegender Meinung auf §§ 57, 58, 60 AktG durch, so daß diese Normen insoweit modifiziert werden[306]. Bei der faktisch konzernierten GmbH sind Gewinnverlagerungen als Eigeninteresseverletzungen untersagt und machen schadenersatzpflichtig. Zugunsten des herrschenden Unternehmens sind sie als verdeckte Gewinnausschüttung nach §§ 30, 31 GmbHG zurückzuzahlen. Im Vertragskonzern hingegen hat das Konzerninteresse den Vorrang und es gibt deshalb keine verdeckte Gewinnausschüttung der Tochtergesellschaft an ihre Mutter[307]. Deshalb ist es möglich, die Tochtergesellschaft zur Abrechnung ihrer Geschäfte mit anderen Konzernunternehmen auf Basis von festgelegten Verrechnungspreisen anzuweisen, auch wenn das Geschäft nachteilig ist oder Verlust bringt. Mit diesen Vorgaben kann die Gewinn- und Verlustentstehung durch den Einsatz von Verrechnungspreisen und sonstigen Preisvorgaben grundsätzlich nur zu Lasten einer vertraglich konzernierten Tochtergesellschaft gesteuert werden.

b. Die Veränderungen durch den Ausweis nicht realisierter Gewinne

Durch den Ausweis nicht realisierter Gewinne kommt es zu einem Gewinnausweis bei der liefernden Tochtergesellschaft, der nicht außerhalb der wirtschaftlichen Einheit des Konzerns realisiert wurde. Der Gewinn beruht auf dem Geschäft zwischen zwei konzernverbundenen Unternehmen. Die objektivierende Wirkung des Marktes fehlt hierbei, so daß der Ausweis des Gewinns in Hinblick auf das Realisationsprinzip (§ 252 Abs. 1 Nr. 4 HGB) bedenklich stimmt. Als Ausprägung des Vorsichtsprinzips sind Gewinne danach nur zu berücksichtigen, wenn sie am Abschlußstichtag realisiert sind, da mit einem späten Realisationszeitpunkt die Entstehung von ausschüttungsfähigem Gewinn zum Schutz der Gläubiger verzögert wird[308]. Der Verstoß gegen das Realisationsprinzip wird deutlich, wenn man sich vergegenwärtigt, daß der Kauf zwar zwischen rechtlich selbständigen Gesellschaften abgeschlossen wurde, die Grundstücke aber doch innerhalb der Wirtschaftseinheit des Konzerns verbleiben.

Zum Ausweis nicht realisierter Gewinne kommt es einerseits zwangsläufig. Andererseits kann die Gewinnsteigerung des verkaufenden Unternehmens zu Umgehung des Realisationsprinzips von der Konzernleitung beabsichtigt sein. Dann wird der Verkauf bewußt in Hinblick auf

---

306 *Wiedemann/Strohn*, AG 1979, Seite 113, 120; ausführlich: *Strohn*-Aktiengesellschaft, Seite 29.

307 *Lutter*, in: FS für Stiefel, Seite 505. Für die Tochter-AG ist die Anwendbarkeit der §§ 57, 58, 60 AktG bei einem Beherrschungsvertrag nach § 291 AktG ausdrücklich ausgeschlossen.

308 Zum Realisationsprinzip: *Leffson*-GoB, Seite 247 ff. Zum Vorsichtsprinzip als Schutzansatz für die Gläubiger oben im 1. Kapitel unter A I 1 a.

das Realisationsprinzip angestoßen, um dessen Hürde für den Ausweis und damit die Entstehung von Gewinn zu umgehen[309].

(1) Die Charakteristik der Fälle

Zum Ausweis nicht realisierter Gewinne kommt es nur, wenn sich der verkaufte bzw. gelieferte Vermögensgegenstand am Ende des Geschäftsjahres noch innerhalb des Konzerns befindet. Nur wenn sich der Gegenstand noch zum Vermögen der empfangenden Konzerngesellschaft gehört, wird er dort bilanziert, obwohl keine objektivierte Wertkontrolle durch den Verkauf an Dritte stattgefunden hat. Durch jede Lieferung zwischen den Konzernunternehmen können in den Einzelabschlüssen Gewinne entstehen, die unter dem Gesichtspunkt der wirtschaftlichen Einheit des Konzerns als nicht realisiert gelten, da ihnen die Bestätigung über den Markt fehlt[310]. Demgegenüber gibt es keine Probleme mit dem Realisationsprinzip, wenn die Lieferung noch innerhalb des laufenden Geschäftsjahres weiter an einen konzernfremden Dritten erfolgt. Da für den Ausweis nicht realisierter Gewinne der gelieferte Vermögensgegenstand am Jahresende in der Bilanz eines konzernzugehörigen Einzelunternehmens erfaßt sein muß, kann es zum Ausweis nicht realisierter Gewinne bei Geschäften mit folgenden Gegenständen kommen: bei der Lieferung von Gegenständen des Anlagevermögens, bei der Lieferung von Gegenständen des Umlaufvermögens, wie insbesondere Waren und Wertpapieren sowie bei der Lieferung selbsterstellter immaterieller Vermögensgegenständen des Anlagevermögens. Denn diese darf das erstellende Unternehmen nach § 248 Abs. 2 HGB selbst nicht aktivieren. Durch den Verkauf an ein anderes Konzernunternehmen ist jedoch der Ausweis der Kaufpreisforderung oder des erhaltenen Entgelts beim erstellenden Unternehmen möglich[311].

Demgegenüber ist der Ausweis nicht realisierter Gewinne nicht möglich bei Leistungen, da diese nicht als Vermögensgegenstand in der dafür entscheidenden Bilanz der empfangenden Konzerngesellschaft aktiviert werden[312].

(2) Die Veränderung der tatsächlichen Ertragslage

Infolge des Verkaufs eines Vermögensgegenstandes, der am Ende des Geschäftsjahres noch innerhalb des Konzerns im Vermögen eines Unternehmens bilanziert wird, kommt es bei der

---

[309] In diesem Fall sind die nicht realisierten Gewinne ein Instrument der materiellen Bilanzpolitik. Besonders augenfällig wird der Konflikt mit dem Realisationsprinzip, wenn der Verkauf zwischen den Konzernunternehmen kurz vor Ende des Geschäftsjahres stattfindet und der Rückerwerb für das neue Geschäftsjahr schon beabsichtigt ist. Dazu bereits in den 20er Jahren: *Flechtheim*, Die Strukturwandlungen, S. 34.

[310] *Begründung RegE*, Rechnungslegung im Konzern, Vorbemerkung, BT-DS IV/171, Seite 241. Abgedruckt bei *Kropff*, Aktiengesetz, S. 436.

[311] Beispielhaft: *Baetge*, Konzernbilanzen, Abschnitt152.41, Seite 32 f.

[312] Die Gewinnsteuerung ist bei Leistungen nur über Verrechnungspreise möglich.

liefernden Tochtergesellschaft zu einer Ertragssteigerung. Der Verkaufspreis wird als Ertrag in der GuV des liefernden Unternehmens verbucht[313]. In Höhe des nicht realisierten Gewinnes verbessert sich so die tatsächliche Ertragslage der liefernden Tochter[314].

(3) Die Veränderung der tatsächlichen Vermögens- und Finanzlage

Grundsätzlich ist die beschriebene Verbesserung der tatsächlichen Ertragslage mit der Verbesserung der tatsächlichen Vermögenslage der liefernden Tochtergesellschaft verbunden. Wenn sich der betreffende Vermögensgegenstand schon zu Beginn des Geschäftsjahres im Vermögen der liefernden Gesellschaft befand und damit in der Bilanz dieser Gesellschaft als Aktivposten vermerkt war, verlängert sich die Bilanz im Umfang der Höhe des nicht realisierten Gewinnes. Dieser Vorgang wurde als „Hochschraubung der Bilanz" bezeichnet[315]. Auf der Aktivseite der Bilanz der liefernden Tochtergesellschaft ist nach Abwicklung des Verkaufs ein Zuwachs des Kassen- oder des Forderungsbestandes in Höhe des vollen Kaufpreises auszuweisen[316]. Demgegenüber erfolgt der Vermögensabgang des verkauften Gegenstandes auf der Aktivseite nur in Höhe des bisherigen Buchwertes[317]. Damit entsteht auf der Aktivseite der Bilanz ein Zuwachs in Höhe des nicht realisierten Gewinnes. Dieser Saldo bedingt auf der Passivseite den Ausweis und damit die entsprechende Erhöhung des nicht realisierten Gewinnes. Beide Seiten der Bilanz werden also verlängert und die tatsächliche Vermögens- oder Finanzlage verbessert[318].

Demgegenüber wird die Bilanz des Käuferunternehmens nicht verlängert. Der erhaltene Vermögensgegenstand wird zwar auf der Aktivseite mit den erhöhten Anschaffungskosten ausgewiesen, aber dafür wird in gleicher Höhe entweder der Kassenbestand auf der Aktivseite

---

313 Bei dem Beispiel unter a. kommt es für die A-AG mit dem Grundstücksverkauf zu folgendem Buchungssatz: Kasse/Forderung 800.000 an Grundstücke 200.000 und *außerordentliche Erträge* 600.000; Die außerordentlichen Erträge sind nach § 277 Abs. 4 HGB betroffen, weil der Grundstücksverkauf nicht der gewöhnlichen Geschäftstätigkeit unterfallen sollen.

314 Die Ertragslage des empfangenden Konzernunternehmens wird nicht tangiert, da hier dem erhaltenen Vermögensgegenstand der Bargeldabfluß oder eine Verbindlichkeit in gleicher Höhe gegenübersteht.

315 So bereits in den 20er Jahren *Flechtheim*, Die Strukturwandlungen, Seite 35.

316 Dies bewirkt die Verbesserung der im Jahresabschluß dargestellten absoluten Liquidität und damit der Finanzlage, vgl.: *Hoffmann*, BB 1997, Seite 249, 255 sowie *Küting/Weber*-Bilanzanalyse, Seite 24 und 76 ff.

317 Im Buchungssatz zeigt sich das an den kursiv gedruckten Teilen: *Kasse/Forderung* 800.000 an *Grundstücke* 200.000 und außerordentliche Erträge 600.000.

318 Zu einer derartigen Bilanzverlängerung kommt es aber nur, wenn der veräußerte Vermögensgegenstand am Jahresanfang als Aktivposten des Vermögens in der Bilanz der liefernden Tochtergesellschaft erfaßt war. Wird der Vermögensgegenstand erst im laufenden Geschäftsjahr erworben oder erstellt und an ein anderes Konzernunternehmen geliefert, so wurde er nicht am vorhergehenden Bilanzstichtag im Bilanzvermögen der liefernden Tochtergesellschaft erfaßt. In diesem Falle ist allein die Ertragslage der liefernden Gesellschaft involviert.

vermindert oder auf der Passivseite eine Verbindlichkeit ausgewiesen[319]. Dennoch stellt dieser Wertansatz des erworbenen Gegenstandes mangels Markterwerbes einen Verstoß gegen das Anschaffungskostenprinzip des § 253 Abs. 1 HGB dar, das ebenso wie das Realisationsprinzip eine Ausprägung des gläubigerschützenden Vorsichtsprinzips ist.

(4) Die Veränderung der Vermögenslage durch die Verkürzung der Bilanz

Als Gegenstück zur Verlängerung der Bilanz der liefernden Tochtergesellschaft durch den Ausweis nicht realisierter Gewinne präsentiert sich die mögliche Verkürzung der Bilanz. Dabei werden bislang als Aktivposten des Vermögens bilanzierte Anlagen, Waren oder sonstige Vermögensgegenstände von der Tochtergesellschaft auf eine andere Konzerngesellschaft zu einem Wert unter dem Buchwert übertragen, so daß die Bilanz der liefernden Tochtergesellschaft verkürzt wird[320]. Soweit die Bilanzverkürzung eine Gewinnverschiebung zu Lasten der veräußernden Tochter bedeutet, ist dies im konzernrechtlichen Rahmen nur eingeschränkt möglich[321].

Damit bleibt festzuhalten, daß beim Ausweis nicht realisierter Gewinne in jedem Falle die tatsächliche Ertragslage des liefernden Konzernunternehmens in Höhe des Gewinns positiv verändert wird. Darüber hinaus ist die tatsächliche Vermögenslage in dem Fall betroffen, daß der gelieferte Vermögensgegenstand zu Beginn des Geschäftsjahres als Aktivposten der Bilanz erfaßt wurde. Dann kommt es zu einer Verlängerung oder Hochschraubung der Bilanz in Höhe des nicht realisierten Gewinnes.

c. Die Veränderungen durch Umfang des konzerninternen Geschäftsverkehrs

An einem großen Umfang des konzerninternen Geschäftsverkehrs der Tochtergesellschaft kann die Konzernleitung insbesondere in Hinblick auf die Ausnutzung konzerninterner Synergie- und Einspareffekte (corporate opportunities) ein Interesse haben[322]. Langfristige und umfangreiche Liefer- und Leistungsverträge innerhalb des Konzerns dienen der Sicherung eines Mindestumsatzes und damit einer in Teilen gesicherten Gewinnentstehung der Unternehmen. Des weiteren kann mit umfangreichen konzerninternen Liefer- und Leistungsbezie-

---

319 Die Qualifizierung dieser Buchung - Grundstücke an Verbindlichkeiten 800.000 - wird zwar als Aktiv-Passiv-Mehrung bezeichnet, doch dies meint etwas anderes als die Verlängerung der Bilanz in unserem Sinne.

320 Mit dieser verbunden ist auch die Veränderung der tatsächlichen Ertragslage; jeder Gewinn oder Verlust wird in der GuV erfaßt und berührt demgemäß die Ertragslage des Unternehmens.

321 Verschiebungen sind möglich, wenn die veräußernde Tochtergesellschaft eine Vertragstochter ist. Im Falle faktischer Konzernierung ist für eine AG ein Nachteilsausgleich nach § 312 AktG zu leisten; bei einer GmbH ist das Geschäft aufgrund.der Eigeninteresseverletzung grundsätzlich unzulässig. Aufgrund des (strengen) Niederstwertprinzips nach § 253 Abs. 2 Satz 3 HGB ist bei einer Wertminderung der Buchwert anzupassen, so daß ein Verkauf unter Buchwert grundsätzlich ein Verkauf unter dem tatsächlichen Wert ist.

hungen die Integration und dauerhafte Einbindung der Tochtergesellschaft in die wirtschaftliche Einheit des Konzerns erreicht werden. Dabei spielt für den Umfang des Geschäftsverkehrs die entsprechende Preisgestaltung eine nicht unerhebliche Rolle; durch günstige Preise kann der konzerninterne Geschäftsverkehr attraktiv gemacht werden[323].

Aufgrund des Umfangs des konzerninternen Geschäftsverkehrs ergeben sich Besonderheiten für die Tochtergesellschaft nur insoweit, wie ein umfangreicher Geschäftsverkehr als Mittel zur wirtschaftlichen Konzernintegration eingesetzt wird[324]. Im Falle funktionaler Aufgabenverteilung kann diese Form wirtschaftlicher Konzernintegration durch Verträge über den konzerninternen Liefer- und Leistungsverkehr abgesichert werden[325]. Wenn die Tochtergesellschaft innerhalb des Konzerns beispielsweise die Aufgabe der Beschaffung der Rohstoffe und der sonstigen Materialien und Waren übernommen hat, liegt es nahe, diese Aufgabe durch langfristige Verträge und Sukzessivlieferungsverträge zu sichern, in denen sich die übrigen Konzernunternehmen zur Abnahme der von der Tochtergesellschaft beschafften oder produzierten Gegenstände verpflichten. Eine als Vertriebsgesellschaft operierende Tochtergesellschaft wird durch entsprechende Lieferverträge absichern, daß die Konzerngesellschaften ihre Produktion über sie absetzen. Vielfach wird erst durch absichernde Verträge die Aufgabenzuweisung oder die Spezialisierung der Konzerntochter ermöglicht[326]. Soweit die konzernweite Aufteilung der Unternehmensfunktionen für die Tochtergesellschaft eine Veränderung der Funktionen ihres Unternehmens mit sich bringt, stellt diese Funktions- und Bereichsveränderung eine Veränderung der Unternehmensstruktur der Tochtergesellschaft dar. Diese Umstrukturierung kann durch den Abschluß konzerninterner Großgeschäfte und damit ohne eine unmittelbare Beeinflussung der Struktur der Unternehmensfunktionen bewirkt werden[327]. Durch den Abschluß eines oder mehrerer langfristigen Lieferverträge an die Vertriebsgesellschaft des Konzerns, kann die ausschließliche Produktion und die Aufgabe des eigenen Vertriebs und Absatzes der Tochtergesellschaft begründet werden. Wegen der künftigen Konzentration auf die Produktionstätigkeit bewirken diese Verträge eine Strukturänderung der Tochtergesellschaft. Diese Umstrukturierung bzw. die zugrundeliegenden Verträge oder

---

322 *Scheffler*-Konzernmanagement, Seite 136.

323 *Scheffler*-Konzernmanagement, Seite 136 ff.

324 Zur Steuerung der Gewinnentstehung durch den konzerninternen Geschäftsverkehr bereits oben in diesem Kapitel unter B I 2 a.

325 dazu oben in diesem Kapitel unter B I 1 a.

326 *Strohn*-Aktiengesellschaft, Seite 81.

327 *Strohn*, a.a.O.

allgemein der umfangreiche konzerninterne Geschäftsverkehr bergen aber die Gefahr einer Isolierung vom externen, freien Marktgeschehen in sich[328].

Diese Isolationswirkung schafft konzernrechtliche Zulässigkeitsprobleme im einfachen faktischen Konzern. Insoweit gilt aber dasselbe wie für die Konzernintegration aufgrund der Aufgabenzuteilung[329].

II. Die rechtliche Einbindung der Tochtergesellschaft in die Konzernstruktur

Neben der wirtschaftlichen steht die rechtliche Einbindung der Tochtergesellschaft[330]. Dabei sollte diese Trennung nicht den Blick darauf verstellen, daß es sich in Teilen um die zweite Seite derselben Medaille handelt. Die Verpflichtung der Konzernspitze zur einheitlichen Leitung umfaßt dementsprechend auch die Verpflichtung zur rechtlichen Einbindung der Tochtergesellschaft. Die rechtliche Einbindung in die Verfassung des Konzerns gehört zu den nicht delegierbaren originären Führungsaufgaben der Konzernleitung, da sie von wesentlicher Bedeutung für die Vermögens-, Finanz- und Ertragslage des Konzerns und der Konzernobergesellschaft ist und die Kenntnis der ganzen Gruppe erfordert[331].

1. Das äußere Konzerngefüge

Das äußere rechtliche Konzerngefüge erfaßt die Rechtsformen der Gesellschaften und die konzernrechtlichen Beziehungen zwischen diesen. Es bezeichnet damit die äußere rechtliche Gestaltung des Konzerns[332]. Aus Sicht der Tochtergesellschaft beinhaltet dies die Bestimmung ihrer Rechtsform und ihrer rechtlichen Verbindung zur Muttergesellschaft, die Grundlage der einheitlichen Leitung ist. Diese rechtliche Verbindung besteht in der Beteiligung der Mutter- an der Tochtergesellschaft und möglicherweise in einem Unternehmensvertrag. Darüber hinaus erfaßt die äußere rechtliche Konzernstruktur den Kreis der nunmehr für die Tochtergesellschaft konzernverbundenen Unternehmen.

Bereits die Einbindung in das äußere rechtliche Konzerngefüge und die Konzernverbundenheit mit anderen Unternehmen - insbesondere zur Mutter - ist für die Publizitätsadressaten der

---

[328] Zutreffend *Strohn*-Aktiengesellschaft, Seite 81, der dieses Problem unter dem Aspekt der Zulässigkeit dieser strukturändernden Verträge im faktischen AG-Konzern erörtert.

[329] Dazu oben in diesem Kapitel unter B I 1 c.

[330] Die rechtliche Einbindung geht der wirtschaftlich zeitlich regelmäßig voraus, vgl.: *Strohn*-Aktiengesellschaft, Seite 80 FN 272. Soweit in diesem Zusammenhang von Eingliederung gesprochen wird, ist dies nicht die Eingliederung einer AG im technischen Sinn der §§ 319 ff. AktG.

[331] Zu den Merkmalen originärer Führungsaufgaben: *Scheffler*, in: FS für Goerdeler, Seite 469, 473 und Konzernmanagement, Seite 37 ff.; *Semler*, Die Überwachungsaufgabe des Aufsichtsrats, Seite 13. Die Führungsaufgabe wird als originär bezeichnet, weil die Kompetenz dazu kraft Gesetzes aus dem Gründungsakt der Gesellschaft entsteht. *Semler*, a.a.O. Seite 11.

Tochtergesellschaft von besonderem Interesse. Hinzu kommen Veränderungen bei der Gestaltung des Konzerngefüges. Diese Veränderungen können zum einen das Verhältnis der Tochtergesellschaft zur Mutter selbst betreffen, indem beispielsweise die Beteiligungsquote verändert wird oder die rechtliche Grundlage konzerneinheitlicher Leitung durch Abschluß eines Beherrschungsvertrags begründet oder neu gestaltet wird. Die rechtliche Grundlage der Verbindung entscheidet auch beispielsweise über Ansprüche nach §§ 302 ff. AktG. Zum anderen können die Veränderungen das Verhältnis der Muttergesellschaft zu anderen Konzerngesellschaften betreffen, so daß sich für die Tochtergesellschaft möglicherweise der Kreis der als konzernverbunden geltenden Unternehmen ändert.

2. Die Einbindung in das innere rechtliche Konzerngefüge

Das innere rechtliche Konzerngefüge erfaßt die innere rechtliche Gestaltung und Organisation des Konzerns[333]. Es wird teilweise durch die äußere Konzernverfassung vorgegeben, seine variable Ausgestaltung ist aber insbesondere stark geschäftspolitisch motiviert. Das innere Konzerngefüge umfaßt die Kompetenzverteilung zwischen Konzernleitung und jeweiliger Tochtergesellschaft sowie den Führungsstil und die Durchsetzungsmethoden im Konzern[334].

a. Die Leitungskompetenzverteilung zwischen Mutter- und Tochtergesellschaft

Die Leitungskompetenzverteilung ist die Festlegung und Verteilung der Leitungs- und Entscheidungskompetenzen zwischen den verschiedenen Managementebenen und damit zwischen der Konzernleitung und der Geschäftsführung der Tochtergesellschaft. Die Verteilung der Leitungskompetenzen zwischen der Konzernleitung und der Geschäftsführung der Tochtergesellschaft erfolgt konzernindividuell als Ausgestaltung der inneren rechtlichen Konzernverfassung. Diese Ausgestaltung der Leitungs- und Entscheidungsorganisation muß im Rahmen der rechtlichen Vorgaben des äußeren Konzerngefüges bleiben, so daß die innere Kompetenzverteilung auf dem äußeren Konzernrechtsverhältnis zwischen dem Mutterunternehmen und der Tochtergesellschaft aufbaut. Bei Ausgestaltung der Leitungs- und Entscheidungsorganisation sind zunächst die originären Führungsaufgaben der jeweiligen Konzern- und Managementebene zu berücksichtigen[335]. Damit bleibt die originäre Entscheidungsmacht der Geschäftsführung der Tochter-AG und der Tochter-GmbH unangetastet und bildet den

---

332 *Rehbinder*-Konzernaußenrecht, a.a.O.

333 *Rehbinder*-Konzernaußenrecht, a.a.O.

334 Die Einteilung geht zurück auf: *Rehbinder*-Konzernaußenrecht, Seite 40 ff.

335 Dazu *Hommelhoff*-Konzernleitungsmacht, Seite 214 ff. Weitere Nachweise zu den originären oder echten Führungsaufgaben *Scheffler*, in: FS für Goerdeler, Seite 469, 473; *Semler*, Die Überwachungsaufgabe des Aufsichtsrats, Seite 13. Die Führungsaufgabe wird als originär bezeichnet, weil die Kompetenz dazu kraft Gesetzes aus dem Gründungsakt der Gesellschaft entsteht, dazu *Semler*, a.a.O. Seite 11.

rechtlichen Unterbau der komplexen Entscheidungsorganisation des Konzerns[336]. Weitere Determinante für die Verteilung der Leitungskompetenzen ist die jeweilige Konzernrechtsform der Tochtergesellschaft. Unter Berücksichtigung des durch die originären Führungsaufgaben und die jeweilige Konzernrechtsform vorgegebenen Rahmens ist jedoch konzernindividuell eine Verwirklichung der optimalen Managementkonzeption durch die Verteilung der Leitungs- und Entscheidungskompetenzen zwischen den verschiedenen Managementebenen möglich.

In diesem Rahmen wird in die Struktur der Organe der Tochtergesellschaft ein neues Entscheidungszentrum inkorporiert[337]. Dieses manifestiert sich im Vertragskonzern durch das Weisungsrecht nach § 308 AktG und im faktischen Konzern durch konzerneinheitlich motivierte Veranlassungen in sämtlichen Formen. Darüber hinaus ergeben sich Veränderungen bei späteren Umgestaltung der Leitungskompetenzen, die beispielsweise nach einer Änderung der äußeren Rechtsbeziehungen zum Mutterunternehmen erfolgen. Diese rechtliche Veränderung durch die Verteilung der Leitungskompetenzen führt für die Tochtergesellschaft aber nicht zu einer tatsächlichen Veränderung der Vermögens-, Finanz- oder Ertragslage. Immerhin ist diese Ausgestaltung des inneren rechtlichen Konzerngefüges die Grundlage nachfolgender wirtschaftlicher Veränderungen.

b. Der Führungsstil und die Durchsetzungsmethoden im Konzern

Der Führungsstil bezeichnet die Form und Technik der Entscheidungsfindung und der Entscheidungsdurchsetzung[338]. Die rechtlichen Möglichkeiten des Führungsstils und der Durchsetzungsmethoden haben ihre Grundlage in der konzernrechtlichen Beziehung zwischen Mutter- und Tochterunternehmen nach Maßgabe des äußeren Konzerngefüges. Diese rechtliche Vorgabe bestimmt beispielsweise die Möglichkeit verbindlicher Weisungen im Vertragskonzern. In diesem Rahmen steht es der Konzernleitung offen, ob sie unter Ausnutzung der hierarchischen Struktur der Tochtergesellschaft Weisungen erteilen oder unter kooperativer Beteiligung des Tochtermanagements die Zielsetzungen und deren Umsetzung gemeinsam erarbeiten will. Da die Rahmensetzung durch die Konzernierungsform beides bestimmt, steht der Führungsstil in engem Zusammenhang mit der Verteilung der Leitungs- und Entscheidungskompetenz, und eine dezentrale Entscheidungsstruktur mit weitgehender Entschei-

---

[336] Zu dieser komplexen Entscheidungs- und Handlungsorganisation, die auf der Installation von stabilisierenden Subsystemen beruht und auf der originären Entscheidungsmacht der Tochtergeschäftsführungen aufbaut, vgl. ausführlich: *Hommelhoff*-Konzernleitungsmacht, Seite 214 ff.

[337] Zum Kompetenzumbruch und zur Installation eines weiteren Entscheidungszentrums bereits oben in diesem Kapitel unter B II 2.

[338] *Scheffler*-Konzernmanagement, Seite 34 f.

dungsdelegation auf die Ebene der Tochtergesellschaft geht häufig mit einer kooperativen Erarbeitung der gemeinsamen Zielsetzungen einher[339].

Zum Bereich des Führungsstils können auch die personellen Verflechtungen gerechnet werden, weil die Personalschiene eine wichtige Rolle für die Durchsetzung der konzerneinheitlichen Leitungsentscheidungen spielt[340]. In Betracht kommen zum einen Vorstandsdoppelmandate und zum anderen die Besetzung des Aufsichtsrats, Beirats oder eines sonstigen Aufsichtsgremiums der Tochtergesellschaft mit Vorständen oder Aufsichtsräten der Konzernobergesellschaft[341].

III. Die passive Konzernwirkung

Schließlich bestehen Veränderungen aufgrund der sogenannten passiven Konzernwirkung. Darunter sind alle Vor- und Nachteile zu verstehen, die sich für die Gesellschaft allein auf Grund des „Eingegliedertseins“ in den Unternehmensverbund ergeben, bei völliger Passivität der Konzernleitung für die Geschicke der Gesellschaft[342]. Sie besteht vor allem darin, daß Anleger oder Gläubiger das einzelne Unternehmen fortan mit der Gruppe in Verbindung bringen oder identifizieren. Dies kann sich für die Tochtergesellschaft positiv in einer größeren Kreditwürdigkeit wegen der Finanzstärke der Gruppe auswirken oder in einer verbesserten Position am Absatzmarkt wegen der Ausstrahlung von Qualitätserzeugnissen der übrigen Konzernunternehmen oder der Verminderung von Werbekosten durch die Bekanntheit des Gesamtkonzerns[343]. Genauso kann die passive Konzernwirkung für die Tochtergesellschaft aber auch negativ sein, weil das schlechte Image der Gruppe auf die Tochter übertragen wird[344].

Die sog. passive Konzernwirkung kann also dazu führen, daß der Umsatz gestärkt oder vermindert wird, und daß Aufwendungen und Kosten vermindert oder verstärkt sind. Damit

---

339 *Scheffler*, a.a.O. Dies entspreche den komplexer gewordenen Anforderungen der modernen globalisierten und stark ausdifferenzierten Weltwirtschaft.

340 Dazu auch *Rehbinder*-Konzernaußenrecht, Seite 42.

341 Zur personellen Verflechtung und ihrer Problematik bereits oben in diesem Kapitel unter B II 3.

342 Begriffsbestimmung nach *Moxter*-Publizitätspflicht, Seite 149, der diesen Begriff im Rahmen einer betriebswirtschaftlich korrekten Gewinnermittlung bei Konzernunternehmen prägte, vgl. *Strohn*-Aktiengesellschaft, Seite 81. Im juristischen Schrifttum spielt die passive Konzernwirkung bei §§ 311 ff. AktG eine Rolle. Sie ist kein Nachteil nach § 311 AktG: *Begründung RegE*, BT/DS-3/1915, Seite 229. Abgedruckt auch bei *Kropff*, Aktiengesezt, Seite 409; *K/K-Koppensteiner*, § 311 Rn. 21 m.w.N.; Und sie ist auch kein den Nachteil nach § 311 AktG ausgleichender Vorteil: *A/D/S* -Teilband 4, § 311 Rn. 62; *K/K-Koppensteiner*, § 311 Rn. 72 f. , *Hüffer*-AktG, § 311 Rn. 39; *Kiene*, DB 1974, Seite 321 m.w.N. in FN 3, der auf die Probleme der passiven Konzernwirkung verweist, wenn diese vergütet und für willkürliche Gewinnverschiebungen eingesetzt werden.

343 Dazu *Moxter*, a.a.O. Seite 149.

344 *Moxter*, a.a.O. Seite 153.

wirkt sich die passive Konzernwirkung auf den Erfolg und damit auf die tatsächliche Ertragslage der Tochtergesellschaft aus. In der Praxis wird sich häufig das Problem stellen, daß die passive Konzernwirkung kaum jemals in Zahlen angegeben werden kann[345]. Es genügt jedoch, wenn die Tochtergesellschaft eine positive oder negative Sogwirkung verspürt und die Tatsache einer Reflexwirkung aus dem Konzernverhältnis belegen und im Rahmen der Gesamtlage angeben kann.

C. Zusammenfassung

Um konzernbedingte Informationsdefizite zu vermeiden, ist der Informationsbedarf der Außenseiter zu berücksichtigen. Diese haben Interesse an allen wesentlichen Besonderheiten und Umständen, die auf der Konzernverflechtung beruhen. Durch die Konzernintegration und nach dem Umfang der einheitlichen Leitung kommt es für die Tochtergesellschaft zu folgenden wirtschaftlichen und rechtlichen Veränderungen: Die wirtschaftliche Lage der Tochtergesellschaft wird im operativen Bereich möglicherweise durch die Koordination der strategischen Geschäftsfelder sowie durch integrationsbedingte Umstrukturierungen verändert. Daneben kann es aufgrund des konzerninternen Geschäftsverkehrs und des Ausweises nicht realisierter Gewinne zu Veränderungen für die tatsächliche Vermögens-, Finanz und Ertragslage der Tochtergesellschaft kommen. Die rechtliche Lage wird durch die Einbindung in das äußere Konzerngefüge und die Leitungsstruktur der Gruppe geprägt.

---

345 Demgemäß geht *Moxter* für die Festlegung einer passiven Konzernwirkung davon aus, daß die Konzernleitung in der betreffenden Periode bzw. im betreffenden Geschäftsjahr nicht in die Geschicke der Gesellschaft eingegriffen hat, was nur selten der Fall sein wird und dann Zweifel am Mindestumfang der einheitlichen Leitung weckt. Zum Mindestumfang einheitlicher Leitung oben im Kapitel unter B I 1.

3. Kapitel
Die rechtshistorische Entwicklung der Bilanzierung von Tochtergesellschaften

Mit den Veränderungen der Wirtschaft im Laufe des 20. Jahrhunderts wuchs die Verbreitung von Unternehmensgruppen und Konzernen. Im Zuge der Entwicklung in der Praxis tauchten mit der Struktur der Unternehmensverbindungen zusammenhängende spezifische Rechtsfragen für die beteiligten Gesellschaften auf. Diese erforderten wissenschaftliche und gesetzgeberische Lösungen. Aus der Zusammenschau der Rechtsfragen und ihrer Lösungen haben sich das Konzernrecht und das Recht der Konzernbilanzierung als heute eigenständige Rechtsgebiete entwickelt[346]. Dabei war die konzernrechtliche Diskussion fortdauernd von zwei zusammenhängenden Fragen bestimmt: Es ging zum einen um das Erkennen und Herausarbeiten der Probleme und zum anderen um die Lösung der festgestellten Probleme im Konzern[347]. Verbunden mit der Frage nach den Problemen im Konzern war die Frage, ob im Unterordnungskonzern die Probleme auf der Ebene der Konzernobergesellschaft oder auf der Ebene der abhängigen Tochtergesellschaft liegen[348]. Dies galt sowohl für das Gesellschafts- bzw. Konzernrecht als auch für das Recht der Bilanzierung und Rechnungslegung im Konzern. Die Rechnungslegung im Konzern bestand dabei zunächst aus der Einzelrechnungslegung der Mutter- und der Tochtergesellschaften; erst im Laufe der Zeit entwickelte sich das Instrument des eigenständigen Konzernabschlusses[349]. Aufgrund der getrennten Ebenen der Rechnungslegung war und ist die Frage nach den Problemen für die Bilanzierung und Rechnungslegung der Tochtergesellschaft gesondert zu stellen. Sie ist teilweise auch gesondert zu lösen. Hier ist deshalb nachzuzeichnen, inwieweit das Problem des konzernbedingten Informationsdefizites in der Rechnungslegung der Tochterunternehmen erkannt und wie auf die Gefährdung der Aussagefähigkeit der Einzelrechnungslegung reagiert wurde. Aus Sicht der Tochtergesell-

---

[346] Dabei umfaßte die Konzernbilanzierung zu Beginn ihrer Entwicklung die Bilanzierung der konzernzugehörigen Einzelgesellschaften und damit die konzernbedingten Sonderangaben in den Einzelabschlüssen der Mutter- und Tochtergesellschaften. Erst seit Einführung des obligatorischen Konzernabschlusses bezieht sich der Begriff der Konzernbilanzierung grundsätzlich nur noch auf die Konzernbilanz an sich.

[347] *Hommelhoff*-Konzernleitungspflicht, Seite 1 sieht in der Feststellung der Rechtsprobleme des Konzernverbunds und ihrer Lösung die beiden Hauptfragen des Konzernrechts, die die Entwicklung in diesem Bereich seit über 100 Jahren beherrschen.

[348] *Hommelhoff*-Konzernleitungspflicht, a.a.O., der diese Frage mit der Frage nach einer isolierten Lösung auf jeder Konzernebene verbindet.

[349] Einen Überblick über die rechtshistorische Entwicklung des eigenständigen Konzernabschlusses geben: *A/D/S*-Teilband 3, Vorbemerkung zu §§ 290 - 315 HGB, Rn. 3 ff. sowie *Hommelhoff*, a.a.O., Seite 31 f.

schaft sind die Probleme des konzerninternen Geschäftsverkehrs sowie die sog. konzernintegrativen Maßnahmen rechtshistorisch zu verfolgen.

Das Recht der Rechnungslegung nach dem BiRiLiG orientiert sich konzeptionell am Informationsbedarf der außenstehenden Gläubiger und Publikumsaktionäre. Eine vergleichbare Konzeption verfolgte seit jeher das Recht zur Bilanzierung der Aktiengesellschaft[350]. Für das Recht der Rechnungslegung im Konzern bedeutet dies, daß der heutige Rechtsstand nach dem BiRiLiG nur der vorläufige Schlußpunkt einer kontinuierlichen, keineswegs abgeschlossenen, rechtshistorischen Entwicklung ist[351]. Obwohl das BiRiLiG harmonisiertes Recht ist und die Trägerschaft der Rechtsentwicklung weitgehend vom nationalen Gesetzgeber weg auf zwischenstaatliche Institutionen der Europäischen Gemeinschaft wechselte, steht das Recht der Rechnungslegung im Kontext der Entwicklung der aktienrechtlichen Rechnungslegung. Bei der Ausarbeitung der Bilanzrichtlinien wurde auf das bestehende deutsche Rechnungslegungsrecht zurückgegriffen. Dessen Regelungs- und Lösungsansätze wurden fortgeführt[352]. Außerdem konnte der deutsche Gesetzgeber bei der Umsetzung der Richtlinien nationale Besonderheiten im Rahmen der Vorgaben berücksichtigen und beibehalten. Für das Verständnis der heutigen Rechts- und Gesetzeslage sind deshalb die einzelnen historischen Entwicklungsstufen heranzuziehen und auf die Berücksichtigung von Rechnungslegungsdefiziten zu untersuchen.

Es lassen sich mehrere Abschnitte der Entwicklung der Bilanzierung von Konzerngesellschaften feststellen: Bereits in den 20er Jahren wurden aus Anlaß der um sich greifenden Konzernierung der deutschen Wirtschaft empirische Untersuchungen durchgeführt und Gutachten über Unternehmensgruppen und Konzerne sowie über die Bilanzen konzernierter Unternehmen erstellt (unter A). Erste ausdrückliche Regelungen brachten dann die Aktienrechtsreform von 1931 (unter B) und schließlich das Aktiengesetz 1937 (unter C). Den eigenständigen Konzernabschluß führte obligatorisch für Aktiengesellschaften das Aktiengesetz von 1965 ein (unter D); am Ende der Entwicklung steht die Umsetzung der europäischen Bilanzrichtlinien durch das BiRiLiG (unter E).

---

350 Die Bilanzierung der GmbH, die erst seit dem BiRiLiG der Publizität unterliegt, ist demgegenüber im Folgenden zu vernachlässigen.

351 Als jüngste Neuerungen zu nennen sind nur die Änderungen durch das KapAEG und das KonTraG vom April 1998. Im Bereich der Konzernbilanzen gibt es einen starken Trend zur Internationalisierung. Zur Bedeutung der IAS für Konzernbilanzen: *Coenenberg*, Jahresabschluß und Jahresabschlußanalyse, Seite 27 ff.

352 Bei der Konzeption der 4. Richtlinie wurde insbesondere das aktienrechtliche Vorbild der externen Publizität der Rechnungslegung beibehalten. Vgl.: *Hommelhoff*, ZIP 1983, Seite 383, 387.

A. Die Rechtsdiskussion über Konzerne und Bilanzen in den 20er Jahren

In den 20er Jahren kam mit der zunehmenden Konzernbildung durch den Wandel der bisherigen Wirtschaftsstruktur erstmals eine intensive Diskussion über die Konzernunternehmen und die Rechtsprobleme auf den verschiedenen Ebenen des Konzerns in Gang. Mit den konzernrechtlichen Problemen beschäftigten sich sowohl die Rechtsprechung als auch die Wirtschafts- und die Rechtswissenschaft[353]. Nach einer Klärung des Konzernbegriffs und einer Systematisierung der Erscheinungsformen der Praxis[354] - man unterschied den Gleich- vom Unterordnungskonzern sowie die mittels Vertrages, der effektenkapitalistischen Beteiligung oder der tatsächlichen Verhältnisse, namentlich des Austauschs der Verwaltungsmitglieder, begründete Konzernierung[355] - bemühte sich die Rechtswissenschaft um die präzise Herausarbeitung und Lösung der Probleme für die Konzernunternehmen. In diesem gesellschaftsrechtlichen Zusammenhang ging es in einigen Diskussionsbeiträgen auch um die Bilanzen der konzernzugehörigen Gesellschaften. Von Interesse ist, ob speziell die Bilanz der Tochtergesellschaft und damit die tochterspezifische Problematik der Bilanzierung eine Rolle spielte (unter II und III). Da die praktische Entwicklung die Diskussion vorantrieb, sind vorab die wirtschaftlichen und rechtlichen Gegebenheiten der 20er Jahre darzustellen (unter I):

I. Der Wandel der Wirtschaftsstruktur in den 20er Jahren

Der Erste Weltkrieg beendete eine Phase relativ gleichbleibender und langdauernder Prosperität, die der deutschen Wirtschaft nach dem wirtschaftlichen Zusammenbruch der Gründerjahre von 1873 beschieden war[356]. Getragen wurde diese Prosperität maßgeblich von unabhängigen Aktiengesellschaften. Obwohl die Wirtschaft auch schon vor dem Ersten Weltkrieg von Konzernen durchzogen war, beherrschte die Einzelgesellschaft die Praxis ganz überwiegend[357]. Demgemäß traf das Gesetz ausschließlich Regelungen zur selbständigen

---

353 Die Rechtsprechung befaßte sich in etlichen Entscheidungen aus dieser Zeit mit Konflikten in der Generalversammlung der abhängigen Gesellschaft zwischen der Aktionärsminderheit und der Aktionärsmehrheit, die einem herrschenden Unternehmen gehörte. Zu den Entscheidungen *Hommelhoff*-Konzernleitungspflicht, Seite 2 f. mit zahlreichen Nachweisen der reichsgerichtlichen Entscheidungen zu dieser Problematik auf der Ebene der Tochtergesellschaft. Zu reichsgerichtlichen Entscheidungen über andere Konzernrechtsprobleme, die insbesondere auch auf der Ebene der Muttergesellschaft angesiedelt waren, vgl.: *Hommelhoff*, a.a.O., Seite 5 ff.

354 Dazu *Hommelhoff*-Konzernleitungspflicht, Seite 12 f. m.w.N. der Literatur der 20er Jahre.

355 Zur Systematisierung nach den Mitteln der Konzernierung: *Flechtheim*, Die Strukturwandlungen, Seite 14 und 17 f. sowie weiterführend *Hommelhoff*-Konzernleitungspflicht, Seite 12 f. m.w.N.

356 Die Aktienrechtsnovelle wurde als Reaktion der Ereignisse des gründerzeitlichen Zusammenbruchs von 1873 verabschiedet. Zum wirtschaftlichen Zusammenbruch im Deutschen Reich von 1873, der dem beispiellosen Wirtschaftsaufschwung nach 1871 durch die fünf Milliarden französischer Kriegsentschädigung und insbesondere der Mobilisierung deutschen Sparkapitals für die Wirtschaftsunternehmen folgte, *Hachenburg*, in Einleitung I zu Düringer/Hachenburg, Band III, 1. Teil, Seite 5 ff.

357 *Flechtheim*, Die Strukturwandlungen, Seite 12.

Einzelgesellschaft. Das ADHGB von 1861 und die Aktienrechtsnovelle von 1884[358], deren Regelungen materiell unverändert in §§ 197 - 334 HGB 1897 überführt wurden, gingen von der selbständigen Aktiengesellschaft aus und trafen keine Regelung zur Konzernbildung[359]. Obwohl dem Gesetzgeber von 1884 und von 1896 die Konzernbildung bekannt war, schien eine Reaktion durch Gesetzesänderungen zunächst nicht erforderlich[360].

Nach dem Ersten Weltkrieg änderte sich die Wirtschaftsstruktur grundlegend. Der Krieg hatte die deutsche Wirtschaft ruiniert. Die Zerrüttung zeigte sich in der Inflation, die 1923 ihren Höhepunkt erreichte. Mit der Konsolidierung der Wirtschaft und dem Einströmen ausländischen Kapitals ab 1924 ging eine Konzentrationswelle durch Fusionen und Konzernbildungen der deutschen Unternehmen einher[361]. Die Kriegsverluste sollten nicht nur durch die Hereinnahme ausländischen Kapitals, sondern auch durch die Zusammenballung des vorhandenen Kapitals und der Rationalisierung der Arbeitsleistung in Großunternehmen ausgeglichen werden[362]. Zudem bot die Konzernbildung steuerliche Vorteile. Das Schachtelprivileg erlaubte Gesellschaften den Gewinn aus Beteiligungen über 20% von ihrem Gewinn abzusetzen und so die Körperschaftsteuer zu mindern[363]. Die Entwicklung der Organschaft schaffte weitere Erleichterungen[364]. Unter diesen Bedingungen wurde die Konzernierung für die Aktiengesellschaft zum Regelfall; die isolierte Aktiengesellschaft wurde zur Ausnahme[365]. Die Bildung von Großunternehmen und Konzernen sprengte den gesetzlichen Rahmen des Aktienrechts im HGB, das auf diese Entwicklung nicht vorbereitet war[366]. Diese Gesetzeslage prägte die Konzerndiskussion der 20er Jahre.

---

358 Die Aktienrechtsnovelle von 1884 erfolgte auf den Gründerkrach und führte als bedeutendste Neuerung den Übergang vom Konzessionssystem zum System der Normativbedingungen ein. Zur Aktienrechtsreform von 1884 und ihren Ursachen: *Hachenburg*, a.a.O. sowie *Schubert/Hommelhoff*, Hundert Jahre modernes Aktienrecht, Seite 55 f. sowie S. 160 ff.

359 Das HGB von 1897 regelte das Aktienrecht im 2. Buch, 3. Abschnitt: die AG (§§ 178 - 319) und 4. Abschnitt: die KGaA (§§ 320 - 334). Da sich die Rechnungslegung am Leitbild der Publikums-AG entwikkelte, spielt die GmbH insoweit keine Rolle.

360 *Flechtheim*, a.a.O., Seite 10.

361 Zahlreiche Beispiele bei *Spindler*, Recht und Konzern, Seite 96 ff.

362 *Hachenburg*, in Einleitung I zu Düringer/Hachenburg, Band III, 1. Teil, Anm. 24, der die wirtschaftliche Entwicklung in der Weimarer Republik in drei Phasen aufteilt - die erste bis 1923, die zweite von 1924 bis 29 und die dritte während der Weltwirtschaftskrise.

363 Näher zum Schachtelprivileg: *Spindler*, Recht und Konzern, Seite 15 f.

364 Ausführlich *Spindler*, a.a.O. Seite 16 ff.

365 *Flechtheim*, Die Strukturwandlungen, Seite 12; Im Jahr 1926 fusionierten beispielsweise die Firma Benz und die Daimler-Motoren-Gesellschaft zur Daimler-Benz-AG.

366 *Flechtheim*, Die Strukturwandlungen, Seite 10.

II. Die Arbeit der 3. Arbeitsgruppe des Enquête-Ausschusses

Um den Wandel der Wirtschaftsstruktur zu erkunden und mögliche gesetzgeberische Schritte für eine Aktienrechtsreform vorzubereiten, setzte die Reichsregierung 1926 einen Enquête-Ausschuß als „Ausschuß zur Untersuchung der Erzeugungs- und Absatzbedingungen der deutschen Wirtschaft" ein[367]. Die 3. Arbeitsgruppe des I. Unterausschusses dieses Enquête-Ausschusses befaßte sich mit den Wandlungen in den wirtschaftlichen Organisationsformen und insbesondere mit den „Wandlungen in den Rechtsformen der Einzelunternehmungen und Konzerne"[368]. Diese Arbeitsgruppe behandelte nicht nur gesellschafts- bzw. konzernrechtliche Fragen für die Mutter- und Tochtergesellschaften, sondern auch Probleme, die die Konzernierung für die Bilanzen der beteiligten Gesellschaften mit sich bringen konnte. In der Diskussion um Konzerne wurden hier erste Fragen der Bilanzierung im Konzern gestellt.

1. Die Überlegungen zu den Bilanzen der Konzernunternehmen

Für die Bilanzen der Konzernunternehmen und den Problembereich von Konzernbildung und Bilanzrecht wurden im wesentlichen drei Aspekte erörtert:

a. Der konzerninterne Geschäftsverkehr

Als Hauptproblem für das Bilanzrecht im Konzern wurde in den Vorgutachten von *Flechtheim*, *Geiler* und *Buchwald* der konzerninterne Geschäftsverkehr zwischen Mutter- und Tochtergesellschaft angesehen und behandelt[369]. Da die Konzerngesellschaften rechtlich selbständig waren, konnte es durch den konzerninternen Geschäftsverkehr mit im Wert gestiegenen Wertpapieren und Waren zum Ausweis und zur Verteilung wirtschaftlich nicht realisierter Gewinne bei der verkaufenden Gesellschaft kommen[370]. Dies war eine Umgehung und Durchlöcherung der gesetzlichen Bilanzvorschriften, die den Ausweis und die Verteilung nicht realisierter Gewinne verhindern sollten[371]. Der leichtfertige Verkauf an Tochtergesellschaften gefährdete die Zahlungsfähigkeit der Muttergesellschaft, wenn der bloß buchmäßige

---

367 Rechtsgrundlage für die Einsetzung dieses Enquête-Ausschusses war ein Gesetz über einen „Ausschuß zur Untersuchung der Erzeugungs- und Absatzbedingungen der deutschen Wirtschaft" vom 15. April 1926, RGBl. I 1926, Seite 195 f.

368 Der Erste Teil der Verhandlungen und Berichte des I. Unterausschusses trägt den Titel: „Wandlungen in den Rechtsformen der Einzelunternehmungen und Konzerne".

369 Dazu *Flechtheim*, Die Strukturwandlungen, Seite 34 f.; *Geiler*, Strukturwandlungen und Reform des Aktienrechts, Seite 83 f. sowie *Buchwald*, wirtschaftliche Strukturwandlungen und Reform des Aktienrechts, Seite 124 f.

370 *Flechtheim*, Die Strukturwandlungen, Seite 34; *Geiler*, Strukturwandlungen und Reform des Aktienrechts, Seite 83.

371 Die Vorschriften nach § 261 Ziff. 1 und 2 HGB von 1897 schrieben deshalb für die Bilanz der Aktiengesellschaft in Ergänzung der allgemeinen Regelung für alle Kaufleute nach § 40 HGB vor, daß Vermögensgegenstände grundsätzlich nur mit den Anschaffungs- oder Herstellungspreisen angesetzt werden durften.

Gewinn dieser Geschäfte als Dividende ohne Absatz am Markt ausbezahlt wird[372]. Die Umgehungsgefahr wurde in erster Linie für die Muttergesellschaft und ihre Bilanz gesehen, weil die Muttergesellschaft den Geschäftsverkehr und damit entsprechende Verkäufe bestimmte und steuerte. Da deren Gläubiger nach Ausschüttung der Scheingewinne in Form von Dividenden an die Muttergesellschafter nur noch auf ein vermindertes Vermögen zugreifen konnten, erschien diese Praxis unter dem Gesichtspunkt des Gläubigerschutzes sehr bedenklich[373]. Deshalb wurde im Vorgutachten von *Geiler* erwogen, ob die Mutter-AG eine aus einem derartigen Geschäft resultierende Forderung in ihrer Bilanz ausschließlich mit dem eigenen Anschaffungs- oder Herstellungspreis ansetzen müßte[374]. *Flechtheim* forderte weniger weitgehend den Ansatz einer derart entstandenen Forderung nicht mit ihrem vollen Nennwert, weil sie mit Rücksicht auf die Finanzlage der abhängigen Tochtergesellschaft als zweifelhaft anzusehen sei[375]. Einig war man sich darin, daß bei diesen Forderungen im Geschäftsbericht der AG auf den Charakter der Schuldner bzw. Debitoren hinzuweisen sei[376]. *Flechtheim* hielt die bestehenden Vorschriften über die Informationen des Geschäftsberichts dabei für ausreichend. Demgegenüber forderte *Buchwald* nachdrücklich eine klarstellende Gesetzesänderung: Die Gesellschafen seien zu verpflichten, die Höhe ihrer Konzernforderungen anzugeben[377].

Darüber hinaus wurde mit den Scheingewinnen des internen Geschäftsverkehrs erkannt, daß das Mutterunternehmen durch Geschäfte mit den Tochtergesellschaften seine Bilanz nicht nur bedenklich hochschrauben, sondern genauso herabschrauben konnte. Geschehen konnte dies durch Verkauf von Vermögensgegenständen unter dem wirklichen Wert oder unter dem Buchwert, was zur Entstehung eines Buchverlustes führte[378]. Man sah, daß die Muttergesellschaft durch den geschäftlichen Verkehr mit den Töchtern aufgrund von Preisvorgaben die Entstehung von Gewinn oder Verlust in gewissem Umfang steuern und damit die beiderseitigen Bilanzen regulieren konnte. Bei diesen Überlegungen erkannte man ein Problem nicht nur

---

372 *Flechtheim*, a.a.O., Seite 35 greift in diesem Zusammenhang auf den Zusammenbruch der Kölner Elektrizitätsgesellschaft Helios zu Beginn des Jahrhunderts zurück. Dies aufnehmend: *Buchwald*, wirtschaftliche Strukturwandlungen und Reform des Aktienrechts, Seite 124.

373 So *Geiler*, a.a.O., Seite 83.

374 Für diesen Lösungsansatz durch entsprechende Bewertungsvorschriften für die Bilanz: *Geiler*, a.a.O., Seite 83.

375 *Flechtheim*, a.a.O., Seite 35.

376 *Flechtheim*, a.a.O., Seite 35 und *Buchwald*, a.a.O., Seite 124.

377 *Buchwald*, wirtschaftliche Strukturwandlungen und Reform des Aktienrechts, Seite 105 und Seite 124, gegen die von *Flechtheim*, Die Strukturwandlungen, Seite 35 gezogene Schlußforderung.

378 *Flechtheim*, a.a.O., Seite 35 sowie dies aufnehmend: *Buchwald*, a.a.O., Seite 125. Als Lösungsvorschlag fordert letzter eine Vorschrift, wonach im Geschäftsbericht alle Transaktionen zwischen Mutter- und Tochtergesellschaft, die den Gewinn der einen oder anderen Gesellschaft beeinflußt haben, anzugeben sind; vgl. Seite 121.

für die Bilanz der Muttergesellschaft, sondern auch für die Bilanz der Tochtergesellschaft[379]. In der Steuerung der Gewinnentstehung wurde einerseits die Gefährdung der Gläubiger gesehen. Aufgrund der Verschiedenheit der Gläubigerkreise wurde das Problem der Schädigung der Gläubiger der Muttergesellschaft durch deren Bilanz ebenso wie die Gefahr der Schädigung der Gläubiger der Tochtergesellschaft gesehen[380]. Andererseits erkannte die Arbeitsgruppe in der Gewinnsteuerung die Gefahr der Schädigung der Minderheitsaktionäre der Muttergesellschaft beziehungsweise der Minderheitsaktionäre der Tochtergesellschaft. Die Schädigung der Minderheitsaktionäre der Tochtergesellschaft erfolge, „wenn die Gewinne, die in Wirklichkeit die Tochtergesellschaft erzielt hat, durch Bilanzmanöver der Muttergesellschaft zufließen"[381]. Auch aus diesem Grund sollte im Geschäftsbericht auf die Konzernbeziehungen einzugehen sein. Gefordert wurde die Auflistung aller gewinnrelevanten Geschäfte zwischen Mutter- und Tochtergesellschaft im Geschäftsbericht[382].

b. Die Festsetzung der Tochterbilanz durch die Muttergesellschaft

Das Tochterunternehmen kam auch deshalb in Blick, weil das Mutterunternehmen durch den Einfluß bei der Festsetzung der Bilanz der Tochtergesellschaft seine eigene Gewinnentstehung maßgeblich steuern konnte[383]. Die Gewinnsteuerung bei der Tochter und auch die Bildung stiller Reserven durch entsprechende Ansätze in der Tochterbilanz minderten den Reingewinn der Muttergesellschaft und damit die auszuschüttenden Dividenden[384]. Auf die Bildung stiller Reserven bei der Tochtergesellschaft hatten die Aktionäre der Muttergesellschaft aber keinen Einfluß, so daß die Gefahr der Schädigung der Minderheitsgesellschafter des Mutterunternehmens bestand. Die Bilanz der Tochtergesellschaft fand Beachtung. Aber erneut nur aus dem Blickwinkel der Muttergesellschaft und ihrer Aktionäre.

c. Die bilanziellen Folgen der Verschachtelung an sich

Schließlich ging es um die bilanzrechtlichen Folgen der bloßen Verschachtelung an sich, da in der Bilanz der Muttergesellschaft nicht mehr die einzelnen Vermögensgegenstände - diese

---

[379] Diese Steuerung der Gewinnentstehung wurde für die tatsächliche heutige Situation oben im 2. Kapitel unter B I 2 a erörtert. Die Vorgutachter hatten nur einzelne Verkaufsgeschäfte vor Augen; dabei kann es ebenso zur Gewinnsteuerung kommen, wie bei den Verrechnungspreisen für eine unbestimmte Vielzahl von Geschäften.

[380] *Geiler*, Strukturwandlungen und Reform des Aktienrechts, Seite 83.

[381] *Buchwald*, a.a.O., Seite 125.

[382] *Buchwald*, a.a.O., Seite 124.

[383] *Flechtheim*, Die Strukturwandlung, Seite 35.

[384] *Flechtheim*, a.a.O., Seite 35. Die Bildung stiller Reserven wurde als zulässig angesehen. Dazu *Spindler*, Recht und Konzern, Seite 64 m.w.N. *Ders.* a.a.O. auch zu Einflußmöglichkeiten in der Bilanz der Muttergesellschaft selbst.

wurden als Aktiva in der Bilanz der Tochtergesellschaft ausgewiesen -, sondern nur die Beteiligung an der Tochtergesellschaft als Vermögensgegenstand ausgewiesen wurde[385]. Dies schien in Hinblick auf das Vollständigkeitsgebot nach § 39 HGB a.F. bedenklich, da doch sämtliche Vermögensgegenstände des Kaufmanns genau zu bezeichnen waren[386]. Insbesondere bei 100-%igen Tochtergesellschaften schien dies bedenklich, da die Beteiligung an der Tochtergesellschaft nicht näher zu kennzeichnen war und durch die Zusammenziehung sämtlicher Beteiligungen der Eindruck großer Liquidität erzeugt wurde. Es wurde festgestellt, daß die Bilanzen der Muttergesellschaften mit fortschreitender Verschachtelung ihren eigentlichen Zweck der vollständigen und genauen Aufführung aller Vermögensgegenstände verfehlte[387]. Auch bei diesem Aspekt war die Problemsicht naturgemäß auf die Bilanz der Muttergesellschaft bzw. auf die Außenseiter der Mutter-AG beschränkt.

d. Zusammenfassung

Bei den erörterten Schwierigkeiten von Konzernbildung und Bilanzrecht zeigt sich, daß die Problemsicht vorrangig auf die Bilanz der Muttergesellschaft und auf eine Lösung durch die Information der Außenseiter der Muttergesellschaft bezogen war[388]. Lediglich bei den Folgen des konzerninternen Geschäftsverkehrs - Ausweis nicht realisierter Gewinne und Gewinnsteuerung durch Preisvorgaben - erstreckte sich die an der Bilanz der Muttergesellschaft entwickelte Problemsicht auch auf die Bilanz der Tochtergesellschaft. Jeweils waren Gläubiger und Minderheitsaktionäre gefährdet; auch auf der Ebene der Tochtergesellschaft[389]. Dementsprechend konnten die für Bilanz und Geschäftsbericht der Muttergesellschaft entwikkelten Lösungsansätze zur Offenlegung der Verhältnisse auf die Ebene der Tochtergesellschaft übertragen werden. Die Überlegungen zum Problem der Konzernbildung für das Bilanzrecht - in erster Linie bezogen auf die Bilanzen der Muttergesellschaften - legten den Grundstein für das Konzernbilanzrecht. Aber die Tatsache, daß es bei den Fragen des Bilanzrechts im Konzern zunächst überwiegend um den Schutz und die Information der Minder-

---

385 In RGZ 83, 172, 173 f. gestattete das Reichsgericht jedoch gerade die Aufnahme der einzelnen Aktiva einer rechtlich selbständigen Tochtergesellschaft in der Bilanz der Mutter-AG, weil die Zugehörigkeit zur Tochter angegeben wurde. Vgl. auch: *Spindler*, Recht und Konzern, Seite 64 m.w.N.

386 *Flechtheim*, a.a.O., Seite 36.

387 *Flechtheim*, a.a.O., Seite 37.

388 Die Frage der Bilanzierung der Beteiligung als bilanzielle Folge der Verschachtelung an sich spielt nur für die Bilanz der Muttergesellschaft eine Rolle. Bei der Festsetzung stiller Reserven in der Tochterbilanz durch das Mutterunternehmen hatte man ebenfalls allein die Schädigung der Minderheitsgesellschafter des Mutterunternehmens im Blick.

389 Die Gefährdung der Gläubiger stellte *Geiler*, Strukturwandlungen und Reform des Aktienrechts, Seite 83 und die der Minderheitsaktionäre der Tochtergesellschaft *Buchwald*, wirtschaftliche Strukturwandlungen und Reform des Aktienrechts, Seite 125 in den Vordergrund.

heitsaktionäre der Muttergesellschaft ging[390], ergibt sich auch aus folgendem: der Schutz der Minderheitsaktionäre der Muttergesellschaft war ausschließlich durch Information zu bewerkstelligen; demgegenüber war der Schutz der Minderheitsaktionäre der Tochtergesellschaft mit dem Schutz der Tochtergesellschaft selbst verbunden. Dieser Schutz der Tochter wurde unter dem Stichwort des konzerninternen Interessenkonflikts diskutiert:

2. Der konzerninterne Interessenkonflikt

Für die Ebene der Tochtergesellschaft wurde von der 3. Arbeitsgruppe und den Vorgutachtern der Konflikt zwischen dem Konzerninteresse und dem Eigeninteresse der Tochtergesellschaft erörtert[391]. Gefragt wurde, inwieweit die Konzernmehrheit die Interessen des Gesamtkonzerns gegenüber einer etwaigen Minderheitsbeteiligung an der Tochtergesellschaft durchsetzen durfte und wann die Majorität für eine Schädigung zu haften habe[392]. *Geiler* wollte die Haftung stets auf eigensüchtiges Verhalten der Konzernmehrheit beschränken und ansonsten dem Konzerninteresse den Vorrang einräumen[393]. Demgegenüber vertrat die Arbeitsgruppe eine differenziertere Auffassung: Bei Bestehen einer Interessengemeinschaft - dies entsprach dem heutigen Beherrschungsvertrag - müßten die Konzerninteressen berücksichtigt werden. Auf Weisung müßte die Tochtergesellschaft „also Geschäfte abschließen, die sie als alleinstehende Gesellschaft ablehnen würde, und Geschäfte unterlassen, die sie ohne den Interessengemeinschaftsvertrag schließen würde“. Bei bloß faktischer Konzernierung durch Effektenbesitz jedoch dürfe sich die Verwaltung der Tochtergesellschaft allein von deren Interesse leiten lassen. Maßnahmen im Konzerninteresse, die wie die Stillegung einer Fabrik oder die Aufgabe eines Artikels die Tochtergesellschaft schädigten, seien mangels rechtlicher Grundlage unzulässig[394].

Die Diskussion um den Interessenkonflikt auf der Ebene der Tochtergesellschaften und über die haftungsrechtliche Generalklausel wurde unter konzernrechtlichen Aspekten geführt. Bilanzrechtliche Aspekte spielten keine Rolle, da es nicht unmittelbar um den in der Rechnungslegung darzustellenden Geschäftsverkehr der Tochtergesellschaften ging. Der Schutz der Minderheitsgesellschafter der Tochtergesellschaft sollte nicht durch die Offenlegung in der Rechnungslegung, sondern bereits im Vorfeld durch die Verhinderung von oder Haftung für eigennütziges Verhalten erreicht werden. Dadurch gab es für die Tochtergesellschaft eine

---

390 Dies zeigt auch die Themenübersicht über die Arbeit der 3. Arbeitsgruppe bei *Hommelhoff*-Konzernleitungspflicht, Seite 14.

391 *Flechtheim*, Die Strukturwandlungen, Seite 32/33; *Geiler*, a.a.O., Seite 82 f.; *Buchwald*, a.a.O., Seite 102 f.

392 Dazu auch *Hommelhoff*-Konzernleitungspflicht, Seite 17.

393 *Geiler*, a.a.O., Seite 82 f.

394 Beispiele nach *Flechtheim*, Die Strukturwandlungen, Seite 32/33.

grundsätzlich andere Konzeption für die Problemlösung. Dennoch ist interessant, daß schon die 3. Arbeitsgruppe die Fragen der Strukturveränderungen und der strukturverändernden Maßnahmen auf der Tochterebene diskutierte; wenn auch unter dem Gesichtspunkt eines Mehrheits- / Minderheitskonfliktes und dem Stichwort der Majoritätsverantwortlichkeit.

III. Die Bilanzierungsfragen in der Fragebogenaktion des Justizministers

Bereits der Enquête-Ausschuss arbeitete an einer möglichen Reform des seit 1884 materiell unveränderten Aktienrechts des HGB[395]; mit der Reform befaßten sich weitere Kommissionen, bei denen aber Bilanzierungsfragen im Konzern keine Rolle spielten[396]. Im November 1927 begannen im Reichsjustizministerium die Reformarbeiten[397]. 1929 wurden aufbauend auf die Arbeiten der 3. Arbeitsgruppe sowie einer Kommission des deutschen Juristentags neun Fragebögen mit über 700 Fragen vorgelegt[398]. Die Spitzenverbände der Wirtschaft, die Gewerkschaften, die Berufsvertretungen der Anwälte, Notare und Richter, die deutsche Presse sowie die juristische Fachpresse und die juristischen Fakultäten der deutschen Universitäten wurden zu einer umfassenden Meinungsäußerung über eine Reform des Aktienrechts veranlasst[399].

Der Fragenkatalog zum Konzernrecht betraf für die Ebene der Tochtergesellschaft allein die beim Interessenkonflikt auftretenden strukturverändernden Maßnahmen[400]. Fragen zur Rechnungslegung im Konzern wurden nur in Hinblick auf die Muttergesellschaft gestellt. Zum Schutz ihrer Aktionäre wurden in Fragebogen V Auskunftspflicht und Publizität thematisiert. Es ging um die Berichterstattung der Muttergesellschaft über ihre Tochtergesellschaf-

---

395 Demgemäß titelten in der 3. Arbeitsgruppe die Vorgutachten von *Geiler* und *Buchwald* mit „Die wirtschaftlichen Strukturwandlungen und die Reform des Aktienrechts".

396 Mit der Reform des Aktienrechts befaßte sich 1926 eine vom 34. Deutschen Juristentag (DJT) eingesetzte Kommission unter dem Vorsitz von Max Hachenburg sowie der Ausschuß I für Zivil- und Handelssachen des Deutschen Anwaltsvereins (DAV) unter demselben Vorsitzenden. Zur Arbeit dieser Ausschüsse näher: *Schubert/Hommelhoff*, Aktienrechtsreform, Seite 113.

397 Dazu näher: *Schubert/Hommelhoff*, Aktienrechtsrefom, Seite 29, m.w.N.

398 Der „Bericht der durch den 34. Juristentag zur Prüfung einer Reform des Aktienrechts eingesetzten Kommission" von 1928 befaßt sich zwar auch mit konzernrechtlichen Fragen - Bericht S. 36 ff - nicht aber mit Fragen von Konzernbildung und Bilanzen. Näher zu dieser Kommission des deutschen Juristentages: *Schubert/Hommelhoff*, Aktienrechtsreform, Seite 27 f.

399 Abgedruckt u.a. in der Druckschrift Nr. 22 des Deutschen Anwaltsvereins: „Zur Reform des Aktienrechts. Antworten des Deutschen Anwaltsvereins auf die Fragen des Reichsjustizministers", Teil I und II (1929).

400 Dazu die Fragen in Druckschrift Nr. 22 des Deutschen Anwaltsvereins, Teil II, Seite 60 ff: Fragebogen VII - Einwirkungen der wirtschaftlichen Konzentration auf das Aktienrecht. Zur Haftungsgeneralklausel will Fragebogen VII, Frage 4, a.a.O., Seite 61 wissen, ob es sich empfiehlt, das Verhältnis von Konzern- und Eigeninteresse grundsätzlich klarzustellen und nimmt dabei ausdrücklich auf die Verhandlungen der 3. Arbeitsgruppe des I. Unterauschusses der Enquête-Kommission S. 32 f., 82, 102 Bezug. Zum Ganzen auch: *Schmölder*, JW 1929, 2090, 2098.

ten im Geschäftsbericht, die bereits *Buchwald* einer Regelung zuführen wollte[401]. Gefragt wurde nach der Offenlegung des Vermögensstandes und der Verhältnisse der Tochtergesellschaften, da dies die Verhältnisse der Muttergesellschaft maßgebend beeinflussen konnte, sowie nach der Offenlegung des Geschäftsverkehrs mit den Tochtergesellschaften[402]. Auch nach einer Publizitätsbegrenzung wurde aus dem Blickwinkel der Muttergesellschaft gefragt[403]. Die Probleme für den Geschäftsbericht bzw. die Rechnungslegung der Tochtergesellschaften wurden anscheinend noch nicht erkannt. Jedenfalls wurde nicht danach gefragt. Allein um die Muttergesellschaft ging es auch im Kapitel über „Konzernbilanzen", wo nach Maßnahmen gegen Manipulationen in Bilanz und GuV des Mutterunternehmens gefragt wurde[404]. Aufbauend auf Erkenntnissen der 3. Arbeitsgruppe zu Manipulationsmöglichkeiten aufgrund des Geschäftsverkehrs ging es um die Offenlegung von Vermögensverschiebungen mit Preisvorgaben und Maßnahmen gegen den Ausweis nicht realisierter Gewinne. Unerkannt blieben die Probleme, die der Geschäftsverkehr für die Rechnungslegung der Tochtergesellschaften mit sich bringen konnte. Die Diskussion war in diesen Punkt noch nicht vorangekommen.

Nach Abschluß der Fragebogenaktion legte das Reichsjustizministerium im Sommer 1930 einen unter der Verantwortung von *Schlegelberger*, *Quassowski*, *Schmölder* und *Ullmann* erstellten „Entwurf eines Gesetzes über Aktiengesellschaften und Kommanditgesellschaften auf Aktien" vor, der durch die Arbeit der 3. Arbeitsgruppe und die Ergebnisse der Aktion maßgeblich beeinflußt war[405]. Der Entwurf war Grundlage der nachfolgenden HGB-Novelle:

B. Die Aktienrechtsreform durch die NotVO vom 19. September 1931

Obwohl die Diskussion über die Reform des Aktienrechts noch nicht abgeschlossen war, entschloß sich die Reichsregierung aufgrund der wirtschaftlichen Entwicklung in Deutschland im Sommer 1931 einen Teil der Reform umzusetzen. Dies geschah durch eine Notverordnung des Reichspräsidenten auf Grundlage von Artikel 48 Abs. 2 WRV[406]. Mit dieser Teilreform

---

401 Dazu oben in diesem Kapitel unter A II 1 a.

402 Druckschrift Nr. 22, Teil II, Seite 10 f - Fragebogen V Fragen 62 bis 66 zum Geschäftsbericht der Muttergesellschaft; *Schmölder*, JW 1929, Seite 2098.

403 Fragebogen V Frage 66, Druckschrift Nr. 22, Teil II, Seite 11.

404 Druckschrift Nr. 22 des Deutschen Anwaltsvereins, Teil II, Seite 42 f - Fragebogen VI, 5. Kapitel, Fragen 66 bis 77 zu Bilanz und GuV der Muttergesellschaft; *Ullmann*, JW 1929, Seite 2089, 2102.

405 Veröffentlicht durch das Reichsjustizministerium: Amtlicher Entwurf, Berlin 1931; Die Regelungen zum Bilanzrecht der Konzerngesellschaften wurden inhaltlich in der Aktienrechtsnovelle umgesetzt.

406 Verordnung des Reichspräsidenten über Aktienrecht, Bankenaufsicht und über eine Steueramnestie vom 19. September 1931, RGBl. I Seite 493.

der aktienrechtlichen HGB-Vorschriften wurden insbesondere die Rechnungslegung der Aktiengesellschaft novelliert und Regelungen zur Rechnungslegung im Konzern getroffen.

I. Der Reformanlaß

Am 29. Oktober 1929 löste der als Schwarzer Freitag bekannte Börsenkrach an der New Yorker Aktienbörse die Weltwirtschaftskrise aus[407]. Es folgte ein Einbruch der deutschen Wirtschaft mit zahlreichen Firmenzusammenbrüchen und einer rapide wachsenden Arbeitslosigkeit[408]. In- und ausländische Anleger hatten das Vertrauen in die deutsche Wirtschaft verloren und zogen ihr Geld ab[409]. Das Vertrauen wurde zusätzlich gestört, als ein Großteil der Aktiengesellschaften versuchte, die Verluste in den Bilanzen und Geschäftsberichten zu unterdrücken und zu verschleiern[410]. Als Höhepunkt folgte durch die Rückforderung ausländischer Gelder die Bankenkrise mit dem Schalterschluß der deutschen Darmstädter- und Nationalbank AG (DANAT-Bank) am 13. Juli 1931[411]. Diese Bankenkrise konnte nur durch ein Eingreifen der Reichsregierung durch Garantieübernahmen und die Einführung der Devisenzwangswirtschaft gestoppt werden[412].

Die wirtschaftlichen Entwicklung förderte den Ruf nach einer schnellen Reform des Aktienrechts. Dies brachte die Aktienreform zunächst voran. Doch aufgrund der Bankenkrise im Juli 1931 entschloß man sich zu einer sofortigen Teilreform, so daß die Krise letztlich die Umsetzung einer Gesamtreform verhinderte[413].

---

407 Der Dow-Jones-Index, der seit 1897 von der Börsenzeitung des Verlages Dow Jones und Co. börsentäglich als Durchschnittskurs der 30 bedeutendsten Industrieaktien ermittelt wird und der internationale Leitfunktion hat, fiel an der New York Stock Exchange am 28. Oktober 1929 um 38,3 Punkte (12,8 %) und am 29. Oktober um 30 Punkte (11,7 %). Nach einem weiteren Kurssturz von 25,5 Punkten (9,9 %) am 6. November 1929 hatte der Index über 34 % seines Wertes eingebüßt. Der Schwarze Freitag vom 9. Mai 1873 leitete das Ende der Gründerjahre ein.

408 Die Brüning'sche Deflationspolitik, die mit Steuererhöhungen und Senkungen der Staatsausgaben per Notverordnungen die durch die Krise wachsenden Haushaltsdefizite bekämpfen und zur Exportbelebung das inländische Preisniveau senken wollte, trieb mit ihrer prozyklischen Wirkung die deutsche Wirtschaft noch schneller der Talsohle zu. Zu den Ursachen der Wirtschaftskrise aus deutscher Sicht vgl.: *Hachenburg*, in Einleitung I zu Düringer/Hachenburg, Band III, 1. Teil, Anm. 30.

409 Grund dafür waren auch die Ergebnisse der Reichstagswahlen vom September 1930; vgl. *Hachenburg*, a.a.O. Anm. 31.

410 *Hachenburg*, a.a.O., Anm. 32.

411 Zur Bankenkrise von 1931: *Hachenburg*, a.a.O., Anm. 43; Gründe waren die innenpolitische Lage mit den Wahlerfolgen der NSDAP und die Bankenkrise in den USA, die in ihren Ursachen in etwa dem wirtschaftlichen Zusammenbruch in Deutschland 1873 nach dem gewonnenen Krieg gegen Frankreich entsprach; vgl.: *Vahlens Großes Wirtschaftslexikon*, Bankenkrise; *Born*, Die deutsche Bankenkrise 1931, Seite 1 ff. Zur Entwicklung der Danat-Bank auch Spindler, Recht und Konzern, Seite 173 f.

412 Demgegenüber wurde die Dresdner Bank unterstützt, indem sich das Reich mit 300 Mio. Reichsmark durch Einlage von Reichsschatzscheinen beteiligte. Im März 1932 wurden dann beide Banken verschmolzen und mit Hilfe des Reichs wiederaufgebaut.

413 So auch *Hommelhoff*-Konzernleitungspflicht, Seite 20.

II. Die konzernbezogenen Regelungen und Ziele der Aktienreform von 1931

Ziel der vorgezogenen Novelle war die Wiederherstellung und Festigung des Vertrauens in das deutsche Aktienwesen. Nach den Rückschlägen durch die Wirtschaftskrise sollte das in- und ausländische aktienbesitzende oder anlagesuchende Publikum zu den Aktiengesellschaften und ihren Unternehmensleitungen Vertrauen fassen und demzufolge wieder Geld in die großen Wirtschaftsunternehmen investieren[414]. Als Vorbedingung der Vertrauenssicherung sollte die Offenlegungspflicht der Aktiengesellschaften und darüber hinaus die Verantwortung der Mitglieder der Verwaltung gesteigert werden[415].

1. Die Neuregelungen im Überblick

Zur Wiederherstellung des Vertrauens durch eine gesteigerte materielle Publizität und eine gesteigerte Verwaltungsverantwortung brachte die Novelle für alle Aktiengesellschaften Bestimmungen mit im wesentlichen folgendem Inhalt[416]:

- eine grundlegende Änderung und Verbesserung im Bereich des Bilanzwesens, einschließlich des Geschäftsberichts,
- die Einführung der jährlichen Pflichtrevision durch besondere Wirtschaftsprüfer,
- vierteljährliche Berichte des Vorstandes an den Aufsichtsrat, die Zustimmungspflicht des Aufsichtsrates zu Vorstandskrediten sowie die erweiterte Einberufung des Aufsichtsrates,
- die Ausgestaltung und Verbesserung des Minderheitenschutzes durch Prüferbestellung und die Geltendmachung von Ersatzansprüchen gegen Vorstand und Aufsichtsrat sowie
- die Einschränkung des Erwerbs eigener Aktien und die Möglichkeit der Einziehung von Aktien[417].

2. Die Ziele und die Regelungen der gesteigerten Publizität

Im Mittelpunkt der Aktienreform stand die Steigerung der Offenlegungspflicht der Aktiengesellschaft als Vorbedingung für die Vertrauenssicherung der Anleger[418]. Die Wiederherstel-

414 *Quassowski*, JW 1931, Seite 2914; *Hachenburg*, in Einleitung I zu Düringer/Hachenburg, Band III, 1. Teil, Anm. 33, Seite 44; *Schubert/Hommelhoff*, Aktienrechtsreform, Seite 73 bezeichnen diesen kapitalmarktrechtlichen Ansatz als vorbildlich. Zum Kapitalmarktsbezug auch: *Wiedemann*-Gesellschaftsrecht, Band I, Seite 499 f.

415 *Hachenburg*, a.a.O., Seite 41.

416 Dazu auch: *Klausing*, Die Teilreform des Aktienrechts, Seite 14 ; *Schubert/Hommelhoff*, a.a.O., S. 34.

417 Regelungen zum Erwerb eigener Aktien waren im Entwurf von 1930 nicht vorgesehen. Sie vestehen sich als Reaktion auf die bei der Bankenkrise sichtbar gewordene Gefahr. Vgl. *Hachenburg*, in Einleitung I zu Düringer/Hachenburg, Band III, 1. Teil, Seite 59 ff. *Rosendorff*, Das neue Aktienrecht, Seite 280 führt namhafte Gesellschaften auf, die in der Krise verstärkt eigene Aktien kauften, um den eigenen Kurs zu stützen.

lung und Festigung des Vertrauens des in der Krise verunsicherten Anlegerpublikums erforderte inhaltliche Erweiterungen und Verbesserungen. Denn Gewinne und Verluste ließen sich in den als nichtssagend geltenden Bilanzen und Geschäftsberichten der Einzel- und Konzerngesellschaften verstecken[419]. Unter diesem Aspekt hatte die Reform der im Handelsregister zu publizierenden Rechnungslegung wirtschaftspolitischen Charakter[420]. Die Last der Publizitätsverbesserung ruhte allein auf der neu geregelten Jahresabschlußpublizität, da die ursprüngliche Konzeption einer Ergänzung der Rechnungslegungspublizität durch die Ausgestaltung des Auskunftsrechts der Aktionäre für die Notverordnung verworfen worden war[421].

Die verbesserte Jahresabschlußpublizität diente aber nicht nur der Vertrauensbildung für die Anleger, sondern auch der Absicherung eines neuen Herrschaftsgefüges bzw. einer neuen innergesellschaftlichen Machtbalance in der Aktiengesellschaft[422]. Mit der Stärkung des Vorstandes waren die Machtbefugnisse der Generalversammlung und der einzelnen Aktionäre geschwächt worden. Es sollte die Unabhängigkeit des Unternehmens von wechselnden Aktionärsmehrheiten erreicht werden. Die gesteigerte Verantwortung des Vorstandes wurde durch eine stärkere innergesellschaftliche Rechenschaftspflicht und Kontrolle abgefedert. Wichtiges Instrument hierfür war die erweiterte Rechnungslegung. Unter diesem Aspekt waren auch die neugeschaffenen Vorschriften über die Bilanzierung im Konzern von Bedeutung. Gerade in Konzerngesellschaften war auf der Mutterebene die Macht der Verwaltung durch ihren Einfluß auf die Tochtergesellschaften gewachsen. In der Reformdiskussion hatte sich gezeigt, daß die Konzernierung der Muttergesellschaft ein besonderes bilanzielles Manipulationspotential eröffnete. Dieser Machtzuwachs war durch konzernbezogene Informationen der Aktionäre über das Geschehen bei den Tochtergesellschaften im Jahresabschluß der Mutter-AG zu kontrollieren[423].

Die Verbesserung und Erweiterung des Bilanzwesens war Kernstück der Reform. Bilanz und Geschäftsbericht - er war der Vorgänger von Anhang und Lagebericht heute - sollten volle Einsicht in die Verhältnisse der Vergangenheit, Gegenwart und Zukunft der Gesellschaft

---

418 *Quassowski*, a.a.O., Seite 2914; *Rosendorff*, Das neue Aktienrecht, Seite 247; *Klausing*, a.a.O.,Seite 91.

419 *Hachenburg*, in Einleitung I zu Düringer/Hachenburg, Band III, 1. Teil, Seite 42, Anm. 32.

420 Die Veröffentlichungspflicht im Handelsregister ergab sich aus § 265 HGB; zu den Formen der Publizität, vgl.: *Klausing*, Reform des Aktienrechts, Seite 93.

421 Das Auskunftsrecht wurde nach Widerständen von Seiten der AG-Verwaltungen zunächst nicht neu geregelt. Zur Problematik der Teilung dieser ursprünglich und dann auch im Gesetzentwurf von 1930 vorgesehenen Publizitätskonzeption mit der aufeinander bezogenen Abstimmung zwischen Jahresabschlußinformation und Auskunftsrecht: *Hachenburg*, in Einleitung I zu Düringer/Hachenburg, Band III, 1. Teil, Anm. 33, Seite 44 ff.

422 *Schubert/Hommelhoff*, Aktienrechtsreform, Seite 74.

423 Zu diesem Aspekt der Reformdebatte der 20er Jahre: *Hommelhoff*-Konzernleitungspflicht, Seite 16.

gewähren. Die Bilanz sicherte mit Einführung der Gliederungsvorschrift nach § 261 a HGB die Einsicht des Anlegerpublikums in die wirkliche Vermögens- und Geschäftslage der Aktiengesellschaft durch die Auffächerung der Vermögensanlage und der Zusammensetzung des Kapitals[424]. Zur Information über die Liquidität wurden auf der Aktivseite Anlage- und Umlaufvermögen und auf der Passivseite langfristige und kurzfristige Verbindlichkeiten aufgeteilt[425]. Bei konzernzugehörigen Aktiengesellschaften war zum Ziel der Beurteilung der wirtschaftlichen und finanziellen Lage der Gesellschaft die Offenlegung der Konzernverflechtung unerläßlich[426]. Die möglichst umfassende Offenlegung der Beziehungen innerhalb des Konzerns sollte den wahren Vermögensstand und die wirklichen Verhältnisse der Konzerngesellschaft aufzeigen und eine Bilanzverschleierung durch die Konzernverbindung verhindern. Dabei wurde die Gesetzmäßigkeit der Rechnungslegung und damit die Umsetzung der neuen Vorschriften durch die obligatorische Pflichtprüfung abgesichert[427]. Als Reaktion auf die Reformdiskussion hatte die konzernbezogene Bilanzierung auch deshalb besondere Bedeutung, weil noch keine Regelungen zum Konzernrecht im Sinne eines konzernbezogenen Gesellschaftsrechts getroffen worden waren. Man hielt die Zeit nicht reif für eine grundlegende Regelung des Verhältnisses zwischen Mutter- und Tochtergesellschaft, weil die Entwicklung noch nicht abgeschlossen sei[428]; auf Begriffsbestimmungen wurde mit Ausnahme der Definition der „abhängigen Gesellschaft“ in § 226 Abs. 4 HGB a.F. ebenfalls verzichtet[429].

3. Der Sonderausweis in der Bilanz nach § 261 a HGB

Die Vorschrift des § 261 a HGB führte ein für alle Aktiengesellschaften verbindliches und einheitliches Gliederungsschema für die Bilanz ein. Zum Zweck der Konzernoffenlegung

---

424 *Ullmann*, JW 1930, Seite 2635.

425 Auf der Aktivseite waren schwer veräußerliche Gegenstände wie Grundstücke, Gebäude und Maschinen sowie schwer verwertbare oder einziehbare Forderungen wie Hypotheken- und Grundschuldforderungen einerseits und leicht verwertbare Gegenstände wie Rohstoffe, Erzeugnisse und Waren sowie leicht oder alsbald verwert- und einziehbare Forderungen aus Scheck oder Wechsel getrennt auszuweisen. Dem entsprach bei den Passiva der getrennte Ausweis von langfristigen, durch Hypotheken oder Grundschulden gesicherten Verbindlichkeiten und von kurzfristigen Verbindlichkeiten aus der Anzahlung von Kunden oder erhaltenen Lieferungen. Zur Information durch die Gliederung des § 261 a HGB: *S/Q/S*, § 261 a Anm. 2, Seite 223 ff.

426 *S/Q/S*, § 261 a Anm. 2, Seite 225.

427 Zur Sicherung der neuen Publizität wurde die obligatorische Abschlußprüfung durch unabhängige, sachverständige und von der Generalversammlung zu wählende Prüfer nach englischem Vorbild eingeführt, da sich in der Wirtschaftskrise herausgestellt hatte, daß der Aufsichtsrat die ihm zugewiesene Funktion hinsichtlich der Kontrolle der Rechnungslegung nicht erfüllen konnte. Näher *Schmölder*, JW 1931, Seite 2925, 2926.

428 *Hommelhoff*-Konzernleitungspflicht, Seite 20; dieser liefert auch Nachweise zur damals geäußerten Kritik an dieser sich selbst bescheidenden Haltung des Gesetzgebers.

429 Die Vorschrift des § 226 Abs. 4 HGB lautete: „Steht eine Handelsgesellschaft oder bergrechtliche Gewerkschaft auf Grund von Beteiligungen oder in sonstiger Weise unmittelbar oder mittelbar unter dem beherr-

schrieb es Sonderposten für den konzernbedingten Zahlungsausweis vor[430]. Fortan hatte die Tochterbilanz Beteiligungen sowie Forderungen und Verbindlichkeiten gegenüber abhängigen Gesellschaften und Konzerngesellschaften gesondert auszuweisen[431].

a. Die Forderungen und Verbindlichkeiten gegenüber Konzerngesellschaften

In der Bilanz der Tochter-AG war ein aktiver Sonderposten für die „Forderungen an andere Konzerngesellschaften" zu bilden. Dem entsprach auf der Passivseite der Tochterbilanz der gesonderte Ausweis der „Verbindlichkeiten gegenüber Konzerngesellschaften"[432]. Diese Sonderposten für die Tochtergesellschaft waren in den Vorarbeiten noch nicht vorgesehen und wurden erst durch die Novelle selbst eingeführt[433]. Deshalb kam im Wortlaut der Vorschrift in erster Linie die Perspektive der Muttergesellschaft zum Ausdruck, da nur sie Forderungen und Verbindlichkeiten gegen abhängige Gesellschaften haben konnte; aus dieser Perspektive der Muttergesellschaft wurden daneben mit den „Konzerngesellschaften" mögliche in einem Gleichordnungsverhältnis stehende Unternehmen erfaßt[434]. Der Wortlaut sollte nach dem Willen des Verordnungsgebers jedoch in seiner verabschiedeten Form auch die Ebene der Tochtergesellschaften erfassen und war nicht allein für die Muttergesellschaften konzipiert. Demgemäß war es einhellige Meinung, daß trotz fehlender Legaldefinition des Begriffs der Konzerngesellschaften die Tochtergesellschaften Sonderposten für Forderungen bzw. Verbindlichkeiten gegenüber Konzerngesellschaften anzusetzen hatten[435]. Dabei wurden aus Sicht der Tochter-AG mit den „Konzerngesellschaften" die Muttergesellschaft und mögliche Schwestergesellschaften erfaßt.

---

schenden Einfluß einer Aktiengesellschaft oder einer Kommanditgesellschaft auf Aktien (abhängige Gesellschaft), ..".

430 Zuvor galt lediglich die für alle Kaufleute bestehende Verpflichtung zu einer sämtliche Vermögensgegenstände und Schulden enthaltenden Bilanz; die Form der Darstellung war nicht näher vorgeschrieben.

431 Der Sonderausweis der Beteiligungen wurde zum besseren Einblick in die Vermögenslage der Muttergesellschaft eingeführt. Entsprechend waren in der Gewinn- und Verlustrechnung nach der neu eingeführten Gliederungsvorschrift des § 261c HGB (a.F.) auf der Seite der Erträge diejenigen aus Beteiligungen gesondert auszuweisen. Beides ist für die Ebene der Tochtergesellschaft zu vernachlässigen.

432 Eine Absicherung des Ausweises unter Ziffer A III erfolgte durch § 261a Abs. 3 HGB, wonach die Verrechnung von Forderungen mit Verbindlichkeiten unzulässig war.

433 Im Rahmen des vorbereitenden Fragebogen VI war bei Fragen zur Bilanzierung im Konzern allein die Perspektive der Muttergesellschaft beachtet worden. Dies zeigte sich im oben vorgestellten Fragebogen VI, dessen Fragen 66-69 allein die Manipulationen in der Bilanz des Mutterunternehmens behandelten. Der anschließende erste Gesetzentwurf von 1930 sah mit dem Sonderposten für „Forderungen an Tochtergesellschaften" nach der Vorschrift in § 113 Abs. 1 Ziffer IV 8 des Entwurfs von 1930 eine Regelung ausschließlich für die Ebene der Muttergesellschaft vor.

434 *Rosendorff*, Das neue Aktienrecht, Seite 399.

435 Maßgeblich war insbesondere die Auffassung der „Väter" der Aktienrechtsreform von 1931 in *S/Q/S*, § 226 Anm. 36, Seite 45 f.; umstritten aufgrund des offenen Wortlauts war jedoch für die Ebene der Muttergesellschaft, ob eine abhängige Gesellschaft auch eine Konzerngesellschaft der Mutter war. Dies führte dann zur späteren Regelung in der Definitionsnorm des § 15 Abs. 2 AktG 1937.

Die Entstehungsgeschichte der Norm zeigt, daß der Sonderausweis auf das erkannte Problem der nicht realisierten Gewinne aufgrund des konzerninternen Geschäftsverkehrs reagierte[436]. Bei entsprechender Preisgestaltung bestand die Möglichkeit der Bilanzverlängerung durch konzerninterne Forderungen, denen aufgrund der Konzernbeziehung in Wahrheit bloß ein bedingter reeller Wert zuzuerkennen war[437]. Umgekehrt konnten beim Verkauf von Aktiva unter Wert eine Bilanz künstlich verschlechtert und im Gegenzug in der Bilanz der empfangenden Konzerngesellschaft stille Reserven gebildet werden[438]. Mit dem Sonderausweis der Verbindlichkeiten sollte der Gefahr von Vermögensverschiebungen zum Nachteil der Gläubiger und der Minderheitsgesellschafter durch die entsprechende Information entgegengewirkt werden[439]. Der Sonderausweis sollte die Aufmerksamkeit der Aktionäre und Gläubiger auf die konzerninternen Beziehungen und den in diesem Rahmen erfolgten Geschäftsverkehr der Tochter-AG lenken[440]. Durch die Kennzeichnung der Forderungen und Verbindlichkeiten sollte eine Fehlvorstellung über das Vermögen der Gesellschaft und eine Irreleitung der Bilanzleser verhindert werden[441]. Darüber hinaus sollte auch präventiv der Gefahr des mißbräuchlichen Bilanzausweises entgegengetreten werden[442]. Damit hatte sich der Gesetzgeber für eine Informationslösung bei der Problematik der Bilanzierung des konzerninternen Geschäftsverkehrs entschieden. Der Weg einer Lösung über die besondere Bewertung der konzerninternen Forderungen wurde nicht aufgegriffen[443].

Dennoch erfolgte keine komplette Offenlegung der wahren Vermögensverhältnisse in der Bilanz. Denn die Sonderposten erfaßten auch Forderungen und Verbindlichkeiten aus marktüblichen Geschäften, aus Beteiligungen oder aufgrund von Unternehmensverträgen und dies jeweils gegenüber allen Konzerngesellschaften[444]. Im Vordergrund stand der bloße

---

436 *Klausing*, Reform des Aktienrechts, Seite 110; Zur Erkennung dieser Problematik in der Diskussion der 3. Arbeitsgemeinschaft der Enquête-Kommission, vgl. oben in diesem Kapitel unter A II 1 a.

437 *Klausing*, a.a.O., Seite 110.

438 vgl.: Fragebogen VI, Fragen 66-68 als Reaktion auf die Vorgutachten der 3. Arbeitsgemeinschaft der Enquête-Kommission, vgl.: *Flechtheim*, Die Strukturwandlungen, Seite 35.

439 *Klausing*, a.a.O.

440 So der Deutsche Anwaltsverein in seiner Stellungnahme auf die Fragebogenaktion, abgedruckt u.a. in Druckschrift Nr. 22 des Deutschen Anwaltsvereins, Teil II, Seite 56.

441 *S/Q/S*, § 261 d Anm. 3, Seite 265.

442 *S/Q/S*, § 261a Anmerkung 13 f. geht demgemäß zwar auf das Problem des Ausweises nicht realisierter Gewinne im Konzern detailliert ein, sieht aber im Sonderausweis nur den „allgemeinen Zweck, das Verhältnis zwischen .. Konzerngesellschaften offenzulegen."

443 In diese Richtung gingen die Lösungsansätze in den Vorgutachten der 3. Arbeitsgruppe. Dazu oben in diesem Kapitel unter A II 1a.

444 *S/Q/S*, § 261 a Anm. 13, Seite 233; *Klausing*, Reform des Aktienrechts, Seite 110; Demgegenüber war die Mehrzugehörigkeit eines Postens in § 261a Abs. 3 Satz 4 geregelt. Dazu *Quassowski*, JW 1931, Seite 2914, 2919 am Anfang.

Hinweis auf interne Beziehungen, während die vom Gesetzgeber intendierte Information über den Umfang nicht realisierter Gewinne gering blieb[445].

b. Die Forderungen an gesetzliche Vertreter des herrschenden Unternehmens

Nach § 261 a HGB waren in der Bilanz der Tochter-AG die „Forderungen an Mitglieder des Vorstandes oder an gesetzliche Vertreter eines Unternehmens, von dem die Gesellschaft, der die Forderung zusteht, abhängt" gesondert auszuweisen[446]. Dieser Sonderausweis für Forderungen an den Muttervorstand stand in Zusammenhang mit § 240 a HGB (a.F.), der die Kreditgewährung an den Vorstand zu beschränken suchte und deshalb von der Zustimmung des Aufsichtsrates abhängig machte. Die Vorschrift dient der mit der Reform verfolgten Steigerung der Verantwortung des Vorstandes. Bei der Kreditgewährung durch die abhängige Gesellschaft war jedoch umstritten, ob zur Zustimmung der Aufsichtsrat des Mutterunternehmens berufen war, was die Bilanzierung beim Tochterunternehmen in die Interessen des Mutterunternehmens gestellt hätte, oder aber der Aufsichtsrat der Tochtergesellschaft[447]. Der Sonderausweis ist beachtlich, weil hier ausdrücklich eine Regelung allein für die Bilanz der Tochtergesellschaft getroffen wurde, auch wenn diese nach herrschender Meinung im Interesse der Beteiligten des Mutterunternehmens lag.

4. Die Angaben im Geschäftsbericht nach § 260 a Abs. 2 HGB

Nach der neuen Vorschrift des § 260 a Abs. 2 HGB war im ergänzenden Geschäftsbericht der konzernverbundenen Aktiengesellschaft „auch über die Beziehungen zu einer abhängigen Gesellschaft und einer Konzerngesellschaft zu berichten".

a. Der Zweck und der Inhalt des Geschäftsberichts

Zweck des Geschäftsberichts allgemein war es, in Ergänzung der Rechenwerke den Aktionären die nötigen Informationen für die Entscheidungen der Generalversammlung an die Hand zu geben. Die Unterlagen sollten die Grundlage für die Feststellung des Jahresabschlusses, die Gewinnverwendung und die Entlastung der Verwaltung durch die Aktionärsversammlung liefern. Dieser gesellschaftsrechtliche Zweck bestimmte den Inhalt des Geschäftsberichts[448]. Daneben informierte der Geschäftsbericht die Gläubiger und die Öffentlichkeit. Im Geschäfts-

---

[445] *S/Q/S*, § 261 a Anm. 14.

[446] § 261 a Absatz 1 Ziffer A IV 10 HGB a.F. - erfaßt waren auch Forderungen „an den Ehegatten oder ein minderjähriges Kind dieser Personen sowie an einen Dritten, der für Rechnung einer dieser Personen handelt."

[447] Die herrschende Meinung forderte die Zustimmung des Mutteraufsichtsrats, vgl.: *S/Q/S*, § 240a Anm. 8 mit Nachweisen der Gegenmeinung von *Reufeld* und *Lehmann/Hirsch.*

[448] Dazu *S/Q/S*, § 260a Anm. 3, Seite 135.

bericht aller Aktiengesellschaften waren nach § 260 a Abs. 1 HGB „der Vermögensstand und die Verhältnisse der Gesellschaft zu entwickeln und der Jahresabschluß zu erläutern“[449]. Damit entsprach die Regelung inhaltlich dem bisherigen Recht; klarstellend wurde die Erläuterung des Jahresabschlusses in den Wortlaut aufgenommen[450]. Die Erläuterung wurde mit der Reform ausgebaut, da neben expliziten Einzelpunkten nach dem neuen Absatz 2 auch über die Konzernbeziehungen zu berichten war[451]. Der Geschäftsbericht trat mit seinen Informationen ergänzend neben Bilanz und Gewinn- und Verlustrechnung. Deren Rechenwerke enthalten naturgemäß nur kurze Ansätze in Form von Ausweisposten und sind für sich allein wenig geeignet, Aufschluß über den Vermögensstand und die Verhältnisse der Aktiengesellschaft zu geben[452]. Demgegenüber war der Geschäftsbericht zur Offenlegung von Informationen insofern besonders geeignet. Hier konnten die Angelegenheiten der Gesellschaft in zusammenhängender Darstellung erörtert werden[453]. Anzugeben waren auch schwebende Geschäfte oder vor dem Bilanzstichtage abgeschlossene Ereignisse, die wegen fehlenden Zahlenbezugs nicht in die Rechenwerke aufgenommen werden konnten[454].

Die Neuordnung des Geschäftsberichts war notwendig geworden, weil im Zuge der allgemeinen Verschlechterung der Publizität der Aktiengesellschaften seit Kriegsende auch die Publizität im Geschäftsbericht vernachlässigt worden war. Während die Verschlechterung der Bilanzpublizität in gewisser Weise eine zwangsläufige Folge des Strukturwandels in der Wirtschaft durch die Bildung von Konzernen war, behinderte dieser Wandel die Publizität im Geschäftsbericht nicht. Aber die wirtschaftlichen Schwierigkeiten infolge der Weltwirtschaftskrise hatten die AG-Verwaltungen veranlaßt, die Publizität auch im Geschäftsbericht zu vermindern[455]. Die ausdrückliche Regelung der Berichtspflicht für konzernverbundene Gesellschaften über ihre Konzernbeziehungen erklärt sich aus der Notwendigkeit, die konzernbedingt geschwächte Bilanzpublizität auszugleichen. Gerade für die konzernverbundenen

---

449 Der Vermögensstand erfaßte die Aktiva und Passiva, auch die noch schwebenden. Zu den Verhältnissen der Gesellschaft gehörten alle innerhalb und außerhalb des Betriebes liegenden Umstände, die die wirtschaftliche Lage der Gesellschaft betrafen und die nach vernünftigem Ermessen zur Beurteilung der Geschäftslage von Bedeutung waren. Dazu *S/Q/S*, § 260a Anm. 2, Seite 134 m.w.N.

450 Nach der Vorschrift des Art. 239 Abs. 2 ADHGB und dem wortgleichen § 260 Abs. 2 HGB 1897 hatte der Vorstand „einen den Vermögensstand und die Verhältnisse der Gesellschaft entwickelnden Bericht“ zu erstellen. Zur Klarstellung gegenüber der bisherigen Fassung, vgl.: *S/Q/S*, § 260a, Anm. 2 Seite 134.

451 Mit dieser Betonung der Erläuterung deutete sich bereits die spätere Zweiteilung des Geschäftsberichts in einen allgemeinen Lagebericht und einen stärker auf die Rechenwerke bezogenen Erläuterungsbericht an.

452 *S/Q/S*, § 260a Anm. 2, Seite 134.

453 *S/Q/S*, a.a.O.

454 Das Reichsjustizministerium im Entwurf eines Aktiengesetzes, Seite 110.

455 *Enquête-Ausschuß*, Abschlußbericht Seite 33; *S/Q/S*, § 260a Anm. 1, Seite 134.

Aktiengesellschaften war deshalb die Ausgestaltung des Geschäftsberichts ein wichtiger Teil der Reform der Publizität und Offenlegung der Aktiengesellschaft[456].

b. Der Zweck der Berichterstattung über die Konzernbeziehungen

Durch den mit der Aktienreform neu eingefügten § 260 a Abs. 2 HGB hatte jede Tochtergesellschaft über die „Beziehungen zu Konzerngesellschaften" und damit zur Muttergesellschaft und möglicherweise vorhandenen Schwestergesellschaften zu berichten. Teilweise war zwar schon aus der alten Regelung eine jährliche Berichtspflicht über die Beziehungen zu konzernverbundenen Unternehmen hergeleitet worden; doch allgemein durchgesetzt hatte sich diese Auffassung nicht[457]. Die konzernbezogene Berichterstattung im Geschäftsbericht der Tochter-AG entstand daher als zweite Säule der Bilanzierung im Konzern neben den Sonderangaben der Rechenwerke.

Die Regelung der Information im Geschäftsbericht war vorrangig ebenfalls für die Aktionäre der Muttergesellschaft geschaffen worden. Diesen sollten verbindlich Informationen als Grundlage zur Kontrollrechtsausübung gegeben werden; die Mutteraktionäre sollten vor einer Beschränkung ihrer Aktionärsrechte geschützt werden[458]. Insoweit wurde mit § 260 a Abs. 2 HGB der Streit entschieden, ob und inwieweit im Geschäftsbericht des herrschenden Unternehmens über die Verhältnisse bei Tochtergesellschaften zu berichten sei[459]. Die Ebene der Tochtergesellschaft fand in der Novelle aber wie schon bei den Sonderposten der Bilanz ebenfalls Beachtung[460]. Die Berichterstattung diente konzernspezifisch der notwendigen Ergänzung und der Erläuterung der in der Tochterbilanz auszuweisenden Sonderposten für konzerninterne Forderungen und Verbindlichkeiten[461]. Durch die ergänzenden Informationen wurde die vom Gesetzgeber gewählte Informationslösung zum Schutz der Außenseiter der Tochtergesellschaft vor Nachteilen durch den konzerninternen Geschäftsverkehr abgesichert. Hierzu waren im Geschäftsbericht die Beziehungen und insbesondere die wirtschaftlichen Verflechtungen zwischen den Konzerngesellschaften offenzulegen. Durch eine möglichst

---

456 *S/Q/S*, § 260a Anm. 1, Seite 134.

457 *Klausing*, Die Teilrefom des Aktienrechts, Seite 161 mit zahlreichen Nachweisen des damaligen Streitstandes.

458 *Hommelhoff*-Konzernleitungspflicht, Seite 14; zu den möglichen Gefahren ausführlich: *S/Q/S*, § 260a Rn. 8, Seite 138.

459 Dazu *S/Q/S*, § 260a Anm. 9, Seite 139 mit ausführlichen Nachweisen insbesondere der kontroversen Rechtsprechung des Reichsgerichts. (Vgl. RGZ 115, 345 einerseits und RGZ 115, 332 andererseits).

460 § 110 des Entwurfs von 1930 lautete noch: Soweit die Verhältnisse der Gesellschaft durch die Beziehungen zu einem anderen Unternehmen maßgebend beeinflußt werden, ist auch über dies Unternehmen und die Beziehungen zu ihm zu berichten. Dies gilt insbesondere von den Beziehungen zu einer Tochtergesellschaft. Zur entsprechenden Entwicklung beim Bilanzausweis der „Forderungen an Konzerngesellschaften": oben in diesem Kapitel unter B II 3 a.

461 *Klausing*, Die Teilreform des Aktienrechts, Seite 108 sowie *S/Q/S*, § 260a Anm. 9, Seite 139.

umfassende Offenlegung der Abhängigkeits- und Konzernverhältnisse im Geschäftsbericht sollte in der Rechnungslegung ein richtiges Bild vom Vermögensstand und den wahren Verhältnissen der Tochter-AG gezeichnet werden[462]. Durch die Angaben über die Beziehungen zwischen den Konzerngesellschaften sollte über Vorgänge informiert werden, deren Kenntnis zur Vermeidung falscher Schlußfolgerungen aus der Bilanz und zur Gewinnung eines richtigen Bildes vom Stand der Tochter-AG erforderlich war[463]. Der Zweck der Regelung bestand folglich in der Ermöglichung einer vollständigen und korrekten Information der Publizitätsadressaten und insbesondere der Minderheitsaktionäre. Dem diente auch die Absicht, durch die vorgeschriebene Angabe der Konzernbeziehungen den Verschleierungen und Umgehungen der bilanzrechtlichen Vorschriften durch den konzerninternen Geschäftsverkehr vorzubeugen; es sollten Informationsdefizite aus der Verschachtelung verhindert werden[464].

c. Der Gegenstand der Berichterstattung nach § 260 a Abs. 2 HGB

Als Gegenstand der Geschäftsberichte der Tochtergesellschaften sahen insbesondere die „Väter" der Aktienrechtsnovelle drei Bereiche an:

Zum ersten war das rechtliche Verhältnis zu den Konzerngesellschaften darzustellen. Dies umfaßte die rechtliche Grundlage des Verhältnisses zu der Muttergesellschaft - und gegebenenfalls zu weiteren Mutter- und Schwestergesellschaften - sowie dessen Ausgestaltung. Die Ausgestaltung betraf Art und Umfang der Beteiligung der Mutter sowie mögliche Unternehmensverträge wie Betriebsüberlassungsverträge oder Interessen- und Gewinngemeinschaftsverträge - diesen entsprechen heute Beherrschungs- und Gewinngemeinschaftsvertrag - oder mögliche satzungsmäßige Bindungen und personelle Verbindungen[465]. Zum zweiten war über die fortlaufende Entwicklung der Beziehungen zu der Mutter und etwaigen Schwestern auf Grundlage des eben genannten rechtlichen Verhältnisses zu berichten. Zu berichten war damit über das Ergebnis der Zusammenarbeit der Interessen-, Gewinn- oder Betriebsgemeinschaft; des weiteren darüber, ob und in welcher Weise auf die Konzerngesellschaft eingewirkt wurde und insbesondere inwieweit die herrschende Gesellschaft die bilanzmäßigen Feststellungen der abhängigen Gesellschaft beeinflußte. Und schließlich über den gesamten Geschäftsverkehr mit den konzernierten Unternehmen, da dieser ja im besonderen die Gefahr der Verdunkelung

---

462 *S/Q/S*, § 260a Anm. 7 Seite 137 und § 261a Anm. 2 Seite 225.

463 *S/Q/S*, a.a.O.

464 *S/Q/S*, a.a.O.

465 *S/Q/S*, § 260a Anm. 10 Seite 140 ; *Rosendorff*, Das neue Aktienrecht, Seite 411, m.w.N.

der Verhältnisse mit sich brachte[466]. Zum dritten erfaßte die Berichterstattung allgemein Vorgänge bei anderen Konzernunternehmen, die für das Tochterunternehmen von gleicher Tragweite waren, wie eigene[467].

Zusammenfassend war also sowohl über das rechtliche Verhältnis zu der Mutter und etwaigen Schwestern als auch über den Geschäftsverkehr zu berichten. Aus dem Wort „Beziehungen" wurde zwar teilweise eine Einschränkung der Geschäftsberichtserstattung hergeleitet[468]. Die Konzeption war aber klar: als notwendige Ergänzung zu den konzernbezogenen Sonderposten der Bilanz war im Geschäftsbericht das Rechts- und Geschäftsverhältnis zu anderen Konzerngesellschaften darzulegen. Insbesondere für den als Problemkreis erkannten konzerninternen Geschäftsverkehr sollte mit den beiden Säulen der konzernbezogenen Publizität die notwendige Transparenz zum Schutze der Publizitätsadressaten erreicht werden. Insoweit ging man wohl davon aus, für die Einzelbilanzen eines zusammenhängendes Bild des konzerninternen Geschäftsverkehrs geschaffen zu haben[469].

5. Die Ermächtigungsgrundlage für einen Konzernabschluß

Mit § 261 d Nr. 2 HGB wurde die Reichsregierung ermächtigt, „für Konzerngesellschaften Vorschriften über die Aufstellung des eigenen und über die Aufstellung eines gemeinschaftlichen Jahresabschlusses zu erlassen". Damit war die Ermächtigungsgrundlage für einen eigenständigen Konzernabschluß als „gemeinschaftlicher Jahresabschluß" geschaffen worden. Sie sollte dem Zweck dienen, für den Fall der Konzernbildung den Beteiligten einen besseren Einblick in die Verhältnisse des Konzerns und der beteiligten Einzelgesellschaften zu verschaffen[470]. Die Konzernbilanz wurde als die wirtschaftlich richtige Bilanzierung angesehen, weil sie der wirtschaftlichen Einheit des Konzerns Rechnung tragen und das Reinvermögen des Konzerns ausweisen sollte[471]. Da sich jedoch bewährte Grundsätze für die Aufstellung von Konzernbilanzen noch nicht herausgebildet hatten, sah man die Voraussetzungen für eine sofortige verbindliche Regelung noch nicht gegeben[472]. Dies trug auch in der Folgezeit dazu bei, daß von der Ermächtigung kein Gebrauch gemacht wurde, obwohl es Konzernbilanzen auf freiwilliger Basis in der Praxis durchaus gab.

---

466 *S/Q/S*, a.a.O. S. 140; unter Hinweis auf das Wort „Beziehungen" weniger weitgehend *Rosendorff*, a.a.O. Seite 411.

467 *S/Q/S*, a.a.O. S. 140.

468 Dazu *Hommelhoff*-Konzernleitungspflicht, Seite 23 m.w.N. der Literatur in FN 101.

469 Vgl.: *Klausing*, Die Teilreform des Aktienrechts, Seite 161; zu dieser Einschätzung als Grundlage für die Notwendigkeit der Konzernbilanz auch *S/Q/S*, § 261d, Anm. 4, Seite 265.

470 *S/Q/S*, § 261 d Anm. 2, Seite 264.

471 *S/Q/S*, a.a.O. Anm. 5.

472 Begründung zum Entwurf von 1930 Seite 115, der bereits dieselbe Ermächtigungsgrundlage vorsah.

6. Zusammenfassung

Die Aktienrechtsnovelle verbesserte die Rechnungslegungspublizität aller Aktiengesellschaften, um als erklärtes Ziel das Vertrauen des Anlegerpublikums zu gewinnen und um das veränderte Herrschaftsgefüge auszubalancieren. Dabei schaffte die Novelle mit den Sonderregelungen für die Rechnungslegung konzernzugehöriger Gesellschaften auch erste Regelungen zum Konzern überhaupt. Die Rechnungslegungsvorschriften waren grundsätzlich auf die Anleger der Muttergesellschaft zugeschnitten. Und obwohl die Mutter auch in der Reformdiskussion im Mittelpunkt gestanden hatte, führte die Aktienrechtsnovelle ausdrücklich auch Sondervorschriften für die Tochtergesellschaft ein. Diese wurden zwar teilweise ebenfalls auf die Aktionäre der Muttergesellschaft bezogen begriffen; darauf beschränken lassen sich die Rechnungslegungsvorschriften der Tochtergesellschaft jedoch nicht. Da der Interessenkonflikt auf der Ebene der Tochtergesellschaft zunächst ungeregelt blieb, versuchte das Gesetz die Probleme wie bei der Muttergesellschaft durch Publizitätsverbesserungen zu lösen. Gewinn- und Verlustverlagerungen durch Vermögensverschiebungen mit Preisvorgaben und dem Ausweis nicht realisierter Gewinne sollten wenigstens offenzulegen sein. Weil dies in den Bilanzsonderposten nur ansatzweise möglich war, schuf der Gesetzgeber die ergänzende konzernspezifische Berichterstattung im Geschäftsbericht als zweite Säule der Konzernrechnungslegung. Dies schuf einen Lösungsansatz auch für die im Interessenkonflikt stehenden Veränderungen bei der Tochter, der freilich aufgrund des fehlenden Problembewußtseins weitgehend ungenutzt blieb.

Damit hatte man unter dem Eindruck der Krise einen energischen Anlauf genommen, die Konzernrechtsprobleme mit Hilfe der Rechnungslegungspublizität in den Griff zu bekommen. Mit dem Einstieg in das Konzernbilanzrecht wurden die Grundsteine für die Lösung des Informationsdefizites in der Rechnungslegung der Tochtergesellschaft gelegt.

C. Das Aktiengesetz von 1937

Das Aktiengesetz 1937 führte das Recht der AG einem eigenen Gesetz zu und setzte Ergebnisse der Reformdiskussion vorwiegend im nicht konzernrechtlichen Bereich um[473]. Die Diskussion im Konzern- und Konzernbilanzrecht war 1933 praktisch zum Erliegen gekommen und wurde für die Ebene der Tochtergesellschaft beendet, indem das neue Aktienrecht dem Konzerninteresse den absoluten Vorrang gegenüber dem Eigeninteresse der Tochterge-

---

473 Gesetz über Aktiengesellschaften und Kommanditgesellschaften auf Aktien vom 30. 1. 1937 , RGBl. I, Seite 107 ff.

sellschaft einräumte[474]. Im Konzernrecht erging demgemäß im wesentlichen nur die Definitionsnorm nach § 15 AktG 1937, die den Begriff des Konzerns als „rechtlich selbständige Unternehmen, die zu wirtschaftlichen Zwecken unter einheitlicher Leitung zusammengefaßt sind", und den Begriff des Konzernunternehmens als „die einzelnen den Konzern bildenden Unternehmen" definierte[475]. Das Konzernbilanzrecht, das an die neue Definition anknüpfte, blieb materiell unverändert. Es blieb bei den Bilanzsonderposten für Forderungen und Verbindlichkeiten gegen Konzernunternehmen (§ 131 AktG 1937), bei der ergänzenden Geschäftsberichtserstattung über die „Beziehungen zu einem Konzernunternehmen" (§ 128 Abs. 2 Nr. 9 AktG 1937) und der nicht genutzten Ermächtigung zur eigenständigen Konzernbilanz[476].

D. Das Aktiengesetz von 1965

Anlaß für die Reform von 1965[477] war das Bedürfnis, das Aktiengesellschaftsrecht an die Grundsätze der bundesrepublikanischen Wirtschaftsverfassung anzupassen[478]. Da diese Rechts- und Wirtschaftsordnung auf dem Schutz der freien Verfügung über das private Eigentum beruht, sollte die Stellung der Aktionäre als der wirtschaftlichen Eigentümer des Unternehmens gestärkt werden[479]. Dazu wurde insbesondere die Beteiligung der Aktionäre an der Entscheidung über die Gewinnverwendung wiederhergestellt, das Auskunftsrecht konkretisiert und die Rechenschaftspflicht der Verwaltung gegenüber den Aktionären erweitert: die Publizität der Einzelrechnungslegung wurde verbessert und der Konzernabschluß obligatorisch eingeführt[480].

---

474 Dazu Geßler/Hefermehl/Eckardt/*Kropff*, Vorb. §§ 311-318 Anm. 2 ff. m.w.N.. Zu den Folgen für die Rechtsdiskussion über den Interessenkonflikt auch *Hommelhoff*-Konzernleitungspflicht, Seite 29.

475 § 15 Abs. 2 AktG 1937 stellte darüber hinaus klar, daß auch herrschendes und abhängiges Unternehmen als Konzernunternehmen zu gelten haben, worüber in der Diskussion seit 1931 Uneinigkeit geherrscht hatte - vgl.: *S/Q*-Aktiengesetz, § 15 Anm. 22, Seite 153.

476 Die Berichterstattung über Konzernbeziehungen wurde nach § 128 AktG 1937 ausdrücklich Teil des sog. Erläuterungsberichts.

477 BGBl. I, Seite 1089.

478 *Begründung RegE*, Allgemeines, BT-DS III/1915, Seite 92/93; abgedruckt auch bei *Kropff*, Aktiengesetz, Seite 14.

479 Das Aktiengesetz von 1965 verfolgt tendenziell das Modell der Aktiendemokratie durch eine Belebung der eigentumsrechtlichen Ordnungskräfte der Aktionäre und der Hauptversammlung, während das Aktiengesetz von !937 mit der starken Stellung der Verwaltung tendenziell die Aktienanstalt verfolgte. Dazu: *Wiedemann*, ZGR 1975, Seite 393 ff. Zur Fragwürdigkeit der Stellung des Aktionärs als dem wirtschaftlichen Eigentümer, *Wiedemann*-Gesellschaftsrecht, Band I, Seite 496.

480 Zu den Maßnahmen: *Begründung RegE*, a.a.O. Seite 93/94; auch bei *Kropff*, a.a.O., Seite 15.

I. Der Zweck der verbesserten Rechnungslegung im Konzern

Die umgestaltete Rechnungslegung der Aktiengesellschaft erweiterte die Rechenschaftspflicht der Verwaltung gegenüber den Aktionären. Neue aktienrechtliche Bewertungsvorschriften brachten die Unzulässigkeit von stillen Reserven. Die bewußte Unterbewertung von Aktiva bzw. die bewußte Überbewertung von Passiva entfiel im Sinne wahrer Rechenschaft[481]. Die gesamte Information wurde dem Ziel eines getreuen Bildes der Vermögens- und Ertragslage der Gesellschaft unterstellt. So wurde die Stellung der Aktionäre gestärkt und ihrem Informationsbedarf Rechnung getragen. Die gestärkten Aktionäre sollten innergesellschaftlich die Vorstandsautonomie nach § 76 AktG abfedern und das gesamte Machtgefüge ausbalancieren[482]. Die Verbesserung der Information erfolgte aber auch im Interesse zukünftiger Aktionäre und damit des Anlegerpublikums insgesamt. Zusammen mit den erweiterten Aktionärsbefugnissen sollte eine Publizitätssteigerung die Investitionsbereitschaft der Privatanleger gewährleisten[483]. Insoweit erhielt die Rechnungslegung mit dem Anlegerschutz auch eine kapitalmarktrechtliche Dimension[484].

Der besonders hervorgehobenen Bedeutung der Konzerne in der Reform folgend galten diese Intentionen auch für Konzernunternehmen. Auf Konzernebene sollte der Vorstand der Muttergesellschaft im nun obligatorischen Konzernabschluß Rechenschaft über die Ausübung seiner Konzernleitungsmacht leisten. Die Konzernmacht des Vorstandes erforderte die Rechenschaftserweiterung im Konzernabschluß als Instrument der Machtbalance. In diesem Zusammenhang hatte nicht nur die Konzernbilanz, sondern auch der Konzerngeschäftsbericht besonderes Gewicht[485]. Als Mittel der Rechenschaft war der gesamte Konzernabschluß naturgemäß aber auf der Ebene der Muttergesellschaft angesiedelt. Denn nur die Aktionäre der Muttergesellschaft haben Einfluß auf den Konzernvorstand[486]. Im Reformbereich der Konzernrechnungslegung spielte die Tochtergesellschaft damit nur eine untergeordnete Rolle. Für die Tochter-AG, die nicht den Konzernvorstand stellt, verblieb es vielmehr bei der für Aktiengesellschaften allgemein verbesserten Publizität.

---

[481] Zur Unzulässigkeit stiller Reserven nach dem AktG 1965: *Döllerer*, BB 1966, Seite 629, 632; *Hopt*, ZHR 141, Seite 389, 403 m.w.N. *Hopt* verweist am a.a.O. auch auf den engen Zusammenhang zwischen der Rechnungslegung und dem neu gestalteten Auskunftsrecht.

[482] *Schubert/Hommelhoff*, Die Aktienrechtsreform, S. 113.

[483] *Begründung RegE*, a.a.O., Seite 93; abgedruckt auch bei *Kropff*, Aktiengesetz, Seite 15; zum Anlegerschutz im AktG 1965 vgl.: *Wiedemann*-Gesellschaftsrecht, Band I, Seite 495 ff.

[484] Vgl.: *Mülbert*, Aktiengesellschaft, Unternehmensgruppe und Kapitalmarkt, Seite 79 sowie bereits oben im 1. Kapitel unter A II 2 d.

[485] *Studienkommission des DJT*, Untersuchungen zur Reform des Konzernrechts, Seite 117.

[486] Neben der erweiterten Information und Kontrolle der Mutteraktionäre blieben andere Fragen, wie z. B. nach Rechtsbehelfen der Mutter-Aktionäre gegen Vorgänge bei einer Tochtergesellschaft, unberücksichtigt. Vgl.: *Hommelhoff*-Konzernleitungspflicht, Seite 30 f.

II. Die Regelung zum konzerninternen Interessenkonflikt

Die Tochtergesellschaft stand jedoch in einem anderen wichtigen Reformbereich im Mittelpunkt. Das Aktiengesetz 1965 führte materielle Konzernrechtsregeln ein, die nach eingehender Diskussion ganz im Zeichen des Schutzes der Minderheitsgesellschafter und Gläubiger der Tochtergesellschaften standen. Der Schutz der Minderheitsaktionäre entsprach der gestärkten Eigentümerstellung des Aktionärs[487]. Geschaffen wurde hierzu keine geschlossene Kodifikation des Konzernrechts[488]. Das Gesetz beschränkte sich vielmehr auf Einzelregelungen zu erkannten Problemen[489]. Neben der Konzernrechnungslegung und einem allgemeinen Teil mit Begriffsbestimmungen in §§ 15 ff. AktG wurde ein besonderer Teil mit Schutzvorschriften für die außenstehenden Aktionäre und Gläubiger der abhängigen Tochter-AG nach §§ 291- 328 AktG geschaffen. Hier wurde der konzerninterne Interessenkonflikt, der bereits in den 20er Jahren diskutiert worden war, einer noch heute gültigen Regelung zugeführt.

Zum Schutz der Gläubiger und der Minderheitsaktionäre, deren Stellung nach dem Grundsatz der Gleichbehandlung aller Aktionäre verbessert wurde, darf die Tochtergesellschaft nicht durch Maßnahmen geschädigt werden, wenn die Außenseiter nicht anderweitig geschützt sind[490]. Das Konzerninteresse hat nur nach Abschluß eines Beherrschungs- oder Gewinnabführungsvertrages oder im Fall der Eingliederung Vorrang, da dann entsprechende Schutzmechanismen eingreifen. Entsprechend ist eine Schädigung der faktischen Tochter-AG grundsätzlich verboten; die einheitliche Leitung ist zwar gestattet, doch macht die Tochterinteresseverletzung schadenersatzpflichtig[491].

III. Die konzernbezogenen Publizitätsverbesserungen

Im Gegensatz zu den konzernrechtlichen Regelungen stand bei den Neuerungen zur Rechnungslegung im Konzern die Muttergesellschaft im Vordergrund. Aus Sicht der Tochtergesellschaft stellte sich die konzernbezogene Rechnungslegung wie folgt dar:

1. Der Konzernabschluß

Zur grundlegenden Verbesserung der Konzernbilanzierung wurde der eigenständige Konzernabschluß nach §§ 329 ff. AktG eingeführt. Den Konzernabschluß hatte jeder Konzern oder

---

487 *Begründung RegE* eines Aktiengesetzes, Vorbemerkung, BT/DS 3/1915, Seite 94 oben; abgedruckt auch bei *Kropff*, Aktiengesetz, Seite 15.

488 Dazu *Kropff*, BB 1965, Seite 1281 m.w.N.

489 *Begründung RegE*, BT/DS 3/1915 Seite 94 unten; richtungsweisend bereits *Studienkommission des DJT*, DJT-Unternehmensrecht, Seite 50.

490 *Begründung RegE*, a.a.O., Seite 94 f.; auch bei *Kropff*, Aktiengesetz, Seite 16 f.

491 Die Ersatzpflicht sichern Pflichtprüfung und Abhängigkeitsbericht (§ 312 AktG).

Teilkonzern bei einheitlicher Leitung durch eine AG oder KGaA zu erstellen. Das PublG 1969 dehnte die Abschlußpflicht auf Unternehmen anderer Rechtsform mit bestimmten Größenmerkmalen aus. Nach seiner Konzeption konnte der Konzernabschluß als verlängerter Mutterabschluß verstanden werden[492]. Für das Mutterunternehmen änderte er die Gesamtkonzeption der Rechnungslegung und trat als dritte Säule der Information neben die Sonderposten der Rechenwerke und die konzernbezogene Berichterstattung im Geschäftsbericht. Für den Einzelabschluß der Mutter-AG bedeutete dies, daß er zwar seine alleinige Ausschüttungsbemessungsfunktion behielt, die Informationsfunktion künftig aber zusammen mit dem Konzernabschluß erfüllte. Der Gesetzgeber wollte, daß der Konzernabschluß über das bisherige Maß der Information hinaus wertvolle Hinweise für die Beurteilung des einzelnen Konzernunternehmens lieferte[493]. Dies galt aber für die Tochtergesellschaft nur in ganz beschränktem Umfang. Denn der Konzernabschluß hatte die wirtschaftliche Lage des Gesamtkonzerns darzustellen. Rückschlüsse auf ein einzelnes Unternehmen gab er praktisch nicht. Dadurch behielt deren Einzelabschluß der Tochter-AG - im Gegensatz zum dem der Mutter-AG - auch bei der Informationsfunktion seine vorrangige Bedeutung. Es verblieb bei zwei Säulen der Information. Beachtet wurde dies jedoch kaum, da der Schutz der Außenseiter der Tochtergesellschaft durch die Regelung des Interessenkonflikts im Konzernrecht gesichert werden sollte und die Ebene der Tochtergesellschaft nur hier im Mittelpunkt der Überlegungen stand.

2. Der gesonderte Forderungs-und Verbindlichkeitsausweis

Die Gliederung der Jahresbilanz aller Einzelabschlüsse war in § 151 AktG 1965 normiert. Sie schrieb den Tochtergesellschaften unverändert den Sonderausweis der Forderungen und Verbindlichkeiten gegenüber verbundenen Unternehmen vor[494]. Die neue Bilanzgliederung verbesserte den Einblick in die Liquiditätslage der AG: die Aktiva wurden klarer in Anlage- und Umlaufvermögen getrennt und die Passiva klarer in langfristige gegenüber kurz- und mittelfristige Verbindlichkeiten[495]. Beim Sonderposten „Forderungen an verbundene Unternehmen", den die Tochter- als Konzerngesellschaft nach § 151 Abs. 1 III B Nr. 10 AktG auszuweisen hatte, wurde jedoch auf einen Vermerk für langfristige Forderungen verzichtet.

---

492 *Baetge*, Konzernbilanzen, Seite 126.

493 *Begründung RegE*, Rechnungslegung im Konzern, BT-DS IV/171, Seite 171; abgedruckt auch bei *Kropff*, Aktiengesetz, Seite 437.

494 Der Begriff der verbundenen Unternehmen ergab sich aus § 15 AktG 1965 und erfaßte neben den Konzernunternehmen nach § 18 AktG auch in Mehrheitsbesitz stehende Unternehmen und mit Mehrheit beteiligte Unternehmen (16 AktG) sowie abhängige und herrschende Unternehmen (§ 17 AktG).

495 Zurückgehend auf die Forderungen der Studienkommission des DJT, *Schilling*, in: DJT-Unternehmensrecht Seite 80 f.; *Begründung RegE*, Rechnungslegung. Gewinnverwendung, BT-DS 3/1915, Seite 165, 168; *Kropff*, Aktiengesetz, Seite 217 und 225; Zur Kenntlichmachung der Liquidität: *A/D/S*, 4. Auflage, § 151 Rn. 31 ff.

Dem Vermerk wurde wegen der im Konzern gegebenen Möglichkeit, die Laufzeit beliebig zu bestimmen, wenig Wert beigemessen[496]. Auch beim Ausweis der „Verbindlichkeiten gegenüber verbundenen Unternehmen" nach § 151 Abs. 1 VI Nr. 5 AktG wurde von einem gesonderten Vermerk der langfristigen Konzernverbindlichkeiten mangels Wertes abgesehen[497]. Der Informationsgehalt des Sonderausweises für Konzernforderungen und -verbindlichkeiten der Tochter-AG wurde folglich nicht verbessert. Es verblieb beim Hinweis auf den konzerninternen Geschäftsverkehr und das Ausmaß der finanziellen Verflechtung in Hinblick auf die möglicherweise eingeschränkte Bonität der daraus resultierenden Forderungen und Verbindlichkeiten. Der Entstehungsgrund der Forderungen - diese konnten auf dem Waren-, Leistungs- oder Finanzverkehr sowie konzernrechtlich begründet sein[498] - wurde ebenso wenig offengelegt wie der genaue Umfang etwaiger Vermögensverschiebungen aufgrund des konzerninternen Geschäftsverkehrs.

3. Der Sonderausweis in der Gewinn- und Verlustrechnung nach § 157 AktG

Bereits 1959 waren konzernbezogene Sonderposten für die fortan in Staffelform zu erstellende Gewinn- und Verlustrechnung neu eingeführt worden. Sie wurden im AktG 1965 übernommen[499]. In der GuV hatte die Tochter-AG unter Nr. 15 „Erträge aus Verlustübernahme" und unter Nr. 27 die „auf Grund einer Gewinngemeinschaft, eines Gewinnabführungs- und eines Teilgewinnabführungsvertrages abgeführten Gewinne" gesondert auszuweisen[500].

a) Der Sonderausweis im Vertragskonzern

Die Sonderposten nach Nr. 15 und 27 betrafen nur den Vertrags- und Eingliederungskonzern. Denn die Erträge aus Verlustübernahme beruhten auf den Ansprüchen der Tochter-AG aus §§ 302 und 324 Abs. 3 AktG und die Aufwendungen waren die vertraglich an die Mutter abzuführenden Gewinne[501].

---

496 *Begründung RegE*, BT/DS 3/1915, Seite 171; abgedruckt auch bei *Kropff*, Aktiengesetz, Seite 228.

497 *Begründung, RegE*, a.a.O., Seite 172; auch bei *Kropff*, a.a.O., Seite 230.

498 *A/D/S*, 4. Auflage, § 151 Rn. 172.

499 Das „Gesetz über die Kapitalerhöhung aus Gesellschaftsmitteln und über die Gewinn- und Verlustrechnung" vom 23. Dezember 1959 (BGBl. I, Seite 789) wurde zusammen mit einem Gesetz vom 30. Dezember 1959 als *kleine Aktienrechtsreform* bezeichnet. Dieses Gesetz ändert das Gliederungsschema der GuV in § 132 des AktG 37 entsprechend und führte neben der Kontoform die Stattelform zunächst fakultativ ein.

500 Für die Mutter-AG war korrespondierend der Sonderausweis von „Aufwendungen aus Verlustübernahme" nach Nr. 25 und „Erträgen aus Unternehmensverträgen" vorgeschrieben.

501 Zu buchen war bei Anspruchsentstehung: Forderungen an verbundene Unternehmen an Erträge aus Verlustübernahme. Bei dem beispielsweise aufgrund eines Gewinnabführungsvertrages an die Mutter abzuführenden Gewinn lautete der Buchungssatz: „aufgrund eines Gewinnabführungsvertrages abzuführende Gewinne an Verbindlichkeiten gegenüber verbundenen Unternehmen"; Von der Tochtergesellschaft selbst

Bereits die *Studienkommission des Deutschen Juristentags* hatte 1955 in ihrem Ausschußbericht gefordert, daß zur Kennzeichnung des tatsächlichen Eigenerfolges des Konzernunternehmens der Gewinn auch insoweit erscheinen müsse, wie er aufgrund eines Gewinn- oder Verlustübernahmevertrags an ein anderes Unternehmen abzuführen sei[502]. Insbesondere bei der abführenden Gesellschaft sei die tatsächliche Ertragslage nicht mehr erkennbar. Die 1959 erfolgte Umsetzung durch die beiden genannten Sonderposten für die Tochter-AG lag zwar im Interesse der Minderheitsaktionäre. Sie sollten erkennen, wie hoch der ihnen zufließende Gewinn sei, wenn kein Unternehmensvertrag bestünde[503]. Es ist jedoch zu bedenken, daß die Gewinnentstehung schon im Vorfeld durch die Konzernpolitik beeinflußt und verfälscht wurde. Dennoch wurde dem Ausweis besondere Bedeutung beigemessen; ein Verstoß hatte die Nichtigkeit des Jahresabschlusses nach § 256 Abs. 4 Nr. 2 AktG 1965 a.F. zur Folge.

b) Kein Sonderausweis im faktischen Konzern

Die GuV der faktisch konzernierten Tochter-AG enthielt keine Sonderposten. Der Nachteilsausgleich nach § 311 AktG war unter dem Posten für „sonstige Erträge" nach § 157 Abs. 1 Nr. 14 AktG zu erfassen[504]. Dafür war die Abschlußerklärung des Abhängigkeitsberichts im Geschäftsbericht offenzulegen.

4. Die Geschäftsberichterstattung nach § 160 Abs. 3 Nr. 10 AktG

Ergänzend zu den Rechenwerken war im Geschäftsbericht der konzernzugehörigen AG über die Beziehungen zu verbundenen Unternehmen zu berichten. Die Ausgestaltung der Berichterstattung entsprach der starken Gewichtung des Konzernrechts im neuen Aktienrecht. Der Bericht sollte aufzeigen, wie und in welchem Umfang sich die Konzernzugehörigkeit auf die Vermögens- und Ertragslage der Gesellschaft auswirkte. Die Publizitätsadressaten sollten sich ein eigenes Bild davon machen, wie die wirtschaftliche Stellung der Gesellschaft durch die Konzernverbundenheit beeinflußt war[505]. Deshalb faßte der Gesetzgeber die als „farblos" empfundene Vorgängerregelung - „Beziehungen zu verbunden Unternehmen" - neu, um die Berichtspflicht klarzustellen[506]. Er schrieb in § 160 Abs. 3 Nr. 10 AktG vor, daß über „die

an die Minderheitsaktionäre nach § 304 AktG zu zahlende Dividenden waren vom abzuführenden Gewinn abzuziehen - *A/D/S*, 4. Auflage - Band I, § 157 Rn. 90.

502 *Studienkommission des DJT*, Untersuchungen zur Reform des Unternehmensrechts, Bericht des Ausschusses I, Seite 56 f.

503 *A/D/S*, 4. Auflage, § 157 Rn. 83.

504 Zur Bilanzierung des Vorteils: *A/D/S*, 4. Auflage, § 311 Rn. 46 f.

505 *GK-Mellerowicz*, § 160 Anm. 43; *Begründung RegE*, Allgemeines, BT-DS III/1915, Seite 94; abgedruckt auch bei *Kropff*, Aktiengesellschaft, Seite 14.

506 *Begründung RegE*, BT-DS 3/1915 S. 179; abgedruckt auch bei *Kropff*, Aktiengesellschaft, Seite 261.

rechtlichen und geschäftlichen Beziehungen zu verbundenen Unternehmen mit Sitz im Inland, ferner über geschäftliche Vorgänge bei diesen Unternehmen, die auf die Lage der Gesellschaft von erheblichem Einfluß sein können" zu berichten sei. Dieser dreiteilige Berichtsgegenstand war in der Literatur auch schon dem alten Wortlaut entnommen, aber in der Praxis kaum ausgeführt und beachtet worden[507].

a) Der Berichtsgegenstand

Zunächst dehnte die Neufassung die Berichtspflicht auf alle verbundenen Unternehmen nach § 15 AktG aus. Angaben über ausländische Unternehmen verlangte das Gesetz hingegen nicht mehr. Die Beschränkung bedeutete aber nicht, daß über ausländische verbundene Unternehmen schlechthin geschwiegen werden durfte. Vielmehr waren Angaben nach § 160 Abs. 1 AktG 1965 a.F. zu machen, wenn die Beziehung für die Lage der Gesellschaft wesentlich war. Deshalb hatte eine Tochtergesellschaft über ihre ausländische Muttergesellschaft ohne Einschränkung zu berichten[508].

Der Bericht über die „rechtlichen Beziehungen" hatte vor allem die rechtliche Grundlage der Verbundenheit und insbesondere die rechtliche Grundlage des Konzernverhältnisses darzustellen[509]. Die zugrundeliegenden Beteiligungen und bestehende Unternehmensverträge waren anzugeben und das jeweilige Verhältnis zu bezeichnen[510]. Anzugeben war jeweils die wichtigste Form der Unternehmensverbindung; regelmäßig die Konzernverbindung[511]. Bloße Tatsachenangaben reichten dabei nicht aus[512]. Vielmehr war umfassend die Stellung der berichtenden Gesellschaft und das Verhältnis zu den anderen verbundenen Unternehmen - insbesondere zum Mutterunternehmen - darzustellen. Zur umfassenden Darstellung gehörten auch Angaben zur Entstehung und Entwicklung der Verbindung sowie über das vorgesehene zukünftige Verhältnis und dessen Sinn und Zweck[513].

Offen ließ das Gesetz, ob die Namen der verbundenen Unternehmen anzugeben waren. Die Antwort richtete sich nach der Stellung der berichtenden Gesellschaft. Die Tochtergesellschaft hatte das oberste Mutterunternehmen - auch ein ausländisches - sowie weitere übergeordnete

---

507 Zur Auslegung der Vorgängernorm in § 260a HGB bzw. in § 128 AktG 1937 die Väter der Aktienrechtsnovelle von 1931: *S/Q/S*, § 260 a Anm. 10 ff., Seite 139 f. Dazu schon oben in diesem Kapitel unter B II 4 c.

508 *A/D/S*, 4. Auflage, § 160 Rn. 199; Geßler/Hefermehl/Eckardt/*Kropff*, § 160 Rn. 106 m.w.N. der h.M. Kritisch hingegen *GK-Mellerowicz*, § 160 Anm. 43 am Ende.

509 *Begründung RegE*, BT-DS 3/1915, S. 179; abgedruckt auch bei *Kropff*, Aktiengesetz, Seite 261; *GK-Mellerowicz*, § 160 Anm. 44; Geßler/Hefermehl/Eckardt/*Kropff*, § 160 Rn. 113.

510 *A/D/S*, 4. Auflage, § 160 Rn. 199; *Kropff*, DB 1966, Seite 709, 713.

511 IDW-Fachgutachten NA 2/1968, WPg 1968, Seite 132.

512 Deutlich *GK-Mellerowicz*, § 160 Anm. 43.

513 *GK-Mellerowicz*, a.a.O. Anm. 44.

Unternehmen namentlich zu nennen[514]. Bei Schwesterunternehmen und sonstigen verbundenen Unternehmen bestimmten sich Namensnennung und Angabe der Grundlage der rechtlichen Beziehung nach Umfang und Bedeutung der geschäftlichen Beziehungen; bei fehlendem Geschäftskontakt waren Angaben entbehrlich.

Die „geschäftlichen Beziehungen" umfaßten den konzerninternen Geschäftsverkehr und seine wirtschaftliche Bedeutung und Auswirkung[515]. Darüber hinaus waren weitere Verträge oder tatsächliche Beziehungen und damit alle wesentlichen oder auch ungewöhnlichen Vorgänge zwischen den verbundenen Unternehmen offenzulegen[516]. In erster Linie kam es auf die Auswirkungen für die berichtende Gesellschaft an. Deshalb war je nach Sachlage über weitere besondere Vorgänge bei verbundenen Unternehmen zu berichten, die Einfluß auf die Lage der Tochtergesellschaft haben konnten. Dies konnte beispielsweise bei Gefährdungen für Forderungen oder Außenstände der Tochter-AG der Fall sein[517]. Zwar hatte dieser Teil der Vorschrift vorrangig für die Mutter-AG Bedeutung, da diese zum Verlustausgleich verpflichtet war. Doch auch für die Tochtergesellschaft kam es zu Vorgängen, die durch das Verbindungsverhältnis mittelbar Einfluß für sie haben konnten[518].

Für die Angaben nach § 160 Abs. 3 Nr. 10 AktG 1965 a.F. galt die Schutzklausel nach Abs. 4 Satz 3. Die Beziehungen zu verbundenen Unternehmen brauchten nicht offengelegt zu werden, „als nach vernünftiger kaufmännischer Beurteilung" mit „erheblichen Nachteilen" durch die Angaben gerechnet werden mußte. Die Schutzklausel galt aber nur für „Einzelheiten". Deshalb waren die Tatsache der Abhängigkeit und der Name des herrschenden Unternehmens in jedem Fall zu nennen[519]. Auch das Bestehen eines Unternehmensvertrages war keine „Einzelheit", da sich nur so die Auswirkungen der Abhängigkeit beurteilen ließen[520]. Die Schutzklausel kam daher in erster Linie für die Berichterstattung über „geschäftliche Beziehungen" in Betracht; ihr Gebrauch war im Geschäftsbericht anzugeben.

Abgerundet wurden die Angaben über die Konzernbeziehung bei der faktisch konzernierten Tochter-AG durch die Angabe nach § 312 Abs. 3 Satz 3 AktG: Im Geschäftsbericht war die Schlußerklärung des Vorstandes zum Abhängigkeitsbericht offenzulegen.

---

[514] IDW-Fachgutachten NA 2/1968, WPg 1968, Seite 132; Geßler/Hefermehl/Eckardt/*Kropff*, § 160 Rn. 109; *ders.*, BB 1965, Seite 1281, 1286; *A/D/S*, 4. Auflage, § 160 Rn. 198; *GK-Mellerowicz*, a.a.O. Anm. 44 m.w.N.

[515] *GK-Mellerowicz*, a.a.O. Anm. 46. *Begründung RegE*, BT-DS 3/1915, S. 179; abgedruckt auch bei *Kropff*, Aktiengesetz, Seite 261.

[516] Geßler/Hefermehl/Eckardt/*Kropff*, § 160 Rn. 114; *A/D/S*, 4. Auflage, § 160 Rn. 202.

[517] *A/D/S*, 4. Auflage, § 160 Rn. 203.

[518] *GK-Mellerowicz*, a.a.O. Anm. 47.

[519] Geßler/Hefermehl/Eckardt/*Kropff*, § 160 Anm. 116; *GK-Mellerowicz*, a.a.O. Anm. 44.

[520] Geßler/Hefermehl/Eckardt/*Kropff*,a.a.O.

b) Die Bedeutung der Angaben

Teilweise wurde angenommen, die Angaben über die Konzernbeziehungen im Geschäftsbericht hätten angesichts des Konzernabschlusses an Bedeutung verloren[521]. Dies traf aber nur für die Muttergesellschaft zu, da der Konzernabschluß konzeptionell auf sie bezogen war. Im Geschäftsbericht der Mutter-AG konnte auf den Konzerngeschäftsbericht Bezug genommen werden[522]. Für die Tochter-AG hingegen hatte die konzernbezogene Berichterstattung im Geschäftsbericht ihre rechtliche Bedeutung behalten. Einzelabschluß und Geschäftsbericht behielten ihre ungeteilte Informationsfunktion, da der Konzernabschluß keinen Aufschluß über die einzelne Tochtergesellschaft gab. Vielmehr verdeutlichte der Gesetzgeber durch die sprachliche Klarstellung die Bedeutung der Publizität der rechtlichen und geschäftlichen Konzernbeziehungen im Geschäftsbericht. Allein durch die Sonderangaben in den Rechenwerken wurde die Konzernwirkung nur unzureichend dargestellt; eine wichtige Ergänzung erfuhren die Angaben durch den Geschäftsbericht im Einzelabschluß. Die Geschäftsberichtserstattung über die Beziehungen zu den Konzernunternehmen war auch unter dem Aspekt der Rechenschaft des Tochtervorstandes gegenüber den Minderheitsaktionären wichtiger Bestandteil der Rechnungslegung. Die weitere Rechtsentwicklung war jedoch eher vom Gedanken des Bedeutungsverlustes der Vorschrift geprägt.

5. Zusammenfassung

Das Aktiengesetz 1965 verbesserte die Rechnungslegung der Aktiengesellschaften im Sinne „wahrer Rechenschaft". Es erneuerte die Bewertungsvorschriften und stärkte die Informationsfunktion des Jahresabschlusses. Besonderes Gewicht wurde auf die Rechnungslegung im Konzern gelegt. Verbindlich wurde ein Konzernabschluß vorgeschrieben[523]. Die darin zu sehende konzeptionelle Neuerung erfaßte jedoch in erster Linie die Muttergesellschaften. Denn der als erweiterter Mutterabschluß gestaltete Konzernabschluß gab kaum Aufschluß über eine einzelne Tochtergesellschaft. Für diese hatte die konzernbezogene Rechnungslegung unverändert zwei Säulen: die Sonderangaben der Rechenwerke und die ergänzende Geschäftsberichterstattung. Neben die Sonderangaben der Bilanz für Forderungen und Verbindlichkeiten gegenüber verbundenen Unternehmen traten in der GuV konzernformspezifische Sonderposten der Tochter-AG. Erläutert und ergänzt wurden diese Angaben im Geschäftsbericht. Die Neufassung hielt die Praxis an, umfassend über die rechtlichen und geschäftlichen Beziehungen zu verbundenen Unternehmen und insbesondere den Konzernunternehmen zu

---

521 In dieser Richtung aber Geßler/Hefermehl/Eckardt/*Kropff*, § 160 Anm. 104; *A/D/S*, 4. Auflage, § 160 Rn. 197.

522 Geßler/Hefermehl/Eckardt/*Kropff*, § 160 Anm. 105.

523 Die Pflicht zum Konzernabschluß wurde vom PublG 1969 dann erweitert.

berichten. Diese verbalen Angaben erlitten für die Rechnungslegung der Tochtergesellschaft keinesfalls einen Bedeutungsverlust. Publiziert wurden hier die wichtigen Angaben zur Identität der Muttergesellschaft und zur rechtlichen Stellung der Tochter-AG. Abgerundet wurden diese Informationen bei der faktisch konzernierten Tochter-AG durch die Offenlegung der Conclusio des Abhängigkeitsberichts nach § 312 Abs. 3 Satz 3 AktG.

E. Die Entstehung des Bilanzrichtliniengesetzes von 1986

Mit dem BiRiLiG setzte der deutsche Gesetzgeber die EG-rechtlichen Vorgaben über die Rechnungslegung der Kapitalgesellschaften in der 4. , 7. und 8. Richtlinie in nationales Recht um. Die Konzeption der aktienrechtlichen Rechnungslegung, die sich am Informationsbedarf der „outsider" orientiert, wurde dadurch auch auf die GmbH ausgeweitet. Die Informationsfunktion der publizierten Rechnungslegung wurde weiter gestärkt[524]. Dazu wurden insbesondere die Informationen des Anhangs stark erweitert und der Lagebericht als eigenständiges Informationsinstrument ausgestaltet[525]. Der europäische Gesetzgeber legte besonderen Wert auf die Rechnungslegung im Konzern, da die Unternehmensgruppen oft europaweit wirtschaftlich tätig sind. Deshalb wurde der Konzernabschluß als konsolidierter Abschluß gegenüber dem Abschluß nach §§ 329 ff. AktG 1965 a.F. entscheidend verbessert[526]. Bei den konzernbezogenen Angaben für den Einzelabschluß hielt sich der Richtliniengeber jedoch zurück, da er der geplanten 9. Konzernrechtsrichtlinie nicht vorgreifen wollte und es insbesondere für das Konzernrecht auf der Ebene der Tochtergesellschaft noch erhebliche nationale Unterschiede gibt.

---

524 Vgl. nur: *Busse von Colbe*, WPg 87, Seite 117.

525 Zur Stärkung des Lageberichts *K/K-Claussen/Korth*, § 289, Rn. 113; der Lagebericht wurde auch jüngst durch das KonTraG und die Erweiterung der Berichtspflicht um die „Risiken der künftigen Entwicklung" nach § 289 Abs. 1 HGB aufgebaut.

526 Zur gesteigerten Bedeutung der Konzernbilanzierung *Kropff*, in: FS für Goerdeler, Seite 259, 276.

4. Kapitel
Die Informationsinstrumente für die Rechnungslegung der Tochtergesellschaft

Die Informationsfunktion der publizierten Rechnungslegung der Kapitalgesellschaften wird seit Inkrafttreten des BiRiLiG von den Generalnormen in §§ 264 Abs. 2 und 289 Abs. 1 HGB vorgegeben: Jahresabschluß und Lagebericht haben ein den tatsächlichen Verhältnissen entsprechendes Bild der wirtschaftlichen Lage zu vermitteln. Dies ist die Umsetzung des true-and-fair-view-Prinzips. Zur Vermittlung der Information hat sich ein aufeinander abgestimmtes System von Einzelangaben entwickelt. Die Darstellung der wirtschaftlichen und Lage des Unternehmens erfolgt im Zusammenspiel der verschiedenen Teile der Rechnungslegung sowie der verschieden eingesetzten Informationsinstrumente. Dabei ergeben sich Schwierigkeiten im Falle der Konzernzugehörigkeit der berichtenden Gesellschaft. In der historischen Entwicklung sind die Schwierigkeiten der nachgeordneten Tochter- und Enkelgesellschaften in der Gruppe noch nicht mit der gebotenen Schärfe in Blick genommen worden. Deshalb ist zu untersuchen, inwieweit das geschriebene Recht der Rechnungslegung den Eigentümlichkeiten konzernabhängiger Tochtergesellschaften gerecht wird und inwieweit nicht. Anknüpfend an die historische Untersuchung ist für das geltende Recht zu analysieren, inwieweit das Problem der tochterspezifischen Informationsdefizite in der Rechnungslegung erkannt und berücksichtigt bzw. gelöst wurde. Untersucht werden der Reihe nach die einzelnen Informationsinstrumente.

A. Die Bilanz der Tochtergesellschaft

Durch ihre Offenlegung bekam die Bilanz der Kapitalgesellschaft Informationsfunktion[527]. Ihr Informationsgehalt ist zunächst generell (unter I) und dann für die Sonderposten der Tochtergesellschaft (unter II) zu erörtern:

I. Der generelle Informationsbeitrag der Bilanz

Wie bei allen Kapitalgesellschaften hat die Bilanz der Tochtergesellschaft zunächst unabhängig von der Konzernverbundenheit die Vermögens- und Finanzlage des Unternehmens darzustellen.

---

527 Zur Entstehung des Wortes Bilanz: *Großfeld*, Bilanzrecht, Seite 1.

1. Die Vermögenslage

Die Bilanz hat vornehmlich über die Vermögenslage der Tochtergesellschaft zu berichten. Dazu hat sie das Vermögen und die Schulden des Tochterunternehmens gegenüberzustellen und aufzuschlüsseln (§ 242 Abs. 1 HGB)[528]. Die Darstellung der Vermögenslage beruht auf der vollständigen Erfassung des Betriebsvermögens und einer angemessenen Gliederung dieser Gesamtheit der Vermögensgegenstände auf der Aktivseite der Bilanz[529]. Die detaillierte Gliederung nach dem Schema des § 266 HGB dient allein der Information über die Zusammensetzung des Vermögens und des Kapitals[530]. Das Schema ist für große und mittelgroße Kapitalgesellschaften im Sinne des § 267 HGB vorgeschrieben und wurde von Art. 9 der 4. Richtlinie vorgegeben[531]. Das Gliederungsschema macht sowohl die Summe der Vermögensgegenstände als auch die Zusammensetzung von Vermögen und Kapital transparent. Für die Information der Publizitätsadressaten wichtige Gliederungskriterien sind das Liquiditätsgliederungsprinzip, die Gliederung nach Rechtsverhältnissen und das Ablaufgliederungsprinzip[532]. Der Schwerpunkt der Vermögensgliederung in § 266 HGB liegt auf dem Liquiditätsgliederungsprinzip. Danach werden die Vermögensgegenstände nach ihrer zeitlichen Umsetzbarkeit in Geld und damit nach dem Grad ihrer Liquidierbarkeit zusammengestellt[533]. Das Prinzip verlangt die Trennung von Anlage- und Umlaufvermögen, was konsequent umgesetzt wurde. Die Gliederung nach Rechtsverhältnissen erfolgt dadurch, daß Forderungen und Verbindlichkeiten gegenüber verbundenen Unternehmen gesondert auszuweisen sind. Dasselbe gilt für Unternehmen, mit denen ein Beteiligungsverhältnis besteht. Schließlich bedingt das Ablaufgliederungsprinzip entsprechend dem innerbetrieblichen Leistungsprozeß neben der Trennung von Anlage- und Umlaufvermögen die Unterscheidung von Roh-, Hilfs- und Betriebsstoffen sowie unfertigen und fertigen Erzeugnissen[534]. Anhand der so strukturierten Gliederung informiert die Bilanz über die Zusammensetzung des Vermögens der Tochterkapitalgesellschaft und damit über deren Vermögenslage.

---

[528] Die Summe der Vermögensgegenstände bildet das Vermögen im engeren Sinne. Zur Vermögenslage gehört aber auch das auf der Passivseite ausgewiesene Eigen- und Fremdkapital, insbesondere soweit es das Verhältnis von Vermögen und Schulden betrifft. Vgl.: *A/D/S*-Teilband 5, § 264 Rn. 64.

[529] *Glade*-Rechnungslegung, § 242 Rn. 9 sowie § 264 Rn. 34. Die Vollständigkeit ist als GoB in § 246 Abs. 1 HGB kodifiziert. Dazu *Großfeld*, Bilanzrecht, Seite 39, Rn. 91 sowie *Küting/Weber-Kußmaul*, Band Ia, § 246 Rn. 1 und 5 m.w.N.

[530] *Coenenberg*, Jahresabschluß und Jahresabschlußanalyse, Seite 12.

[531] Für kleine Kapitalgesellschaften genügt eine verkürzte Bilanz nach § 266 Abs. 1 Satz 3 HGB.

[532] Dazu näher: *A/D/S*-Teilband 5, § 266 Rn. 6 ff.; *Coenenberg*, Jahresabschluß und Jahresabschlußanalyse, Seite 63 ff.

[533] *A/D/S*, a.a.O. Rn. 8.

[534] *Coenenberg*, Jahresabschluß und Jahresabschlußanalyse, Seite 63.

2. Die Finanzlage

Die Gliederung informiert nicht nur über die Vermögenslage, sondern auch über die Finanzlage der Tochtergesellschaft. Diese ergibt sich aus der Darstellung der Fristigkeit des Vermögens und der Schulden in der Bilanz[535]. Die Darstellung erfolgt sowohl durch die Gliederung des Vermögens nach seiner zeitlichen Gebundenheit als auch durch die Gliederung der Schulden nach ihrer Fälligkeit. Beides entspricht erneut dem konsequent verwirklichten Liquiditätsgliederungsprinzip[536]. Verdeutlicht wird die Finanzlage vor allem durch die Liquidität. Sie erfaßt die Zahlungsfähigkeit, die Zahlungsbereitschaft und das finanzielle Gleichgewicht des Unternehmens[537]. Die so präsentierten Zahlen eröffnen die relative Liquidität der Tochtergesellschaft[538]. Sie ist deren allzeitige Zahlungsfähigkeit. Die Betriebswirtschaftslehre erfaßt die relative Liquidität in mehreren Graden, indem sie Vermögen und Kapital gleicher Fristigkeit gegenüberstellt und als Verhältniszahl ermittelt[539]. Die Aussagefähigkeit der gewonnenen Kennzahlen wird in der Bilanzanalyse der Betriebswirtschaftslehre skeptisch beurteilt. Da die Bilanz nur auf dem going-concern-Prinzip beruhende Bestandsgrößen liefert, kann diese Liquidität nur die Wahrscheinlichkeit der Zahlungsunfähigkeit und damit das Finanzrisiko bezeichnen[540]. Für eine weitere Verfeinerung der Analyse der Liquidität und der Finanzlage sind die Stromgrößen einer Cash-flow-Rechnung oder einer Kapitalflußrechnung vonnöten[541]. Dennoch liefert die Liquiditätsanalyse als Analyse von Kapitalverwendung und -aufbringung auf Grundlage der Bestandsgrößen der Bilanz wichtige Kennzahlen als erste Anhaltspunkte für einen Unternehmensvergleich[542].

---

535 *Glade*-Rechnungslegung, § 264 Rn. 37; *A/D/S*-Teilband 5, § 264 Rn. 70 – 77.

536 Der Förderung der Aussagequalität in Hinblick auf die Finanzlage dient auch die durch das BiRiLiG verbesserte Darstellung der Finanzanlagen. Dazu: *Knop*, DB 1984, Seite 569, 575 f.

537 Zur Definition der Liquidität vgl. *Coenenberg*, Jahresabschluß und Jahresabschlußanalyse, Seite 598; *Glade*-Rechnungslegung, § 264 Rn. 37. Entymologisch ist „Liquidität" ein Lehnwort der deutschen Sprache vom lateinischen liquor = Flüssigkeit; in anderen Sprachen finden sich ähnliche Ableitungen.

538 *Küting/Weber*-Bilanzanalyse, Seite 25 und 77.

539 Die sog. Liquidität 1. Grades - auch Barliquidität - erfaßt das Verhältnis liquider Mittel zum kurzfristigen Fremdkapital. Liquide Mittel sind die Barmittel nach § 266 Abs. 2 B IV HGB sowie die kurzfristig veräußerbaren Wertpapiere nach § 266 Abs. 2 B III HGB; kurzfristiges Fremdkapital sind die Verbindlichkeiten mit Fälligkeit bis zu einem Jahr. Näher: *Coenenberg*, Jahresabschluß und Jahresabschlußanalyse, Seite 601

540 Zu Problematik und Aussagekraft bestandsgrößenorientierter Liquiditätsanalyse vgl.: *Coenenberg*, Jahresabschluß und Jahresabschlußanalyse, Seite 598 f. sowie *Küting/Weber*-Bilanzanalyse, Seite 25 und 78 ff.

541 Dazu näher: *Küting/Weber*-Bilanzanalyse, Seite 122 ff. In § 297 Abs. 1 Satz 2 HGB wird neuerdings die Kapitalflußrechnung dem börsennotierten Mutterunternehmen für den Konzernanhang vorgeschrieben.

542 Auch die Goldene Bilanzregel, die besagt, daß alle Vermögensgegenstände, die zu einem langfristigen Unternehmensverbleib bestimmt sind, durch Eigenkapital und eventuell durch langfristiges Fremdkapital gedeckt sein sollten, während sich die Fremdkapitalfinanzierung auf das kurzfristig gebundene Unternehmensvermögen erstrecken sollte, wird auf Grundlage des Zahlenmaterials der Bilanz erstellt. Vgl.: *Wiedemann*-Gesellschaftsrecht, Seite 581.

Überdies läßt sich anhand der zeitgebundenen Vermögensgliederung in der Bilanz die sogenannte absolute Liquidität eines Vermögensgegenstandes ermitteln. Sie erfaßt den zeitlichen Abstand eines einzelnen Gegenstandes zum Geldzustand[543]. Die absolute Liquidität ermöglicht weitere Aussagen über die Finanzlage der Tochtergesellschaft. Durch die liquiditätsbezogene Gliederung von Vermögen und Schulden informiert die Bilanz zumindest grob über die Finanzlage der Tochtergesellschaft.

II. Die Sonderangaben für verbundene Unternehmen in der Bilanz

Die für die Kapitalgesellschafen geltende Bilanzgliederung wird für Konzerngesellschaften um Sonderposten für verbundene Unternehmen erweitert. Für diese konzernbezogenen Informationen über finanzielle Verbindungen ist zunächst der Kreis der verbundenen Unternehmen aus Sicht der Tochtergesellschaft festzustellen.

1. Der Begriff des verbundenen Unternehmens nach § 271 Abs. 2 HGB

Der Begriff des „verbundenen Unternehmens" ist ein rechtstechnischer Sammelbegriff, den das Gesetz sowohl im Bilanzrecht als auch im Konzernrecht mehrfach verwendet. Sein Einsatz vermeidet umständliche und sich wiederholende Umschreibungen[544]. Für das Bilanzrecht wurde der Begriff als Transformation des Art. 41 der 7. Richtlinie durch das BiRiLiG in § 271 Abs. 2 HGB neu definiert. Nach dieser europarechtlich vorgegebenen Neudefinition ist der Begriff der „verbundenen Unternehmen" im wesentlichen identisch mit dem Begriff der Konzernunternehmen nach § 18 Abs. 1 AktG, da weitgehend an die einheitliche Leitung angeknüpft wird[545]. Die verbundenen Unternehmen gehören dabei grundsätzlich zum Konsolidierungskreis für den Konzernabschluß. Der Begriff ist damit im Bilanzrecht wesentlich enger als im Konzernrecht. Nach dessen § 15 AktG genügt für die Verbundenheit die bloße Abhängigkeit nach § 17 AktG. Durch die Unterschiedlichkeit der Definitionsnormen in § 15 AktG einerseits und § 271 Abs. 2 HGB andererseits wurde die Einheitlichkeit des Begriffs

---

[543] *Küting/Weber*-Bilanzanalyse, Seite 24 und 76 f. Dabei erfaßt die natürliche absolute Liquidität den Zeitwert, in dem der Vermögensgegenstand im Rahmen der normalen Umsatz- und Betriebstätigkeit zu Geld wird, während die künstliche absolute Liquidität den Zeitwert bei einem sofortigen außerordentlichen Verkauf bezeichnet.

[544] Zum Zweck der Verbunddefinition: *Nösser*, Verbundene Unternehmen im Bilanzrecht, Seite 22; ebenso: *Kropff*, DB 1986, Seite 364.

[545] Zu den feinen Unterschieden der Konzernbegriffe: *Ulmer*, in: FS für Goerdeler, Seite 623, 640.

aufgegeben[546]. Der Geltungsbereich der (Neu-) Definition ist auf die Rechnungslegung und Prüfung nach dem Dritten Buch des HGB beschränkt[547].

a. Die Bestandteile der HGB-Definition des verbundenen Unternehmens

Der Wortlaut des § 271 Abs. 2 HGB ist unübersichtlich. Er verlangt jedoch cum grano salis das Vorliegen eines Mutter-Tochter-Verhältnisses nach § 290 HGB und die Einbeziehung in den Konzernabschluß.

(1) Das Mutter-Tochter-Verhältnis

Mit dem Erfordernis von „Mutter- oder Tochterunternehmen" verweist die Begriffsdefinition auf § 290 HGB und die dort normierte Aufstellungspflicht für einen Konzernabschluß. Nach dessen Absatz 1 besteht die geforderte Unternehmensverbindung, wenn das Mutterunternehmen die einheitliche Leitung über eines oder mehrere Tochterunternehmen ausübt und überdies eine Beteiligung nach § 271 Abs. 1 HGB mit grundsätzlich mindestens 20 % hält. Die einheitliche Leitung wird dabei wie in § 18 Abs. 1 AktG verstanden und stellt insoweit die Verbindung zum allgemeinen Konzernrecht her[548]. Sie ist das eigentliche Definitionsmerkmal des § 290 Abs. 1 HGB und damit entscheidend für das geforderte Mutter-Tochter-Verhältnis[549].

Des weiteren besteht nach § 290 Abs. 2 HGB die Unternehmensverbindung, wenn der Mutter:

- die Mehrheit der Stimmrechte der Tochtergesellschafter zusteht (Stimmrechtsmacht)
- das Recht zusteht, die Mehrheit der Mitglieder des Verwaltungs-, Leitungs- oder Aufsichtsorgans zu bestellen oder abzuberufen, und sie gleichzeitig Gesellschafter ist (Organmacht) oder
- das Recht zusteht, einen beherrschenden Einfluß auf Grund eines mit dem Tochterunternehmen geschlossenen Beherrschungsvertrages oder auf Grund einer Satzungsbestimmung der Tochter auszuüben (Vertragsmacht)[550].

---

[546] *Kropff*, DB 1986, Seite 364, 367; *Ulmer*, in: FS für Goerdeler, Seite 623, 636.

[547] Im Konzernrecht gilt § 15 AktG weiter. Dazu *A/D/S*-Teilband 5, § 271 Rn. 32. Zu diesem Nebeneinander und seiner EG-rechtlichen Ursache vgl.: *K/K-Claussen/Korth*, § 271 Rn. 15; *Ulmer*, a.a.O., Seite 637 m.w.N.

[548] So die Begründung zum Regierungsentwurf 1985, BT-DS 10/3440, Seite 32; zum Begriff der einheitlichen Leitung oben im 2. Kapitel unter A II 2.

[549] Durch das Erfordernis der Beteiligung entfällt im sog. Gleichordnungskonzern nach § 18 Abs. 2 AktG regelmäßig die Verpflichtung zur Erstellung eines konsolidierten Abschlusses, § *A/D/S*-Teilband 3, § 290 Rn. 85 ff., *A/D/S*-Teilband 4, § 18 AktG Rn. 85 und oben FN 18.

[550] Nach der Erweiterung dieser Rechte durch § 290 Abs. 3 Satz 2 HGB um Rechte, die Mutter oder Tochter auf Grund einer Vereinbarung mit anderen Gesellschaftern verfügen kann, werden auch Stimmrechtsbin-

Das hier normierte Control-Konzept wurde im Wege europäischer Rechtsangleichung eingeführt. Es soll die Feststellung des Mutter-Tochterverhältnisses erleichtern, indem es an objektive Kriterien und nicht an die Unbestimmtheit der Ausübung einheitlicher Leitung durch die Konzernspitze anknüpft[551]. Im Unterschied zu Absatz 1 kommt es aber nach Absatz 2 nicht auf den tatsächlichen Gebrauch der Rechte an. Trotzdem werden häufig beide Vorschriften gleichzeitig erfüllt sein. Denn die objektiv bestehenden Rechte nach § 290 Abs. 2 HGB werden in der Praxis regelmäßig genutzt und bilden dann die Grundlage der einheitlichen Leitung in § 290 Abs. 1 HGB[552].

(2) Die Einbeziehung in den Konzernabschluß

Neben dem beschriebenen Mutter-Tochter-Verhältnis verlangt die Definition in § 271 Abs. 2 HGB die tatsächliche oder zumindest mögliche Einbeziehung des Unternehmens in den Konzernabschluß. Bei wörtlicher Auslegung kann dieses Erfordernis jedoch den Kreis der verbundenen Unternehmen deutlich einschränken. Deshalb ist um Wortlaut und wörtliche Auslegung ein heftiger Streit entflammt[553]. Ein verengter Unternehmenskreis aufgrund des Wortlauts ergibt sich beispielsweise dann, wenn eine ausländische Muttergesellschaft einheitlich mehrere deutsche Kapitalgesellschaften leitet, die ihrerseits keine Tochtergesellschaften haben. Denn nach § 290 HGB ist nur eine inländische Kapitalgesellschaft als Muttergesellschaft zur Aufstellung eines Konzernabschlusses verpflichtet. Ein Konzernabschluß unterbliebe; die deutschen Kapitalgesellschaften wären untereinander keine verbundenen Unternehmen, da ohne Konzernabschluß keine tatsächliche Einbeziehung des Unternehmens erfolgen kann[554]. Ähnlich wäre es, wenn die zweistufige Unternehmensgruppe von einer inländischen Nicht-Kapitalgesellschaft geleitet wird, da die leitende Nicht-Kapitalgesellschaft nur nach § 13 PublG zur Aufstellung eines Konzernabschlusses verpflichtet ist. Nach dem Wortlaut des § 271 Abs. 2 HGB handelte es sich genau genommen nicht um einen

---

dungs-vereinbarungen, sowie Stimmrechtspool-, Konsortial- und ähnliche Verträge des Mutterunternehmens erfaßt, vgl.: *Küting/Weber-Küting*, Band Ia, § 271 Rn. 103. Zu den Begriffen von Stimmrechts-, Organ- und Vertragsmacht: *Küting/Weber-Dörner/Wirth*, §§ 284 - 288 Rn. 297.

551 Zum Control-Konzept schon oben im 2. Kapitel unter A II 2; *Coenenberg*, Jahresabschluß und Jahresabschlußanalyse, Seite 428 ff.; *Schildbach*-Konzernabschluß, Seite 74; *Großfeld*, Bilanzrecht, Rn. 526; *Forum Europaeum Konzernrecht*, ZGR 1998, Seite 672, 694 ff.

552 Vgl.: *A/D/S*-Teilband 3, § 290 Rn. 11; WP-Handbuch 1985/86, Band II, Seite 306 mit entsprechenden Fallgestaltungen; Zur Erweiterung des Konzernbegriffs durch § 290 Abs. 2 HGB: *Ulmer*, in: FS für Goerdeler, Seite 623, 640 ff.

553 Für eine einschränkende Auslegung der Definition der verbundenen Unternehmen unter Berufung auf den Wortlaut: *Küting* a.a.O., § 271 Rn. 120 ff. sowie *ders.* DStR 1987, Seite 347 ff.; *Baumbach/Hopt*, § 271 Rn. 9 f.; *Baumbach/Hueck-Schulze-Osterloh*, § 42 Rn. 116; *BBK-Schnicke/Gutike* § 271 Rn. 36. Dagegen aber: *Kropff*, DB 1986, Seite 364 ff., der mit seinem Beitrag die Diskussion um den Wortlaut der Definition in § 271 Abs. 2 HGB eröffnete; sowie auch *Ulmer*, in: FS für Goerdeler, Seite 632 f.; *K/K-Claussen/Korth*, § 271 Rn. 18 f. und umfassend: *Nösser*, Verbundene Unternehmen im Bilanzrecht, Seite 40 f. m.w.N.

„Konzernabschnitt nach dem Zweiten Unterabschnitt"; ein solcher existierte nicht. Die herrschende Nicht-Kapitalgesellschaft und die abhängigen Kapitalgesellschaften wären keine verbunden Unternehmen[555]. Anders nur, wenn die Kapitalgesellschaft ihrerseits an der Spitze eines Teilkonzerns stünde und damit selbst einen (Teil-) Konzernabschluß zu erstellen hätte, der der Definitionsnorm genügt. Die Reihe der Beispiele für einen verengten Unternehmenskreis ließe sich fortsetzen, da jedes Tatbestandsmerkmal der Aufstellungspflicht nach § 290 HGB entfallen kann[556]. Es ist jedoch fraglich, ob die tatsächliche oder mögliche Einbeziehung in den Konzernabschluß für die Einstufung als verbundenes Unternehmen entscheidend sein kann[557].

(3) Die richtlinienkonforme Auslegung

Bei der Auslegung ist zu berücksichtigen, daß mit der Begriffsdefinition in § 271 Abs. 2 HGB der zugrundeliegende Art. 41 der 7. Richtlinie umgesetzt werden sollte. Diese Absicht des Gesetzgebers steht außer Frage[558]. Nach dem Text des Art. 41 kommt es ausschließlich darauf an, daß Rechtsbeziehungen zwischen den Unternehmen bestehen, wie sie als Mutter-Tochter-Verhältnis in § 290 Abs. 1 und 2 HGB transformiert wurden[559]. Nach dem eindeutigen Wortlaut der zugrundeliegenden Richtliniennorm kommt es auf die konkrete Aufstellungs- oder Einbeziehungspflicht sowie eine Befreiung nicht an[560]. Deshalb ist bei richtlinienkonformer Auslegung der Wortlaut des § 271 Abs. 2 HGB dahingehend zu korrigieren, daß sich der Kreis der verbundenen Unternehmen ausschließlich nach dem Bestehen einer Mutter-Tochter-Beziehung nach § 290 Abs. 1 und 2 HGB bestimmt[561]. Der Wortlaut läßt diese Auslegung zu. Das Ergebnis der Auslegung wird gestützt durch den Zweck der Verbunddefinition, die ihre Bedeutung mit den sie aufnehmenden Vorschriften erlangt. Dies sind allesamt Sonderausweisposten, die die wirtschaftlichen und finanziellen Verflechtungen zwischen den

---

554 Dieses Beispiel nennt *Kropff*, DB 1986, Seite 364, 365.

555 So tatsächlich *Küting*, DStR 1987, Seite 354. Auch *Kropff*, a.a.O. stellt fest, daß die Definition wörtlich nicht paßt, weshalb er „relativ problemlos" eine berichtigende Auslegung zur Ausdehnung des Begriffs der verbundenen Unternehmen vornimmt.

556 Eine vollständige Auflistung der gesamten Problemfälle liefern: *Kropff*, DB 1986, Seite 364, 365; *Hoffmann*, BB 1987, Seite 2192, 2195; *Wohlgemut*, DStR 1991, Seite 1529, 1531.

557 Diese Frage stellte bereits *Kropff* a.a.O. Seite 366, der die Diskussion eröffnete und als Lösung bereits eine andere Formulierung der Definition vorschlug.

558 *A/D/S*-Teilband 5, § 271 Rn. 51.

559 Art. 41 Abs. 1 und 2 der 7. Richtlinie verweist auf die in Art. 1 normierte Pflicht zur Aufstellung des konsolidierten Abschlusses. Diese Richtlinienvorschrift ist auch bei *A/D/S*, a.a.O. Rn. 52 abgedruckt.

560 Dazu ausführlich: *Nösser*, Verbundene Unternehmen im Bilanzrecht, Seite 45 ff. mit einer Zusammenfassung auf Seite 58.

561 Diese Ansicht scheint sich mittlerweile auch in der neueren betriebswirtschaftlichen Literatur durchzusetzen. Dazu: *A/D/S*-Teilband 5, § 271 Rn. 56 ff. mit dem prägnanten Ergebnis in Rn. 63; *Müller*, WP-Handbuch 1996, Rn. 485; *Coenenberg*, Jahresabschluß und Jahresabschlußanalyse, Seite 442 ff.

verbundenen Unternehmen in den Einzelabschlüssen deutlich machen sollen. Hierfür kommt es allein auf die Beeinflussungsmöglichkeit innerhalb der Unternehmensverbindung und nicht auf die Aufstellung eines Konzernabschlusses an. Unscharf wäre auch die ansonsten folgende Erfassung als Beteiligungsunternehmen. Denn bei Beteiligungsunternehmen werden die konzernspezifischen Gefahren nicht erkennbar; zwischen diesen Ausweiskategorien besteht ein rechtsqualitativer Unterschied[562].

Damit ist § 271 Abs. 2 HGB richtlinienkonform und dem Zweck des Sonderausweises gemäß auszulegen. Verbundene Unternehmen im Sinne des Dritten Buches des HGB sind demnach alle Unternehmen, die durch ein Mutter-Tochterverhältnis im Sinne der Regelungen nach § 290 Abs. 1 und 2 HGB miteinander verbunden sind sowie die Tochterunternehmen untereinander[563].

b. Der Kreis der verbundenen Unternehmen aus Sicht der Tochtergesellschaft

Für die Tochtergesellschaft ist verbundenes Unternehmen zunächst das herrschende Mutterunternehmen nach § 290 Abs. 1 HGB. Da Rechtsform und Sitz des Mutterunternehmens keine Rolle spielen, kann es als Kapitalgesellschaft oder in einer anderen Rechtsform organisiert sein[564]. Entsprechend dem Sinn der Rechnungslegungsvorschriften sollte das Mutterunternehmen aber zur kaufmännischen Rechnungslegung verpflichtet sein und damit Kaufmannseigenschaft haben[565]. So können insbesondere OHG und KG Mutterunternehmen sein. Die Mutter muß ihren Sitz nicht im Inland haben; dieser kann auch in einem Mitgliedsstaat der Europäischen Gemeinschaft oder in einem anderen Drittstaat liegen, soweit entsprechende Rechnungslegungsvorschriften gelten. Daneben sind verbundene Unternehmen weitere übergeordnete Unternehmen, die nach dem Control-Konzept des § 290 Abs. 2 HGB als Mutterunternehmen erfaßt werden, obwohl sie tatsächlich keine Leitungsmacht ausüben[566]. Verbundene Unternehmen aus Sicht der Tochtergesellschaft sind schließlich gleichgeordnete Schwester- und untergeordnete Tochter- oder Enkelunternehmen. Bei all diesen Unternehmen spielen Rechtsform und Sitz keine Rolle.

2. Der Zweck der Sonderangaben für verbundene Unternehmen

Die Sonderangaben für Anteile, Forderungen und Verbindlichkeiten gegenüber verbundenen Unternehmen sind für alle verbundenen Unternehmen und damit grundsätzlich für alle als

---

562 Dazu *Kropff*, DB 1986, Seite 364, 367.

563 So schon *Kropff*, DB 1986, Seite 364, 366; *Burgard*-Offenlegung von Beteiligungen bei der AG, Seite 110.

564 *BBK-Ellrott*, § 285 Rn. 242 m.w.N.

565 *Zilias*, DB 1986, Seite 1110, 1111.

566 Dazu bereits oben im 2. Kapitel unter A II 2.

Mutter- oder Tochterunternehmen konzernverbundenen Kapitalgesellschaften vorgeschrieben. Die Sonderposten dienen der Information über die wirtschaftliche Unternehmensverflechtung und über die Zusammensetzung des Vermögens entsprechend dem Prinzip der Gliederung nach Rechtsverhältnissen[567]. Dieses Prinzip hat aufgrund der zunehmenden Konzentration der Wirtschaft einen hohen Stellenwert. Dies bringt das Gesetz sowohl durch die Aufnahme der Sonderausweise in das allgemeine Gliederungsschema des § 266 HGB zum Ausdruck als auch durch die Offenlegungsvorschrift des § 327 HGB. Danach haben mittelgroße Kapitalgesellschaften trotz Erleichterungen die konzernbezogenen Sonderposten komplett zu publizieren[568]. Die Information durch die Sonderposten ist aufgrund der anderen Qualität dieser Posten notwendig, da diese durch die Konzernverbindung stark beeinflußt sein können[569]. Mit dem Hinweis darauf soll für die Bilanzen von konzernverbundenen Unternehmen eine dem Grundsatz der Bilanzklarheit entsprechende Darstellung der Vermögens- und Finanzlage abgesichert werden.

Die durch die Sonderposten geschaffene Tranzparenz der konzernbedingten finanziellen Verflechtungen soll die materielle Gleichwertigkeit der Information gegenüber der Rechnungslegung unabhängiger Kapitalgesellschaften gewährleisten. Vordergründig ergibt sich aufgrund der Sonderposten für die konzernverbundenen Unternehmen zwar ein gegenüber einem unabhängigen Unternehmen unterschiedliches Bilanzschema. Die Unterschiede der Bilanzschemata beruhen aber auf den Unterschieden zwischen unabhängigen und konzernverbundenen Kapitalgesellschaften. Deshalb sichern gerade die ergänzenden Sonderposten die materielle Gleichwertigkeit des Informationswerts[570].

3. Die einzelnen Sonderangaben in der Bilanz der Tochtergesellschaft

Nunmehr ist für die Sonderposten der Tochtergesellschaft zu klären, ob sie die finanziellen und wirtschaftlichen Verflechtungen mit den verbundenen Unternehmen in der Bilanz deutlich machen[571].

a. Die Anteile an verbundenen Unternehmen

Der Ausweis der Anteile an verbundenen Unternehmen erfolgt nach § 266 HGB je nach Zugehörigkeit entsprechend dem Liquiditätsgliederungsprinzip getrennt. Die Anteile sind

---

567 *A/D/S*-Teilband 5, § 271 Rn. 34. Zum Prinzip der Gliederung nach Rechtsverhältnissen oben in diesem Kapitel unter A I 1.

568 *A/D/S*-Teilband 5, § 266 Rn. 11. Auch das zugrundeliegende Bilanzgliederungsschema nach Art. 9 der 4. Richtlinie sieht die Sonderposten für verbundene Unternehmen vor.

569 Die „andere Qualität" nennt auch *A/D/S*-Teilband 5, § 271 Rn. 34.

570 Ähnlich der Grundsatz bei Art. 3 Abs. 1 GG, wonach wesentlich Ungleiches ungleich zu behandeln ist.

entweder im Finanzanlagevermögen unter Posten A III Nr. 1 oder im Umlaufvermögen bei den Wertpapieren unter Posten B III Nr. 1 auszuweisen[572]. Unter dem Begriff der Anteile sind Mitgliedschaftsrechte zu verstehen, die sowohl Vermögens- als auch Verwaltungsrechte umfassen[573]. Sie können an Kapital- und Personengesellschaften bestehen; § 271 Abs. 1 Satz 2 HGB stellt klar, daß es dabei unerheblich ist, ob die Anteile verbrieft sind oder nicht. In Betracht kommen demnach Aktien und GmbH-Anteile sowie die Einlagen als Gesellschafter einer OHG oder einer KG[574].

Der Ausweis der Anteile an verbundenen Unternehmen ist als Neuerung gegenüber dem früheren Beteiligungsausweis nach § 151 AktG 1965 a.F. durch das BiRiLiG eingeführt worden[575]. Dadurch wurden die Verbundanteile als Spezialfall von den übrigen Beteiligungen nach § 271 Abs. 1 HGB getrennt, was der Gliederung nach Rechtsverhältnissen entspricht[576]. Weil mit den verbundenen Unternehmen praktisch die Konzernunternehmen erfaßt werden, wird die finanzielle Verflechtung durch Anteile innerhalb des Konzerns erkennbar[577]. Darüber hinaus wird der Ausweis entsprechend dem Liquiditätsgliederungsprinzip zwischen Anlage- und Umlaufvermögen aufgeteilt. Dies dient nicht nur der Verdeutlichung der Vermögens-, sondern auch der Finanzlage. Mit dem Sonderausweis der Verbundanteile bei den Finanzanlagen wird auch deren absolute Liquidität offenbar, weil diese Verbundanteile regelmäßig der Schaffung einer langfristigen Unternehmens- bzw. Konzernverbindung dienen und deshalb nur eingeschränkt veräußerbar sind[578]. Damit ist die Informationssteigerung durch den Sonderausweis für Anteile an verbundenen Unternehmen beachtlich[579]. Entscheidende Bedeutung hat der Sonderausweis aber nicht für das Tochter-, sondern für das Mutterunternehmen, das naturgemäß die entsprechenden Anteile hält. Der Informationsgehalt über die Verbundanteile der Tochtergesellschaft ist begrenzt, da die Verbundanteile nicht aufgegliedert werden. Folglich sind in einer Summe die Anteile an unter-, über- und gleichgeordneten Konzernunternehmen auszuweisen. Allerdings sind die Anteile an einem herrschenden Mutterunterneh-

---

571 *A/D/S*-Teilband 5, § 271 Rn. 34.

572 Eine Erleichterung besteht nach § 266 Abs. 1 Satz 3 HGB für kleine Kapitalgesellschaften im Sinne des § 267 Abs. 1 HGB, die im Rahmen der Verkürzung keine gesonderten Posten zu bilden brauchen.

573 Koller/Roth/*Morck*, § 271 Rn. 3; *A/D/S*-Teilband 5, § 271 Rn. 6.

574 Vgl.: *K/K-Claussen/Korth*, § 271 Rn. 3 sowie *A/D/S*, a.a.O.

575 Transformation der Vorgabe aus Art. 9 der 4. gesellschaftsrechtlichen Richtlinie; zuvor waren nur die Beteiligungen unter den Finanzanlagen nach § 151 AktG unter II B 1 auszuweisen.

576 Zur Spezialität *Kropff*, DB 1986, Seite 364, 367.

577 Zu dieser Verknüpfung über § 290 HGB oben in diesem Kapitel unter A II 1 a (1).

578 In diese Richtung argumentierte bereits *D/H-Hachenburg*, Seite 51 f. als die Aktienrechtsnovelle von 1931 die Trennung der Beteiligungen von den sonstigen Wertpapieren einführte.

579 *Knop*, DB 1984, 569, 575 f. betont die verbesserte Aussage über die Finanzlage gegenüber dem AktG 1965; gefordert wurde ein entsprechender Ausweis bereits von *Pausenberg*, WPg 1965, Seite 1, 2 f.

men grundsätzlich im Umlaufvermögen zu erfassen[580]. Obwohl die Aufdeckung der finanziellen Verflechtungen intendiert ist, wird nur der Umfang des finanziellen Engagements sichtbar, nicht aber wem gegenüber es tatsächlich besteht[581].

b. Die Forderungen an verbundene Unternehmen

In der Bilanz der Tochtergesellschaft werden die Ausleihungen und Forderungen an verbundene Unternehmen gesondert ausgewiesen[582]. Der Sonderausweis ist in formaler Hinsicht und in Bezug auf seinen Informationsgehalt zu untersuchen:

(1) Der Formalausweis der Verbundausleihungen und -Forderungen

Beim gesonderten Ausweis der Forderungen an verbundene Unternehmen sind dem Liquiditätsgliederungsprinzip des BiRiLiG folgend die Ausleihungen von den Forderungen zu trennen. Ausleihungen sind die dem Anlagevermögen zuzuordnenden Forderungen aus Geld- und Finanzgeschäften. Diese langfristigen Finanzforderungen wurden bewußt Ausleihungen genannt, um den Gegensatz zu den konzerninternen, meist kurzfristigen Liefer- und Leistungsforderungen zu betonen[583]. Die Ausleihungen an verbundene Unternehmen sind als Finanzanlagen (§ 266 A III Nr. 2 HGB) und die Forderungen an verbundene Unternehmen im Umlaufvermögen (§ 266 B II Nr. 2 HGB) auszuweisen[584]. Nach § 268 Abs. 4 Satz 1 HGB ist für die Ausleihungen und Forderungen mit einer Restlaufzeit von mehr als einem Jahr ein Davon-Vermerk vorgeschrieben. Dies kann auch bei den Ausleihungen des Anlagevermögens eine Rolle spielen, da die Restlaufzeit für den Ausweis grundsätzlich unbeachtlich ist[585].

Überlegungen sind anzustellen, wenn die Ausleihungen und Forderungen an verbundene Unternehmen auch anderen Gliederungsposten unterfallen[586]. Das ist der Fall bei Forderungen aus Lieferungen und Leistungen gegenüber verbundenen Unternehmen, die ebenfalls gesondert (§ 266 B II Nr. 1 HGB) auszuweisen sind. Dies betrifft nur die Forderungen des Umlauf-

---

580 Die Bilanzierung erfolgt bei Anteilen an der Mutter-AG nach allgemeinen Grundsätzen. Da die Anteile an der Mutter-AG aber nur unter den Voraussetzungen des § 71 d Satz 2 i.V.m. § 71 AktG erworben werden können, erfolgt grundsätzlich eine Bilanzierung im Umlaufvermögen vgl.: *A/D/S*-Teilband 5, Rn 73 f. sowie *BBK-Schnicke/Gutike*, § 266 Rn. 73; Unter Geltung von § 151 AktG 1965 a.F. waren die Anteile zwingend im Umlaufvermögen unter III B 9 auszuweisen. Bei der GmbH ist nach § 33 GmbHG der Erwerb voll eingezahlter Geschäftsanteile grundsätzlich zulässig. Zur Bilanzierung ebenfalls nach allgemeinen Grundsätzen vgl.: *Baumbach/Hueck-Schulze-Osterloh*, § 42 Rn. 148.

581 *Burgard*-Offenlegung von Beteiligungen bei der AG, Seite 111.

582 Der Sonderausweis wurde durch § 261a HGB der Aktienrechtsnovelle von 1931 eingeführt.

583 Das AktG 1965 führte den Begriff bewußt für Finanzforderungen ein: umfassend *Glade*-Rechnungslegung, § 266 Rn. 228 ff.; *K/K-Claussen/Korth*, § 266 Rn. 49; *A/D/S*-Teilband 5, § 266 Rn. 76 m.z.N.

584 Für die Bilanz der kleinen Kapitalgesellschaft gibt es Erleichterung nach § 266 Abs. 1 Satz 3 HGB.

585 *A/D/S*, a.a.O., Rn. 76.

586 Zum Problem des Vorrangs schon *Quassowski*, JW 1931, Seite 2914, 2918.

vermögens, da eine Überschneidung der auf Finanzforderungen beruhenden Ausleihungen per definitionem ausgeschlossen ist[587]. Für diese mögliche Überschneidung ist umstritten, ob innerhalb des Umlaufvermögens der Ausweis als Forderung an verbundene Unternehmen Vorrang gegenüber einem anderen bzw. gegenüber dem sachbezogenen Ausweis als Forderung aus Lieferung und Leistung hat. Teilweise wird ein möglicher Vorrang des Verbundausweises abgelehnt[588]. Der grundsätzliche Vorrang war jedoch in § 151 Abs. 3 Satz 2 AktG a.F. vorgeschrieben. Danach waren Forderungen gegenüber verbundenen Unternehmen in der Regel als solche auszuweisen. Auch wenn diese Vorschrift nicht ins HGB übernommen wurde, so wurde doch das zugrundeliegende Prinzip der Gliederung nach Rechtsverhältnissen beibehalten und durch das BiRiLiG noch ausgebaut[589]. Dies zeigt sich auch im durch das BiRiLiG eingeführten § 42 Abs. 3 GmbHG, wonach Ausleihungen und Forderungen gegenüber den Gesellschaftern einer GmbH aufgrund der Besonderheit der Rechtsbeziehungen gesondert auszuweisen sind. Entsprechend dieser Systematik hat der Ausweis unter den Forderungen an verbundene Unternehmen den generellen Vorrang[590]. Es ist ein qualitativer Vorrang, da er den grundlegenden Gliederungsaspekt der Kennzeichnung der Unternehmensverbindungen am stärksten zum Ausdruck bringt[591].

Jedenfalls hat nach § 265 Abs. 3 Satz 1 HGB ein Mitzugehörigkeitsvermerk beim ausweisenden Bilanzposten oder im Anhang zu erfolgen, wenn dies zur Aufstellung eines klaren und übersichtlichen Jahresabschlusses erforderlich ist[592]. Dieser Mitzugehörigkeitsvermerk entschärft den Streit um den vorrangigen Ausweis, da ein entsprechender Davon-Vermerk außer bei unwesentlichen Kleinbeträgen erforderlich ist[593].

Eine weitere Vorrangfrage stellt sich, wenn die Tochtergesellschaft die Rechtsform einer GmbH hat. Denn gemäß § 42 Abs. 3 GmbHG sind Ausleihungen und Forderungen gegenüber

---

587 Denkbar ist nur eine Novation, bei der eine ursprünglich auf Lieferung oder Leistung beruhende Forderung in eine Finanzforderung umgewandelt wurde, was dann infolge der Charakteränderung die Umgruppierung in das Finanzanlagevermögen erforderlich macht. Vgl.: *A/D/S*- Teilband 5, § 266 Rn. 77.

588 So *BBK-Schnicke/Bartels-Hetzler*, § 266 Rn. 119 m.w.N. und *BBK-Budde/Geißler*, § 265 Rn. 8, sowie Koller/Roth/*Morck*, § 265 Rn. 4 m.w.N.; Des weiteren *GK-HGB-Marsch-Barner*, § 266 Rn. 30 und § 265 Rn. 9 mit der Behauptung, ein sachbezogener Ausweis könne informativer sein und sei demnach zulässig.

589 In diese Richtung argumentiert auch *Glade*-Rechnungslegung, § 266 Rn. 393; zum Prinzip der Gliederung nach Rechtsverhältnissen *Coenenberg*, Jahresabschluß und Jahresabschlußanalyse, Seite 63.

590 Diese Ansicht vertreten: *A/D/S*-Teilband 5, § 266 Rn. 124 und 129; *K/K-Claussen/Korth*, § 266 Rn. 101; *Glade*, a.a.O.; Koller/Roth/*Morck*, § 266 Rn. 6.

591 Dazu *A/D/S*-Teilband 5, § 265 Rn. 42 und 44.

592 Die Vorschrift geht auf Art. 13 Abs. 1 der 4. Richtlinie zurück und hatte Vorgänger im § 151 Abs. 3 Satz 1 AktG 1965 a. F. und im durch die Aktienrechtsnovelle von 1931 eingeführten damaligen § 261a Abs. 3 Satz 4 HGB . Zur Ausgangsnorm: *Quassowski*, JW 1931, Seite 2914, 2918.

593 *Begründung RegE* BR-DS 257/83, Abschnitt B. § 238 Seite 77; *Glade*-Rechnungslegung, § 265 Rn. 5 ff.; zum darin enthaltenen Wesentlichkeitsgrundsatz *A/D/S*-Teilband 5, § 265 Rn. 40.

Gesellschaftern in der Regel als solche gesondert auszuweisen oder im Anhang anzugeben[594]. Im Falle von Forderungen an die Muttergesellschaft kommt es deshalb zu einer Überschneidung mit dem Ausweis von Ausleihungen und Forderungen an verbundene Unternehmen. Da beide Sonderausweise auf dem Prinzip der Gliederung nach Rechtsverhältnissen beruhen[595], kann maßgebliches Kriterium für einen vorrangigen Ausweis nur der Grundsatz der Klarheit nach § 243 Abs. 2 HGB sein. Nach verbreiteter Ansicht gebührt deshalb dem Ausweis der Ausleihungen/Forderungen an Gesellschafter nach § 42 Abs. 3 GmbHG der Vorrang[596]. Dieser Ausweis sei spezieller und damit klarer, da nur bestimmte verbundene Unternehmen, die nämlich gleichzeitig Gesellschafter der GmbH sind, erfaßt seien. Diese Spezialität ist aber nur aus der Sicht einer Mutter-GmbH gegeben, die viele verbundene Tochterunternehmen hat, von denen nur wenige ihrerseits Gesellschafterinnen der Mutter-GmbH sind. Aus der Perspektive der Tochtergesellschaft stellt sich die Lage unter der Voraussetzung, daß die Tochter nicht ihrerseits vielfache Mutter ist, genau andersherum dar. Die Tochter hat weniger verbundene Unternehmen als Gesellschafter; für sie ist der Ausweis der Ausleihungen/Forderungen an verbundene Unternehmen spezieller[597]. Damit hat dieser Ausweis für die Tochtergesellschaft aufgrund der Klarheit grundsätzlich Vorrang[598]. Soweit möglich oder nötig ist zusätzlich ein Mitzugehörigkeitsvermerk nach § 265 Abs. 3 HGB zu machen[599]. Diesen Mitzugehörigkeitsausweis fordert explizit auch § 42 Abs. 3 GmbHG am Ende; eine Anhangsangabe kommt nach dem Wortlaut dieser Vorschrift nicht in Betracht[600].

(2) Der Informationsgehalt des gesonderten Forderungsausweises

---

594 *A/D/S*-Teilband 4, § 42 GmbHG Rn. 49 m.w.N. empfehlen, den Posten „Ausleihung/Forderung an Gesellschafter" vor dem Posten „Ausleihungen/Forderungen an verbundene Unternehmen" einzuschieben.

595 *Coenenberg*, Jahresabschluß und Jahresabschlußanalyse, Seite 63.

596 Dieser Ansicht ist insbesondere das betriebswirtschaftlich orientierte Schrifttum, vgl.: *A/D/S*-Teilband 4, § 42 GmbHG Rn. 50 mit zahlreichen Nachweisen.

597 Aufgrund der Sicht des Problems aus der Perspektive der Tochter kommen *Lutter/Hommelhoff*, § 42 Rn. 30 zu dem Ergebnis, daß wenn das verbundene Unternehmen alleiniger Gesellschafter ist, was eben nur für die Tochter denkbar ist, die Bilanzierung nach § 266 HGB (Ausleihung/Forderung an verbundene Unternehmen) die aussagekräftigere ist, die nicht zur Disposition der Gesellschaft steht. Anderes gilt für die kleine GmbH nach § 267 HGB. Damit beruht der Streit um den Ausweisvorrang auf den unterschiedlichen, im Hintergrund bleibenden Perspektiven der Autoren.

598 Den GoB der Klarheit betont bei dieser Frage auch *Rohwedder-Wiedmann*, GmbHG 3, § 42 Rn. 16.

599 So zutreffend *A/D/S*, a.a.O.

600 Nach § 42 Abs. 3 GmbHG hat der Davon-Vermerk Vorrang vor der Anhangsangabe, die nur ausnahmsweise möglich ist. Vgl.: *Lutter*, in: Das vereinigte Deutschland im Europäischen Markt - Bericht über die Fachtagung des IDW 1991, Seite 409, 425 sowie *Lutter/Hommelhoff*, § 42 Rn. 29 m.N. zur Gegenmeinung, ebenso auch *A/D/S*-Teilband 4, § 42 Rn. 53 sowie Koller/Roth/*Morck*, § 265 Rn. 4.

Für den Informationswert der Sonderposten für die Vermögens- und Finanzlage der Tochtergesellschaft kommt es darauf an, ob deutlich wird, was sich hinter den Forderungen verbirgt bzw. wie homogen die einzelnen Sonderposten sind[601]. Dies ist zu untersuchen:

Die Ausleihungen an verbundene Unternehmen entstehen regelmäßig durch Kapitalhingabe der Tochtergesellschaft an andere Konzernunternehmen. Es sind meist langfristige Darlehen, insbesondere Hypotheken sowie Grund- und Rentenschuldforderungen[602]. Dieser Gliederungsposten ist weitgehend homogen. Der Umfang der finanziellen Beziehungen der Tochtergesellschaft durch langfristig vergebene Darlehen wird transparent. Neben dem Hinweis auf die Konzernverbundenheit an sich enthält der Posten den Hinweis auf mögliche Sonderkonditionen bei der Verzinsung oder der Fälligkeit und auf eine möglicherweise verminderte Bonität dieser Ausleihungen. Denn aufgrund der Konzernbeziehung mag die Tochtergesellschaft eher bereit sein, die Forderungen zu stunden oder abzuschreiben[603]. Nach Erkundung der wirtschaftlichen Gesamtlage des Konzerns im Konzernabschluß mag der Bilanzleser einen besseren Einblick in die Liquidiät dieser Ausleihungen und damit in die Finanzlage der Tochtergesellschaft haben. Ob die Liquidität der Ausleihungen aber tatsächlich vermindert ist, erfährt er ebensowenig wie bei sonstigen Ausleihungen und Forderungen, da der Schuldner nicht zu nennen ist[604].

Bei den Forderungen der Tochtergesellschaft an verbundene Unternehmen sind zunächst die Forderungen aus Lieferungen und Leistungen an verbundene Unternehmen über einen Davon-Vermerk oder eine Anhangsangabe nach § 265 Abs. 3 Satz 1 HGB gesondert auszuweisen. Der Sonderausweis erfolgt unabhängig von der Fristigkeit der Forderungen, soweit sie in nennenswertem Umfang bestehen[605]. Damit wird ein Hinweis auf den Umfang des konzerninternen Geschäftsverkehrs gegeben. Wie alle Forderungen gegen verbundene Unternehmen können diese eine andere Qualität aufweisen, wenn sie im Rahmen des konzernrechtlich Zulässigen beeinflußt wurden[606]. Damit wird die Beurteilung der Finanzlage erleichtert. Mehr als einen Rückschluß auf Art und Umfang des konzerninternen Geschäftsverkehrs läßt der Sonderposten aber nicht zu.

Die übrigen Forderungen der Tochtergesellschaft an verbundene Unternehmen haben verschiedene Grundlagen: es kann sich um kurzfristige Darlehensforderungen handeln, um

601 *Pausenberger*, WPg 1965, Seite 1, 3.

602 *Glade*-Rechnungslegung, § 266 Rn. 288.

603 Darauf verweisen *Kropff*, DB 1986, Seite 364, 367 und *A/D/S*-Teilband 5, § 271 Rn. 34.

604 Nicht zu unterschätzen ist in diesem Zusammenhang die Präventivwirkung für mögliche Verschleierungsmanöver der Leitung der Tochtergesellschaft oder der Konzernleitung.

605 *Glade*-Rechnungslegung, § 266 Rn. 229.

606 *A/D/S*-Teilband 4, § 271 Rn. 34.

Forderungen aus Anzahlungen[607], um die Zinsforderungen aus Ausleihungen[608] oder um Gewinnansprüche an Unternehmen, bei denen die Tochtergesellschaft ihrerseits Mutterunternehmen ist. Je nach Konzernierungsform kann es sich für die einfach faktisch konzernierte Tochter-AG um einen Anspruch auf Nachteilsausgleich nach § 311 Abs. 2 AktG handeln. Der Vertragstochter, der eingegliederten bzw. der qualifiziert faktischen Tochter kann einen Anspruch auf Verlustausgleich (§§ 302, 324 AktG) zustehen[609]. Aufgrund der vielfältigen Entstehungsgründe der Forderungen, die noch vermehrt werden, wenn die Tochtergesellschaft ihrerseits wieder Mutterunternehmen ist, weist der Sonderposten eine geringe Homogenität auf. Deshalb ist der Informationsgehalt auf den Hinweis bonitätsbeschränkter Forderungen beschränkt[610].

Der Informationswert sämtlicher gesonderten Forderungsposten leidet darunter, daß die Sonderposten für alle verbundenen Unternehmen gelten und auch alle verbundenen Unternehmen erfassen. Es wird nicht deutlich, ob es sich beim bilanzierenden Unternehmen um ein Mutter- oder ein Tochterunternehmen handelt. Es bleibt offen, ob die Forderungen gegenüber Unternehmen bestehen, auf die Einfluß ausgeübt wird oder die ihrerseits Einfluß ausüben. Bei den Tochtergesellschaften, die ihrerseits Enkelunternehmen haben, verdichtet sich diese Gemengelage. Die ausgewiesenen Summen verbergen, wem gegenüber in welcher Höhe Forderungen bestehen[611]. Die fehlende Differenzierung ist möglicherweise vor dem EG-rechtlichen Hintergrund zu sehen, daß die 4. Bilanzrichtlinie einer seinerzeit geplanten 9. Konzernrechtsrichtlinie nicht vorgreifen wollte. Damit geben die Forderungssonderposten in erster Linie einen Hinweis auf die finanzielle Verflechtung der Tochtergesellschaft. Der Sonderausweis der Forderungen gegen verbundene Unternehmen aus Lieferung und Leistung zeigt den Umfang des möglicherweise beeinflußten konzerninternen Geschäftsverkehrs[612]. Dies ist für die Transparenz der Vermögens- und Finanzlage der Tochtergesellschaft aufgrund möglicher Einflußnahmen positiv. Insbesondere die Darstellung der Finanzlage ist durch den Hinweis auf die Konzernverbundenheit des Schuldners verbessert[613].

---

607 *Glade*-Rechnungslegung, § 266 Rn. 399.

608 Koller/Roth/*Morck*, § 266 Rn. 4; demgegenüber soll nach *A/D/S*-Teilband 4, § 266 Rn. 77a der Ausweis unter den sonstigen Vermögensgegenständen - Posten B II 4 - erfolgen.

609 Eine Aktivierung kommt aber nur in Betracht, wenn am Bilanzstichtag noch nicht tatsächlich gezahlt wurde.

610 Nach *Küting/Weber-Dusemond/Knop*, Band Ia, § 266 Rn. 85 ist der Posten dennoch weniger heterogen als noch im AktG 1965, weil der Kreis der verbundenen Unternehmen präzisiert wurde und der Ausweis nach Anlagevermögen und Umlaufvermögen getrennt wurde.

611 Dies bemängelt *Burgard*-Offenlegung von Beteiligungen bei der AG, Seite 111 m.w.N.

612 *A/D/S*-Teilband 5, § 271 Rn. 34.

613 *Knop*, DB 1984, Seite 569, 575.

c. Die Verbindlichkeiten gegenüber verbundenen Unternehmen

Schließlich sind in der Bilanz der Tochtergesellschaft die Verbindlichkeiten gegenüber verbundenen Unternehmen gesondert auszuweisen. Der formale Ausweis und ihr Informationsgehalt für die Vermögens- und Finanzlage ergeben folgendes Bild:

(1) Der Formalausweis der Verbundverbindlichkeiten

Die Verbindlichkeiten gegenüber verbundenen Unternehmen sind unter dem Passivposten nach § 266 Abs. 3 Ziffer C Nr. 6 HGB gesondert auszuweisen.

Für diese Verbindlichkeiten der Tochtergesellschaft stellt sich wie schon für die Forderungen an verbundene Unternehmen die Frage nach dem Ausweisvorrang, wenn sie mit einem weiteren Verbindlichkeitsposten zusammenfallen. Dies betrifft beispielsweise die Verbindlichkeiten aus Lieferungen und Leistungen. Aufgrund des Prinzips der Gliederung nach Rechtsverhältnissen besteht nach dem Grundsatz der Klarheit generell der Vorrang für den Ausweis als Verbindlichkeit gegenüber verbundenen Unternehmen[614]. Ergänzend ist ein Mitzugehörigkeitsausweis entweder als Davon-Angabe in der Bilanz oder als Anhangsangabe zu machen (§ 265 Abs. 3 Satz 1 HGB). Derselbe Vorrang für den Posten der Verbindlichkeiten gegenüber verbundenen Unternehmen besteht bei der Tochter-GmbH für Gesellschafterverbindlichkeiten (§ 42 Abs. 3 GmbHG). Der Verbundausweis ist für die Tochter-GmbH spezieller und damit klarer[615]. Auch hier ist grundsätzlich die Mitzugehörigkeit zu vermerken.

Vom Verbundausweis sind Verbindlichkeiten mit einer Restlaufzeit bis zu einem Jahr in einem Davon-Vermerk abzusetzen (§ 268 Abs. 5 Satz 1 HGB). Des weiteren sind die Verbindlichkeiten gegenüber verbundenen Unternehmen mit einer Restlaufzeit von mehr als 5 Jahren sowie die durch Pfandrechte oder ähnliche Sicherheiten, unter Angabe von Art und Form der Sicherheiten, in der Bilanz als Mitzugehörigkeitsvermerk oder als Wahlpflichtangabe im Anhang anzugeben (§ 285 Nr. 2 i.V.m. Nr. 1 HGB).

Die Eventualverbindlichkeiten der Tochtergesellschaft gegenüber anderen Konzernunternehmen werden ebenfalls separat erfaßt. Denn nach § 268 Abs. 7 HGB sind Haftungsverhältnisse (§ 251 HGB) gegenüber verbundenen Unternehmen gesondert anzugeben. Dabei ist jede Art der Eventualverbindlichkeit einzeln auszuweisen[616]; falls mehrere Haftungsverhältnisse

---

[614] So ausdrücklich *A/D/S*-Teilband 5, § 266 Rn. 233 unter Verweis auf § 265 Rn. 44; dies war auch von § 151 Abs. 3 Satz 2 AktG 1965 a.F. ausdrücklich vorgeschrieben. Ebenso *Glade*-Rechnungslegung, § 266 Rn. 393 und Koller/Roth/*Morck*, § 266 Rn. 11.

[615] Anderer Ansicht aufgrund einer verengten Sichtweise aus Perspektive der Mutter-GmbH: *A/D/S*-Teilband 4, § 42 GmbHG Rn. 50 m.w.N. Zutreffend aber *Lutter/Hommelhoff*, § 42 Rn. 29 f.

[616] Dies entspricht bisherigem Recht. Ebenso *K/K-Claussen/Korth*, § 286 Rn. 45 und *A/D/S*-Teilband 5, § 268 Rn. 124 unter Hinweis auf Art. 14 der 4. Richtlinie.

zugleich bestehen, ist die jeweilige Mitzugehörigkeit zu vermerken[617]. Die Angabe des Haftungsverhältnisses gegenüber verbundenen Unternehmen kann als Davon-Vermerk in der Bilanz erfolgen oder als Anhangsangabe, auch wenn die Haftungsverhältnisse in der Bilanz ausgewiesen sind[618].

Die sonstigen finanziellen Verpflichtungen und damit insbesondere schwebende Geschäfte der Tochtergesellschaft gegenüber verbundenen Unternehmen sind nach § 285 Nr. 3 HGB im Anhang gesondert anzugeben[619]. Die Vorschrift verlangt entsprechend dem Grundsatz der Klarheit einen Davon-Vermerk für die verbundenen Unternehmen bei den einzelnen sonstigen finanziellen Verpflichtungen[620]. Kleine Kapitalgesellschaften sind jedoch nach § 288 Satz 1 HGB von der Angabe der sonstigen finanziellen Verpflichtungen befreit.

(2) Der Informationsgehalt des gesonderten Verbindlichkeitsausweises

Wie schon die Forderungen informieren die Verbindlichkeiten der Tochtergesellschaft gegenüber verbundenen Unternehmen über die finanziellen Konzernbeziehungen. Diese haben eine eigene Qualität, weil sie bei der Entstehung, der Höhe, der Fälligkeit und der Verzinsung durch die Konzernbeziehung je nach Konzernform in Abweichung von den marktüblichen Konditionen beeinflußt worden sein können[621]. Informiert wird aber nur über potentiell betroffene Posten und nicht über die tatsächliche Beeinflussung der Finanz- und Ertragslage, da nähere Details und die Person des Gläubigers nicht zu erkennen sind[622]. Obwohl der Ausweis nur auf den Konzern und nicht speziell auf die Tochtergesellschaft zugeschnitten wurde, ist insbesondere für die Darstellung der Finanzlage der gesonderte Verbindlichkeitsausweis von Vorteil[623].

---

617 Dazu *K/K-Claussen/Korth*, § 268 Rn. 45.

618 *BBK-Ellrott*, § 268 Rn. 127; Koller/Roth/*Morck*, § 268 Rn. 10. Für den Fall des doppelten Davon-Vermerks empfiehlt *K/K-Claussen/Korth*, § 268 Rn. 46, von dem Wahlrecht Gebrauch zu machen und die Haftungsverhältnisse in den Anhang aufzunehmen.

619 Zu den sonstigen finanziellen Verpflichtungen: *K/K-Claussen/Korth*, §§ 284 - 288 HGB, 160 AktG, Rn. 74 ff. sowie ausführlich *A/D/S*-Teilband 2, § 285 Rn. 42 ff.

620 So auch *K/K-Claussen/Korth*, §§ 284 - 288 HGB, 160 AktG, Rn. 77.

621 Auch hierzu: *A/D/S*-Teilband 5, § 271 Rn. 34.

622 *A/D/S*, a.a.O. und *Burgard*-Offenlegung von Beteiligungen bei der AG, Seite 111.

623 Vgl.: *A/D/S*-Teilband 2, § 285 Rn. 31.

B. Die Gewinn- und Verlustrechnung der Tochtergesellschaft

Als Teil des Jahresabschlusses hat die Gewinn- und Verlustrechnung der Tochtergesellschaft die Aufgabe, die Ertragslage darzustellen (unter I)[624]. Untersucht werden die konzernbezogenen Sonderangaben der Tochtergesellschaft (unter II):

I. Die Darstellung der Ertragslage

Die Generalnorm des § 264 Abs. 2 HGB gibt der Gewinn- und Verlustrechnung der Tochtergesellschaft vor, ein den tatsächlichen Verhältnissen entsprechendes Bild der Ertragslage zu vermitteln. Für diesen Einblick sind neben der Angabe des Jahresergebnisses die Quellen und das Zustandekommen des Erfolges im abgelaufenen Geschäftsjahr ersichtlich zu machen[625]. Die Erfolgsquellen zeigt die GuV durch eine Darstellung der Aufwands- und Ertragsstruktur des Unternehmens. Sie fächert das Ergebnis der laufenden Geschäftstätigkeit sowie ein außerordentliches oder periodenfremdes Ergebnis auf[626]. Die Vorschriften zur Gliederung und Reihenfolge (§§ 275, 277 HGB) geben eine bestimmte Reihenfolge der Positionen nach der Gesamt- oder der Umsatzkostenrechnung und damit eine bestimmte Form der Gliederung und Erfolgsspaltung vor[627]. Das Schema strukturiert das Ergebnis der gewöhnlichen Geschäftstätigkeit mit Betriebsergebnis (§ 275 Abs. 2 Nr. 1 - 8 bzw. Abs. 3 Nr. 1 - 7 HGB) und Finanzergebnis (§ 275 Abs. 2 Nr. 9 - 13 bzw. Abs. 3 Nr. 8 - 12) und trennt es von den außerordentlichen Erträgen (§ 275 Abs. 2 Nr. 15 bzw Abs. 3 Nr. 14 HGB) und den außerordentlichen Aufwendungen (Nr. 16 bzw. Nr. 15)[628]. Diese Trennung vollzieht jede GuV, auch wenn kleine und mittelgroße Kapitalgesellschaften ihre Umsatzerlöse saldiert als „Rohergebnis“ ausweisen dürfen[629]; die Gesellschafter von AG und GmbH können dann

---

624 Zur Aufgabenteilung zwischen Bilanz und GuV im Rahmen der Informationsfunktion vgl.: *Baetge*, Bilanzen, Abschnitt 711 Seite 523; Besonderheiten ergeben sich für kleine Kapitalgesellschaften, die nach § 326 HGB ihre GuV nicht zum Handelsregister einzureichen und damit offenzulegen brauchen.

625 Dazu und allgemein zum Begriff der Ertragslage *A/D/S*-Teilband 5, § 264 Rn. 78 bis 85.

626 *K/K-Claussen/Korth*, § 264 Rn. 32 und Koller/Roth/*Morck*,, § 264 Rn. 7.

627 *A/D/S*-Teilband 5, § 275 Rn. 19.

628 Beim Gesamtkostenverfahren wird - gesondert nach Aufwandsarten - die Gesamtleistung eines Jahres gegliedert nach Umsatzerlösen, Bestandsveränderungen bei Erzeugnissen und aktivierten Eigenleistungen den gesamten Kosten eines Jahres gegliedert nach Aufwandsarten gegenübergestellt. Auf den Absatz kommt es nicht an. Dazu: *Großfeld*, Bilanzrecht, Rn. 472; *A/D/S*-Teilband 5, § 275 Rn. 27 bis 37.
Beim Umsatzkostenverfahren, das international verbreitet ist, werden dem Umsatz des Geschäftsjahres die für diese Umsatzleistung aufgewandten Kosten gegenübergestellt. Die fehlende Aufwandsgliederung wird durch Anhangsangaben nach § 285 Nr. 8 HGB kompensiert. Auf den Zeitpunkt der Kostenentstehung kommt es nicht an. *Großfeld* a.a.O. sowie *A/D/S*-Teilband 5, § 275 a.a.O.

629 Nach § 276 Satz 1 HGB. Folgerichtig sind kleine und mittelgroße Kapitalgesellschaften nach der Erleichterung in § 288 HGB nicht zur Segmentierung der Umsatzerlöse im Anhang (§ 285 Nr. 4 HGB) verpflichtet.

Auskunft über die Aufgliederung des Rohergebnisses verlangen[630]. Neben der Gewinnentstehung kann in der GuV nach Posten Nr. 20 bzw. Nr. 19 die Gewinnverwendung als Veränderungen der Kapital- und Gewinnrücklagen ausgewiesen werden[631]. Dazu ist bei AG und KGaA auch eine Anhangsangabe möglich (§ 158 Abs. 1 Satz 1 AktG)[632].

Zusammengefaßt informiert die GuV über Höhe und Zusammensetzung des Jahresergebnisses vor Abzug der Steueraufwendungen sowie über die Relation des Umsatzes bzw. der Gesamtleistung zum Jahreserfolg[633].

II. Die Sonderangaben für verbundene Tochterunternehmen

Die GuV der Tochtergesellschaft enthält Sonderposten sowohl für Aufwendungen und Erträge mit verbundenen Unternehmen (§ 275 HGB) als auch gegebenenfalls konzernformspezifische nach § 277 Abs. 3 Satz 2 HGB.

1. Die GuV-Sonderangaben für verbundene Unternehmen

Bereits das allgemeine Gliederungsschema der GuV enthält konzernbezogene Sonderposten, die die Tochtergesellschaft auszuweisen hat:

a. Erträge aus Beteiligungen an verbundenen Unternehmen

Als Konzernunternehmen hat die Tochter bei den Erträgen aus Beteiligungen (§ 275 Abs. 2 Nr. 9 bzw. Abs. 3 Nr. 8 HGB) einen Davon-Vermerk für verbundene Unternehmen auszuweisen. Dieser Vermerk zeigt spezielle Beteiligungserträge des Finanzergebnisses[634]. In erster Linie sind dies Gewinnausschüttungen verbundener Unternehmen sowie Gutschriften von Gewinnanteilen, die nicht ausgeschüttet werden[635]. Die Ertragsposition korrespondiert mit dem Bilanzposten für Anteile an verbundenen Unternehmen im Finanzanlagevermögen (§ 266

---

630 Zu § 131 Abs. 1 Satz 3 AktG: *K/K-Claussen/Korth*, §§ 275 - 277 HGB, 158 AktG Rn. 161 f., der die Rechtserleichterung aufgrund des Auskunftsrechts der Aktionäre bei zahlreichen Aktionären als „rechtstheoretisch" bezeichnet. Kritisch in Hinblick auf die Situation von Minderheitsgesellschaftern auch *Heymann-Jung*, § 276 Rn. 6; Zum Auskunftsrechdt nach § 51a GmbHG, vgl.: *Baumbach/Hueck-Schulze-Osterloh*, § 42 Rn. 375 mit Nachweisen des betriebswirtschaftlichen Schrifttums. Bedeutsam ist dieses Auskunftsrecht für die der Geschäftsführung entfernter stehenden Minderheitsgesellschafter.

631 *A/D/S*-Teilband 5, § 275 Rn. 250.

632 Dazu ausführlich: *K/K-Claussen/Korth*, §§ 275 - 277 HGB, 158 AktG, Rn. 130 ff.

633 Zur Erfolgsanalyse auf Grundlage der Aufwendungen und Erträge in der GuV und im Anhang: *Coenenberg*, Jahresabschluß und Jahresabschlußanalyse, Seite 665 ff; *Küting/Weber*-Bilanzanalyse, Seite 193 ff. und 261 ff. sowie *Ballwieser*, WPg 1987, Seite 57, 61.

634 *A/D/S*-Teilband 5, § 275 Rn. 144; *Baetge*, Bilanzen, Abschnitt 732.3 Seite 572; Ist die Tochter durch einen Beherrschungsvertrag mit einer Enkeltochter verbunden, werden die Erträge ebenfalls hier ausgewiesen. Nur im Falle des § 277 Abs. 3 Satz 2 HGB ist ein Sonderposten zu schaffen.

635 *A/D/S*-Teilband 5, § 275 Rn. 145.

Abs. 2 A III Nr. 1 HGB) nur insoweit als die Anteile der Finanzanlagen die Beteiligungshöhe von grundsätzlich 20 % erreichen.

b. Die Verbunderträge aus anderen Wertpapieren und Ausleihungen

Unter den „Erträgen aus anderen Wertpapieren und Ausleihungen des Finanzanlagevermögens" sind sämtliche Erträge und Zinsen des Finanzanlagevermögens auszuweisen, die nicht zu den vorstehenden Erträgen aus Beteiligungen gehören[636]. Auch hier ist ein Davon-Vermerk für Erträge aus verbundenen Unternehmen vorgeschrieben (§ 275 Abs. 2 Nr. 10 bzw. Abs. 3 Nr. 9 HGB). Gesondert erfaßt werden die Erträge aus Wertpapieren und damit aus Anteilen des Anlagevermögens, die nicht die Beteiligungshöhe erreichen sowie die Zinserträge aus den Ausleihungen an verbundene Unternehmen[637].

c. Die sonstigen Zinsen und ähnlichen Erträge von verbundenen Unternehmen

Auch beim GuV-Posten für sonstige Zinsen und ähnliche Erträge ist ein Davon-Vermerk für verbundene Unternehmen (§ 275 Abs. 2 Nr. 11 bzw. Abs. 3 Nr. 10 HGB) vorgeschrieben. Der Posten ist ein Sammelposten für alle Zinsen und ähnliche Erträge des Umlaufvermögens, die deshalb nicht unter den vorhergehenden Positionen nach Nr. 9, 10 bzw. Nr. 8, 9 ausgewiesen werden[638]. Erfaßt werden in erster Linie Gewinnanteile und Dividenden der Verbundanteile des Umlaufvermögens sowie die Zinsen und Verzugszinsen der Forderungen gegen verbundene Unternehmen[639]. Des weiteren werden die Erträge erfaßt, die mit Krediten an die verbundenen Unternehmen in Zusammenhang stehen; das sind Diskonterträge aus Wechselforderungen, Erträge aus Agio und Disagio, Kreditprovisionen, Erträge für Bürgschaften, Kreditgarantien und ähnliches[640]. Der Ertragsposten korrespondiert mit den Bilanzposten für Verbundanteile im Umlaufvermögen (§ 266 Abs. 2 B III Nr. 1 HGB) und für Forderungen gegen verbundene Unternehmen (§ 266 Abs. 2 B II Nr. 2 HGB)[641].

d. Die Verbundaufwendungen aus Verbindlichkeiten

---

636 Eigenständig sind auch die Erträge aus Gewinnabführungs- oder Teilgewinnabführungsverträgen und Gewinngemeinschaften auszuweisen. Dies spielt aber nur für das Mutterunternehmen, nicht für die Tochtergesellschaft eine Rolle. Dazu *A/D/S*-Teilband 5, § 275 Rn. 154.

637 *A/D/S*-Teilband 5, § 275 Rn. 155.

638 *A/D/S*-Teilband 5, § 275 Rn. 156; *K/K-Claussen/Korth*, §§ 275 - 277 HGB, 158 AktG, Rn. 91; *Heymann-Jung*, § 275 Rn. 148.

639 *A/D/S*-Teilband 5, § 275 Rn. 157 sowie *Heymann-Jung*, a.a.O.

640 *Glade*-Rechnungslegung, § 275 Rn. 250; *A/D/S*, a.a.O. Rn. 158.

641 Dazu oben in diesem Kapitel unter A II 3 a und b.

Für die Zinsaufwendungen und ähnliche Aufwendungen aus sämtlichen Verbindlichkeiten der Tochtergesellschaft gegenüber verbundenen Unternehmen ist ein Davon-Vermerk (§ 275 Abs. 2 Nr. 13 bzw. Abs. 3 Nr. 12 HGB) vorgesehen. Die Position korrespondiert mit den Passiva in § 266 Abs. 3 C Nr. 6 HGB. Sie erfaßt die Zins- und Verzugszinsaufwendungen, Diskontaufwendungen und zu zahlende Kreditprovisionen für kurz-, mittel- und langfristige Verbindlichkeiten gegenüber verbundenen Unternehmen[642].

2. Der Informationsgehalt der Sonderposten für verbundene Unternehmen

Die auch für alle anderen konzernverbundenen Unternehmen vorgeschriebenen Sonderposten für Verbundunternehmen in der GuV der Tochtergesellschaft korrespondieren mit den Sonderposten der Bilanz für Anteile, Forderungen und Verbindlichkeiten an verbundene Unternehmen. Wie schon dort ist der Informationsgehalt kritisch zu bewerten: Denn neben dem Hinweis auf die Konzernverbundenheit beschränken sich die Informationen auf das Finanzergebnis des Tochterunternehmens[643]. Durch die Sonderposten werden die finanziellen Beziehungen des Tochterunternehmens und der Umfang möglichen Konzerneinflusses auf das Finanzergebnis transparent[644]. Dies verbessert zwar die Aussagekraft der Gewinn- und Verlustrechnung für das Finanzergebnis[645]. Wichtige Einzelheiten wie die Identität der Konzernunternehmen und Besonderheiten bei den Konditionen der erfaßten Aufwendungen und Erträge fehlen jedoch zur Erhellung der Ertragslage. Überdies fehlen Angaben zum Betriebsergebnis. Dadurch bleiben insbesondere bei den Umsatzerlösen die jeweiligen Erfolgsbestandteile und der Einfluß anderer Konzernunternehmen unklar.

3. Die Sonderposten für Erträge aus Verlustübernahme und für abgeführte Gewinne

Nach der Vorschrift in § 277 Abs. 3 Satz 2 HGB hat die Tochtergesellschaft je nach Konzernform in ihrer GuV die „Erträge aus Verlustübernahme“ und die „aufgrund einer Gewinngemeinschaft, eines Gewinnabführungs- oder eines Teilgewinnabführungsvertrags abgeführten Gewinne“ gesondert unter entsprechender Bezeichnung auszuweisen.

a. Die Erträge aus Verlustübernahme

Beim Ertrag aus Verlustausgleich nach § 277 Abs. 3 Satz 2 HGB handelt es sich um die Verlustausgleichszahlung für die Tochter-AG nach § 302 AktG und für die Tochter-GmbH

---

642 *A/D/S*-Teilband 5, § 275 Rn. 174 sowie *K/K-Claussen/Korth*, §§ 275 - 277 HGB, 158 AktG, Rn. 99 ff. m.w.N.

643 Alle Posten des Finanzergebnisses bis auf die Abschreibungen nach Nr. 12 bzw. Nr. 11 enthalten einen Mitzugehörigkeitsausweis für verbundene Unternehmen.

644 Insoweit gelten die Ausführungen von *A/D/S*-Teilband 5, § 271 Rn. 34.

nach § 302 AktG analog bei Bestehen eines Beherrschungs- oder Gewinnabführungsvertrags[646]. Einen Anspruch auf Verlustangleich nach § 302 AktG analog hat auch eine qualifiziert faktische Tochtergesellschaft. Erfaßt wird schließlich der Verlustausgleich nach § 324 Abs. 3 AktG, den die Mutter an die eingegliederte Tochter-AG zu leisten hat, soweit der Bilanzverlust den Betrag der Kapital- und Gewinnrücklagen übersteigt[647]. Die Gliederungsschemata nach § 275 Abs. 2 und 3 HGB enthalten diese konzernformspezifischen Positionen im Gegensatz zur vorhergehenden Gliederungsvorschrift für die Tochter-AG nach § 157 Abs. 1 Nr. 15 AktG 1965 a. F. nicht, weil sie auch in Artt. 23 und 25 der 4. Richtlinie nicht enthalten sind. Die 4. Richtlinie enthält nur Sonderposten, die für alle konzernverbundenen Unternehmen anwendbar sind, weil der seinerzeit geplanten 9. Konzernrechtsrichtlinie nicht vorgegriffen werden sollte. Die Sonderposten nach § 277 Abs. 3 HGB beruhen auf Unternehmensverträgen, die es nicht in allen Mitgliedsstaaten gibt[648]. Dadurch sind die genannten Sonderposten durch die Besonderheiten des deutschen Konzernrechts bedingt. Aufgrund der fehlenden Vorgabe im Gliederungsschema wird teilweise vertreten, der Posten für die „Erträge aus Verlustausgleich" sei beim Finanzergebnis der Tochtergesellschaft einzufügen[649]. Diese Positionierung ist aber nur für die entsprechenden Aufwendungen und Erträge der Muttergesellschaft zutreffend. Denn für die Mutter ist dieser Aufwand und Ertrag Teil der gewöhnlichen Geschäftsführung[650]. Dem entsprach auch die früher der Mutter-AG vorgeschriebene Positionierung nach § 151 Abs. 1 Nr. 7 und Nr. 25 AktG 1965 a.F. Die Tochter-AG hingegen hatte die Erträge aus Verlustübernahme unter Nr. 15 als letzten Ertragsposten noch nach den außerordentlichen Erträgen auszuweisen[651]. Dementsprechend handelt es sich für die Tochtergesellschaft nicht um echte Erträge, die mit dem Unternehmensziel verbunden und im Finanzergebnis auszuweisen sind[652]. Vielmehr handelt es sich wirtschaftlich um einen Teil der Ergebnisverwendung. Richtigerweise erfolgt der Ausweis deshalb unmittelbar vor

---

645 *Coenenberg*, Jahresabschluß und Jahresabschlußanalyse, Seite 313 f.

646 *A/D/S*-Teilband 5, § 277 Rn. 60; *K/K-Claussen/Korth*, §§ 275 - 277 HGB, 158 AktG, Rn. 127; *Baumbach/Hueck-Schulze-Osterloh*, § 42 Rn. 372.

647 Koller/Roth/*Morck*, § 277 Rn. 4.

648 Europaweit verbreitet sind lediglich dem faktischen Konzern entsprechende Konzernformen. Vgl. nur: *Schön*, ZHR 1996, Seite 221, 239.

649 So vertritt *Coenenberg*, Jahresabschluß und Jahresabschlußanalyse, Seite 335 der Posten für „Ertrag aus Verlustübernahme" sei nach dem Posten Nr. 10 bzw. Nr. 9 „Erträge aus anderen Wertpapieren und Ausleihungen des Finanzanlagevermögens" und der Posten „auf Grund einer Gewinngemeinschaft, eines Gewinnabführungs- oder Teilgewinnabführungsvertrags abgeführte Gewinne" sei vor oder nach dem Posten Nr. 13 bzw. Nr. 12 „Zinsen unt ähnliche Aufwendungen" einzufügen. Für möglich hält dies auch *Glade*-Rechnungslegung, § 275 Rn. 257 und Rn.298 ff.

650 *A/D/S*-Teilband 5, § 277 Rn. 65 m.w.N.

651 Allerdings war der Begriff der außerordentlichen Erträge unter dem AktG 1965 ein etwas anderer als seit BiRiLiG. Dazu ausführlich *Glade*-Rechnungslegung, § 275 Rn. 308 - 320; *A/D/S*-Teilband 5, § 277 Rn. 74.

dem Posten des Jahresergebnisses nach § 275 Abs. 2 Nr. 20 bzw. Abs. 3 Nr. 19 HGB[653]. Durch diesen Ertragsausweis wird das Jahresergebnis auf Null gebracht. Die Tochtergesellschaft weist in der GuV und entsprechend in der Bilanz keinen Verlust aus[654].

b. Die auf Grund eines Unternehmensvertrags abgeführten Gewinne

In der GuV der Tochtergesellschaft sind nach § 277 Abs. 3 Satz 2 HGB des weiteren die aufgrund einer Gewinngemeinschaft, eines Gewinnabführungs- oder eines Teilgewinnabführungsvertrags abgeführten Gewinne gesondert unter entsprechender Bezeichnung auszuweisen. Praktisch am wichtigsten sind die Gewinnabführungsverträge. Diese können mit einer AG, KGaA (§ 291 Abs. 1 Satz 1 AktG) oder einer GmbH geschlossen werden[655]. Der Posten für die abgeführten Gewinne ist als Teil der Gewinnverwendung unmittelbar vor dem Jahresergebnis einzufügen. Dieses wird auch hier reduziert bzw. auf Null gebracht[656]. Die Positionierung war für die Tochter-AG auch schon in der früheren Regelung des § 157 Abs. 1 Nr. 27 AktG 1965 a. F. vorgeschrieben.

4. Der Informationsgehalt der tochterspezifischen Sonderposten

Der Informationsgehalt dieser Aufwendungen und auch der „Erträge aus Verlustübernahme" ist nicht unproblematisch, weil nicht davon auszugehen ist, daß sie die echten Gewinne oder Verluste der Tochtergesellschaft zeigen. Dafür gibt es im beherrschungsvertraglich begründeten Vertragskonzern grundsätzlich zu viele Möglichkeiten, den Jahreserfolg schon im Vorfeld zu verändern oder gezielt zu beeinflussen[657]. Andererseits sind diese beiden Positionen innerhalb der Rechenwerke der einzige deutliche Hinweis auf die Rechtsstellung der Tochtergesellschaft. Denn die sonstigen Sonderangaben enthalten nur den allgemeinen Hinweis auf Tatsache und Umfang der Konzernverbundenheit. Hier wird hingegen deutlich, daß es sich bei der rechnungslegenden Kapitalgesellschaft um eine Tochtergesellschaft handelt und daß diese

---

652 *BBK-Förschle*, § 277 Rn. 23.

653 Dafür *Glade*-Rechnungslegung, § 275 Rn. 257, *K/K-Claussen/Korth*, §§ 275 - 277 HGB, 158 AktG, Rn. 127; *Heymann-Jung*, § 275 Rn. 206 sowie *A/D/S*-Teilband 5, § 277 Rn. 65 jeweils m.w.N.

654 Zu einem Verlustausweis kann es nur bei der eingegliederten AG oder bei einem Betriebspacht- oder überlassungsvertrag kommen, da hier nach §§ 324 Abs. 3 und 302 Abs. 2 AktG die Verlustausgleichspflicht betragsmäßig begrenzt ist.

655 Zu diesen Verträgen: *Emmerich/Sonnenschein*, § 9 und § 11; *A/D/S*-Teilband 5, § 277 Rn. 53 ff.

656 Auch hier wird von *Coenenberg*, Jahresabschluß und Jahresabschlußanalyse, Seite 335 eine Positionierung im Finanzergebnis vor oder nach dem Posten für „Zinsen und ähnliche Aufwendungen" nach Nr. 13 bzw. Nr. 12 gefordert. Da es sich aber nicht um echte Aufwendungen handelt, sondern um Gewinnverwendung sind sie vor dem Jahresergebnis auszuweisen. Vgl.: *K/K-Claussen/Korth*, §§ 275 - 277 HGB, 158 AktG, Rn. 128 sowie vorstehend bei den Erträgen aus Verlustübernahme in FN 743.

657 Dazu explizit *A/D/S*-Teilband 5, § 277 Rn. 52.

Tochtergesellschaft aufgrund eines zum Verlustausgleich bzw. zur Gewinnabführung verpflichtenden Vertrages in den Konzernverbund eingebunden ist.

III. Der Niederschlag der Konzernform der Tochtergesellschaft in den Rechenwerken

Die GuV-Sonderposten nach § 277 Abs. 3 Satz 2 HGB enthalten konzernformspezifische Informationen. Hieran anschließend sollen Auswirkung und Niederschlag der jeweiligen Konzernform der Tochtergesellschaft in den Rechenwerken des Jahresabschlusses untersucht werden:

1. Die Rechenwerke der faktisch konzernierten Tochterkapitalgesellschaft

Bei der einfach faktisch konzernierten Tochtergesellschaft wird zum Schutz der Außenseiter das Tochter-Eigeninteresse zum Schutzgegenstand erhoben[658]. Das Vermögensinteresse wird absolut geschützt[659], was sich auf Bilanz und GuV der Tochtergesellschaft überträgt. Durch den Schutz des Bilanzvermögens bleibt die Ausschüttungsbemessungsfunktion der Bilanz ohne Gefährdung der Außenseiter erhalten. Die gesetzliche Konzeption der begrenzten Konzernleitungsmacht verhindert, daß das Bilanzvermögen abfließt oder die Entstehung ausschüttungsfähigen Gewinnes zu Lasten der Minderheitsgesellschafter negativ beeinflußt wird[660]. Wirtschaftliche Nachteile sind bei der Tochter-AG nach §§ 311 ff. AktG auszugleichen und bei der Tochter-GmbH grundsätzlich untersagt, wenn sie deren Eigeninteresse widersprechen[661].

Für die Tochter-AG ist die Bilanzierung des Nachteilsausgleichs der Mutter zu überlegen: Problemlos ist der Regelfall, daß die veranlaßten Nachteile bereits im laufenden Geschäftsjahr eintreten und sich im Jahresergebnis niederschlagen. Wurden diese Nachteile noch während des Geschäftsjahres tatsächlich ausgeglichen (§ 311 Abs. 2 Alt. 1 AktG), ist ein entsprechen-

---

658 Diese Konzeption liegt den §§ 311 ff. AktG für den faktischen AG-Konzern zugrunde, dazu oben 1. Kapitel unter A I 2 a. Auch im faktischen GmbH-Konzern ist das Eigeninteresse zum Schutzgegenstand erhoben: *Hommelhoff*-Konzernleitungspflicht, Seite 247 ff., 253.

659 Zum absoluten Schutz des Vermögensinteresses als Bestandteil des Eigeninteresses: *Strohn*, Die Verfassung der Aktiengesellschaft im faktischen Konzern, Seite 16 ff. Zu seiner Konzeption des relativen Schutzes des Integritätsinteresses als Bestandteil des Eigeninteresses gibt es gewichtige Gegenstimmen, vgl.: *Hommelhoff*-Konzernleitungspflicht, Seite 134 f.

660 Nach §§ 311 ff. AktG wird die faktisch konzernierte Tochtergesellschaft wirtschaftlich so gestellt, als sei sie eine unabhängige Gesellschaft. Dazu oben im 1. Kapitel unter A I 2 a.

661 Der absolute Vermögensschutz ermöglicht den Erhalt der Ausschüttungsbemessungsfunktion der Tochterbilanz. Demgegenüber ist die Frage, wie das Bilanzrecht auf die Konzernierung durch erweiterte Informationspflichten reagiert, gerade Thema der Untersuchung.

der Ertrag bei der Tochtergesellschaft auszuweisen[662]. Er unterfällt dem Sammelposten der „sonstigen betrieblichen Erträge" (§ 275 Abs. 2 Nr. 4 bzw. Abs. 3 Nr. 6 HGB), weil er im Rahmen der gewöhnlichen Geschäftstätigkeit der Tochter-AG auftritt[663]. Wurde als Vorteil ein Anspruch gewährt (§ 311 Abs. 2 Alt. 2 AktG), so ist neben dem Ertrag in der Bilanz eine Forderung gegen verbundene Unternehmen auszuweisen[664]. Ebenso ist ein Schadensersatzanspruch nach § 317 Abs. 1 Satz 1 AktG auszuweisen. Hat sich demgegenüber der Nachteil bilanziell noch nicht ausgewirkt, so ist für einen bereits vereinnahmten Vorteil ein Passivposten zu bilden. Dieser ist bei bilanzieller Auswirkung des Nachteils ergebnisverbessernd aufzulösen[665]. Bei der faktisch konzernierten GmbH bedingen eigeninteresseverletzende Nachteile einen Schadensersatzanspruch; der Anspruch und die Zahlungen sind - wie bei der faktisch konzernierten AG - unter den „Forderungen an verbundenen Unternehmen" und den „sonstigen betrieblichen Erträgen" auszuweisen.

Da die Vorteile jeweils nicht gesondert auszuweisen sind, sondern in Sammelposten verschwinden, zeigen die Rechenwerke die faktische Konzernierung der Tochtergesellschaft nicht an. Bereits hier sei auf die mögliche Erläuterung der Vorteilsgewährung im Anhang hingewiesen[666].

2. Die Rechenwerke der vertraglich konzernierten Tochterkapitalgesellschaft

Im Gegensatz zum faktischen Konzern verliert die Vermögensmasse der Vertrags- oder Eingliederungstochter durch die Aufhebung der Kapitalbindung auf der Realebene in der Bilanz ihre Eignung für die Ausschüttungsbemessung[667]. Aufgrund des Weisungsrechts (§§ 308, 323 AktG) kann bereits im Vorfeld die Entstehung von Gewinn bei der abhängigen AG bzw. GmbH gesteuert oder gar verhindert werden[668]. Den verbleibenden Gesellschaftern wird ein jährlicher Ausgleich gezahlt[669]. Er hängt grundsätzlich nicht vom Gewinn der Tochtergesellschaft ab, deren Bilanz die Gewinnausschüttungsfunktion verliert. Zum Schutz der Gläubiger ist das herrschende Unternehmen zum Verlustausgleich verpflichtet (§§ 302,

---

662 Nach *A/D/S*-Teilband 4, § 311 AktG Rn. 66 sind diese Erträge als sonstige betriebliche Erträge nach § 275 Abs. 2 Nr. 4 oder Abs. 3 Nr. 6 HGB zu buchen; vgl. auch *A/D/S*-Teilband 5, § 275 HGB Rn. 71. In Betracht kommt aber auch die Erfassung als außerordentliche Erträge nach § 275 Abs. 2 Nr. 15 oder Abs. 3 Nr. 14 HGB. Entsprechend hat die Konzernmutter einen Aufwand auszuweisen.

663 Dazu *A/D/S*-Teilband 4, § 311 AktG Rn. 66 und Teilband 5, § 275 Rn. 71.

664 Unter dem Bilanzposten nach § 266 Abs. 2 B II Nr. 2 HGB.

665 Zu dieser und weiteren Fragen vgl.: *A/D/S*-Teilband 4, § 311 Rn. 66 f.

666 So *A/D/S*-Teilband 4, § 311 AktG Rn. 66.

667 Dazu bereits oben im 1. Kapitel unter A I 2 b-d.

668 *A/D/S*-Teilband 4, § 300 Rn. 3; *Emmerich/Sonnenschein*, § 1 III 5 b, Seite 15.

669 Bei der eingegliederten AG stellt sich das Problem des Ausgleichs nicht, da eventuell vorhandene Minderheitsaktionäre nach § 320b AktG abzufinden sind, womit sie als Aktionäre ausscheiden.

324 Abs. 3 AktG)[670]. Damit ist nach Abschluß eines Beherrschungs- oder auch eines Gewinnabführungsvertrags der Jahresfehlbetrag des Tochterunternehmens auszugleichen. Der verursachte Verlust wird lediglich in einer Vorbilanz erfaßt. Der Ausgleichsanspruch in entsprechender Höhe ist in der Tochterbilanz als „Forderung gegen Verbundene Unternehmen“ auszuweisen; das Bilanzergebnis beträgt Null. Auch in der GuV beträgt das Jahresergebnis durch den „Ertrag aus Verlustübernahme (§ 277 Abs. 3 Satz 2 HGB) Null[671].

In der Bilanz zeigt sich zudem der Gewinnabführungsvertrag, der nicht notwendig mit einem Beherrschungsvertrag verbunden ist[672]. Dem Gewinnabführungsvertrag steht der Geschäftsführungsvertrag (§ 291 Abs. 1 Satz 2 AktG) gleich. Durch ihn übernimmt es die Gesellschaft, ihr Unternehmen zwar selbst und in eigenem Namen zu führen, aber für Rechnung eines anderen. Bei Bestehen dieser Verträge weisen Bilanz und Gewinn- und Verlustrechnung des Tochterunternehmens keinen Gewinn mehr aus. Der mögliche Gewinn wird vielmehr ebenfalls nur in einer Vorbilanz ermittelt. Die Bilanz weist in Höhe des Vorgewinns eine „Verbindlichkeit gegenüber Verbundenen Unternehmen“ aus[673]; die GuV „aufgrund einer Gewinnabführungs- oder Gewinngemeinschaftsvertrages abgeführten Gewinne“ (§ 277 Abs. 3 Satz 2 HGB). Das Jahresergebnis beträgt in beiden Rechenwerken Null.

IV. Zusammenfassung

Durch die entsprechende Gliederung stellt die Bilanz die Vermögens- und Finanzlage und die GuV die Ertragslage der Kapitalgesellschaft dar. Die Gliederungen enthalten bei Konzerngesellschaften jeweils Sonderposten für die Anteile, Forderungen und Verbindlichkeiten sowie die damit korrespondierenden Aufwendungen und Erträge gegenüber verbundenen Unternehmen. Diese sind in § 271 Abs. 2 HGB definiert. Die Bedeutung, die das Gesetz diesen Posten zuweist, zeigt sich unter anderem in der Vorschrift des § 327 HGB. Die Sonderposten zielen darauf ab, die Gleichwertigkeit mit der Rechnungslegung unabhängiger Gesellschaften zu erreichen. Dennoch unterscheiden die Rechenwerke nicht grundsätzlich

---

670 Zum Regelungszweck des § 302 AktG: *Hüffer*-AktG, § 302 Rn. 2.

671 Darüber hinaus trifft § 300 AktG eine Sonderregelung zur Rücklagendotierung, die aber aus der Bilanz als solche nicht hervorgeht. § 150 AktG wurde terminologisch an das BiRiLiG angepaßt und erfaßt die gesetzliche Rücklage im bilanziellen Sinn - vgl.: *Hüffer*-AktG, § 150 Rn. 2 sowie *A/D/S*-Teilband 4, § 150 Rn. 2. Bilanziell ist die gesetzliche Rücklage Teil der Gewinnrücklage (§ 266 Abs. 3 A III Nr. 1 HGB).

672 Zur Frage der isolierten Gewinnabführungsverträge, *Emmerich/Sonnenschein*, § 9 III 3.

673 Nach *Glade*-Rechnungslegung, Rn. 819 ist beim Gewinnabführungsvertrag für den abzuführenden, aber noch nicht abgeführten Gewinn eine Verbindlichkeit gegen verbundene Unternehmen als Pendant zur Forderung an verbundene Unternehmen nach § 302 AktG auszuweisen. Die Zahlungsverpflichtungen der Tochtergesellschaft aus Gewinnabführungsverträgen - und Gewinngemeinschaften - sind im Jahresabschluß bereits als Verbindlichkeiten zu berücksichtigen, obwohl sie aus dem Gewinn zu tilgen sind, da sie Teil der Gewinnverwendung sind. *Glade*-Rechnungslegung, § 266 Rn. 761 und § 253 Rn. 649.

zwischen gruppenabhängigen Gesellschaften auf der einen Seite und gruppenfreien auf der anderen. Dadurch werden die konzernspezifischen Besonderheiten der Tochter- und Enkelgesellschaften nicht genauer aufgegriffen. Die Rechenwerke geben deshalb bei der abhängigen Tochtergesellschaften nur einen Hinweis auf die Tatsache der Konzernzugehörigkeit. Die Struktur der Anteilsverflechtung und die Stellung der Tochtergesellschaft innerhalb der Gruppe werden nicht offengelegt. Die Finanzierung der Tochtergesellschaft durch andere Konzernunternehmen wird zwar insbesondere durch den Sonderausweis der Ausleihungen eröffnet; mögliche Besonderheiten zeigen die Zahlen jedoch nicht. Unzureichend informieren die Rechenwerke zudem über den konzerninternen Geschäftsverkehr. Dessen tatsächlicher Umfang bleibt ebenso verdeckt wie nähere Konditionen, Einflußnahmen und Risiken, zumal die Identität der verbundenen Unternehmen offen bleibt. Bei der Vertragskonzerntochter zeigen die Rechenwerke im Falle des Verlustes bzw. im Falle der Gewinnabführung durch Positionen (§ 277 Abs. 3 Satz 2 HGB) wenigstens die Konzernform, nämlich die vertragliche Konzernierung. Die Posten erhellen den Zu- oder Abfluss des auf Null gestellten Jahresergebnisses. Insoweit berühren sie die Ausschüttungsbemessungsfunktion, die allein den Rechenwerken obliegt. Unter Informationsgesichtspunkten bleiben jedoch Defizite für die außenstehenden Gesellschafter und Gläubiger. Gerade für die faktisch konzernierte Tochtergesellschaft fehlen konzernformspezifische Angaben. Insgesamt erreichen die konzernbezogenen Angaben der Rechenwerke das im Interesse der Publizitätsadressaten in der Generalklausel formulierte Informationsziel kaum. Dehalb sind die Informationen der Rechenwerke durch konzernbezogene Angaben in den Verbalteilen ergänzungsbedürftig.

C. Der Anhang der Tochtergesellschaft

Die Tochtergesellschaft hat als Kapitalgesellschaft nach § 264 Abs. 1 HGB einen Anhang zu erstellen. Dieser bildet mit den Rechenwerken eine Einheit und ist das dritte Element des publizitätspflichtigen Jahresabschlusses der konzernabhängigen Gesellschaft[674].

I. Der Informationsbeitrag des Anhangs

Nach der Generalklausel des § 264 Abs. 2 HGB hat der Anhang zusammen mit den Rechenwerken in Bilanz und GuV ein den tatsächlichen Verhältnissen entsprechendes Bild der Vermögens-, Finanz- und Ertragslage der Tochtergesellschaft zu vermitteln. Dadurch teilt der Anhang die Informationsfunktion des Jahresabschlusses[675]. Er ist zur Informationsvermittlung

---

[674] Zu den daraus resultierenden Rechtsfolgen: *A/D/S*-Teilband 5, § 264 Rn. 15 - 17 und *K/K-Claussen/Korth*, §§ 284 - 288 HGB, 160 AktG, Rn. 1.

[675] *A/D/S*-Teilband 2, § 284 Rn. 6 m.w.N.

besonders geeignet, da ihm keine Ausschüttungsbemessungsfunktion zukommt und sich viele Informationen verbal leichter vermitteln lassen.

1. Die Funktionen des Anhangs

Der Anhang steht in enger Wechselbeziehung zu Bilanz und GuV: Die Informationfunktion des Jahresabschlusses kann durch Bilanz und GuV nur in Verbindung mit den Erläuterungen des Anhangs erfüllt werden, und umgekehrt kann der Anhang nur aufbauend auf der Grundlage der Rechenwerke seine Informationen vermitteln[676]. So erreichen die drei integrierten Bestandteile nur gemeinsam die Darstellung des den tatsächlichen Verhältnissen entsprechenden Bildes der Vermögens-, Finanz- und Ertragslage. Der Anhang ist aus dem früheren Erläuterungsbericht als Teil des Geschäftsberichts der Aktiengesellschaft nach §§ 148, 160 Abs. 2 und 3 AktG 1965 a.F. hervorgegangen[677]. Durch das BiRiLiG ist der Anhang jedoch gleichwertiger Bestandteil des Jahresabschlusses. Er wurde inhaltlich stark erweitert und ist für alle Kapitalgesellschaften obligatorisch[678]. Anknüpfend an den früheren Erläuterungsbericht hat der Anhang Erläuterungsfunktion für die Zahlen und Informationen in Bilanz und GuV. Insoweit hat der Anhang die im Gesetz geforderten Erläuterungen zu geben und die Rechenwerke zu kommentieren und interpretieren[679]. Die Wechselbeziehung mit den Rechenwerken bringt dem Anhang darüber hinaus Ergänzungs-, Korrektur- und Entlastungsfunktion für Bilanz und GuV[680]. Im Rahmen der Ergänzungsfunktion schreibt das Gesetz für den Anhang ergänzende, nicht unmittelbar auf die Rechenwerke bezogene Informationen vor[681]. Umstritten ist die Reichweite der Korrekturfunktion des Anhangs nach § 264 Abs. 2 Satz 2 HGB; in deren Rahmen hat er Defizite der Rechenwerke zu korrigieren[682]. Schließlich hat der Anhang Entlastungsfunktion, soweit Bilanz- und GuV-Angaben nach Wahl auch im Anhang gemacht werden können[683].

---

676 So auch *A/D/S*-Teilband 2, § 284 Rn. 10.

677 Nach *A/D/S*-Teilband 2, § 284 Rn. 3 ist auf Grundlage des früheren aktienrechtlichen Geschäftsberichts im Sprachgebrauch der Praxis der „Geschäftsbericht“ heute der Jahresabschluß und der Lagebericht zusammen mit dem Bericht des Aufsichtsrats nach § 175 AktG sowie dem Gewinnverwendungsvorschlag. Dieser Sprachgebrauch steht der Terminologie des Handelsrechts nicht entgegen.

678 Dazu *K/K-Claussen/Korth*, §§ 284 - 288 HGB, 160 AktG Rn. 1, die darauf verweisen, daß die GmbH nur nach dem PublG einen Geschäftsbericht zu erstellen hatte.

679 *Baetge*, Bilanzen, Abschnitt 81 Seite 605. Insbesondere die Vorschriften nach § 284 HGB haben Erläuterungsfunktion, vgl.: *Glade*-Rechnungslegung, Vor § 284 Rn. 3.

680 Die hier vertretene Einteilung folgt *Baetge*, Bilanzen, Abschnitt 81, Seite 605. Zu diesen Funktionen auch: *A/D/S*, a.a.O., Rn. 12 ff.; *K/K-Claussen/Korth*, §§ 284 - 288 HGB, 160 AktG, Rn. 11 ff.; *Coenenberg*, Jahresabschluß und Jahresabschlußanalyse, Seite 368 f.

681 *Coenenberg*, Jahresabschluß und Jahresabschlußanalyse, Seite 369.

682 Der Streit hängt mit dem Verständnis des true-and-fair-view-Prinzips in der Generalklausel zusammen. Dazu bereits oben im 1. Kapitel unter A II 1.

683 *Baetge*, Bilanzen, a.a.O.

2. Der Inhalt des Anhangs

Zahlreiche Vorschriten normieren den Inhalt des Anhangs. Neben den Hauptvorschriften in §§ 284, 285 HGB finden sich die Regelungen verstreut auf weitere zahlreiche Normen[684]. Systematisch sind in § 284 HGB die Angaben erfaßt, die die Bilanz und die GuV erläutern und insoweit Bezug zu den Rechenwerken haben. In § 285 HGB sind sonstige Pflichtangaben vorgeschrieben[685]. Bei den Anhangsangaben unterscheidet man sogenannte Pflichtangaben[686], Wahlpflichtangaben - diese sind nach § 284 Abs. 1 Alt. 2 HGB im Anhang zu machen, weil sie in Ausübung eines Wahlrechts nicht in die Rechenwerke aufgenommen wurden[687] -, zusätzliche Angaben (§ 264 Abs. 2 Satz 2 HGB) und schließlich freiwillige Angaben[688]. Für all diese Angaben sind bei der Aufstellung des Anhangs die allgemein gültigen Rahmengrundsätze von Klarheit, Wahrheit, Vergleichbarkeit und Vollständigkeit unter Einschränkung nach der Wesentlichkeit zu beachten[689].

Diese GoB bestimmen auch die Form des Anhangs, die nicht explizit vorgegeben wurde[690].

II. Die Anhangsangaben für verbundene Unternehmen

Soweit sich die Anhangsangaben auf die Sonderposten für verbundene Unternehmen in den Rechenwerken beziehen, sind die Informationen im Anhang nur konzern- und nicht speziell tochterbezogen. Denn auch die Sonderangaben für verbundene Unternehmen erfassen alle Konzernunternehmen ohne Unterscheidung:

1. Der verbundbezogene Mitzugehörigkeitsausweis

Soweit in der Bilanz der Tochtergesellschaft die Forderungen oder Verbindlichkeiten gegenüber verbundenden Unternehmen noch weiteren Posten unterfallen - dies ist beispielsweise bei den Forderungen an verbundene Unternehmen aus Lieferungen und Leistungen der Fall - , so ist die Mitzugehörigkeit zu dem anderen Posten nach § 265 Abs. 3 HGB in der Bilanz zu

---

684 *A/D/S*-Teilband 2, § 284 Rn. 2.

685 *Glade*-Rechnungslegung, Vor § 284 Rn. 3.

686 Eine Zusammenstellung aller Pflichtangaben enthält bspw. *A/D/S*-Teilband 2, § 284 Rn. 42 ff.

687 Eine Zusammenstellung der Wahlpflichtangaben bspw. bei *A/D/S*, a.a.O., Rn. 45 ff. Die Wahlpflichtangaben haben nach *K/K-Claussen/Korth*, §§ 284 - 288 HGB, § 160 AktG Rn. 2 Alternativfunktion, weil sie wahlweise in den Rechenwerken oder dem Anhang gemacht werden können. Diese Alternativfunktion unterstreicht die Gleichwertigkeit des Anhangs gegenüber den anderen Bestandteilen des Jahresabschlusses. Die Wahlpflichtangaben und damit die Alternativfunktion beruhen auf der neuen durch das BiRiLiG umgesetzten Rechnungslegungskonzeption.

688 *A/D/S*, a.a.O., Rn. 10 und 30 ff.

689 *A/D/S*, a.a.O., Rn. 17.

vermerken oder im Anhang anzugeben, wenn dies zur Aufstellung eines klaren und übersichtlichen Jahresabschlusses erforderlich ist[691]. Erfolgt der Mitzugehörigkeitsausweis im Anhang, so ist dies eine Wahlpflichtangabe, die die Bilanz entlastet und deren Angaben ergänzend erläutert[692].

2. Die Anhangsangaben zu den Verbindlichkeiten verbundener Unternehmen

Anhangsangaben zu den Verbundverbindlichkeiten gibt es in zweierlei Form. Zunächst ist nach § 268 Abs. 7 HGB zu den Haftungsverhältnissen (§ 251 HGB) gegenüber verbundenen Unternehmen eine Anhangsangabe möglich. Diese Wahlpflichtangabe mit dem Vermerk der Verpflichtung gegenüber verbundenen Unternehmen im Anhang ist die Alternative zum Ausweis in der Bilanz. Dabei ist auch die Zugehörigkeit zu weiteren Eventualverbindlichkeiten zu vermerken[693]. Gerade im Falle doppelter Zugehörigkeiten bietet sich wegen der Klarheit und Übersichtlichkeit des Ausweises eine Angabe im Anhang an[694].

Des weiteren ist nach § 285 Nr. 3 HGB der Gesamtbetrag der sonstigen finanziellen Verpflichtungen mit einem Davon-Vermerk für verbundene Unternehmen im Anhang anzugeben, sofern diese Angabe für die Beurteilung der Finanzlage bedeutsam ist[695]. Diese Pflichtangabe erfaßt unter den sonstigen finanziellen Verpflichtungen in erster Linie die schwebenden Geschäfte[696].

3. Die Angaben zum Anteilsbesitz nach § 285 Nr. 11 HGB

Nach § 285 Nr. 11 HGB sind im Anhang grundsätzlich Name, Sitz, Kapitalanteil, Eigenkapital und Jahresergebnis der Unternehmen, an denen das rechnungslegende Unternehmen mindestens 20% besitzt, anzugeben. Teilweise wird der Zweck der Vorschrift darin gesehen, „die Transparenz von Unternehmensverbindungen zu erhöhen, kapitalmäßige Verflechtungen aufzudecken und eine Grundlage zur Beurteilung des Beteiligungsengagements der berichten-

---

690 *A/D/S*, a.a.O., Rn. 25 ff. sowie *K/K-Claussen/Korth*, §§ 284 - 288 HGB, 160 AktG, Rn. 20 ff. auch mit Nachweisen für Vorschläge zur Darstellung der Anhangsangaben und insoweit zur formalen Gestaltung der Information.

691 Zum Ausweis der Forderungen an verbundene Unternehmen oben in diesem Kapitel unter A II 3 b (1) und zum Verbindlichkeitsausweis oben in diesem Kapitel unter A II 3 c (1).

692 Zum Charakter als Wahlpflichtangabe *A/D/S*-Teilband 2, § 284 Rn. 46.

693 Zum Ausweis der Eventualverbindlichkeiten schon oben in diesem Kapitel unter A II 3 c (1).

694 So auch *K/K-Claussen/Korth*, § 268 Rn. 46.

695 Zum Ausweis der sonstigen finanziellen Verpflichtungen bereits oben in diesem Kapitel unter A II 3 c (1).

696 Nach § 288 HGB sind kleine Kapitalgesellschaften von der Angabe nach § 285 Nr. 3 HGB befreit. Auch dazu bereits oben, a.a.O.

den Gesellschaften zu schaffen"[697]. Voraussetzung der Angabe ist aber allein die entsprechende Beteiligung von 20%. Eine Konzernbeziehung ist kein Kriterium. Denn für den Beteiligungsausweis kommt es weder auf eine entsprechende Stimmrechtsmacht (§ 290 Abs. 2 HGB) noch auf die tatsächliche Ausübung von Leitungsmacht an[698]. Deshalb ist vorrangig die wertmäßige Beurteilung des auch in der Bilanz ausgewiesenen Anteilsbesitzes und damit die Erläuterung der Finanzanlagen und damit der Vermögenslage intendiert. Insbesondere die Angabe des letzten Jahresergebnisses ist allein vor dem Hintergrund eines möglichen Rückschlusses auf den Wert der Beteiligung zu verstehen[699]. Dies gilt wohl auch für den zugrundeliegenden Art. 43 Abs. 1 Nr. 2 der 4. Richtlinie, obwohl die Hürde von 20 % als Wahlrecht ausgestaltet ist. Demgemäß sind die strukturellen Aussagen der Angabe über die Unternehmensverbindungen lediglich willkommener Nebeneffekt.

Für das Tochter- oder Enkelunternehmen sind die Angaben zum Anteilsbesitz strukturell ohnehin von geringer Bedeutung. Denn Anteile hält grundsätzlich das übergeordnete Unternehmen. Damit macht der Anteilsbesitz ansatzweise nur die Unternehmensverbindungen des Mutterunternehmens transparent[700]. Hinzu kommt die Erleichterung nach § 287 HGB. Alle Kapitalgesellschaften können den Anteilsbesitz auch gesondert aufstellen; er braucht dann nur beim Handelsregister hinterlegt zu werden. Im Anhang genügt ein Hinweis auf die Hinterlegung. Dies ist besonders für die Offenlegung großer Kapitalgesellschaften eine Erleichterung, da diese so den Anteilsbesitz nicht im Bundesanzeiger bekannt zu machen brauchen.

III. Die Angaben zum Mutterunternehmen nach § 285 Nr. 14 HGB

Die Anhangsangabe nach § 285 Nr. 14 HGB liefert mit den darin vorgeschriebenen Pflichtangaben für konsolidierte Unternehmen die einzige ausdrückliche, tochterspezifische Information im Anhang.

1. Der Inhalt und Umfang dieser Anhangsangabe

Nach § 285 Nr. 14 HGB hat jede Tochtergesellschaft Name und Sitz des Mutterunternehmens anzugeben, das für den größten Unternehmenskreis einen Konzernabschluß erstellt, sowie Name und Sitz des Mutterunternehmens, das einen Konzernabschluß für den kleinsten Kreis erstellt. Die Angabepflicht besteht für jede Tochtergesellschaft im technischen Sinne des §

697 So *Heymann-Jung*, § 285 Rn. 111 sowie *Burgard*-Offenlegung von Beteiligungen bei der AG, Seite 112 m.w.N.

698 *A/D/S*-Teilband 2, Rn. 224.

699 *Glade*-Rechnungslegung, § 285 Rn. 111.

700 Auch die Pflichtangabe im Anhang über den Bestand eigener Aktien nach § 160 Abs. 1 Nr. 2 AktG hat nur für die herrschende AG relevanz, nicht hingegen für die Tochter-AG.

290 HGB. Dabei kann Mutterunternehmen jedes Unternehmen sein, das tatsächlich einen Konzernabschluß erstellt. Auf die Rechtsform kommt es wegen der erweiterten Abschlußpflicht nach §§ 291, 292 HGB nicht an[701]. Mit dem Namen des Mutterunternehmens ist deren Rechtsform regelmäßig aber anzugeben, soweit sie Bestandteil des Namens bzw. der Firma ist[702]. Im Falle ihrer Offenlegung sind die Orte anzugeben, wo die aufgestellten Konzernabschlüsse erhältlich sind. Das Gesetz geht bei der Angabepflicht davon aus, daß zwei Mutterunternehmen zu nennen sind. Zu dieser Pflichtangabe kommt es jedoch nur, wenn in einem mehrstufigen Konzern tatsächlich ein Konzern- neben einem Teilkonzernabschluß erstellt wird[703]. Das kann geschehen, wenn aufgrund des weiten Mutterbegriffs nach dem Control-Prinzip und der Ausdehnung der Konzernabschlußpflicht durch das Tannenbaumprinzip[704] mehrere Mutterunternehmen einen Konzernabschluß jeweils für ihren Konzernbereich erstellen müssen[705]. Dann sind beide Mutterunternehmen - für den größten und den kleinsten Konsolidierungskreis - zu nennen[706]. Die Angabepflicht nach § 285 Nr. 14 HGB setzt voraus, daß nach gesetzlicher Pflicht oder freiwillig ein Konzernabschluß erstellt wird. Es kommt ausschließlich auf die tatsächliche Erstellung eines (Teil-) Konzernabschlusses an[707]. Dadurch ist die Anhangsangabe an die Regelung nach §§ 290 ff. HGB gekoppelt. Unterbleibt ein Teilkonzernabschluß, weil das zwischengeschaltete Mutterunternehmen die Befreiungen nach §§ 291 - 292 a HGB in Anspruch nimmt, verlagert sich die Angabepflicht auf das nächsthöhere Mutterunternehmen[708]. Möglicherweise fallen dann größter und kleinster Kreis zusammen, so daß nur die Angaben über ein Mutterunternehmen zu machen sind[709]. Eine Ausnahme von der Anknüpfung an die tatsächliche Aufstellung des (Teil-) Konzernabschlusses wird nur gesehen, wenn die Konzernabschlußerstellung pflichtwidrig unterbleibt, da die Pflichtwidrigkeit der Mutter keine Erleichterung für die Tochtergesellschaft nach sich ziehen soll[710].

---

701 *BBK-Ellrott*, § 285 Rn. 242 m.w.N.

702 *K/K-Claussen/Korth*, §§ 284 - 288 HGB, 160 AktG, Rn. 140.

703 So ausdrücklich: *K/K-Claussen/Korth*, §§ 284 - 288 HGB, 160 AktG, Rn. 138 und *Scheffler*, in: Beck'sches Handbuch der Rechnungslegung, B 436 Rn. 12.

704 Zum Tannenbaumprinzip: *A/D/S*-Teilband 3, § 290 HGB Rn. 29 und 64; *Baetge*, Konzernbilanzen, Abschnitt 221.2, Seite 102 ff.; *Coenenberg*, Jahresabschluß und Jahresabschlußanalyse, Seite 432.

705 Vgl. auch: *Küting/Weber-Dörner/Wirth*, §§ 284 - 288 Rn. 297.

706 Zu beachten ist, daß mit dem ursprünglichen Vorschlag einer 7. Richtlinie für den Konzernabschluß die Konzeption von Teilkonzernabschlüssen auf jeder Stufe verfolgt worden war. Diese Konzeption wurde dann jedoch nicht verwirklicht. Dazu BT-DS 378/76, Seite 14 sowie schon oben im 1. Kapitel unter C I 2 b.

707 *A/D/S*-Teilband 2, § 285, Rn. 250; *BBK-Ellrott*, § 285 Rn. 244; *K/K-Claussen/Korth*, §§ 284 - 288 HGB, 160 AktG, Rn. 139.

708 So explizit *A/D/S*-Teilband 2, § 285 Rn. 251.

709 *Baumbach/Hueck-Schulze-Osterloh*, § 42 Rn. 443.

710 *Küting/Weber-Dörner/Wirth*, §§ 284 - 288 Rn. 298, *K/K-Claussen/Korth*, §§ 284 - 288 HGB, 160 AktG, Rn. 139 sowie *Baumbach/Hueck-Schulze-Osterloh*, § 42 Rn. 443 m.w.N. Ob diese verständliche Ausnahme jedoch dem Zweck der Sonderangabe entspricht, der nachfolgend erörtert wird, ist zumindest fraglich.

Umstritten ist die Angabe, wenn das Tochterunternehmen nach dem Einbeziehungsverbot des § 295 HGB oder dem Einbeziehungswahlrecht des § 296 HGB nicht in den tatsächlich erstellten Konzernabschluß einbezogen wird. Teilweise wird auf die tatsächliche Einbeziehung abgestellt[711]; überwiegend werden unter Hinweis auf den Zweck der Konzernoffenlegung die Anhangsangaben auch für die nicht einbezogene Tochtergesellschaft gefordert[712].

Die Anhangsangabe entfällt jedoch ganz, wenn tatsächlich kein Konzernabschluß nach §§ 290 ff. HGB erstellt zu werden braucht[713]. Dies ist der Fall, wenn das Mutterunternehmen keine Kapitalgesellschaft und nicht nach § 11 PublG verpflichtet ist. Das ist ebenso, wenn es seinen Sitz nicht innerhalb der EG hat oder wenn es nach § 293 HGB größenabhängig befreit ist[714]. Andererseits kann es sein, daß nicht das die einheitliche Leitung ausübende Mutterunternehmen im Anhang der Tochter genannt wird, weil dieses keinen Konzernabschluß erstellt[715]. Demnach wird durch die Bezugnahme auf die Konzernabschlußpflicht und das Control-Konzept nach § 290 HGB nicht unbedingt das tatsächlich herrschende Mutterunternehmen im Anhang angegeben.

2. Der Zweck der Anhangsangabe nach § 285 Nr. 14 HGB

Der Zweck der Anhangsangabe erschließt sich aus Inhalt und Konstruktion der Vorschrift. Der Zweck der Angabe nach § 285 Nr. 14 HGB besteht in erster Linie darin, den Publizitätsadressaten der Tochterrechnungslegung den Zugang zum Konzernabschluß der Mutterunternehmen zu ermöglichen[716]. Dadurch soll den Publizitätsadressaten die Information des Konzernabschlusses bzw. des Teilkonzernabschlusses eröffnet werden[717]. Denn nach der gesetzlichen Konzeption der Konzernrechnungslegung ist der Konzernabschluß ein wichtiges Informationsmittel, das neben den Einzelabschlüssen des Mutter- und der Tochterunternehmen steht[718]. Deshalb geht es bei dieser Regelung nur in zweiter Linie darum, die konzernrechtlichen Tatsachen der Konzernverbundenheit der Tochtergesellschaft und die

---

711 *BBK-Clemm/Ellroth*, § 285 Rn. 88 in der vorigen 2. Auflage sowie *Baumbach/Hueck-Schulze-Osterloh*, § 42 Rn. 443 in der 15. Auflage.

712 Ausführlich *A/D/S*-Teilband 2, § 285 Rn. 252 sowie *Baumbach/Hueck-Schulze-Osterloh*, § 285 Rn. 443 und *Küting/Weber-Dörner/Wirth*, Band Ia, §§ 284 - 288 Rn. 298 m.w.N.; unklar insoweit *K/K-Claussen/Korth*, §§ 284 - 288 HGB, 160 AktG Rn. 139.

713 *BBK-Ellrott*, § 285 Rn. 246; *Scheffler*, in: Beck'sches Handbuch der Rechnungslegung, B 436 Rn. 13 ff.

714 *A/D/S*-Teilband 2, § 285 Rn. 249 ebenso sehr scharfsinnig *Kropff*, in: FS für Goerdeler, Seite 259, 275.

715 *A/D/S*-Teilband 2, § 285, Rn. 249.

716 So *Glade*-Rechnungslegung, § 285 Rn. 119 sowie *Heymann-Jung*, § 285 Rn. 132 und *Scheffler*, in: Beck'sches Handbuch der Rechnungslegung, B 436 Rn. 2.

717 *A/D/S*-Teilband 2, § 285 Rn. 246.

718 Zur Funktion des Konzernabschlusses vgl. oben im 1. Kapitel unter B II sowie C I 2 b.

Bezeichnung des die konzerneinheitliche Leitung ausübenden Mutterunternehmens aufzuzeigen und anzugeben[719].

Diese Intention zeigte sich schon bei der Entstehung der EG-rechtlichen Vorschriften. Denn Art. 56 der 4. Richtlinie enthielt in der ursprünglichen Fassung keine Anhangsangabe zu Name und Sitz des Mutterunternehmens[720]. Diese Angabe wurde nicht für nötig gehalten. Die Angabe wurde erst mit der 7. Richtlinie eingeführt, was die Weiterleitungsfunktion auf den Konzernabschluß belegt. Diese Entstehung blieb im BiRiLiG verborgen, da hier beide Richtlinien gleichzeitig und die 4. Richtlinie sogleich in der erweiterten Fassung umgesetzt wurden. Die Weiterleitungsfunktion zeigt sich auch deutlich im geänderten Wortlaut des Art. 56 Abs. 2 der 4. Richtlinie, der der deutschen Norm zugrunde liegt. Nach diesem Wortlaut werden die Offenlegungsorte der zu bezeichnenden Konzernabschlüsse als Regelinformation gesehen; die fehlende Verfügbarkeit des konsolidierten Abschlusses ist als „es sei denn, daß"-Ausnahme formuliert. Dadurch steht die Weiterleitungsfunktion gegenüber der Angabe des Mutterunternehmens im Vordergrund. Auf demselben Grundgedanken beruht schließlich die Befreiungsregelung in § 291 Abs. 2 Nr. 3 HGB, die auf Art. 7 Abs. 2c der 7. Richtlinie zurückgeht: ein Mutterunternehmen ist vom Teilkonzernabschluß befreit, wenn es Name und Sitz der Mutter angibt, die tatsächlich einen befreienden Konzernabschluß erstellt. Fehlende Informationen sollen durch den Verweis auf die Informationen eines Konzernabschlusses ersetzbar sein[721].

Der Gesetzgeber des BiRiLiG hat die Vorgaben der Richtlinien übernommen. Aus der Anlehnung an die tatsächliche Erstellung eines Konzernabschlusses und die Weiterleitungsfunktion resultiert die Schwäche der Anhangsangabe in § 285 Nr. 14 HGB: es ist nicht sichergestellt, daß die Tochtergesellschaft das konzernleitende Mutterunternehmen anzugeben hat.

D. Der Lagebericht der Tochtergesellschaft

Der Lagebericht steht eigenständig neben dem dreiteiligen Jahresabschluß[722]. Er wendet sich an den verständigen Leser ohne spezielle Bilanzkenntnisse[723]. Er hat nach § 289 Abs. 1 HGB ein getreues Bild von Geschäftsverlauf und Lage der Tochtergesellschaft zu vermitteln und

---

719 In dieser Richtung sieht den Zweck wohl *BBK-Ellrott*, § 285 Rn. 240; ebenso *Burgard*-Offenlegung von Beteiligungen bei der AG, Seite 114, der den Zweck der Vorschrift in der Angabe der Fremdbestimmung der Tochtergesellschaft sieht.

720 Demgegenüber waren die Sonderposten für verbundene Unternehmen in den Rechenwerken von Anfang an in der 4. Richtlinie vorgesehen.

721 Vgl. *Scheffler*, in: Beck'sches Handbuch der Rechnungslegung, B 436 Rn. 2 und 25 ff.

722 *Baumbach/Hueck-Schulze-Osterloh*, § 289 Rn. 453; *A/D/S*-Teilband 2, § 289 Rn. 8 m.w.N.

723 *Hommelhoff*, ZGR 2000, Seite 748, 755 m.w.N.

soll dabei auch auf die Risiken der künftigen Entwicklung eingehen[724]. Mit diesem Inhalt geht der Lagebericht auf den allgemeinen Teil des Geschäftsberichts nach § 160 Abs. 1 AktG 1965 a.F. zurück. Mit dem BiRiLiG erhielt er seinen Namen und wurde zu einem besonderen Instrument der Rechnungslegung nun aller Kapitalgesellschaften verselbständigt[725]. Der Informationswert wurde seitdem weiter gestärkt; erneut durch das KonTraG[726]. Von seiner Erstellung sind jedoch kleine Tochtergesellschaften nach § 264 Abs. 1 Satz 3 HGB befreit[727]. Für sie ist die Aufstellung freiwillig; die Pflichtprüfung entfällt (§ 316 Abs. 1 HGB).

Im geschriebenen Recht findet sich für den Lagebericht nur eine einzige tochterspezifische Vorschrift für die AG in § 312 Abs. 3 Satz 3 AktG (unter II). Nach seiner Konzeption ist aber gerade der Lagebericht geeignet, den Informationsgehalt der Rechnungslegung einer nachgeordneten Tochter oder Enkelin konzernspezifisch auszubauen und die Besonderheiten der Lage in der Gruppe zu verlautbaren[728]. Deshalb ist der allgemeine Informationsbeitrag des Lageberichts, auf den aufzubauen ist, zu untersuchen (unter I):

I. Der allgemeine Informationsbeitrag des Lageberichts

Zum allgemeinen Informationsbeitrag, den der Lagebericht bei jeder mittelgroßen und großen Kapitalgesellschaft unabhängig von deren Stellung als Tochtergesellschaft zu leisten hat, sind Funktion (unter 1.) und Inhalt (unter 2.) des Lageberichts zu untersuchen:

1. Die Funktion und die Stellung des Lageberichts

Der Lagebericht hat ausschließlich Informationsfunktion und ist nicht Teil des Jahresabschlusses[729]. Deshalb soll er aus sich selbst heraus verständlich sein[730] und ein Gesamtbild zeichnen, das von den einzelnen Posten des Jahresabschlusses losgelöst ist[731]. Eine Schutz-

---

724 Die Angaben über die Risiken der künftigen Entwicklung sind seit der Ergänzung durch das KonTraG vom 27. April 1998 (BGBl. I Seite 786) vorgeschrieben.

725 *Emmerich/Künnemann*, WPg 1986 Seite 145; Der Begriff des Lageberichts wurde durch Art. 46 der 4. Gesellschaftsrechtlichen EG-Richtlinie eingeführt, vgl.: *A/D/S*, 4. Auflage, Band I, § 160 Rn. 16.

726 Zur Stärkung durch das BiRiLiG selbst *K/K-Claussen/Korth*, § 289 Rn. 2. Zur Stärkung durch das KonTraG: *Forster*, WPg 1998, Seite 41, 46 sowie *Schindler/Rabenhorst*, DB 1998, Seite 1886, 1890. Eine Stärkung durch Anfügung vom § 289 Abs. 2 Nr. 4 HGB brachte das Gesetz vom 22.7.93 (BGBl. I Seite 1282).

727 Diese Erleichterung für kleine Kapitalgesellschaften wurde durch Gesetz vom 25. 7. 1994, BGBl. I, Seite 1682, 1686 eingeführt und geht auf ein Wahlrecht des Art. 6 der sog. Mittelstandsrichtlinie vom 8. November 1990 (90/604/EWG) zurück, der Art. 46 der 4. Gesellschaftsrechtlichen EG-Richtlinie ergänzte. Die Mittelstandsrichtlinie ist abgedruckt im ABl. EG Nr. L 317 vom 16.11.1990 Seite 57 ff.

728 *Forum Europaeum Konzernrecht*, ZGR 1998, Seite 672, 702.

729 Diese Information geht über die Rechenschaft der Verwaltung über die Tätigkeit im abgelaufenen Geschäftsjahr hinaus, da auch zukunftsorientierte Angaben zu machen sind; explizit § 289 Abs. 2 Nr. 2 HGB.

730 Zum Begriff der Darstellung: *A/D/S*-Teilband 2, § 289 Rn. 46 und § 284 Rn. 24.

731 *A/D/S*-Teilband 2, § 289 Rn. 12; *Baumbach/Hueck-Schulze-Osterloh*, § 42 Rn. 453.

klausel gibt es für ihn nicht[732]. Der Lagebericht hat wie schon der frühere Geschäftsbericht Ergänzungsfunktion[733]. Diese Ergänzung schafft er, indem er einerseits die im Jahresabschluß vermittelte Vermögens-, Finanz- und Ertragslage zu einer Gesamtlage verdichtet und indem er andererseits zusätzliche Informationen vermittelt, die zeitlich durch zukunftsbezogene Prognosen und sachlich durch eine Darstellung der Gesamtlage, die etwa auch die Absatzlage umfaßt, über den Jahresabschluß hinausgehen[734]. Hieran anknüpfend unterscheiden sich Komplementärinformationen, die die Darstellung der Vermögens-, Finanz- und Ertragslage im Jahresabschluß erläutern, und Zusatzinformationen, die - insbesondere zukunftsbezogen[735] - keinen direkten Bezug zum Zahlenmaterial des Jahresabschlusses haben[736]. Der Wortlaut - „zumindest" stellt klar, daß der Lagebericht weiteren (Komplementär- und Zusatz-) Informationen offensteht[737]. Durch die zusammengefaßte Darstellung der Gesamtlage wendet sich der Lagebericht gerade auch an die bilanzunkundigen Leser und Publizitätsadressaten. Denn im Jahresabschluß können viele Leser auch aufgrund der die Abbildung verzerrenden GoB, die gerade die Rechenwerke vorsichtsgeprägt beherrschen, die tatsächliche wirtschaftliche Lage nicht erkennen[738]. Der Lagebericht hingegen ist nicht an den Rahmen der materiellen GoB gebunden[739]; dies belegt der Wortlaut des § 289 Abs. 1 HGB, der im Unterschied zu § 264 Abs. 2 HGB keinen Hinweis auf die Beachtung der GoB enthält. Der Lagebericht kann damit umfassend und frei von Abbildungskonventionen ein abgerundetes Bild der wirtschaftlichen Gesamtlage, vermitteln und ist allein seiner Informationsfunktion verpflichtet[740]. Dieser Zielsetzung gemäß hat die Berichterstattung einer gewissenhaften und getreuen Rechenschaft zu entsprechen[741].

Trotz der verschiedenen Aufgaben kann es zu inhaltlichen Überschneidungen zwischen dem Lagebericht und dem Jahresabschluß bzw. dem Anhang kommen. Je spezieller die Angaben

---

732 Zur Schutzklausel, die von Informationen entbindet: *A/D/S*-Teilband 2, § 289 Rn. 54.

733 *Coenenberg*, Jahresabschluß und Jahresabschlußanalyse, Seite 400 sowie *Biener/Berneke*, Bilanzrichtliniengesetz, Seite 275. Zur Ergänzungsfunktion des Geschäftsberichts: *A/D/S*, 4. Auflage, § 160 Rn. 14.

734 Zu dieser Doppelfunktion des Lageberichts: *Baetge*, Bilanzen, Abschnitt 91, Seite 637; *Baetge/Fischer/Paskert*, Lagebericht, Seite 9 f. Zutreffend wendet sich *Baumbach/Hueck-Schulze-Osterloh*, § 42 Rn. 456 gegen die von *A/D/S*-Teilband 2, § 289 Rn. 81 vertretene Auffassung, die Darstellung der Vermögens-, Finanz- und Ertragslage im Lagebericht sei eine unnötige Wiederholung.

735 *Kleindiek*, ZGR 1998, Seite 466, 473.

736 *Kupsch*, DB 1993, Seite 493, 494.

737 Vgl.: BT-DS 10/317, Seite 94; dazu *Emmerich/Künnemann*, WPg 1986, Seite 145.

738 *A/D/S*-Teilband 2, § 289 Rn. 21 m.w.N.

739 *Baumbach/Hueck-Schulze-Osterloh*, § 42 Rn. 453.

740 *A/D/S* a.a.O. Rn. 22 sowie *HFA*, Rechnungslegungsstandard IDW: Aufstellung des Lageberichts, in: Wpg. 1998, Seite 653, 654.

741 Dieses Erfordernis geht auf § 160 Abs. 4 Satz 1 AktG a.F. zurück und gilt nach überwiegender Ansicht unverändert fort. Dazu: *Biener/Berneke*, Bilanzrichtliniengesetz, Erl. 2 zu § 289, Seite 276; *A/D/S*-Teilband 2, § 289 Rn. 38 m.w.N. Vgl. auch: *Kupsch*, DB 1993, Seite 493, 495.

sich jedoch auf die Vermögens-, Finanz- und Ertragslage beziehen, desto eher gehören sie in den Anhang. Umgekehrt gehört die Verdeutlichung der allgemeinen Entwicklung der Gesellschaft in den Lagebericht[742]. Die Angaben sollen sich ergänzen, aber nicht ersetzen. Der Lagebericht hat keine Korrektivfunktion für eine unzureichende Darstellung der Vermögens-, Finanz- und Ertragslage im Jahresabschluß[743]. Zur Klarheit der Rechnungslegung ist es wegen dieser Überschneidungen erforderlich, die Angaben deutlich voneinander abzugrenzen und durch Überschriften kenntlich zu machen, zumal Unterschiede hinsichtlich des Prüfungsumfangs der Rechnungslegungsteile bestehen[744].

2. Der Inhalt des Lageberichts

Der Inhalt des Lageberichts nach § 289 HGB wird durch entsprechende Rahmengrundsätze mitbestimmt. Diese Grundsätze ordnungsmäßiger Lageberichterstattung (GoL) wurden entwickelt, um die Informationen des Lageberichts durch allgemeingültige und funktionsgerechte Kriterien zu objektivieren[745]. Sie entsprechen den Grunderfordernissen der Informationsvermittlung[746]. Zu den Grundsätzen gehören die Vollständigkeit, die Wahrheit oder Richtigkeit, die Klarheit, Verständlichkeit und Übersichtlichkeit der Darstellung, die Vergleichbarkeit, die formelle Stetigkeit sowie die Wesentlichkeit der Informationen[747].

---

742 *A/D/S*-Teilband 2, § 289 Rn. 13.

743 *A/D/S*-Teilband 2, § 289 Rn. 27; abweichend *Sieben*, in: FS für Goerdeler, Seite 581, 587.

744 Deshalb ist es im Sinne der Klarheit auch wichtig, freiwillige Angaben, die nicht dem Lagebericht oder dem Anhang zugehören sollen und demgemäß nicht deren Prüfung und Pflichtpublizität unterliegen, deutlich abzugrenzen. Dazu: *A/D/S*-Teilband 2, § 289 Rn. 13 ff.

745 *Baetge*, Bilanzen, Abschnitt 921, Seite 638. Grundlegend zu den GoL: *Baetge/Fischer/Paskert*, Lagebericht, Seite 16 ff.; *Küting/Weber-Baetge/Krumbholz*, Band 1a, I. Kapitel Rn. 350 ff.

746 Zum Begriff der Rahmengrundsätze, die auch für den Anhang gelten: *Küting/Weber-Baetge/Kirsch*, Band 1a, I. Kapitel Rn. 292 ff.; *Baetge*, Bilanzen, Abschnitt 153.21 Seite 79 ff.

747 *HFA*, Rechnungslegungsstandard IDW: Aufstellung des Lageberichts, in: Wpg. 1998, Seite 653, 654 ff.:

- Nach dem Grundsatz der Vollständigkeit muß der Lagebericht alle Angaben enthalten, die für die Gesamtbeurteilung der wirtschaftlichen Lage und des Geschäftsverlaufs unter Erfassung der Risiken der künftigen Entwicklung sowie nach § 289 Abs. 2 HGB zu machen sind.
- Der Grundsatz der Wahrheit oder Richtigkeit verlangt die intersubjektive Nachprüfbarkeit der Tatsachen und die Willkürfreiheit der subjektiven Angaben und Prognosen, dazu *K/K-Claussen/Korth*, § 289 Rn. 10.
- Zu Klarheit, Verständlichkeit und Übersichtlichkeit: *A/D/S*-Teilband 2, § 289 Rn. 42
- Der Grundsatz der Vergleichbarkeit bezieht sich nicht nur auf den Vergleich zwischen mehreren Gesellschaften (intersozietär), sondern auch auf den Verglich mit den Vorjahren (intertemporär). Hierfür ist ein stetiger Berichtsaufbau erforderlich.
- Nach dem Grundsatz der Wesentlichkeit oder Wirtschaftlichkeit sind alle für das abgerundete Gesamtbild erforderlichen Informationen zu machen, ohne andererseits den Bericht zu überfrachten oder das Unternehmen zu überfordern. Demgemäß ergibt sich die Informationsabstufung nach Art und Größe des Unternehmens. *Baetge*, Bilanzen, Abschnitt 921, Seite 640. Sowie *Sieben*, in: FS für Goerdeler, Seite 588, dessen Forderung nach unterschiedlichem Informationsumfang allerdings vor dem Hinter-

a. Der Wirtschaftsbericht nach § 289 Abs. 1 HGB

Herzstück des Lageberichts ist der Wirtschaftsbericht. Hier sind nach § 289 Abs. 1 HGB zumindest Geschäftsverlauf und Lage unter Bezug auf die Risiken der künftigen Entwicklung getreu darzustellen[748]. Der Geschäftsverlauf ist die Entwicklung der Gesellschaft im abgelaufenen Geschäftsjahr. Gefordert wird eine rein vergangenheitsbezogene Verlaufsdarstellung unter Berücksichtigung besonderer Ereignisse und Risiken[749]. Risiko ist dabei die Gefahr ungünstiger zukünftiger Entwicklungen[750]. Zum Begriff der Lage besteht Streit. Ungeklärt war und ist zunächst die zeitliche Komponente. Die Vertreter eines statischen Lagebegriffs verlangen eine auf den Bilanz- bzw. Rechnungslegungsstichtag bezogene Status-quo-Beschreibung[751]. Nach dynamischer Auffassung hingegen umfaßt die Lage darüber hinaus eine stichtagsbezogene Darstellung der künftigen Entwicklungserwartung[752]. Der Streit geht auf § 160 Abs. 1 AktG 1965 a.F. zurück. Er wurde von der 4. Richtlinie und der weiteren gesetzlichen Entwicklung gelöst, da sowohl die voraussichtliche Entwicklung als auch die Risiken der künftigen Entwicklung ausdrücklich zum Berichtsgegenstand erhoben wurden[753]. Diese Vorschriften mit prognostischem Charakter belegen das Leitbild, wonach der Lagebericht ein umfassendes Informationsinstrument ist; der Lagebegriff ist ebenfalls umfassend und hat so notwendigerweise Zukunftsbezug[754]. Damit löst sich auch die Unklarheit, ob die „Lage" sachlich auf die Vermögens-, Finanz- und Ertragslage des § 264 Abs. 2 HGB beschränkt sei[755]. Dagegen spricht bereits der Wortlaut. Und aus der Stellung des Lageberichts als eigenständiges Informationsinstrument ergibt sich, daß die Vermögens-, Finanz- und

---

grund zu sehen ist, daß die gesetzliche Regelung vor Umsetzung der Mittelstands-richtlinie allen Kapitalgesellschaften die Lageberichterstellung vorschrieb.

748 Der Begriff „Wirtschaftsbericht" hatte sich schon für den entsprechenden Teil des aktienrechtlichen Geschäftsberichts eingebürgert. Vgl.: *GK-Mellerowicz*, § 160 Anm. 2. Zum heutigen Sprachgebrauch: *Veit*, BB 1997, Seite 461.

749 Zur historischen Verlaufsdarstellung und den besonderen Ereignissen: *Biener/Berneke*, Bilanzrichtliniengesetz, Erl. 2 zu § 289, Seite 276, *A/D/S*-Teilband 2, § 289 Rn. 66; *K/K-Claussen/Korth*, § 289 Rn. 15; *Baumbach/Hueck-Schulze-Osterloh*, § 42 Rn. 456; *Küting/Weber-Lück*, Band Ia, § 289 Rn. 30.

750 *HFA*, Rechnungslegungsstandard IDW: Aufstellung des Lageberichts, in: Wpg. 1998, Seite 653, 657.

751 *Baetge*, Bilanzen, Abschnitt 922, Seite 640 sowie *K/K-Claussen/Korth*, § 289 Rn. 19; *Baumbach/Hueck-Schulze-Osterloh*, § 42 Rn. 456 m.w.N. *BBK-Ellrott*, § 289 Rn. 15. Nach der alten Rechtslage führte diese Ansicht dazu, daß der Lagebericht nur Rechenschaftsfunktion hatte, da der Vorstand den Aktionären über die Verwendung deren Gelder nur vergangenheitsorientiert zu berichten hatte. Eine umfassende Informationsfunktion des Lageberichts mit zukunftsorientierten Prognosen und kapitalmarktrechtlichem Bezug wurde nach dieser Ansicht verneint. Dazu *Emmerich/Künnemann*, WPg 1986, Seite 145, 148.

752 So insbesondere *A/D/S*-Teilband 2, § 289 Rn. 84 und *Küting/Weber-Lück*, Band Ia, § 289 Rn. 37 f.; *Sieben*, in: FS für Goerdeler, Seite 585 f.; so aber auch schon *GK-Mellerowicz*, § 160 Anm. 4.

753 *Emmerich/Künnemann*, WPg 1986, Seite 145, 147.

754 So auch *Baumbach/Hueck-Schulze-Osterloh*, § 42 Rn. 456, der den Streit und seine Meinungen als „Schein-gegensatz" bezeichnet. Damit kann der Begriff der Lage heute statisch verstanden werden, ohne eine Begrenzung des Informationsgehalts des Lageberichts zu bewirken.

755 *BBK-Ellrott*, § 289 Rn. 16 .

Ertragslage ergänzt und mit anderen Unternehmensdaten zu einer Gesamtlage verdichtet wird[756]. Nach dem zeitlichen Geschehen mündet der Geschäftsverlauf in die Lage der Tochtergesellschaft ein, so daß eine Ursache-Wirkung besteht[757]. Daduch ist regelmäßig eine gemeinsame Berichterstattung über Geschäftsverlauf und Lage samt der Risiken in einem Wirtschaftsbericht zweckmäßig[758]. Zur Darstellung ist jeweils über die äußeren Rahmenbedingungen - wie die Entwicklung und die Situation von Branche und Gesamtwirtschaft mit ihrem Bezug auf Geschäftsverlauf und Lage der Tochtergesellschaft[759] - sowie über das innere Unternehmensgeschehen zu berichten. Das innere Unternehmensgeschehen erfaßt die Situation in den verschiedenen Unternehmensbereichen von Beschaffung, Produktion, Absatz, Investitionen und Finanzierung sowie Personal[760].

b. Die Berichtsobjekte nach § 289 Abs. 2 HGB

Die Soll-Vorschrift nach § 289 Abs. 2 HGB verpflichtet die Tochtergesellschaften zu weiteren unvermindert verbindlichen Angaben[761]. Im Nachtragsbericht (§ 289 Abs. 2 Nr. 1 HGB) ist einzugehen auf Vorgänge von besonderer Bedeutung, die nach dem Schluß des Geschäftsjahres bis zur Aufstellung des Lageberichts eingetreten sind; dies sind Besonderheiten bei den Rahmenbedingungen und der Situation in den einzelnen Unternehmensbereichen[762]. Der Prognosebericht (§ 289 Abs. 2 Nr. 2 HGB) erfaßt die voraussichtliche Entwicklung der Kapitalgesellschaft und damit eine Prognose über die Rahmenbedingungen und die Entwicklung in den Unternehmensbereichen[763]. Für den Zeitraum der Prognose ist auf die Eigenart des Unternehmens zu achten[764]. Im Forschungs- und Entwicklungsbericht nach Nr. 3 ist auf den Bereich der Forschung und Entwicklung und im Zweigniederlassunsbericht nach Nr. 4 auf bestehende Zweigniederlassungen der Gesellschaft einzugehen[765].

---

756 *Nonnenmacher*, in: FS für Clemm, Seite 261, 266 f.; *Baumbach/Hueck-Schulze-Osterloh*, § 42 Rn. 456.

757 *HFA*, Rechnungslegungsstandard IDW: Aufstellung des Lageberichts, in: Wpg. 1998, Seite 653, 655. Zur zeitlichen Komponente des Wirtschaftsberichts: *Baumbach/Hueck-Schulze-Osterloh*, a.a.O.

758 *A/D/S*-Teilband 2, § 289 Rn. 80.

759 *A/D/S*-Teilband 2, § 289 Rn. 68 mit dem Hinweis, daß die gesellschaftsbezogene Darstellung insbesondere in Rezessionsjahren bedeutsam ist.

760 Dazu sehr ausführlich: *HFA*, Rechnungslegungsstandard IDW: Aufstellung des Lageberichts, in: Wpg. 1998, Seite 653, 656 f. sowie *A/D/S*-Teilband 2, § 289 Rn. 66 ff., *Küting/Weber-Lück*, Band Ia, § 289 Rn. 35 und *Baetge*, Bilanzen, Abschnitt 925 Seite 647.

761 Ausführlich *A/D/S*-Teilband 2, § 289 Rn. 94 ff. sowie *Baumbach/Hueck-Schulze-Osterloh*, § 289 Rn. 457.

762 *Baetge*, a.a.O.; ausführlich *A/D/S*-Teilband 2, a.a.O. Rn. 98 ff. und *Baetge/Fischer/Paskert*, Lagebericht, Seite 41; Zum Zeitraum der Berichtspflicht *Baumbach/Hueck-Schulze-Osterloh*, § 289 Rn. 458. Der Begriff Nachtragsbericht galt bereits zu § 160 Abs. 1 Satz 2 AktG 1965 a. F. Vgl.: *GK-Mellerowicz*, § 160 Anm. 7.

763 *Baetge*, a.a.O.; zu Begriff und Arten der Prognose: *Dörner*, in: FS für Ludewig, Seite 218, 220 ff.

764 *A/D/S*-Teilband 2, a.a.O. Rn. 104 ff. und 111.

765 Die Zweigniederlassung muß dabei nicht nach §§ 13 ff. HGB eingetragen sein, da diese Eintragung nur deklaratorisch ist. Dazu und zu Nr. 4 insgesamt ausführlich: *Veit*, BB 1997, Seite 461 ff. Die Vorschrift geht

II. Die Sonderangabe nach § 312 Abs. 3 Satz 3 AktG

Im Lagebericht der einfach faktisch konzernierten Aktiengesellschaft ist die Sonderangabe nach § 312 Abs. 3 Satz 3 AktG notwendiger Bestandteil:

1. Die Schlußerklärung des Abhängigkeitsberichts

Der Vorstand der einfach faktisch konzernierten Tochter-AG hat einen Abhängigkeitsbericht zu erstellen, in dem alle Rechtsgeschäfte und Maßnahmen mit den verbundenen Unternehmen der Gruppe aufzuführen und deren Vor- und Nachteile sowie gegebenenfalls die Formen des gewährten Nachteilsausgleichs anzugeben sind (§ 312 Abs. 1 Satz 1 AktG)[766]. In einer Schlußerklärung (Conclusio) hat der Vorstand am Ende des Berichts zusammenzufassen, ob die Tochter-AG benachteiligt wurde und ob die Nachteile ausgeglichen wurden. Diese Schlußerklärung über Nachteilszufügung und -ausgleich ist nach § 312 Abs. 3 Satz 3 AktG als Pflichtangabe in den Lagebericht aufzunehmen[767]. Davor erfolgte dies im Geschäftsbericht. Bei der kleinen AG, die keinen Lagebericht (mehr) zu erstellen hat, scheint eine Aufnahme der Conclusio in den Anhang geboten. Denn die Publizität eröffnet den außenstehenden Aktionären die Sonderprüfung nach § 315 AktG und der Gesetzgeber durchbrach diesen Mechanismus mit der Befreiung von der Lageberichtspflicht nur unbewußt[768]. Liegen im Berichtsjahr der faktisch konzernierten AG keine berichtspflichtigen Rechtsgeschäfte oder Maßnahmen vor, so hat der Tochtervorstand dennoch einen Negativbericht zu erstellen, so daß der Abhängigkeitsbericht unabhängig vom Vorliegen berichtspflichtiger Rechtsgeschäfte und Maßnahmen aufzustellen ist[769]. Der mit einer entsprechenden Schlußerklärung zu erstellende Bericht unterliegt durch die Veröffentlichung in der Rechnungslegung der Tochter-AG - im Lagebericht oder im Anhang der kleinen AG - deren Publizität. Diese Publizität der Schlußerklärung mit ihrem außenseiterschützenden Bezug besteht aufgrund der Verpflichtung zur möglichen Negativerklärung jährlich bei jeder faktisch konzernierten Aktiengesellschaft.

---

auf Art. 11 der 11. gesellschaftsrechtlichen Richtlinie (89/666/EWG) zurück, vgl.: ABl. EG Nr. L 395 vom 30.12.1989 Seite 36 ff.; abgedruckt auch bei *Lutter*, Europäisches Unternehmensrecht, Seite 266 ff.

766 Das rechtspolitische Urteil über den Abhängigkeitsbericht ist überwiegend kritisch. Wichtigster Effekt des Abhängigkeitsberichts ist aber seine Präventivwirkung, so daß sich unter diesem Aspekt eine positivere Sicht des Abhängigkeitsberichts durchsetzte. Dazu *Hommelhoff*, ZHR 156 (1992), Seite 295, 313.

767 *K/K-Claussen/Korth*, § 289 Rn. 31; Eine Aufführung sämtlicher Varianten der Schlußerklärung bei *A/D/S*-Teilband 4, § 312 Rn. 90.

768 *A/D/S*-Teilband 4, § 312 AktG Rn. 88 m.w.N.

769 Stellungnahme HFA 3/1991: Zur Aufstellung und Prüfung des Berichts über Beziehungen zu verbundenen Unternehmen (Abhängigkeitsbericht nach § 312 AktG), in: WPg 1992, Seite 91, 92; *A/D/S*-Teilband 4, § 312 Rn. 63 und Rn. 94.

2. Der Informationsgehalt der publizierten Schlußerklärung

Die publizierte Schlußerklärung des Tochtervorstandes ist konzernspezifisch auf die einfach faktisch konzernierte Tochter-AG beschränkt, da nur bei ihr die Verpflichtung zu Aufstellung eines Abhängigkeitsberichts nach §§ 311 ff. AktG besteht.

Über die Einflußnahme auf die Tochtergesellschaft werden die Publizitätsadressaten nur ganz beschränkt informiert[770]. Die Schlußerklärung liefert nur ein Resümee der geschäftlichen Beziehungen in Form von Rechtsgeschäften und Maßnahmen. Er erhellt dadurch in erster Linie die Angemessenheit der Veranlassungen und die Einhaltung des Benachteiligungsverbots nach § 311 AktG. Demgegenüber werden insbesondere Form und Umfang der berichtspflichtigen Maßnahmen und Rechtsgeschäfte nicht offengelegt. Mittelbar werden die Publizitätsadressaten der Tochterrechtungslegung aber über die Tatsache der einfachen faktischen Konzernierung der Aktiengesellschaft informiert. Diese Information wird möglicherweise durch Angaben über Beteiligungs- und Konzernverhältnisse ergänzt[771]. Damit enthält die Pflichtangabe etliche eher vage auf die Vermögens-, Finanz- und Ertragslage der Tochter-AG bezogene „Komplementärinformationen sowie eine Zusatzinformation, die die Art der Verbundbeziehung näher kennzeichnet"[772]. Die Zusatzinformation ist die einzige konzernformspezifische Angabe in der Rechnungslegung speziell der einfach faktisch konzernierten Tochtergesellschaft. Sie ist insoweit in ihrem Informationswert - beschränkt auf die AG - beträchtlich. Zur Sicherung des Abhängigkeitsberichts gibt es eine Pflichtprüfung, deren Testat nach § 313 Abs. 3 AktG die Angemessenheit der Rechtsgeschäfte und des Nachteilsausgleichs anzeigt[773]. Bei fehlender Schlußerklärung ist das Testat einzuschränken (§ 322 Abs. 4 Satz 1 AktG)[774]. Dies belegt deren Bedeutung für die Rechnungslegung.

---

770 So auch das Urteil bei *Hommelhoff*, ZHR 156 (1992), Seite 295, 311.

771 *Kupsch*, DB 1993, 493, 495 sieht aus dem Blickwinkel des Mutterunternehmens den Ergänzungscharakter umgekehrt: Für die Beteiligten des Mutterunternehmens ist die Zusatzinformation durch die publizierte Abschlußerklärung eine Ergänzung zu den Informationen im Anhang über die Beteiligungs- und Konzernverhältnisse. Aus Sicht der Publizitätsadressaten der Tochtergesellschaft steht jedoch die Schlußerklärung selbst im Vordergrund und wird ihrerseits durch die Angaben im Anhang des Konzernabschlusses sowie im Anhang des Mutterabschlusses ergänzt.

772 *Kupsch*, DB 1993, Seite 493, 495 letzter Satz.

773 Dabei werden allerdings nachteilige Maßnahmen, die ausgeglichen wurden nicht identifiziert. Zu dieser Ungleichbehandlung *K/K-Koppensteiner*, § 313 Rn. 24.

774 Dazu ausführlich: *Kupsch*, a.a.O., Seite 493 sowie *K/K-Claussen/Korth*, § 289 Rn. 31 und *K/K-Koppensteiner*, § 313 Rn. 26 ff. und *A/D/S*-Teilband 2, § 289 Rn. 128 m.w.N.

III. Zur Prüfung des Lageberichts

Um die Bedeutung des Lageberichts zu verdeutlichen, sei noch auf dessen Prüfungsumfang hingewiesen. Dieser Umfang war seit jeher beschränkt, da nicht Geschäftsführung kritisiert, sondern deren Ergebnis auf seine Ordnungsmäßigkeit hin überprüft werden sollte[775].

1. Der Umfang der Prüfung

Seit den Änderungen durch das KonTraG ergeben sich Umfang und Gegenstand der Prüfung aus §§ 317, 321, 322 HGB[776]. Nach neuem § 317 Abs. 2 HGB sind sämtliche Angaben des Lageberichts darauf zu prüfen, ob sie mit dem Jahresabschluß sowie mit den bei der Prüfung gewonnenen Erkenntnissen des Abschlußprüfers in Einklang stehen und insgesamt eine zutreffende Vorstellung von der Lage des Unternehmens vermitteln[777]; zu prüfen ist auch, ob die Risiken der künftigen Entwicklung zutreffend dargestellt sind. Dieser Prüfungsmaßstab beruht darauf, daß der Lagebericht anders als der Jahresabschluß prognostische und wertende Elemente enthält[778]. Die Komplementärinformationen, die der Darstellung der Vermögens-, Finanz- und Ertragslage im Jahresabschluß entsprechen, sind auf ihren Einklang mit dem Jahresabschluß zu prüfen. Bei prognostischen Angaben ist zu prüfen, ob sie mit dem Jahresabschluß so im Einklang stehen, daß sie nach dessen Angaben plausibel sind[779]. Dies ist eine durch das BiRiLiG eingeführte Objektivierung der Prüfung[780]. Schließlich ist der Lagebericht insgesamt auf Einklang mit den Prüfererkenntnissen zu prüfen. Dieser wird so gezwungen, sich bei der Prüfung ein eigenes Bild von der Lage des Unternehmens zu machen. Für die

---

775 *Begründung RegE* , BT-DS 3/1915, Seite 181, Abgedruckt auch bei *Kropff*, Aktiengesetz, Seite 265 zu § 162 Abs. 2 Satz 2 AktG 1965 a.F., wonach der Lagebericht darauf zu prüfen war, ob er nicht eine falsche Vorstellung von der Lage der Gesellschaft erwecke, *GK-Mellerowicz*, § 162 Anm. 29.

776 *HFA*, Rechnungslegungsstandard IDW: Aufstellung des Lageberichts, in: Wpg. 1998, Seite 653, 663.

777 So auch *HFA*, a.a.O.

778 Nach der Begründung des RegE zum KonTraG, in BT-DS 13/9712, Seite 27 stellt die Prüfung in diesem Bereich weitgehend eine Plausibilitätsprüfung dar. Teilweise wurde vertreten, diese prognostischen Angaben seien nicht Gegenstand der Prüfung. Dagegen aber *Emmerich/Künnemann*, WPg 1986, Seite 145, 149 f. und *Sieben*, in: FS für Goerdeler, Seite 581, 596 m.w.N.

779 Die Plausibilitätsprüfung ist keine Vollprüfung, was aber bei der Subjektivität von Prognosen angemessen ist. *Glade*-Rechnungslegung, Vor § 289 Rn. 5. Begründung des RegE zum KonTraG, in BT-DS 13/9712, Seite 27; zur alten Gesetzeslage in diesem Sinne *K/K-Claussen/Korth*, § 317 Rn. 27.

780 Nach AktG 1965 war der dem Lagebericht entsprechende Teil des Geschäftsberichts nach § 162 Abs. 2 Satz 2 AktG 65 a.F. darauf zu prüfen, ob er „nicht eine falsche Vorstellung von der Lage der Gesellschaft" erwecke. Dies stellte klar, daß nur eine eingeschränkte Prüfungspflicht bestand und der Prüfer nur ein Mißverhältnis zwischen Wirklichkeit und Darstellung zu verhindern hatte. *A/D/S*, 4. Auflage, § 162 Rn. 41. Durch die 4. Richtlinie wurde der Lagebericht nicht nur inhaltlich aufgewertet, sondern auch durch die Erweiterung der Prüfung darauf, „ob der Lagebericht mit dem Jahresabschluß des betreffenden Geschäftsjahres im Einklang steht". Dieses Einklangerfordernis überführte auf Prüfungsebene das den tatsächlichen Verhältnissen entsprechende Bild der Lage im Lagebericht an das der Vermögens-, Finanz- und Ertragslage im Jahresabschluß. Die dem Jahresabschluß entsprechenden Informationen wurden der eingeschränkten Prüfungspflicht entzogen. Die Zuordnung der Elemente zu den unterschiedlichen Prüfungsmaßstäben war aber teilweise umstritten. Zu den beiden Hauptmeinungen: *Baumbach/Hueck-Schulze-Osterloh*, § 41 Rn. 61 m.w.N.

zutreffende Vorstellung von der Gesamtlage stimmt die Prüfung mit der des Jahresabschlusses überein[781]. Der Prüfer hat die Richtigkeit und Vollständigkeit der Darstellung zu prüfen.

2. Der Prüfungsbericht und das Testat

Das Prüfungsergebnis wird sowohl durch den Prüfungsbericht (§ 321 HGB) als auch das Testat (§ 322 HGB) nach außen dokumentiert. Der Prüfungsbericht bleibt gesellschaftsintern und ist den gesetzlichen Vertretern bzw. dem Aufsichtsrat vorzulegen (§ 321 Abs. 5 HGB)[782]. Das Testat hingegen hat durch die Offenlegung (§ 325 HGB) für die externen Publizitätsadressaten eine wesentliche Informationsfunktion[783]. Über das Testat fungiert der Abschlußprüfer gegenüber außenstehenden Gläubigern und Gesellschaftern der Tochter als Garant der öffentlichen Rechnungslegung der Gesellschaft[784]. Das geänderte Testat des Lageberichts (§ 322 Abs. 3 HGB) soll auf die beschränkte Aussagefähigkeit von Bericht und Testat verweisen und die Erwartungslücke der Öffentlichkeit schließen. Das bisherige Formeltestat hat sich nicht bewährt[785]. Es wurde die Verantwortung des Abschlußprüfers gestärkt[786]. Der Prüfer gibt mit seinem eigenen Kommentar, ob der Lagebericht nach seiner Beurteilung eine zutreffende Vorstellung vermittelt, eine stärkere Gewähr. Er übernimmt selbst stärker die Garantiefunktion des Testats gegenüber den Publizitätsadressaten.

E. Der Konzernabschluß und der Konzernlagebericht

Die Unzulänglichkeit der konzernbezogenen Rechnungslegung im Einzelabschluß veranlaßte den Gesetzgeber zur Einführung des Konzernabschlusses als dritter Säule der Konzernrechnungslegung neben den Sonderangaben und der ergänzenden Berichterstattung. Die Konzeption der Anhangsangabe nach § 285 Nr. 14 HGB mit ihrer Weiterleitungsfunktion spricht dafür, daß der konsolidierte Abschluß nach der 7. Richtlinie auch in Hinblick auf die Tochter-

---

781 So explizit: *HFA*, Rechnungslegungsstandard IDW: Aufstellung des Lageberichts, in: Wpg. 1998, Seite 653, 663.

782 Bei der AG bildet der Prüfungsbericht die Grundlage der Überwachungsaufgabe des Aufsichtsrats. Den Schwerpunkt der Steigerung dieser Aufgabe durch das KonTraG bildet die Reform der Abschlußprüfung. So *Hommelhoff/Mattheus*, AG 1998, Seite 249, 256 sowie *Hopt*, AG-Sonderheft 1997, Seite 42, 45. Der Abschlußprüfer wird zum Gehilfen des Aufsichtsrats. Dazu und zur historischen Entwicklung dieser Gehilfenfunktion: *Hommelhoff/Mattheus*, a.a.O., Seite 251.

783 *Kupsch*, DB 1993, Seite 493, 494 m.w.N.

784 Diese externe Garantiefunktion des Abschlußprüfers war seit Einführung der Pflichtprüfung 1931 aufgrund der Stärkung der Rechnungslegungspublizität zunehmend in den Vordergrund getreten. Zur rechtshistorischen Entwicklung und zur Situation in anderen EU-Staaten: *Hommelhoff/Mattheus*, a.a.O., Seite 251.

785 *Begründung RegE* zum KonTraG, in BT-DS 13/9712, Seite 29 sowie *Schindler/Rabenhorst*, BB 1998, Seite 1939, 1941. In diesem Sinne bestätigt das Testat auch nicht mehr den Einklang mit dem Jahresabschluß, da dies in der Öffentlichkeit als besonders weitgehende Bestätigung mißverstanden wurde.

786 So auch *Schindler/Rabenhorst*, a.a.O.

gesellschaft konzipiert wurde[787]. Das Gesetz sichert den Publizitätsadressaten der Tochtergesellschaft den Zugang zur publizierten Konzernrechnungslegung um die als aufschlußreich angesehenen Informationen zu eröffnen. Angesichts der konzeptionellen Eigenständigkeit ist jedoch fraglich, ob der konsolidierte Abschluß nach dem BiRiLiG tatsächlich geeignet ist, Informationen für die Ebene der Tochter- oder Enkelgesellschaft zu vermitteln.

Diese Frage stellt sich freilich nur für die Fälle, in denen tatsächlich ein Konzernabschluß erstellt wurde, der die Tochtergesellschaft einbezieht[788]. Nur in diesen Fällen besteht grundsätzlich die Angabepflicht nach § 285 Nr. 14 HGB.

I. Die Zielsetzung und die Konzeption der Konzernrechnungslegung

Der dreiteilige Konzernabschluß hat nach seiner Zielsetzung in der Generalnorm des § 297 Abs. 2 Satz 2 HGB ein den tatsächlichen Verhältnissen entsprechendes Bild der Vermögens-, Finanz- und Ertragslage des Konzerns zu vermitteln. Der Konzernabschluß hat ebenso wie der Konzernlagebericht ausschließlich Informationsfunktion[789]. Das Informationsziel der Generalnorm für den Konzernabschluß entspricht der Zielsetzung des § 264 Abs. 2 HGB, so daß die Begriffe der Vermögens-, Finanz- und Ertragslage gleichbedeutend sind[790]. Dem Konzernabschluß liegt die Einheitstheorie zugrunde[791]. Der Konzernabschluß hat die Vermögens-, Finanz- und Ertragslage der einbezogenen Unternehmen so darzustellen, als ob diese Unternehmen insgesamt ein einziges Unternehmen wären (§ 297 Abs. 3 HGB)[792]. Dieser Einheitsgrundsatz konkretisiert das Informationsziel der Generalklausel dahin, daß die Wirtschaftslage der einbezogenen Konzernunternehmen unter der Fiktion der Einheit darzustellen ist[793]. Der Konzernabschluß des Mutterunternehmens ist die Zusammenfassung der Einzelabschlüsse der

---

787 Zur Zielsetzung der umgesetzten 7. Richtlinie bereits oben im 1. Kapitel unter C I 2 b sowie *Coenenberg*, Jahresabschluß und Jahresabschlußanalyse, 9. Kapitel, Seite 422.

788 Ein Konzernabschluß entfällt in den Fällen der Befreiungsvorschriften nach §§ 291- 293 HGB (auch i.V.m. §§ 11, 13 PublG). Während die Befreiungen nach §§ 291 - 292a HGB auf der Offenlegung eines sonstigen - nicht von der herrschenden Mutter erstellten - Konzernabschlusses beruhen, kann nach § 293 HGB dieser bei geringer Größe des Mutterunternehmens oder des Konzerns ganz unterbleiben. Ein die Tochter konsolidierender Konzernabschluß fehlt auch, wenn die Tochtergesellschaft nach §§ 295, 296 HGB nicht einbezogen wird (auch i.V.m. § 13 Abs. 2 PublG). Konsequent entfällt im Falle des § 293 HGB auch die Anhangsangabe nach § 285 Nr. 14 HGB. Demgegenüber wird die Ansicht, daß auch im Falle der §§ 295, 296 HGB die Angabe nach § 285 Nr. 14 HGB entfällt, nicht mehr vertreten, obwohl dies nach dessen festgestelltem Zweck konsequent wäre. Dazu bereits oben in diesem Kapitel unter C III 2.

789 Zur Informationsfunktion des Konzernabschlusses bereits ausführlich im 1. Kapitel unter B II.

790 Als Vorgabe entspricht der Wortlaut des Art. 16 der 7. Richtlinie dem Wortlaut des Art. 2 der 4. Richtlinie. Dazu *A/D/S*-Teilband 3, § 297 Rn. 18 ff.

791 Diese wirtschaftswissenschaftliche Einheitstheorie als Theorie des Konzernabschlusses ist zu unterscheiden von der konzernrechtlichen Einheitstheorie der 20er Jahre; dazu *Hommelhoff*-Konzernleitungspflicht, Seite 12 f. m.w.N.

792 Umgesetzt wurde Art. 26 Abs. 1 der 7. Richtlinie.

rechtlich selbständigen Unternehmen, die im Konzern von der übergeordneten wirtschaftlichen Einheit dominiert werden. Aus dieser theoretischen Grundlage ergeben sich dann auch die Konsolidierungsmaßnahmen und die übrigen Grundsätze:

1. Die Konsolidierungsgrundsätze

Entsprechend der Einheitstheorie verlangt das Gesetz nach § 300 Abs. 1 HGB - gegebenenfalls i.V.m. § 13 Abs. 2 PublG - die Vollkonsolidierung der Tochterunternehmen, so daß deren Vermögensgegenstände, Schulden, Aufwendungen und Erträge vollständig in den Konzernabschluß aufgenommen werden, auch wenn das Mutterunternehmen nicht mit 100 % beteiligt ist[794]. Um aber dem Einheitsgrundsatz zu entsprechen sind aus den so gebildeten Summen die konzerninternen Beziehungen herauszurechnen, was als Konsolidierung bezeichnet wird[795]. Dabei werden für die Konzernbilanz bei der Kapitalkonsolidierung (§ 301 HGB) die dem Mutterunternehmen gehörenden Anteile mit dem entsprechenden Eigenkapitalanteil bei der Tochtergesellschaft verrechnet, um eine Doppelzählung zu vermeiden[796]. Bei der Schuldenkonsolidierung (§ 303 HGB) werden die konzerninternen Forderungen mit den entsprechenden Verbindlichkeiten verrechnet und bei der Zwischenergebniseliminierung (§ 304 HGB) werden die Konzernbilanzposten um nicht realisierte Gewinnanteile gekürzt. In der Konzern-GuV werden im Rahmen der Aufwands- und Ertragskonsolidierung (§ 305 HGB) die auf dem konzerninternen Geschäftsverkehr beruhenden Aufwendungen und Erträge eliminiert. Mit dieser Herausrechnung der konzerninternen Beziehungen wird das Ziel des § 297 Abs. 3 HGB verwirklicht, den Konzern so darzustellen, als ob er ein einziges Unternehmen wäre.

2. Die sonstigen Einheitsgrundsätze

Ebenfalls der Darstellung der wirtschaftlichen Einheit dient zunächst das Weltabschlußprinzip, wonach alle Tochterunternehmen ohne Rücksicht auf den Sitz der Tochterunternehmen in den Konzernabschluß einzubeziehen sind (§ 294 Abs. 1 HGB; i.V.m. § 13 Abs. 2 PublG)[797]: Die einzubeziehenden Vermögensgegenstände, Schulden, Aufwendungen und Erträge dieser Unternehmen sind nach §§ 300 Abs. 2, 308 HGB (i.V.m. § 13 Abs. 2 PublG) materiell

---

793 Zum Verhältnis des § 297 Abs. 3 HGB zu § 297 Abs. 2 HGB und zu der Frage, ob die Bedeutung des § 297 Abs. 3 HGB auf die Konsolidierung begrenzt ist: *Baetge*, Konzernbilanzen, Seite 52 ff. m.w.N.

794 *A/D/S*-Teilband 3, § 300 Rn. 6 ff., *Großfeld*, Bilanzrecht, Rn. 577.

795 *Großfeld*, Bilanzrecht, Rn. 521, 558 und zur Herkunft des Begriffs Rn. 577.

796 Im einzelnen: *Coenenberg*, Jahresabschluß und Jahresabschlußanalyse, Seite 470 ff.; *Baetge*, Konzernbilanzen, Abschnitt 512 Seite 195 ff.

797 Das Weltabschlußprinzip des § 294 HGB steht im Gegensatz zum früheren § 329 Abs. 2 AktG 65 a.F., wonach nur Konzernunternehmen mit Sitz im Inland einzubeziehen waren. Dazu *A/D/S*-Teilband 3, § 294 Rn. 11 ff.; zur Behandlung nach der alten Rechtslage: *A/D/S*, 4. Auflage, Band 3 § 329 Rn. 89 ff.

konzerneinheitlich anzusetzen und zu bewerten[798]. Damit wurde der früher geltende Grundsatz der Maßgeblichkeit (§ 331 Abs. 1 Nr. 1 AktG 1965 a.F.) abgelöst, wonach Ansatz und Bewertung in den jeweiligen Einzelabschlüssen für Ansatz und Bewertung im Konzernabschluß maßgeblich war[799]. Daneben steht heute die formelle Einheitlichkeit der Stichtage (§ 299 HGB; i.V.m. § 13 Abs. 2 PublG). „Das Weltabschlußprinzip, die konzerneinheitliche Bewertung, die erfolgswirksame Kapitalkonsolidierung und die im Prinzip durchgängige Eliminierung der Zwischenergebnisse markieren die Durchsetzung des Konzernabschlusses als eigenständiger und von den Einzelabschlüssen abgehobener Abschluß der gesondert Rechnung legenden Einheit Konzern"[800].

II. Der Informationsgehalt der Konzernrechnungslegung für die Tochtergesellschaft

Aufbauend auf die Einheitstheorie und entsprechend dem Einheitsgrundsatz des § 297 Abs. 3 Satz 2 HGB stellen Konzernabschluß und Konzernlagebericht die wirtschaftliche Einheit des Konzerns bzw. die fiktive Einheit der konsolidierten Unternehmen dar[801]. Der Konzernabschluß gibt damit Aufschluß über die Vermögens-, Finanz- und Ertragslage der wirtschaftlichen Gesamtheit. Auch wenn der Konzernabschluß von der Geschäftsleitung des Mutterunternehmens zu erstellen und überdies die Verbindung der Verbalteile des Konzern- und des Mutterabschlusses möglich ist, ist er im Gegensatz zum Konzernabschluß nach §§ 329 - 338 AktG 1965 a.F. kein erweiterter Mutterabschluß mehr[802]. Theoretisch ist er dies zwar ohnehin nur nach der Interessentheorie, der das Gesetz schon 1965 nicht folgte; doch insbesondere aufgrund des Prinzips der Maßgeblichkeit war der Konzernabschluß zunächst

---

798 Dazu *Baetge*, Konzernbilanzen, Seite 17 und Abschnitt 43, Seite 152 ff.

799 Dazu *A/D/S*, 4. Auflage, Band 3, § 331 Rn. 70 ff.

800 *Kropff*, in: FS für Claussen, Seite 659, 660. Ergänzend zu den Ausprägungen des Einheitsgrundsatzes tritt die Stufenkonzeption des Konzernabschlusses. Zur Stufenkonzeption bereits oben im 2. Kapitel unter A II 2. Danach hat der Gesetzgeber den Kreis der in die Konzernrechnungslegung einzubeziehenden Unternehmen differenziert geregelt. Während die Tochtergesellschaften wie erläutert grundsätzlich vollkonsolidert werden, sind weniger eng verbundene Unternehmen weniger eng einzubeziehen: An die höchste Stufe der vollkonsolidierten Tochtergesellschaften schließt sich die Stufe der quotenkonsolidierten Gemeinschaftsunternehmen nach § 310 HGB (i.V.m. § 13 Abs. 2 PublG), die nach der Equity-Methode nach §§ 311, 312 HGB einbezogenen assoziierten Unternehmen und schließlich die zu Anschaffungskosten bewerteten Beteiligungen nach § 271 Abs. 1 HGB. Eine gute graphische Darstellung liefert *Schildbach*-Konzernabschluß, Seite 101 ff.; ansonsten *Baetge*, Konzernbilanzen, Abschnitt 31 Seite 115 f.

801 Grundsätzlich wird der Konzern nach § 18 AktG mit dem Konsolidierungskreis des Konzernabschlusses übereinstimmen; bei Abweichungen ist jedoch ein das Bild der tatsächlich einbezogenen Unternehmen zu zeichnen. Dazu *A/D/S*-Teilband 3, § 297 Rn. 25. Zur Streitfrage, ob für die Konsolidierungsprämisse des § 297 Abs. 3 die Fiktion der wirtschaftlichen Einheit ausreicht, oder ob weiter die rechtliche Einheit zu fingieren ist: *Schruff*, Einflüsse der 7. Richtlinie auf die Aussagefähigkeit des Konzernabschlusses, Seite 39 sowie *A/D/S*-Teilband 3, § 297 Rn. 40 m.w.N.

802 Zum stärker selbständigen Charakter des konsolidierten Abschlusses: *Großfeld*, NJW 1986, Seite 953, 959 ; *A/D/S*-Teilband 3, § 297 Rn. 39.

doch stark auf das Mutterunternehmen bezogen. Demgegenüber steht der Konzernabschluß nach der Konzeption des BiRiLiG weitgehend selbständig neben den nach wie vor zu erstellenden Einzelabschlüssen des Mutterunternehmens und der Tochtergesellschaften. Diese Konzeption des Konzernabschlusses bestimmt den Informationswert für die Tochter.

Der Konzernabschluß zeigt die Gesamtsituation des Konzerns. Rückschlüsse auf ein einzelnes Unternehmen sind dabei schwierig. Am ehesten sind grundsätzlich Rückschlüsse auf das Mutterunternehmen möglich, so daß deren Beteiligte ein zutreffendes Bild erst erhalten, wenn der Konzernabschluß das gegenwärtige Potential der Tochtergesellschaften zeigt[803]. Am geringsten ist der Informationsgehalt über die einzelne Tochtergesellschaft, insbesondere wenn diese zusammen mit zahlreichen weiteren, auch großen Tochtergesellschaften konsolidiert wird. Generell gilt, daß der Konzernabschluß keinen Nachweis darüber gibt, welche Konzernglieder eine gute Rentabilität und Finanzstruktur haben und welche als gewinnschwache oder Verlustgesellschaften anzusehen sind[804]. Obwohl die gleichen Gliederungsschemata nach §§ 266, 275 HGB gelten, sind insbesondere keine Informationen durch vergleichendes Nebeneinanderlegen von Einzel- und Konzernabschluß für einzelne Posten des Einzelabschlusses der Tochtergesellschaft möglich, da der Konzernabschluß nur Summen enthält; er liefert keine Informationen zur Korrektur einzelner Posten[805]. Eine solche Berichtigung würde die Kenntnis aller konsolidierter Einzelabschlüsse und aller Konsolidierungsmaßnahmen und ihrer Buchungen voraussetzen. Damit werden vom Prinzip her all die Informationsbedürfnisse der Publizitätsadressaten befriedigt, die sich auf den Konzern als Ganzes richten; beispielsweise aufgrund von Ansprüchen nach § 302 AktG oder auch bei Ausgleichansprüchen der Minderheitsgesellschafter nach § 304 AktG. Demgegenüber ist eine Kompensation der Informationsdefizite des Einzelabschlusses hinsichtlich des konzerninternen Geschäftsverkehrs oder der konzernintegrativen Veränderungen konzeptionell grundsätzlich nicht möglich. Dies gilt erst recht, wenn die Tochtergesellschaften aufgrund der §§ 295, 296 HGB nur nach der Equity-Methode einbezogen wurde. Dies gilt aber auch, wenn die Tochtergesellschaft selbst einen Teilkonzernabschluß erstellt. Auch hier gibt der Teilkonzernabschluß keinen Aufschluß über einzelne Posten der Tochtergesellschaft.

F. Zusammenfassung

Die Einzelrechnungslegung der nachgeordneten Konzerngesellschaft wird nach dem geschriebenen Recht den Vorgaben der Generalklausel noch kaum gerecht. Die Rechenwerke enthal-

---

803 Dazu *Kropff*, in: FS für Claussen, Seite 659, 662.

804 So bereits *Pausenberger*, WPg 1965, Seite 1, 2.

805 *Schruff*, Einflüsse der 7. EG-Richtlinie auf die Aussagefähigkeit des Konzernabschlusses, Seite 43 f.

ten mit den Sonderposten für verbundene Unternehmen zwar konzernbezogene Angaben, die zudem - insbesondere bei den Forderungen und Verbindlichkeiten gegen Verbundunternehmen - durch Angaben im Anhang ergänzt und erläutert werden. Wichtige Einzelheiten beispielsweise zum konzerninternen Geschäftsverkehr und zur rechtlichen Stellung der Tochtergesellschaft fehlen jedoch. Bemerkenswert sind die tochterspezifischen Anhangsangaben zum konsolidierenden Mutterunternehmen nach § 285 Nr. 14 HGB. Diese Angaben sollen dem Bilanzleser neben einem Hinweis auf die Tochterstellung den Zugang zum publizierten Konzernabschluß und seinen Informationen eröffnen. Doch der Informationsgehalt des Konzernabschlusses ist für die Ebene der Tochter regelmäßig gering. Die einzelne Tochter- oder Enkelgesellschaft kann vom Informationsausbau auf Mutterebene nicht profitieren. Auch insoweit bleiben Defizite. Der Lagebericht, der selbständig neben dem Jahresabschluß steht und ein eigenständiges, aus sich heraus verständliches Gesamtbild der wirtschaftlichen Lage zu zeichnen hat, enthält tochterspezifisch ausdrücklich vorgeschrieben nur die Schlußerklärung des Abhängigkeitsberichts der faktisch konzernierten Tochter-AG nach § 312 Abs. 3 Satz 3 AktG. Deshalb sind innerhalb des dreisäuligen Informationssystems der konzernbezogenen Rechnungslegung weitere Informationen erforderlich, um ein getreues Bild der Lage der Tochtergesellschaft zu vermitteln. Insbesondere der Lagebericht ist aufgrund seiner Konzeption jedoch besonders geeignet, um den Informationsgehalt der Rechnungslegung konzernspezifisch auszubauen und fortzuschreiben und so den Besonderheiten gruppenabhängiger Tochter- und Enkelgesellschaften gerecht zu werden.

5. Kapitel
Die Transparenz der konzernbestimmten Wirtschaftslage der Tochtergesellschaft

Die Rechnungslegung der abhängigen Kapitalgesellschaft hat die Besonderheiten der konzerngeprägten Wirtschaftslage darzustellen und den Einfluß des Konzerns auf den wirtschaftlichen Erfolg der Tochter- oder Enkelgesellschaft zu berücksichtigen. Jahresabschluß und Lagebericht werden den Zielsetzungen der Generalnormen nur gerecht, wenn der Einfluß des Konzerns auf das wirtschaftliche Verhalten der Tochtergesellschaft hinreichend offengelegt und dadurch transparent gemacht wird[806]. Mit dieser Vorgabe hat die Rechnungslegung der Tochtergesellschaft - orientiert am Informationsbedarf der außenstehenden Gläubiger und Minderheitsgesellschafter auf Mutter- und Tochterebene - einen im Vergleich zu anderen Kapitalgesellschaften in Europa materiell gleichwertigen Informationsstand zu erreichen[807]. Die bestehenden Informationsdefizite sind demnach auszugleichen. Lösungsansätze für die abhängige Konzerngesellschaft sind dabei auf dem Boden des geltenden Rechts zu suchen. Als Ansatzpunkt bietet sich die Konkretisierung der bestehenden Generalklauseln an. Beide Generalnormen öffnen den Jahresabschluß bzw. Anhang und den Lagebericht für wichtige Zusatzinformationen. Der Wortlaut der §§ 264 Abs. 2 Satz 2, 289 Abs. 1 HGB läßt hieran keinen Zweifel. Auch der europarechtliche Hintergrund weist diesen Weg. Die 4. Richtlinie ist konzeptionell zwar von einer Zurückhaltung bei konzernbezogenen Angaben, die allein für die Rechenwerke vorgegeben werden, geprägt. Insgesamt wurde die Informationsfunktion jedoch gestärkt. Die Informationssteigerung beruht auf dem Ausbau von Anhang und Lagebericht durch Einzelangaben und auf der Verankerung der Informationsfunktion in den Generalnormen. Beide Verbalteile wurden für weitere Informationen offen gehalten. Dadurch sind die Verbalteile als Ort zusätzlicher - auch konzernbezogener - Informationen ausgestaltet. Aufbauend auf diesem Informationsansatz in der handelsrechtlichen Rechnungslegung und ausgehend von den tochterspezifischen Angaben, die im vorigen Kapitel erörtert wurden, ist die Transparenz der konzernbestimmten Wirtschaftslage der Tochtergesellschaft zu errei-

---

806 Dieser Gedanke der Offenlegung der Konzernbeziehungen als Grundlage der Beurteilung der wirtschaftlichen Lage des konzernzugehörigen Unternehmens stand bereits bei den ersten Regelungen über die Bilanzierung im Konzern im Vordergrund und hat insofern Initialcharakter. Vgl.: *S/Q/S*, § 260a Rn. 7. Die ergänzende Offenlegung der rechtlichen Position der Tochtergesellschaft als Grundlage des wirtschaftlichen Einflusses des Konzerns ist Thema des nachfolgenden 6. Kapitels.

807 Zur EG-rechtlichen Zielsetzung von Gleichwertigkeit und Vergleichbarkeit der Rechnungslegung nach dem Informationsbedarf der außenstehenden Gesellschafter und Gläubiger oben im 1. Kapitel unter C I 1 c (2).

chen[808]. Auf dem so vorgezeichneten Lösungsweg ist zu klären, wie und in welchem Umfang die konzernintegrativen Veränderungen für die Unternehmensstruktur und den konzerninternen Geschäftsverkehr der Tochtergesellschaft in die allgemeinen Informationen einzuflechten und damit in der Rechnungslegung offenzulegen sind. In Konkretisierung der Generalklauseln ist die Rechnungslegung der Tochtergesellschaft konzernbezogen fortzuschreiben. Dies gilt insbesondere für die Darstellung der wirtschaftlichen Gesamtlage im Lagebericht.

Die Untersuchung der Transparenz der konzerngeprägten Wirtschaftslage folgt den für die Realebene erörterten wirtschaftlichen Veränderungen durch die Konzernwirkung[809]. Zunächst ist die Transparenz im Bereich der konzernbestimmten Aufgabenzuweisung an die Tochtergesellschaft zu untersuchen (unter A). Anschließend wird die Transparenz bzw. der Ausgleich der Informationsdefizite für den konzerninternen Geschäftsverkehr erörtert (unter B):

A. Die Transparenz des konzernbestimmten Aufgabenbereichs der Tochtergesellschaft

Die Lage der Tochtergesellschaft wird nicht nur von ihrem Erfolg auf den Märkten, sondern auch und oft ganz maßgeblich von unternehmerischen Freiräumen und den Aufgaben, die ihr die Konzernleitung zuweist, bestimmt[810]. Das Interesse des Konzerns geht häufig dahin, die unternehmerischen Aufgaben in der Gruppe zu koordinieren und eine Aufgabenverteilung zwischen den einzelnen Konzerngesellschaften vorzunehmen. In diesem Sinne kann der Konzern um eine abgestimmte Produkt- und Dienstleistungspalette und damit um ein abgestimmtes Auftreten gegenüber dem Markt bemüht sein[811]. Konzernweit erfolgt dann die Koordination der strategischen Geschäftsfelder, so daß der nachgeordneten Gesellschaft zu besetzende Produkt-Markt-Kombinationen vorgegeben werden[812]. Je nach Ausrichtung der bisherigen operativen Unternehmenstätigkeit ist die Vorgabe bestimmter Geschäftsfelder mit Veränderungen des Umsatzes verbunden, da die Geschäftsfelder unmittelbar die Produkte und Märkte und damit die Marktbeziehungen des Tochterunternehmens betreffen. Über die Umsatzerlöse ist die Ertragslage der Tochtergesellschaft berührt[813]. Nach innen kann der

---

808 Zum Begriff der Transparenz oben am Anfang des 1. Kapitels, FN 23.

809 Das 2. Kapitel behandelt unter B I die „wirtschaftliche Einbindung der Tochtergesellschaft in den Konzern".

810 *Forum Europaeum Konzernrecht*, ZGR 1998, Seite 672, 699.

811 Dies ergibt sich nicht zuletzt aus dem Unternehmensgegenstand des herrschenden Mutterunternehmens, der insoweit den rechtlichen Rahmen vorgibt. Teilweise wird aus dem Unternehmensgegenstand die Verpflichtung zur Konzernleitung hergeleitet. Vgl.: *Hommelhoff*-Konzernleitungspflicht, Seite 43 ff. und 71 ff. Kritisch aber *Kropff*, ZGR 1984, Seite 112, 115 m.w.N.

812 Zum Begriff der strategischen Geschäftsfelder vgl. oben 2. Kapitel C I 1 a.

813 Ausführlich oben 2. Kapitel C I 1 a (1).

Gesamtkonzern um die Koordination der internen Unternehmensaufgaben durch eine funktionale Gliederung des Gesamtkonzerns bemüht sein. Diese nach innen gerichtete Aufgabenzuteilung kann sich auf die Unternehmensbereiche des Tochterunternehmens auswirken und zu deren Erweiterung oder Eingrenzung führen. Beispielsweise kann zur Ausnutzung von corporate opportunities im Konzern die Forschung und Entwicklung bei der Tochtergesellschaft zentralisiert oder die Produktion konzernintern verlagert werden. Auch hier zeigen sich Auswirkungen für die Aufwendungen und Erträge.

Freilich sind den Vorgaben Grenzen gesetzt[814]. Insbesondere die Konzernform der Tochtergesellschaft bestimmt den möglichen Umfang und Grad der wirtschaftlichen Einbindung durch die Zuweisung strategischer Geschäftsfelder nach außen und funktionaler Aufgaben nach innen. Die rechtliche Zulässigkeit dieser konzernintegrativen Maßnahmen ist bei der einfach faktisch konzernierten Tochter-AG wegen des Risikos vor dem Hintergrund des Schutzsystems nach §§ 311 ff. AktG heftig umstritten[815]. Nach hier vertretener Ansicht ist die Aufgabenzuteilung in gewissem Umfang jedoch möglich. Auch bei der faktisch konzernierten GmbH sind Vorgaben im Rahmen des Eigeninteresses möglich. Sie unterliegen insoweit ebenfalls rechtlichen Beschränkungen[816]. Umgekehrt ist hingegen die Situation der durch einen Beherrschungsvertrag konzernierten Tochtergesellschaft und der eingegliederten Aktiengesellschaft. Die möglichen Weisungen eröffnen der Konzernleitung weitgehende Einflußmöglichkeiten, denen nur geringe rechtliche Grenzen gesetzt sind[817].

I. Die Ansätze zur Darstellung der Aufgabenzuweisung

Die Veränderungen der wirtschaftlichen Lage des Tochterunternehmens durch die konzernbestimmte Aufgabenzuweisung auf der Realebene sind in der zu publizierenden Rechnungslegung der Tochterkapitalgesellschaft als Teil der wirtschaftlichen Lage darzustellen:

1. Die Gründe für eine fehlende explizite Regelung

Zum Bereich der Aufgabenzuweisung an die konzernabhängige Gesellschaft existiert im Bereich des Bilanzrechts keinerlei Regelung. Der Bereich wurde bislang übergangen. Die

---

[814] Zur Grenzziehung insbesondere im faktischen Konzern zugunsten der langfristigen Existenzfähigkeit des Tochterunternehmens: *K/K-Koppensteiner*, § 311 AktG Rn. 43, Rn. 59 m.w.N.; *Strohn*, Verfassung der Aktiengesellschaft im faktischen Konzern, Seite 59 sowie *Hommelhoff*-Konzernleitungspflicht, Seite 65 ff. mit der daraus für den Vorstand resultierenden Verpflichtung. Dazu bereits oben im 2. Kapitel unter B I 1 c.

[815] Dies beruht darauf, daß die §§ 311 ff. AktG ein primär pekuniäres System sind, das den Vermögensstand der Tochter-AG wahren will und auf das monetäre Gleichgewicht mit dem Mutterunternehmen hin ausgerichtet ist. Dazu *Hommelhoff*-Konzernleitungspflicht, Seite 132 m.w.N.

[816] Dazu im 1. Kapitel unter B I 1 a (1).

[817] Dazu im 2. Kapitel unter B I 1 c (2).

geschriebenen Bilanzregeln befassen sich ausnahmslos mit anderen Besonderheiten und Schwierigkeiten aufgrund der Gruppenzugehörigkeit. Die Sonderangaben der Tochterkapitalgesellschaft umfassen neben den Anhangsangaben zum konsolidierenden Mutterunternehmen (§ 285 Nr. 14 HGB) praktisch nur die Sonderangaben für alle verbundene Unternehmen in den Rechenwerken. Abgesehen von den Angaben zum Rechtsverhältnis beziehen sich die Angaben ausschließlich auf Kapitalbeziehungen und auf die Beziehungen aufgrund des konzerninternen Geschäftsverkehrs[818]. Andere wirtschaftliche Besonderheiten und damit die Vorgaben unternehmerischer Freiräume oder Aufgaben werden nicht explizit erfaßt.

Das Fehlen expliziter Angaben über die konzernbestimmte Aufgabenzuteilung überrascht um so mehr, da die Frage der konzernintegrativen Maßnahmen mit dem Ziel der konzernweiten Aufgabenzuteilung oder der Umstrukturierung wegen des unübersehbaren Risikos im konzernrechtlichen Schrifttum gerade im Rahmen der Regelung des einfachen faktischen AG-Konzerns nach §§ 311 ff. AktG 1965 seit Inkrafttreten dieses Schutzsystems ein, wenn nicht das Hauptproblem der Diskussion darstellt[819]. In der Diskussion über die Rechnungslegung abhängiger Tochter- und Enkelgesellschaften spielte diese Frage bis heute keine Rolle.

a. Die rechtshistorische Entwicklung

Der Befund der rechtliche Ausgangslage wird verständlich, wenn man sich die rechtshistorische Entwicklung des Konzernrechts und des Konzernbilanzrechts vergegenwärtigt. Zur Aufgabenzuweisung durch die Konzernspitze kommt es im Unterordnungskonzern nur bei der Tochtergesellschaft. Deshalb ist die Problematik der konzernbestimmten Aufgabenzuweisung ebenso wie der damit verbundene konzerninterne Interessenkonflikt allein auf der Ebene der Tochtergesellschaft angesiedelt. Die konzernrechtliche Diskussion hatte in ihrer Anfangszeit aber in erster Linie die Probleme und die Bilanzen der Muttergesellschaft im Blick. Für die Tochtergesellschaft wurde zwar der konzerninterne Interessenkonflikt diskutiert; die Diskussion war aber auf konzernrechtliche Fragen begrenzt[820]. Nicht erkannt wurde die bilanzrechtliche Seite der nur möglicherweise eigeninteresseverletzenden Konzernintegration als eigentümliches Problem der Rechnungslegung der Tochtergesellschaft. Mit den Vorarbeiten und dem Inkrafttreten des AktG 1965 traten im Bereich des Konzernrechts die Probleme auf der Ebene der Tochtergesellschaft in den Mittelpunkt. Sie wurden mit den Regelungen zum konzerninternen Interessenkonflikt für die verschiedenen Konzernformen breit diskutiert. Das Konzernrecht regelte dann mit dem Schutz des Tochtervermögens zugleich die Ausschüt-

---

818 So auch schon *Pausenberger*, WPg 1965, Seite 1, 2.

819 Vgl. nur *K/K-Koppensteiner*, § 311 Rn. 44 m.w.N.; *Hommelhoff*-Konzernleitungspflicht, Seite 130.

820 Zur rechtshistorischen Entwicklung der Diskussion um den konzerninternen Interessenkonflikt seit den 20er Jahren vgl. oben im 3. Kapitel, insbesondere unter A II 2 und D II.

tungsbemessungsfunktion der Tochterbilanz[821]. Die Diskussion über die Informationsfunktion der Rechnungslegung auf Ebene der Tochtergesellschaft blieb jedoch zurück, weil die Bedeutung der Einzelrechnungslegung im Konzern gemindert schien[822]. Im Mittelpunkt der Diskussion über die Rechnungslegung im Konzern standen das Mutterunternehmen und der eigenständige Konzernabschluß (§§ 329 ff. AktG 1965 a.F. und §§ 11 ff. PublG 1969).

b. Die Regelungkonzeption der 4. Richtlinie

Bei den Vorbereitungen des BiRiLiG verlagerte sich die Diskussion durch die Vorgaben der gemeinschaftsrechtlichen EG-Richtlinien. Das Hauptgewicht der Bilanzrichtlinien lag auf der Rechnungslegung im Konzern. Erneut stand der Konzernabschluß - hier der konsolidierte Abschluß nach der 7. Richtlinie - im Zentrum der Überlegungen; er bezeugt die Schwerpunktsetzung auf die konzernbezogene Information[823]. Um der damals geplanten Konzernrechtsrichtlinie nicht vorzugreifen, wurden für die Einzelabschlüsse der konzernzugehörigen Kapitalgesellschaften explizit nur grundsätzlich alle Konzernunternehmen europaweit betreffende Angaben vorgeschrieben[824]. Dadurch unterblieben tochterspezifische Angaben, obwohl der faktischen Konzernierung vergleichbare Konzernformen im Gegensatz zu „Vertragskonzernen" EG-weit verbreitet sind; zumindest die einfach faktisch konzernierte Tochtergesellschaft kommt in allen Mitgliedstaaten vor[825]. Die ausdrücklichen Angaben beschränken sich auf die für alle Verbundunternehmen geltenden Gliederungssonderposten der Rechenwerke, die über Kapitalverflechtung und Geschäftsverkehr des Konzerns informieren[826]. Die Problematik der konzernintegrativen Veränderungen stellt sich aber naturgemäß allein auf der Ebene der Tochtergesellschaft. Dabei hängt ihre Zulässigkeit und Reichweite von den nationalen Vorgaben des nicht angeglichenen Konzernrechts ab. Da die Aufgabenzuteilung zudem nur zu einer mittelbaren Veränderung der Zahlen in den Rechenwerken führt, bot sich aus gemeinschaftsrechtlicher Sicht eine explizite Regelung zunächst nicht an. Explizite Sonderregelungen im Sinne gleichwertiger Information blieben möglichen nationalen

---

821 Die Ausschüttungsbemessungsfunktion der Bilanz blieb bei der einfach faktisch konzernierten Gesellschaft erhalten; bei der Vertragskonzerntochter wurde die Ausschüttungsbemessungsfunktion aufgehoben und durch das Schutzsystem nach §§ 302 ff AktG ersetzt. Dazu ausführlich oben 1. Kapitel A I 2.

822 Vgl.: *A/D/S*, 4. Auflage, § 160 AktG Rn. 197: die Ausführungen zum Bedeutungsverlust des Einzelabschlusses stimmen nur für die Muttergesellschaft, aus Sicht der Tochtergesellschaft sind sie unzutreffend.

823 Sehr weitgehend die von *Kirchner*, in: FS Moxter, Seite 601, 607 vertretene Ansicht, daß die 4. RL nur Vorbereitung der 7. RL war und somit in der EWG praktisch die Konzernrechnungslegung im Mittelpunkt der Betrachtung steht.

824 Der Entwurf einer 9. Richtlinie von 1984 (Konzernrechtsrichtlinie) wurde nicht verabschiedet. Abgedruckt DOK. Nr. III/1639/84 sowie u.a. bei *Lutter*, Europäisches Unternehmensrecht, Seite 279 ff.

825 *Schön*, ZHR 160 (1996), Seite 221 ff.

Regelungen der Mitgliedstaaten überlassen. Die Stärkung der Informationsfunktion wurde durch die Ausgestaltung der Generalnormen gesichert. In den Richtlinien ist das auf englisches Drängen eingeführte true-and-fair-view-Prinzip als „overriding principle" ausgestaltet[827]. Dies stellte auch die informationsmäßige Erfassung konzernformspezifischer Besonderheiten in der Rechnungslegung der Tochterkapitalgesellschaften sicher. Bei der Umsetzung der Richtlinien durch das BiRiLiG lehnte sich der deutsche Gesetzgeber eng an die Vorgaben der Richtlinien an. Er sah deshalb weder ein Bedürfnis für eine zunächst vorgesehene nationale Sonderregelung für alle deutschen Konzerngesellschaften - im Entwurf war noch die Übernahme der Angabepflicht für rechtliche und geschäftliche Beziehungen der Verbundunternehmen (§ 160 Abs. 3 Nr. 10 AktG 1965 a.F.) vorgesehen[828] - noch für eine explizite nationale Regelung für die Tochterkapitalgesellschaften[829].

2. Der Lösungsansatz über die Konkretisierung der Generalklauseln

Der deutsche Gesetzgeber lehnte sich bei der Angleichung des Rechts der Rechnungslegung von Kapitalgesellschaften durch das BiRiLiG eng an die Vorgaben der 4. Richtlinie an[830]. Die Umsetzung des true-and-fair-view-Prinzips erfolgte jedoch als „historischer Kompromiß" zwischen den vorsichtsgeprägten Ansatz- und Bewertungsvorschriften und dem Einblicksgebot der Generalklausel. Durch den Verweis auf die GoB versuchte das deutsche Recht die Ausgestaltung als „overriding principle" zu vermeiden. Über die Tragweite des true-and-fair-view-Prinzip im deutschen Recht gehen die Meinungen deshalb auseinander[831]. Der Streit dreht sich jedoch um die Informationsfunktion der Rechenwerke und mögliche Konflikte mit Ansatz- und Bewertungsvorschriften. Die unumschränkte Geltung des Einblicksgebots für die Verbalteile bleibt davon unberührt[832]. Insoweit übernahm das deutsche Handelsrecht die Richtlinien-Konzeption, wonach den Generalnormen eine besondere Aufgabe bei der Stärkung der Informationsfunktion der Rechnungslegung von Kapitalgesellschaften insgesamt

---

826 Zur Intention des Richtlinien-Gesetzgebers, bei seinen Regelungen jeweils vom am häufigsten vorkommenden Unternehmenstyp auszugehen und möglichst keine Sonderregelungen zu treffen, vgl. *Biener/Berneke*, Bilanzrichtliniengesetz, § 264 Rn. 132.

827 *Beisse*, in: FS für Clemm, Seite 27, 31 m.w.N. Enger aber *Kleindiek*, ZGR 1998, Seite 466, 482 sowie *Tubbesing*, AG 1979, Seite 91, 95.

828 Der Gesetzgeber des BiRiLiG entschied sich letztlich gegen § 271 Abs. 1 Nr. 6 E-HGB des RegE zum BiRiLiG (BT-DS 10/317), der § 160 Abs. 3 Nr. 10 AktG 1965 a.F. entsprach, weil diese Angaben von der Vierten Richtlinie nicht verlangt wurden. So *Bericht des Rechtsausschusses*, BT-DS 10/4268 sowie *Helmrich*, Bilanzrichtlinien-Gesetz, Seite 160.

829 Nach *Biener/Berneke*, Bilanzrichtliniengesetz, § 264 Seite 132 orientierte sich auch der nationale Gesetzgeber bei seinen Regelungen grundsätzlich am häufigsten vorkommenden Unternehmenstyp, so daß Spezialregelungen grundsätzlich nicht getroffen wurden.

830 *Beisse*, in: FS für Clemm, Seite 27, 33 m.w.N.

831 Umfassend: *Kleindiek*, ZGR 1998, Seite 466, 475 ff. Dazu bereits oben im 1. Kapitel unter A II 1.

832 Dies gerade auch nach der Abkopplungsthese. Dazu *Moxter*, Bilanzlehre, Band II, Seite 67 ff.

zukommt. Mit dieser Übernahme überantwortete der deutsche Gesetzgeber, soweit er sich hinsichtlich konzernbezogener Besonderheiten, die mit den deutschen Besonderheiten des nicht angeglichenen Konzernrechts einhergehen, einer expliziten Regelung enthielt, die Lösung dem Regelungsbereich der Richtlinien. Durch die Konkretisierung der Generalnormen sollte die gleichwertige Information mit selbständgen Kapitalgesellschaften erreicht werden. Die Bedeutung dieser Konzeptionsübernahme für die Rechnungslegung der Tochtergesellschaft wurde kaum gesehen. Es sei jedoch darauf verwiesen, daß auf die Übernahme der konzernbezogenen Vorschrift nach § 160 Abs. 3 Nr. 10 AktG 1965 a.F. unter dem Hinweis verzichtet wurde, daß die Informationen nun bereits nach der Generalnorm zu leisten seien. Eine ausdrückliche Regelung wurde nicht weiter für nötig erachtet[833]. Das große Gewicht, das im BiRiLiG auf den Konzernabschluß gelegt wurde, belegt den Willen zu noch detaillierterer Berichterstattung über die Beziehungen zu verbundenen Unternehmen auch im Einzelabschluß[834]. Dadurch überantwortete der deutsche Gesetzgeber auch die Darstellung der tochterspezifischen Aufgabenzuteilung im Bereich der wirtschaftlichen Konzernintegration einer richtlinienkonformen Lösung über die durch das BiRiLiG neu gefaßten Generalklauseln und deren Konkretisierung.

Diese Konkretisierung ist sowohl für die Darstellung der konzernbestimmten strategischen Geschäftsfelder als auch die Darstellung funktionaler Umstrukturierungen von Bedeutung:

II. Die Transparenz der konzernbestimmten Geschäftsfelder

Da keine expliziten Vorschriften für die Darstellung der von der Konzernleitung vorgegebenen strategischen Geschäftsfelder des Tochterunternehmens bestehen, hat die Transparenz nach der genannten, aus der Richtlinie übernommenen Konzeption über die Konkretisierung der Generalklauseln zu erfolgen. In diesem Sinne sind die beiden Verbalteile, die ausschließlich der Information dienen, um entsprechende Informationen über die Konzernvorgaben zu erweitern. Bei dieser konzernspezifischen Fortschreibung der Angabepflichten kann es zwischen Anhang und Lagebericht trotz der verschiedenen Aufgaben und Informationsansätze zu inhaltlichen Überschneidungen kommen[835]. Funktionsgemäß gehören Angaben, deren Bezug zur Darstellung der Vermögens-, Finanz- und Ertragslage überwiegt, sachlich in den Anhang. Hingegen sind Angaben, die sich überwiegend auf die Darstellung der allgemeinen

---

833 *Biener/Berneke*, Bilanzrichtliniengesetz, Erl. 2 zu § 289, Seite 276.

834 So auch *Kropff*, FS für Goerdeler, Seite 259, 276.

835 Zu diesem Problem bereits oben im 4. Kapitel unter D I 1 m.w.N.

Entwicklung und Lage der Tochtergesellschaft beziehen, im Lagebericht anzusiedeln[836]. Trotz der großen Bedeutung, die die Vorgabe der strategischen Geschäftsfelder insbesondere auf die Ertragslage des Tochterunternehmens hat, gehört die meist nur grobe Vorgabe der strategischen Geschäftsfelder doch eher zur allgemeinen Unternehmenslage bzw. jedenfalls zum Gesamtbild der Tochtergesellschaft. Deshalb soll zuerst die Transparenz der vom Konzern vorgegebenen Geschäftsfelder im Lagebericht erörtert werden:

1. Die Transparenz der konzernbestimmten Geschäftsfelder im Lagebericht

Im Lagebericht ist ergänzend zum Jahresabschluß über alle Vorgänge zu berichten, die nicht einzelne Zahlenposten, sondern die wirtschaftliche Gesamtbeurteilung der Kapitalgesellschaft betreffen[837]. Dabei verteilt sich die Darstellung der Vorgaben der Konzernleitung für die strategischen Geschäftsfelder auf die verschiedenen Teile des Lageberichts, von dessen Erstellung die kleine Tochtergesellschaft befreit ist:

a. Die Darstellung im Wirtschaftsbericht nach § 289 Abs. 1 HGB

Im Wirtschaftsbericht ist zunächst der Geschäftsverlauf als historischer Abriß der Entwicklung des vergangenen Geschäftsjahres unter Berücksichtigung der Risiken der künftigen Entwicklung darzustellen[838]. Neben der Darstellung der Rahmenbedingungen ist in erster Linie ein Überblick über die Entwicklung in den einzelnen Unternehmensbereichen im Verlauf des Geschäftsjahres zu geben[839]. Die Konzernvorgaben für die strategischen Geschäftsfelder berühren hauptsächlich die Unternehmensbereiche des Absatzes und der Umsatz- und Auftragsentwicklung[840]. Bei der Darstellung der Jahresentwicklung des Absatz- und Umsatzbereichs sind deshalb Veränderungen der Geschäftsfelder des Tochterunternehmens durch Anpassungen der Produkt- oder Dienstleistungspalette oder durch Expansion oder Reduktion auf einem Markt anzugeben[841]. Auch preispolitische Vorgaben können zu den

---

[836] Aufgrund dieser funktionalen Aufgabenteilung hat der Jahresabschluß das den tatsächlichen Verhältnissen entsprechende Bild der Vermögens-, Finanz- und Ertragslage selbständig zu vermitteln; der Lagebericht hingegen hat keine Korrektivfunktion. Dazu *A/D/S*-Teilband 2, § 289 Rn. 27; abweichend *Sieben*, FS für Goerdeler, Seite 581, 587 sowie schon oben 4. Kapitel unter D I 1.

[837] So schon *A/D/S*, 4. Auflage, Band 1, § 160 AktG Rn. 20.

[838] Zu dieser „rein vergangenheitsbezogenen Verlaufsdarstellung unter Berücksichtigung besonderer Ereignisse" bereits im 4. Kapitel unter D I 2 a.

[839] *HFA*, Rechnungslegungsstandard IDW: Aufstellung des Lageberichts, in: Wpg. 1998, Seite 653, 656. Nach *GK-Mellerowicz*, 3. Auflage, § 160 Anm. 4 ist der Geschäftsverlauf zeitraumbezogen, dynamisch und vergangenheitsorientiert zu verstehen.

[840] Zur Umsatz- und Auftragsentwicklung als Teil des Geschäftsverlaufs: *HFA*, Rechnungslegungsstandard IDW: Aufstellung des Lageberichts, in: Wpg. 1998, Seite 653, 656.

[841] Zutreffend weisen *Baetge/Fischer/Paskert*-Lagebericht, Seite 34 darauf hin, daß es im Bericht zum Absatzbereich keiner Segmentierung bedarf, soweit diese im Anhang nach § 285 Nr. 4 erfolgt.

Pflichtangaben gehören[842]. Die berichtspflichtigen Vorgaben der Konzernleitung für die Geschäftsfelder können unterschiedlich detailliert sein. Sie können in lokaler Hinsicht die Expansion oder den Rückzug für einen Erdteil, für einen Staat oder eine Region betreffen. Sie können sich produktbezogen auf die Absatzsteigerung oder -verringerung bei mehreren Produkte oder bei einem bestimmten einzelnen Produkt beziehen. Die Preise können als Rahmen oder ganz konkret vorgegeben sein. Die Vorgaben können daneben von ganz unterschiedlicher Tragweite sein, je nachdem, ob sie den Absatz bzw. die Umsatzerlöse in größerem oder kleinerem Umfang beeinflussen oder verändern. Je nach Genauigkeit und Bedeutung der Vorgabe durch die Konzernleitung ist der autonome Entscheidungsspielraum der Unternehmensleitung der Tochtergesellschaft eingeschränkt. Die rechtliche Zulässigkeit dieser Einschränkungen ist je nach Konzernform begrenzt. Insbesondere bei der einfach faktisch konzernierten Tochtergesellschaft dürfen die Vorgaben für die Besetzung der strategischen Geschäftsfelder aus Rechtsgründen grundsätzlich nur allgemeiner Art sein. Dennoch besteht aufgrund der Risiken für den Geschäftserfolg gerade bei den Minderheitsgesellschaftern und den Gläubigern der faktisch konzernierten Tochtergesellschaft ein besonderes Interesse am Einfluß der Konzernleitung auf die Absatzpolitik des Tochterunternehmens[843]. Deshalb ist über eine Vorgabe der Konzernleitung zu den Geschäftsfeldern des Tochterunternehmens in den meisten Fällen im Rahmen des Geschäftsverlaufs zu berichten. Zur vollständigen und klaren Darstellung der Umsatz- und Absatzentwicklung der Tochtergesellschaft gehören alle wesentlichen Vorgaben für die Besetzung strategischer Geschäftsfelder durch die Konzernleitung als Teil des Geschäftsverlaufs in den Wirtschaftsbericht nach § 289 Abs. 1 HGB [844]. Die Vorgaben für die Geschäftsfelder können sich aufgrund der Interdependenz unternehmerischer Entscheidungen auch in anderen als dem Umsatzbereich auswirken. Inwieweit sie dann zur Darstellung der jeweiligen Bereichsentwicklung anzugeben sind, soll erst bei der Transparenz der Struktur der Unternehmensbereiche erörtert werden.

Aus dem Geschäftsverlauf im Umsatzbereich entwickelt sich die stichtagsbezogene Darstellung der Lage als der gegenwärtigen wirtschaftlichen Gesamtlage des Tochterunternehmens[845]. In der Praxis kann aufgrund der Ursache-Wirkung-Beziehung eine integrierte Darstellung von Geschäftsverlauf, Lage und den besonderen Risiken der künftigen Entwick-

---

842 *Forum Europaeum Konzernrecht*, ZGR 1998, Seite 672, 702.

843 Zum Interesse der Außenseiter der faktisch konzernierten Tochtergesellschaft vgl. oben im 1. Kapitel unter A II 3 b (1).

844 *Küting/Weber-Lück*, Band Ia, § 289 Rn. 34/35 u. *Baetge*, Bilanzen, Abschnitt 925, Seite 647.

845 Zum Begriff der Lage nach § 289 Abs. 1 HGB siehe oben 4. Kapitel D I 2 a. Nach *GK-Mellerowicz*, a.a.O. ist die Lage zeitpunktbezogen, statisch und gegenwartsorientiert.

lung sinnvoll sein[846]. Im Rahmen dieser integrierten Darstellung sind die Vorgaben der Konzernleitung aus den vergangenen Geschäftsjahren für die Geschäftsfelder, die die gegenwärtige Absatz- und Umsatzlage des Tochterunternehmens bestimmen, darzustellen. Dabei mag die Angabe der konzernweiten Koordination und der Ermöglichung der derzeitigen operativen Geschäftsausrichtung aufgrund von wesentlichen Vorgaben und flankierenden Maßnahmen wie Investitionen oder Anschubfinanzierungen des Konzerns genügen.

b. Die Transparenz im Nachtrags- und im Prognosebericht

Im Nachtrags- und im Prognoseteil des Lageberichts (§ 289 Abs. 2 Nr. 1 und Nr. 2 HGB) sind besondere Entwicklungen in der Zeit zwischen dem Schluß des Geschäftsjahres und der Abschlußerstellung, die auf Konzernvorgaben über die strategischen Geschäftsfelder für den Absatz- und Umsatzbereich zurückgehen, darzustellen. Auch die voraussichtliche Entwicklung der Tochtergesellschaft in diesen Unternehmensbereichen, für die Vorgaben bestehen, unterfallen der Berichtspflicht. Anzugeben sind diejenigen Konzernvorgaben, die nach dem insoweit maßgeblichen Informationsbedarf der außenstehenden Gesellschafter und Gläubiger im Interesse materiell gleichwertiger Information wesentlich sind. Diese Wesentlichkeit wird aufgrund des unternehmerischen Risikos, mit dem Vorgaben für die strategischen Geschäftsfelder und damit im operativen Bereich behaftet sind, häufig gegeben sein. Dadurch sind insbesondere bei der Darstellung der voraussichtlichen Entwicklung im Interesse der Außenseiter regelmäßig die Auswirkungen der Konzernvorgaben aus Sicht der Geschäftsführung der Tochtergesellschaft zu bewerten.

2. Die Transparenz der konzernbestimmten Geschäftsfelder im Anhang

Grundsätzlich gehört die Darstellung der konzernbestimmten Vorgaben hinsichtlich der strategischen Geschäftsfelder - wie beschrieben - in den Lagebericht der Tochtergesellschaft. Besondere Umstände bei den von der Konzernleitung ausgegebenen Vorgaben für die Geschäftsfelder können für Einzelangaben aber auch die Berichtspflicht im Anhang nach § 264 Abs. 2 Satz 2 HGB auslösen[847]. Dann müssen die besonderen Umstände dazu führen, daß der Jahresabschluß kein den tatsächlichen Verhältnissen entsprechendes Bild der Vermögens-, Finanz- und Ertragslage der Tochtergesellschaft vermittelt, so daß ergänzende und korrigie-

---

846 *HFA*, Rechnungslegungsstandard IDW: Aufstellung des Lageberichts, in: Wpg. 1998, Seite 653, 655 f.

847 Zum „Materiality-Prinzip" bereits oben im 2. Kapitel unter A I 2. *Küting*, DStR 1997, Seite 84, 91 warnt darauf zu achten, daß nicht wichtige Informationen in den Lagebericht abgeschoben und dort quasi versteckt werden.

rende Anhangsangaben erforderlich sind[848]. Der Terminus „besondere Umstände" ist eine Ausprägung des Wesentlichkeits-Prinzips, so daß zu seiner Konkretisierung ebenfalls der Informationsbedarf der Außenseiter heranzuziehen ist[849]. Danach besteht die Berichtspflicht beispielsweise, wenn einzelne Geschäftsfeldvorgaben der Konzernleitung besonders starke Auswirkungen auf die Umsatzerlöse des Tochterunternehmens haben. Da die Ertragslage stark vom Posten der Umsatzerlöse abhängt, hat die konzernbestimmte Veränderung der Umsatzerlöse eine starke Veränderung der Ertragslage zur Folge. Die geforderte Wesentlichkeit wird zumindest bei einer Beeinflussung von 10 % der Umsatzerlöse anzunehmen sein[850]. Möglicherweise ist schon bei einer geringeren Beeinflussung die Schranke der Wesentlichkeit überschritten. Das maßgebliche Interesse der außenstehenden Publizitätsadressaten ist gesteigert, wenn die Vorgabe eigeninteresseverletzend oder besonders risikoreich ist. Derart wesentliche Veränderungen der Umsatzerlöse sind beispielsweise bei einer vertraglich konzernierten Tochtergesellschaft denkbar[851]. Denn bei dieser Konzernform sind weitreichende Weisungen der Konzernleitung möglich. Bei wesentlichen Umsatzänderungen der genannten Größenordnung sind die Vorgaben für Produktpalette oder Preise sowie für die Lokalisierung der dem Tochterunternehmen zugewiesenen Märkte anzugeben; auf Genauigkeit und Bedeutung der Vorgaben ist gegebenenfalls einzugehen. Bei wesentlichen Auswirkungen auf die Vermögens-, Finanz- und Ertragslage, die aus dem Jahresabschluß und dem Lagebericht trotz Kenntnis des Konzernstatus nicht erkennbar werden, kann also in Ausnahmefällen eine Berichtspflicht im Anhang erforderlich werden. Dies gilt sowohl im Vertrags- als auch im faktischen Konzern. „Zu denken wäre etwa an den Fall, daß sich ein Tochterunternehmen in der Rechtsform einer Kapitalgesellschaft auf Weisung seiner Muttergesellschaft aus einem Markt völlig zurückzieht, der bisher für die Ertragslage des Unternehmens von großer Bedeutung war..."[852].

III. Die Transparenz integrationsbedingter Umstrukturierung

Auch für die Darstellung von konzernintegrativen Umstrukturierungen des Tochterunternehmens gibt es keine expliziten Rechnungslegungsvorschriften. Die Veränderung der Unternehmensstruktur beruht auf der wirtschaftlichen Integration der Tochter in die koordinierte

---

848 Nach verbreiteter Ansicht reicht im Regelfall für die Tochtergesellschaft im Jahresabschluß bzw. im Anhang die Berichterstattung in Form der Nennung des Mutterunternehmens nach § 285 Nr. 14 zur Information über die Konzernverhältnisse des Tochterunternehmens aus. So explizit: *A/D/S*-Teilband 5, § 264 Rn. 127.

849 *A/D/S*-Teilband 5, § 264 Rn. 101; *Küting/Weber-Baetge/Commandeur*, Band Ia, § 264 Rn. 37.

850 In diese Richtung gehend: *Hoffmann*, DB 1995, Seite 1821, 1824.

851 Die Berichtspflicht der Vertragstochter besteht freilich nur, soweit nicht die Befreiungsmöglichkeit nach § 264 Abs. 3 HGB eingreift. Dazu oben im 1. Kapitel unter A II 3 b (2).

852 *A/D/S*-Teilband 5, § 264 Rn. 127.

Wirtschaftseinheit der Gruppe. Für diesen Vorgang gibt die jeweilige Konzernierungsform der Tochter den rechtlichen Rahmen vor. Bei der Offenlegung sind die konzernbedingten Veränderungen des inneren Gefüges der Unternehmensbereiche nicht per se als Unternehmensinterna der Tochtergesellschaft ausgenommen. Die berechtigten Geheimhaltungsinteressen des Tochterunternehmens und des Konzerns, die aufgrund der Konkurrenzsituation in einem sensiblen unternehmerischen Bereich besonders zu berücksichtigen sind, sind mit dem Informationsbedarf der Außenseiter abzugleichen. Soweit zur Darstellung der Vermögens-, Finanz- und Ertragslage sowie der tatsächlichen wirtschaftlichen Gesamtlage erforderlich, sind die wirtschaftlichen Unternehmens- und Konzernstrukturen offenzulegen[853]. Wie bei der Darstellung der Konzernvorgaben der strategischen Geschäftsfelder erfolgt die Transparenz nach der übernommenen Konzeption der 4. Richtlinie über die Konkretisierung der Generalklauseln für den Jahresabschluß und den Lagebericht:

1. Die Transparenz integrationsbedingter Umstrukturierung im Lagebericht

Die Darstellung der Konzernintegration des Tochterunternehmens in die wirtschaftliche Einheit des Konzerns erfolgt wegen des Bezugs zur wirtschaftlichen Gesamtlage grundsätzlich im Lagebericht der Tochtergesellschaft[854]. Dabei verteilen sich die Angaben auf die verschiedenen Teile des Lageberichts:

a. Die Darstellung im Wirtschaftsbericht nach § 289 Abs. 1 HGB

Im Wirtschaftsbericht hat der historische Abriß über den Geschäftsverlauf auf die Entwicklung der einzelnen Unternehmensbereiche von Beschaffung, Produktion, Absatz, Investitionen und Finanzierung sowie Personal einzugehen[855]. Dabei sind tochterspezifisch die Veränderungen und Entwicklungen der Unternehmensbereiche, die auf Vorgaben der Konzernleitung beruhen, darzustellen. Unter vollständiger Erfassung der wesentlichen Veränderungen des abgelaufenen Berichtsjahres ist ein den tatsächlichen Verhältnissen entsprechendes Bild des Geschäftsverlaufs in den einzelnen Geschäftsbereichen des Tochterunternehmens zu vermitteln. Auf diese Weise ist die Darstellung des Geschäftsverlaufs gegebenenfalls an mehreren

---

[853] Im Spannungsfeld zwischen Transparenz und Geheimhaltung ist zu berücksichtigen, daß das Gesetz bzw. der Gesetzgeber kein geschlossenes System der Information verfolgt, so daß stets eine genaue Abgrenzung zu erfolgen hat für das, was offenzulegen und transparent zu machen ist. Dazu *Kübler*, KritV 1994, Seite 79. Diese Schwierigkeit besteht gerade auch, wenn der Umfang der Darstellung aus den offenen Normen der Generalklauseln zu entwickeln ist.

[854] Zur Bedeutung des Lageberichts für die Verlautbarung konzernbezogener Besonderheiten der gruppenabhängigen Tochter- und Enkelgesellschaft: *Forum Europaeum Konzernrecht*, ZGR 1998, Seite 672, 702.

[855] Ausführlich insbesondere: *HFA*, Rechnungslegungsstandard IDW: Aufstellung des Lageberichts, in: Wpg. 1998, Seite 653, 656 sowie *A/D/S*-Teilband 2, § 289 Rn. 66 ff.; vgl. mit weiteren Nachweisen bereits oben im 4. Kapitel unter D I 2 a.

Stellen mit tochterspezifischen Informationen über die dem Tochterunternehmen innerhalb des Konzerns zugeteilte wirtschaftliche Aufgabe bzw. entsprechende konzernintegrative Vorgaben anzureichern. Der Geschäftsverlauf ist konzernbezogen fortzuscheiben. Zu berücksichtigen sind dabei auch mittelbare Vorgaben. Insbesondere Vorgaben der strategischen Geschäftsfelder können die Unternehmensstruktur der abhängigen Gesellschaft durch neue Schwerpunkte mittelbar verändern[856]. Die verlaufsbezogene Darstellung mündet in die stichtagsbezogene Darstellung der Lage im Wirtschaftsbericht, die ein den tatsächlichen Verhältnissen entsprechendes Bild der Gesamtstruktur der Unternehmensfunktionen der Tochtergesellschaft zu vermitteln hat:

Die Berichterstattung zum Beschaffungsbereich hat die Beschaffungsstruktur des Tochterunternehmens unter Hinweis auf mögliche Vorgaben der Konzernleitung und wesentliche konzernbedingte Veränderungen zu erläutern. In diesem Rahmen hat die Tochtergesellschaft beispielsweise Veränderungen der Versorgungslage von der selbständigen Beschaffung durch Vorproduktion oder Einkauf gegenüber der Beschaffung von verbundenen Konzernunternehmen anzugeben[857]. Bei der Produktion sind beispielsweise Veränderungen für das Tochterunternehmen aufgrund von Produktionsverlagerungen innerhalb des Konzerns anzugeben. Im Produktions- und Leistungsbereich sind so die von der Konzernleitung vorgegebene Einschränkung oder Erweiterung der Produktion sowie die Inbetriebnahme oder Stillegung von Produktionsanlagen zu erörtern[858]. Beim Absatz sind entsprechend die Veränderungen der Absatzstruktur zu erläutern. Bei der Erläuterung der wesentlichen Investitionen kann die Investitionspolitik, die die Konzernleitung für das Tochterunternehmen verwirklicht, zu erläutern sein. Dasselbe gilt für die Finanzpolitik, die im Konzern begriffsnotwendig einheitlich zu leiten ist[859]. Schließlich sind personalpolitische Vorgaben zu nennen, die ebenfalls einen wesentlichen Bereich der Einflußmöglichkeiten ausmachen[860].

Über diese allgemeine Darstellung der tochterspezifischen Unternehmensstruktur hinaus können besondere konzernbezogene Sachverhalte auftauchen, deren Erfassung nachfolgend zu erörtern ist:

(1) Die gezielte Umstrukturierung

---

856 Zur Darstellung der darauf beruhendenden Umsatzänderungen im Wirtschaftsbericht oben in diesem Kapitel unter A II 1 a.

857 Zur Erörterung der Beschaffungsstruktur: *HFA*, Rechnungslegungsstandard IDW: Aufstellung des Lageberichts, in: Wpg. 1998, Seite 653, 656.

858 *Küting/Weber-Lück*, Band Ia, § 289 Rn. 35.

859 *Emmerich/Sonnenschein*, § 4 II 1 Seite 57 ff. m.w.N. Dazu oben im 2. Kapitel unter A II 2.

860 Zur Pflichtangabe personalpolitischer Vorgaben im Lagebericht der Mutter: *Forum Europaeum Konzernrecht*, ZGR 1998, Seite 672, 702.

Insbesondere in wirtschaftlichen Krisensituationen kann sich die Konzernleitung zu gezielten weiterreichenden Umstrukturierungs- und Sanierungsmaßnahmen auf der Ebene der Tochtergesellschaft veranlaßt sehen. Gravierende Umstrukturierungen sind aufgrund des unkalkulierbaren wirtschaftlichen Risikos nur nach Abschluß eines Beherrschungsvertrages ohne weiteres möglich[861]. Gravierende Umstrukturierungen sind hinreichend im Lagebericht der Tochtergesellschaft darzustellen[862]. Die verbliebenen Minderheitsgesellschafter und die Gläubiger haben nicht zuletzt aufgrund möglicher Eigeninteresseverletzungen ein gesteigertes Interesse an der Darstellung der veränderten Lage des Tochterunternehmens im Wirtschaftsbericht. Wegen ihrer Bedeutung für die Außenseiter sind die gezielte Umstrukturierung und eine veränderte Struktur der Unternehmensbereiche der Tochtergesellschaft wesentliche Berichtsgegenstände. Nach einer gezielten Umstrukturierung sind im Lagebericht der Tochtergesellschaft insbesondere die Risiken der künftigen Entwicklung und die prognostizierte voraussichtliche Entwicklung der Gesellschaft darzustellen.

(2) Die konzernweit funktionale Aufgabenzuteilung

Die funktionale Gliederung und Organisation eines Konzerns, die regelmäßig mit einer straffen Konzernleitung verbunden ist, beeinflußt die Unternehmensfunktionen der Tochtergesellschaft, die in die Wirtschafteinheit des Konzerns integriert ist. Soweit die Unternehmensstruktur der Tochtergesellschaft wesentlich verändert und angepaßt ist, werden im Wirtschaftsbericht nach § 289 Abs. 1 HGB diese Struktur und tochterspezifisch die wirtschaftliche Stellung des Tochterunternehmens innerhalb des Konzernverbundes anzugeben sein[863]. Diese wirtschaftliche Position kann sich funktional in der zentralen Wahrnehmung einer bestimmten Aufgabe innerhalb des Konzerns zeigen. So kann beispielsweise das Tochterunternehmen als Handels- oder Versandunternehmen den Absatz der Konzernprodukte übernehmen, die Rohstoffe besorgen, ausschließlich oder schwerpunktmäßig produzieren oder als Hausbank die Finanzierung im Konzern übernehmen. Eine derartige Position ist bei der Darstellung der Lage zu erörtern, da die Lage der Gesellschaft die Struktur des Unternehmens umfaßt[864]. Je nach der übernommenen Aufgabe ist darüber hinaus auch die Gesamtstruktur des Konzerns bzw. die Übernahme zentraler Aufgaben durch andere verbundene Unternehmen darzustellen. Dabei ist dann die Zusammenarbeit mit den verbundenen Unternehmen zu erörtern, da diese Form der wirtschaftlichen Zusammenarbeit mit besonderen Risiken einher-

---

861 Dazu oben im 2. Kapitel unter B I 1 c (2).

862 *Hommelhoff*, ZHR 156 (1992), Seite 295, 312.

863 So explizit: *HFA*, Rechnungslegungsstandard IDW: Aufstellung des Lageberichts, in: Wpg. 1998, Seite 653, 656.

864 *Küting/Weber-Lück*, Band Ia, § 289 Rn. 39: Die Lage der Gesellschaft umfaßt die Struktur des Unternehmens, die Absatz- und Ertragslage, sowie die Vermögens- und Finanzlage.

geht. Zusammenfassend ist festzuhalten, daß eine funktionale Aufgabenzuteilung aufgrund ihrer starken Wirkungen für die Tochtergesellschaft und dem daraus resultierenden besonderen Interesse der Außenseiter wesentlicher Berichtsgegenstand des Lageberichts ist. Demgegenüber ist die divisionale Aufgabenverteilung im Spartenkonzern nicht derart wesentlich, da das Tochterunternehmen in einer Sparte bzw. einem Geschäftsbereich eigenständig agiert und weit weniger vom wirtschaftlichen Risiko des Gesamtkonzerns abhängt[865].

(3) Die Isolationswirkung

Im Rahmen funktionaler Aufgabenaufteilung kann die Tochtergesellschaft dazu veranlaßt werden, bestimmte unternehmerische Aufgaben innerhalb des Konzerns zentral auszuüben und dafür einzelne Unternehmensfunktionen komplett aufzugeben. Durch diese Form der wirtschaftlichen Integration begibt sich die Tochtergesellschaft in eine Abhängigkeit, die ihre Existenzfähigkeit bei einer Trennung vom Konzern gefährdet[866]. Diese Form der existenzgefährdenden Isolationswirkung durch die Aufgabe eines eigenen Absatzes bzw. durch langfristige und umfangreiche Liefer- und Leistungsverpflichtungen gegenüber anderen Konzernunternehmen ist bei der faktisch konzernierten Tochtergesellschaft grundsätzlich unzulässig. Bei der Vertragstochter hingegen ist sie möglich, aber in der integrierten Darstellung des Wirtschaftsberichts, der auch auf die Risiken der künftigen Entwicklung einzugehen hat, darzustellen. Hieran haben die Außenseiter der Tochtergesellschaft ein besonderes Interesse, das vom Gesetz mit dem KonTraG durch die risikobezogene Erweiterung des Wirtschaftsberichts berücksichtigt wurde.

(4) Die Vollständigkeit der Lageberichterstattung

Die im Zusammenhang mit den integrationsbedingten Umstrukturierungen erörterten Sachverhalte sind naturgemäß Folge der Unternehmens- und Konzernpolitik, so daß das Geheimhaltungsinteresse des Tochterunternehmens besondere Berücksichtigung zu finden hat. Unter diesem Aspekt ist die Vollständigkeit der Lageberichterstattung zu sehen. Nach dem GoL der Vollständigkeit[867] hat der Lagebericht alle Angaben zu enthalten, die für die Darstellung der wirtschaftlichen Gesamtlage des Tochterunternehmens und damit insbesondere die Gesamtbeurteilung des Geschäftsverlaufs und der Lage einschließlich der Risiken der künftigen Entwicklung erforderlich sind[868]. Der Grundsatz der Vollständigkeit wird durch den Grund-

---

865 Häufig hat der Spartenkonzern auch eine Holdingstruktur. Näher *Lutter*, Holdinghandbuch, A 16 ff.

866 Dazu oben im 2. Kapitel unter B I 2 c.

867 Zu den Rahmengrundsätzen, die als GoL für den Lagebericht gelten bereits oben im 4. Kapitel unter D I 2.

868 *HFA*, Rechnungslegungsstandard IDW: Aufstellung des Lageberichts, in: Wpg. 1998, Seite 653, 654 sowie *A/D/S*-Teilband 2, § 289 Rn. 71.

satz der Wesentlichkeit eingeschränkt, aber auch abgesichert. Damit erfordert der Grundsatz der Vollständigkeit keinen Bericht über alle Geschäftsvorfälle, Vorgaben und Sachverhalte. Vielmehr sind bei der Auswahl der Angaben die Bedeutung der Einzelsachverhalte für das Tochterunternehmen und die Interessen der Publizitätsadressaten zu berücksichtigen[869]. Nach dem Wesentlichkeits-Prinzip ist diese für die rechnungslegende Tochtergesellschaft aus der Sicht und nach dem Informationsbedarf der Außenseiter zu beurteilen[870]. Dabei ist auch die europäische Dimension der Rechnungslegung unter dem Gesichtspunkt des Bedarfs der europäischen Anleger und Gläubiger an materiell gleichwertiger Information zu berücksichtigen[871]. Danach werden die Vorgaben der Konzernleitung für die Besetzung strategischer Geschäftsfelder grundsätzlich von der Angabepflicht erfaßt sein. Das folgt aus der Reichweite dieser unternehmerischen Entscheidung und aus deren Auswirkungen auf die Ertragslage und dann auch auf die Vermögens- und Finanzlage der Tochtergesellschaft. Der Informationsbedarf der Publizitätsadressaten bestimmt die Berichtspflicht aber auch bei den übrigen konzernintegrativen Maßnahmen des Tochterunternehmens. Soweit diese Maßnahmen konzernrechtlich zulässig sind, besteht ein Risiko, das bei derartigen unternehmerischen Führungsentscheidungen typischerweise nicht zu präzisieren ist und die Lebensfähigkeit der Tochtergesellschaft gefährden mag[872]. Die außenstehenden Anleger und Gläubiger der faktisch konzernierten Tochtergesellschaft haben wegen des mit der Aufgabenzuteilung verbundenen Risikos ein besonderes Interesse an Informationen als bilanzanalytische Grundlage für eine eigenverantwortliche Investitionsentscheidung. Ein monetärer Ausgleich dieses Risikos erfolgt nicht, weil die Veranlassung bei der faktisch konzernierten AG nicht vom pekuniären Ausgleichssystem der §§ 311 ff. AktG erfaßt wird. Bei der faktisch konzernierten GmbH besteht kein derartiges vermögensbezogenes Ausgleichssystem, wenn die Veranlassung vom Eigeninteresse der GmbH gedeckt ist. Nur mit den entsprechenden Informationen können die „außenstehenden" Beteiligten das Risiko für den unternehmerischen Fortbestand der Tochtergesellschaft abschätzen und eine fundierte Entscheidung über die weitere Gestaltung ihrer rechtlichen Beziehungen mit der Tochtergesellschaft treffen. Das wirtschaftliche Risiko aufgrund unternehmerischer Entscheidungen besteht zwar auch bei der selbständigen Einzelgesellschaft. Im Unterschied zu dieser können bei der Tochtergesellschaft die unter-

---

869 Deutlich jeweils: *HFA*, Entwurf einer Verlautbarung: Zur Aufstellung des Lageberichts, in: WPg 1997, Seite 329, 331 sowie *HFA*, IDW Rechnungslegungsstandard: Aufstellung des Lageberichts, in: Wpg. 1998, Seite 653, 654.Sowie: *Kropff*, in: FS für Goerdeler, Seite 259, 275.

870 So auch *Selchert*, BB 1986, Seite 560, 565.

871 Generelle Zielvorgabe ist die materielle Gleichwertigkeit der Information: zwischen der Rechnungslegung unabhängiger Gesellschaften, einfach faktisch konzernierter Tochtergesellschaften oder der Tochtergesellschaft im Vertragskonzern.

872 Diesen Aspekt betont *KK-Koppensteiner*, § 311 AktG Rn. 44 f. für die Feststellung eines „Nachteils".

nehmerischen Entscheidungen nach § 18 Abs. 1 AktG vorgegeben sein oder sich bei dezentraler Leitungsstruktur in einem durch die Konzernplanung vorgegebenen Rahmen zu halten haben. Sie entsprechen möglicherweise nicht ihrem Eigeninteresse. Dieser Umstand und die daraus resultierende Sondersituation der Außenseiter ist bei der Auslegung der Vorschriften zur Rechnungslegung zu berücksichtigen. Aufgrund der Sensibilität der konzernrechtlichen Situation bei der wirtschaftlichen Konzernintegration besteht im einfachen faktischen Konzern folglich ein besonderer Informationsbedarf der Publizitätsadressaten. Seit der Stärkung des Lageberichts durch die explizite Einführung der Berichtspflicht über die Risiken der künftigen Entwicklung des Unternehmens tritt sowohl für die faktisch konzernierte Tochtergesellschaft als auch für die Vertragstochter die Erörterung konzernintegrativer Unternehmensentscheidungen deutlich hervor.

b. Die Darstellung im Nachtrags- und Prognosebericht

Im Nachtrags- und Prognosebericht (§ 289 Abs. 2 Nr. 1 und Nr. 2 HGB) sind in bezug auf die integrativen Unternehmensstrukturveränderungen besondere Vorgänge nach dem Schluß des Geschäftsjahres, die sich auf die Unternehmensstruktur der Tochtergesellschaft auswirken, darzustellen. Daneben ist die voraussichtliche Entwicklung aufgrund der unternehmensstrukturbezogenen Vorgaben zu prognostizieren. Demnach sind hier besondere Veränderungen darzustellen, die ansonsten im Rahmen des Geschäftsverlaufs zu erörtern sind. Zu denken ist an konzernbedingte Vorgaben zur Änderung der Beschaffungsstruktur, an funktionale Aufgabenzuweisungen, an konzernbedingte Koordinationsvorgaben, die zur Stillegung oder Erweiterung der Produktionsanlagen führen und ähnliches mehr. Berichtspflichtig können zudem zukunftsweisende Personalentscheidungen sein, die von der Konzernleitung veranlaßt sind.

c. Die Darstellung im Forschungs- und Entwicklungsbericht

Auch im Forschungs- und Entwicklungsbericht ist eine mögliche konzernbezogene Ausrichtung dieses für die Zukunftsfähigkeit des Tochterunternehmens besonders wichtigen Unternehmensbereichs darzustellen. Der Konzernbezug kann in möglichen Vorgaben für die Schwerpunkte der Forschungs- und Entwicklungstätigkeit oder in der Tatsache einer funktional ausgerichteten Zusammenarbeit, die zur Intensivierung oder Verlagerung bestimmter Bereiche der Forschung und Entwicklung führt, bestehen. Neben dieser Darstellung der Zusammenarbeit hat das Tochterunternehmen über wesentliche Verbundeffekte bei der Verwertung von Forschungs- und Entwicklungsresultaten zu berichten[873].

---

[873] Dazu *Baetge/Fischer/Paskert*-Lagebericht, Seite 46 m.w.N.

2. Die Transparenz der Umstrukturierung im Anhang

Angaben im Anhang kommen - wohl nur selten bzw. seltener als bei der Vorgabe der strategischen Geschäftsfelder - in Betracht, wenn die Vorgaben zur inneren Konzernintegration starke Auswirkungen auf die Vermögens-, Finanz- und Ertragslage des Jahresabschlusses haben. Dies mag beispielsweise bei tiefgreifenden Umstrukturierungen, die grundsätzlich nur in der beherrschungsvertraglich konzernierten Tochtergesellschaft zulässig sind, der Fall sein. Im Gegensatz zum Lagebericht wird der Anhang nur für konkrete Einzelheiten zusätzlich heranzuziehen sein.

IV. Zusammenfassung

Zur Darstellung des konzernbestimmten Aufgabenbereichs der Tochter- oder Enkelgesellschaft gibt es keine geschriebenen Vorschriften. Die Rechnungslegung ist deshalb konzernbezogen fortzuscheiben. Die Darstellung der vom Konzern beeinflußten oder veranlaßten Aufgabenzuteilung im wirtschaftlichen Bereich hat grundsätzlich im Lagebericht der Tochtergesellschaft, dessen Erstellung kleinen Kapitalgesellschaften erlassen ist, zu erfolgen. Die Konzernform der Tochtergesellschaft spielt dabei in erster Linie für den zulässigen Umfang der konzernintegrativen Maßnahmen eine Rolle. Vorgaben für die strategischen Geschäftsfelder des Tochterunternehmens sind grundsätzlich im Wirtschaftsbericht anzugeben, um ein den tatsächlichen Verhältnissen entsprechendes Bild bei geschäftlichem Verlauf und Lage im Umsatz- und Absatzbereich zu vermitteln. Entsprechend sind Vorgaben auch im Nachtrags- und im Prognosebericht zum Umsatz- und Absatzbereich darzustellen. Wesentliche Vorgaben für die strategischen Geschäftsfelder können auch im Anhang anzugeben sein, wenn ansonsten kein den tatsächlichen Verhältnissen entsprechendes Bild - insbesondere der Ertragslage der Tochtergesellschaft - vermittelt wird. Dies mag der Fall sein, wenn sich die Umsatzerlöse wesentlich und damit grundsätzlich in Größenordnungen über 10 % verändern oder wenn sich die Tochtergesellschaft auf Weisung beispielsweise von einem Markt zurückzieht, der bislang für die Ertragslage von großer Bedeutung war. Die zusätzlichen Anhangsangaben sind meist nur konkrete Einzelangaben.

Die mit den Vorgaben für die strategischen Geschäftsfelder möglicherweise verbundenen mittelbaren Veränderungen der wirtschaftlichen Unternehmensstruktur in anderen Bereichen sind ebenso wie wesentliche unmittelbare Veränderungen der Unternehmensbereiche aufgrund integrativer Weisungen im Wirtschaftsbericht über Entwicklung und Lage der verschiedenen Bereiche darzustellen. In Hinblick auf die Risiken der künftigen Entwicklung sind insbesondere gezielte Umstrukturierungen und funktionale Aufgabenzuweisungen darzustellen; möglicherweise ist dann nicht nur das Unternehmensgefüge der Tochtergesellschaft selbst, sondern auch das wirtschaftliche Gefüge des Konzerns, das beispielsweise die zentrale Ausführung bestimmter Unternehmensfunktionen durch die Tochtergesellschaft bedingt, darzustellen.

B. Die Transparenz des konzerninternen Geschäftsverkehrs

Ein weiterer wichtiger Faktor der konzernbestimmten Wirtschaftslage des Tochterunternehmens ist der konzerninterne Geschäftsverkehr. In diesem manifestiert sich die wirtschaftliche Zusammenarbeit des Tochterunternehmens mit den übrigen Unternehmen des Konzerns. Dieser konzerninterne Liefer- und Leistungsverkehr wird besonders argwöhnisch betrachtet, weil er von der Konzernleitung gesteuert und instrumentalisiert werden kann[874]. Dementsprechend wird er in der Gruppe möglicherweise zu nicht marktüblichen Konditionen abgewikkelt. Gerade deshalb ist zum Schutz der Publizitätsadressaten die Transparenz des konzerninternen Geschäftsverkehrs bei der Darstellung der Wirtschaftslage des Tochterunternehmens besonders wichtig. Dazu sind die konzernbedingten Veränderungen und der Einfluß des Konzerns im Bereich des konzerninternen Liefer- und Leistungsverkehrs der Tochtergesellschaft offenzulegen. In diesem Abschnitt soll untersucht werden, wie und in welchem Umfang der konzerninterne Geschäftsverkehr in der Rechnungslegung der Tochterkapitalgesellschaft transparent zu machen ist.

Nach einer Bewertung der expliziten Angaben zum konzerninternen Geschäftsverkehr (unter II) ist die Vervollständigung der Informationen zu erörtern (unter III):

I. Die explizite Information über den konzerninternen Geschäftsverkehr

Die Darstellung des konzerninternen Geschäftsverkehrs in der jährlichen Rechnungslegung ist - ganz im Gegensatz zum Ausgangsbefund bei der konzernintegrativen Aufgabenzuteilung - zumindest in Teilen explizit geregelt. Im Jahresabschluß der Tochterkapitalgesellschaft finden sich Informationen, die den konzerninternen Geschäftsverkehr und seine Auswirkungen auf der Abbildungsebene offenlegen wollen. Die expliziten Regelungen zur Transparenz des konzerninternen Geschäftsverkehrs durch entsprechende Angaben beruhen zum einen darauf, daß die Probleme des konzerninternen Geschäftsverkehrs sowohl auf der Ebene der Muttergesellschaft, als auch auf der Ebene der Tochtergesellschaft angesiedelt sind, und deshalb schon seit Beginn der Diskussion über die Bilanzen konzernzugehöriger Gesellschaften eine Rolle

---

[874] *Scheffler*-Konzernmanagement, Seite 137.

spielten[875]. Zum anderen besteht die Problematik des konzerninternen Geschäftsverkehrs bei jedem Konzernunternehmen unabhängig von der jeweiligen Konzernform. Dadurch konnten entsprechende Regelungen auf EG-Ebene in der 4. Richtlinie getroffen werden, ohne daß der damals geplanten 9. Konzernrechtsrichtlinie vorgegriffen wurde. Die nunmehr in der Form des BiRiLiG bestehende Regelung der Darstellung des konzerninternen Geschäftsverkehrs ist nachfolgend zusammengefaßt zu erörtern:

1. Die Information in den Sonderposten für verbundene Unternehmen

Die Sonderposten für verbundene Unternehmen, die in den Einzelabschlüssen aller konzernzugehörigen Kapitalgesellschaften auszuweisen sind, sollen über die wirtschaftliche Konzernverflechtung der einzelnen Konzerngesellschaft informieren[876]. Zur besseren Beurteilung der Vermögens- und Finanzlage der Konzerngesellschaft wird der konzerninterne Geschäftsverkehr in den Sonderposten der Bilanz für Forderungen und Verbindlichkeiten gegenüber verbundenen Unternehmen sowie in den entsprechenden Aufwands- und Ertragsposten der GuV erfaßt. Erfaßt wird aber nur der finanzielle Niederschlag des konzerninternen Geschäftsverkehrs der Tochtergesellschaft. Dieser zeigt sich in den ausstehenden Zahlungen und daraus resultierenden Forderungen und Verbindlichkeiten[877]. Zunächst nicht erfaßt werden konzerninterne Liefer- und Leistungsgeschäfte, die unverzüglich finanziell abgewickelt werden und so unmittelbar nur die Ertragslage der Tochtergesellschaft betreffen. Die gesondert auszuweisenden Ausleihungen an verbundene Unternehmen sind weitgehend homogen und machen die finanzielle Konzernverflechtung der Tochtergesellschaft durch langfristig vergebene Darlehen transparent[878]. Ebenfalls äußerst homogen sind die „Forderungen an verbundene Unternehmen aus Lieferungen und Leistungen", die über den Umfang der Forderungen aus dem konzerninternen Liefer- und Leistungsverkehr informieren[879]. Beide Posten zeigen aber nicht die möglichen Beeinflussungen, die tatsächlich die besondere Qualität der erfaßten Forderungen begründen. Die übrigen Forderungen an verbundene Unternehmen geben als Sammelposten wenig Informationen über den konzerninternen Geschäftsverkehr des Tochterunternehmens[880]. Die Verbundverbindlichkeiten, von denen die Verbindlichkeiten aus Lieferungen und

---

[875] Zur Diskussion über die Probleme des konzerninternen Geshäftsverkehrs und insbesondere den auftretenden Ausweis nicht realisierter Gewinn in den 20er Jahren schon oben im 3. Kapitel unter A II 1 a.

[876] Zum Zweck des Sonderausweises für verbundene Unternehmen oben im 4. Kapitel unter A II 2 sowie bei *A/D/S*-Teilband 5, § 271 Rn. 34.

[877] So schon *Pausenberger*, WPg 1965, Seite 1, 4.

[878] Der Posten ist auzuweisen nach § 266 Abs. 2 A III Nr. 2 HGB. Dazu oben im 4. Kapitel unter A II 3 b (2).

[879] Unter dem Posten der Forderungen an verbundene Unternehmen nach § 266 Abs. 2 B II Nr. 1 HGB ist ein Davon-Vermerk oder eine Anhangsangabe für die Forderungen aus Lieferung und Leistung - soweit diese Beträge nicht unwesentlich sind - zu machen. Dazu oben im 4. Kapitel unter A II 3 b (1).

[880] Dazu oben im 4. Kapitel unter A II 3 b (2).

Leistungen als homogene Gruppe abzusetzen sind, geben ebenfalls nur einen Hinweis auf den Umfang und die mögliche Beeinflussung durch den konzerninternen Geschäftsverkehr[881]. Damit erleichtern die Sonderposten zwar die Beurteilung der Vermögens- und Finanzlage des Tochterunternehmens und haben eine nicht zu unterschätzende Präventivwirkung. Hinsichtlich des konzerninternen Geschäftsverkehrs der Tochtergesellschaft lassen sie aber wegen der Beschränkung auf die Erfassung des finanziellen Niederschlags weder den Umfang der Geschäfte und Verflechtungen an sich, noch den Umfang möglicher Vermögens-, Liquiditäts- oder Ergebnisverlagerungen. Dasselbe gilt für mögliche nicht realisierte Gewinne: die Sonderposten zeigen nur die möglicherweise von der Konzernleitung beeinflußten Positionen[882].

2. Der konzerninterne Geschäftsverkehr im Konzernabschluß

Um die Wirtschaftslage des Gesamtkonzerns nach Maßgabe der Einheitsfiktion darzustellen, ist im Konzernabschluß der gesamte konzerninterne Geschäftsverkehr und der daraus resultierende nicht realisierte Gewinn im Wege der Schuldenkonsolidierung (§ 303 HGB) bzw. der Zwischenergebniseliminierung und der Aufwands- und Ertragseliminierung (§§ 304, 305 HGB) herauszurechnen[883]. Da der Gesetzgeber dem konzerninternen Geschäftsverkehr kritisch gegenüberstand, soll dieser bei der Darstellung der Vermögens-, Finanz- und Ertragslage des Gesamtkonzerns keine Rolle spielen. Doch während der Konzernabschluß auf diese Weise für das Mutterunternehmen möglicherweise Informationen über die wirtschaftliche Situation unter Außerachtlassung des konzerninternen Geschäftsverkehrs und seiner Verzerrungen ermöglicht, kann er für die Ebene des Tochterunternehmens grundsätzlich keine Informationen liefern[884]. Denn wie schon der Konzernabschluß grundsätzlich keine Rückschlüsse auf Einzelposten oder die Gesamtsituation der Tochtergesellschaft ermöglicht, gibt er grundsätzlich keine Hinweise auf die Gesamtsituation der Tochtergesellschaft nach Eliminierung des konzerninternen Geschäftsverkehrs. Anders mag es ausnahmsweise sein, wenn die Tochtergesellschaft aufgrund ihrer Größe den Konzernabschluß besonders prägt oder wenn sie einen Teilkonzernabschluß erstellt. Die Darstellung der wirtschaftlichen Gesamtlage des Konzerns ist immerhin für die Beurteilung der Bonität der konzernbezogenen Forderungen der Tochtergesellschaft interessant[885]. Ansonsten gibt der Konzernabschluß für das Toch-

---

881 Der Posten ergibt sich aus § 266 Abs. 3 C Nr. 6 HGB. Zum Informationswert und zu den Streitfragen über den formalen Ausweis oben im 4. Kapitel unter A II 3 c (2).

882 Vgl.: *A/D/S*-Teilband 5, § 271 Rn. 34 sowie oben im 4. Kapitel unter A II 3 b (2).

883 Zur Zielsetzung des konsolidierten Konzernabschlusses bereits oben im 1. Kapitel unter B II.

884 Der aus dem Blickwinkel des Mutterunternehmens gewählte Lösungsansatz für die Problematik des konzerninternen Geschäftsverkehrs läßt sich grundsätzlich nicht auf die Ebene des Tochterunternehmens übertragen.

885 Vor diesem Hintergrund macht auch die Anhangsangabe nach § 285 Nr. 14 HGB mit der Eröffnung des Zugangs zu einem offengelegten Konzernabschluß Sinn.

terunternehmen grundsätzlich keine Informationen über die wirtschaftliche Lage bei Außerachtlassung des konzerninternen Geschäftsverkehrs. Rückschlüsse auf Umfang und Auswirkung des konzerninternen Geschäftsverkehrs selbst sind nicht möglich.

II. Die Vervollständigung der Darstellung des konzerninternen Geschäftsverkehrs

Umfang und Auswirkung des konzerninternen Geschäftsverkehrs der Tochtergesellschaft stellen die genannten Bilanzsonderposten für die Forderungen und Verbindlichkeiten an bzw. gegenüber verbundenen Unternehmen nur unzureichend dar. Doch während der Konzernabschluß für die Ebene des Mutterunternehmens zusätzliche Informationen liefert, werden die wirtschaftliche Lage des Tochterunternehmens ohne den konzerninternen Geschäftsverkehr und damit im Rückschluß die konzerninternen Geschäfte selbst grundsätzlich nicht erkennbar. Es bleiben Zweifel an der Gleichwertigkeit der Rechnungslegungsinformation zwischen Tochtergesellschaft und Mutterunternehmen. Die Informationsdefizite für das Tochterunternehmen sind deshalb durch zusätzliche Angaben auszugleichen, die im Anhang und im Lagebericht zur Vermittlung des den tatsächlichen Verhältnissen entsprechenden Bildes zu machen sind:

1. Die Aufgliederung der Umsatzerlöse im Anhang der Tochtergesellschaft

Der Ausweis der Umsatzerlöse in der Gewinn- und Verlustrechnung ist für die Darstellung der Ertragslage der Kapitalgesellschaft von besonderer Bedeutung[886]. Mit zunehmender Diversifikation und Globalisierung wuchs die Erkenntnis, daß die Zusammenfassung der Zahlen aus unterschiedlicher unternehmerischer Tätigkeit - insbesondere auf unterschiedlichen Märkten - die spezifischen Chancen, Risiken und Erfolgsbeiträge einzelner Unternehmensaktivitäten nivelliert. Die externen Publizitätsadressaten werden über das Erfolgspotential und die Zukunftsaussichten des Unternehmens insgesamt nicht ausreichend informiert[887]. Deshalb haben zur Verbesserung der Information über die Ertragslage insbesondere große Kapitalgesellschaften bzw. die Gesamtkonzerne ihre Umsatzerlöse nach Maßgabe

---

886 Umsatzerlöse sind nach der Legaldefinition des § 277 Abs. 1 HGB cum grano salis die Erlöse aus der gewöhnlichen Geschäftstätigkeit mit typischen Erzeugnissen und Dienstleistungen. Ausführlich dazu *A/D/S*-Teilband 5, § 277 Rn. 4 ff.

887 *Coenenberg*, Jahresabschluß und Jahresabschlußanalyse, Seite 392. Dieser auch zur Entwicklung der internationalen Segmentberichterstattung nach IAS 14, a.a.O., Seite 393 ff.

der Vorschriften des § 285 Nr. 4 HGB bzw. des § 314 Abs. 1 Nr. 3 HGB im jeweiligen Anhang aufzugliedern, soweit sich die Erlöse untereinander erheblich unterscheiden[888].

a. Die besonderen Umstände der Tochtergesellschaft

Bei Konzerngesellschaften besteht die Besonderheit, daß deren Umsatzerlöse nicht allein die Außenumsätze des Unternehmens erfassen, sondern auch die Umsätze aus dem konzerninternen Liefer- und Leistungsverkehr. Aufgrund der konzernrechtlichen Stellung der Tochter- oder Enkelgesellschaft kann die Konzernleitung über diese Lieferungen und Leistungen konzernpolitische Ziele umsetzen. Im Rahmen des konzernrechtlich Zulässigen kann so die wirtschaftliche Lage beeinflußt oder verändert werden, was die besondere wirtschaftliche und rechtliche Qualität des konzerninternen Geschäftsverkehrs begründet[889]. Aufgrund der möglichen Vorgaben sind die Innen- oder Verbundumsätze von den am Markt erzielten Außenumsätzen so wesentlich verschieden, daß die Zusammenfassung aufgrund der Nivellierung der Unterschiede ein den tatsächlichen Verhältnissen entsprechendes Bild der Ertragslage der Tochtergesellschaft verhindert. Dieses Defizit für die Ertragslage wird durch die Bilanzsonderposten für verbundene Unternehmen nicht ausgeglichen. Denn diese erfassen nur den auf die bilanzielle Vermögens- und Finanzlage bezogenen finanziellen Niederschlag des konzerninternen Geschäftsverkehrs und nicht dessen Umfang als Umsatzanteil. Die zusätzliche Anhangsangabe nach § 264 Abs. 2 Satz 2 HGB ist aber nicht allein aufgrund dieses Defizits, sondern aufgrund der Besonderheit der Umstände erforderlich[890]. Denn weil der Gesetzgeber die Sonderqualität des konzerninternen Geschäftsverkehr erkannt hatte, entsprach er dessen Gefährdungspotential durch die Eliminierung im Konzernabschluß. Damit verbessert sich die Informationssituation aber nur einseitig auf der Ebene der konzernrechnungslegenden Muttergesellschaft. Die Informationsbedürfnisse der Publizitätsadressaten der Tochtergesellschaft werden durch den Konzernabschluß aber nicht befriedigt, so daß ein Ungleichgewicht entsteht. Diese besonderen Umstände der konzernbezogenen Information verlangen die Aufgliederung der Umsatzerlöse der Tochtergesellschaft zur Darstellung der tatsächlichen Ertragslage

---

888 Die Aufgliederung der Umsatzerlöse ist nach der Erleichterungsvorschrift des § 288 HGB nur für große Kapitalgesellschaften obligatorisch. Erleichterungen bzw. Einschränkungen ergeben sich darüber hinaus nach § 286 Abs. 2 HGB bzw. nach § 314 Abs. 2 HGB, wenn die Aufgliederung nach vernünftiger kaufmännischer Beurteilung geeignet ist, der Kapitalgesellschaft bzw. konzernzugehörigen Unternehmen erheblichen Nachteil zuzufügen. Im Konzernanhang ist dann nach § 314 Abs. 2 Satz 2 HGB die Anwendung dieser Ausnahme anzugeben. Eine Verschleierungsmöglichkeit des Umfangs der Umsatzerlöse besteht für selbständige kleine und mittelgroße Kapitalgesellschaften auch nach § 276 HGB.

889 In der Eliminierung des konzerninternen Liefer- und Leistungsverkehrs zeigt sich dessen besondere rechtliche Qualität. Zur besonderen wirtschaftlichen Qualität bereits: *Pausenberger*, WPg 1965, Seite 1, 5.

890 Die Besonderheit der Umstände ist vor dem Hintergrund zu sehen, daß der Gesetzgeber davon ausging, daß die Berichterstattung im Normalfall ein den tatsächlichen Verhältnissen entsprechendes Bild der Vermögens-, Finanz- und Ertragslage vermittelt. Vgl.: *Biener/Berneke*, Bilanzrichtliniengesetz, § 264 Seite 132 sowie *A/D/S*-Teilband 5, § 264 Rn. 92 m.w.N.

nach § 264 Abs. 2 Satz 2 HGB[891]. Die Segmentierung der Umsatzerlöse beruht auf dem Grundgedanken, daß für die einzelnen Segmente unterschiedliche wirtschaftliche Rahmenbedingungen gelten und deshalb Kenntnisse und Informationen über die einzelnen Segmente erforderlich sind, um die wirtschaftliche Lage und deren zukünftige Entwicklung zutreffend beurteilen zu können[892]. Die Umsatzsegmentierung ermöglicht die Beurteilung der Umsatzrisiken der einzelnen Segmente und damit der Ertrags- und Ergebnisrisiken und dient so der Informationsverbesserung für die Publizitätsadressaten[893]. Dieser Gedanke, daß die Kenntnis des Umfangs eines Bereichs mit besonderen Bedingungen zur Beurteilung der Gesamtlage erforderlich ist, macht die Segmentierung aufgrund stark unterschiedlicher Bedingungen in den beiden Umsatzbereichen sowohl für die vertraglich, als auch für die faktisch konzernierte Tochtergesellschaft notwendig[894]. Nur die Information über den Umfang der stark unterschiedlichen Verbundumsätze ermöglicht eine zutreffende Beurteilung der gesamten wirtschaftlichen Lage aufgrund der zukünftigen Entwicklung und damit die Beseitigung des Defizits für die Ertragslage. Um die Informationsinteressen der Außenseiter und der sonstigen Publizitätsadressaten der Tochtergesellschaft, die hierbei eben nicht auf die Informationen des Konzernabschlusses zurückgreifen können, zu befriedigen, ist eine entsprechende Segmentierung notwendig. Damit sind in einer Anhangsangabe nach § 264 Abs. 2 Satz 2 HGB die Umsatzerlöse in Außenumsätze und Verbundumsätze aufzuteilen.

b. Der Formalausweis und das Auskunftsrecht

Die Offenlegung der Verbundumsätze aller Tochtergesellschaften steht unter dem Grundsatz der Wesentlichkeit. Es sind diejenigen Umsätze abzusondern, die für die Entscheidung der Publizitätsadressaten ins Gewicht fallen[895]. Dies wird jedenfalls bei 10 % der Umsatzerlöse der Fall sein[896]. Die entsprechende Aufgliederung ist nach dem Ermessen der Tochtergesellschaft möglich durch absolute Zahlen, durch Prozentangaben oder durch die graphische

---

891 *Pausenberger*, a.a.O., Seite 5 plädierte für die Umsatzsegmentierung auch mit der Erstellung des konsolidierten Abschlusses: Durch die Trennung der Außen- von den Verbundumsätzen werde die Erstellung der konsolidierten GuV vorbereitet. Dies erleichtere die Konzernrechnungslegung. Umgekehrt stellt die Aufgliederung der Umsatzerlöse in Hinblick auf die Aufgliederung im Rahmen der Konzernrechnungslegung keine zusätzliche Belastung dar.

892 Grundlegend: *Baumann*, in: FS für Goerdeler, Seite 1, 3 ff.

893 Dazu grundsätzlich: *Selchert*, BB 1986, Seite 560, 561 m.w.N.

894 Dazu *Baumann*, a.a.O. mit zahlreichen Beispielen unterschiedlicher wirtschaftlicher Rahmenbedingungen bei stark diversifizierten Unternehmen.

895 Zum Wesentlichkeits-Grundsatz nach § 285 Nr. 4 HGB: *Selchert*, BB 1986, Seite 560, 561.

896 Obwohl eine derartige Zahl die Praxis erleichtert, entbindet sie doch nicht von der Entscheidung im Einzelfall und insbesondere von der Beachtung der absoluten Zahlen. Zur 10-%igen Wesentlichkeitsschwelle bei Angaben über Umsatzänderungen aufgrund der Vorgaben für die strategischen Geschäftsfelder oben in diesem Kapitel unter A II.

Darstellung der Teilbeträge[897]. Größenabhängig ist folgendes zu beachten: Jedenfalls bei der großen Tochtergesellschaft fällt die Aufgliederung des Verbundumsatzes grundsätzlich mit der marktorientierten Aufgliederung des Außenumsatzes nach Tätigkeitsbereichen und -regionen nach § 285 Nr. 4 HGB zusammen[898]. Im Fall dieser doppelten Segmentierung ist der Verbundumsatz in den jeweiligen Außenumsatz einzubeziehen[899] und dann abzusetzen, soweit der Verbundumsatz wesentlich ins Gewicht fällt[900]. Soweit kleine und mittelgroße Tochtergesellschaften von der Erleichterung des § 276 HGB Gebrauch machen und ihre Umsatzerlöse innerhalb eines Rohergebnisses ausweisen, entfällt auch die Angabe über den Umsatzanteil des konzerninternen Geschäftsverkehrs[901]. Handelt es sich jedoch um eine Tochter-AG oder ein Tochter-KGaA, so haben die Aktionäre nach § 131 Abs. 1 Satz 1 AktG das Recht, in der Hauptversammlung die Vorlage der ungekürzten Gewinn- und Verlustrechnung zu verlangen[902]. Auch der Aufsichtsrat einer Tochter-AG oder -KGaA kann nach § 111 Abs. 1 und 2 AktG die Vorlage der unsaldierten GuV verlangen[903]. In diesen Fällen kann jeweils auch die Vorlage des Anhangs mit der Aufgliederung in Außen- und Verbundumsätze verlangt werden. Bei der Tochter-GmbH schließlich hat jeder Gesellschafter nach § 51a Abs. 1 GmbHG das Recht zur Einsicht der Bücher, die die Grundlage der GuV bilden[904].

Soweit der Verbundumsatz der Tochtergesellschaft offenzulegen ist, wird sowohl die wirtschaftliche Konzernintegration aufgrund der konzerninternen Lieferungen und Leistungen und damit der mögliche Einflußbereich der Konzernleitung als auch die Marktintegration des Unternehmens transparent. Diese Informationen vermitteln ein getreues Bild der Ertragslage

---

897 Zur Art der Darstellung ausführlich *A/D/S*-Teilband 2, § 285 Rn. 95 m.w.N.; Mengenangaben ohne Wertzahl genügen hingegen nicht - auch dazu Nachweise, a.a.O.

898 Von der marktorientierten Umsatzsegmentierung nach § 285 Nr. 4 HGB sind nach der Erleichterungsvorschrift des § 288 HGB kleine und mittelgroße Kapitalgesellschaften befreit. Daneben kann die Segmentierung nach § 286 Abs. 2 HGB entfallen.

899 Die Einbeziehung des Verbundumsatzes in den segmentierten Außenumsatz befürwortet auch *Baumann*, in: FS für Goerdeler, Seite 1, 22. Er verweist darauf, daß dies der internationalen Praxis nach FASB und IASC entspreche.

900 In dieselbe Richtung weisen Überlegungen des *HFA* des IDW, wonach Unternehmen, bei denen sich die Chancen und Risiken der einzelnen Tätigkeitsbereiche deutlich unterscheiden, über § 285 Nr. 4 HGB hinausgehend Angaben zu machen sind. Vgl.: *HFA*, Rechnungslegungsstandard IDW: Aufstellung des Lageberichts, in: Wpg. 1998, Seite 653, 654. Die Segmentierung der Verbundumsätze hat jedoch aufgrund der Interessenlage nicht der Publizitätsadressaten im Anhang zu erfolgen.

901 Zum Verhältnis von § 264 Abs. 2 Satz 2 HGB zu § 276 HGB vgl. *A/D/S*-Teilband 5, § 276 Rn. 11 m.w.N. Kritisch zur Rohergebniszusammenfassung insbesondere *Heymann/Jung*, § 276 Rn. 6.

902 Nach *K/K-Claussen/Korth*, §§ 275-277 HGB, 158 AktG, Rn. 161 wird bei Publikumsgesellschaften nur die Vorlage der ungekürzten GuV handhabbar sein. Demnach handele es sich bei der AG eher um eine theoretische Rechtserleichterung.

903 *K/K-Claussen/Korth*, a.a.O. Rn. 162.

904 Dazu *Heymann/Jung*, § 276 Rn. 8 f.

der Tochtergesellschaft. Sie sichern die materielle Gleichwertigkeit der Informationen über die Ertragslage gegenüber der selbständigen Einzelgesellschaft in der Rechnungslegung.

Die Verletzung von § 264 Abs. 2 HGB durch die fehlender Aufgliederung der Umsatzerlöse im Anhang kann zu einer Einschränkung des Testats führen. Denn der Abschlußprüfer hat nach § 322 Abs. 1 Satz 3 HGB ausdrücklich die Einhaltung der Generalnorm im Bestätigungsvermerk festzustellen[905].

2. Weitere Anhangsangaben zum konzerninternen Geschäftsverkehr

Aufgrund konzernrechtlich begründeter Besonderheiten im Rahmen des konzerninternen Geschäftsverkehrs kann es zur Anwendung des § 264 Abs. 2 Satz 2 HGB kommen. So sind im Anhang weitere Zusatzangaben zu machen[906]. Bestimmt durch den Wesentlichkeits-Grundsatz ist zwischen den verschiedenen Konzernierungsformen zu unterscheiden:

a. Die Zusatzangaben im einfachen faktischen Konzern

Bei der einfach faktisch konzernierten Tochter- oder Enkelgesellschaft sind Vermögens-, Liquiditäts- und Gewinnsteuerungen über den konzerninternen Geschäftsverkehr nur sehr begrenzt zulässig. Bei der GmbH steht deren Eigeninteresse und bei der Aktiengesellschaft das Schutzsystem nach §§ 311 ff. AktG entgegen. Soweit es bei der Aktiengesellschaft aufgrund der Privilegierungsfunktion der §§ 311 ff. AktG zu ausgleichspflichtigen Nachteilen kommt, sind die Vorteilsgewährung und deren Auswirkung möglicherweise im Anhang zu erläutern[907]. Diese Erläuterung kommt schon wegen der Publizität der Conclusio des Nachteilsberichts nicht generell in Betracht. Soweit aber die Vermögens-, Finanz- und Ertragslage der Aktiengesellschaft aufgrund besonders umfangreicher Nachteile und deren Ausgleich oder aufgrund eines bislang fehlenden Ausgleichs besonders wesentlich verändert ist, ist eine erläuternde Zusatzangabe im Anhang nach § 264 Abs. 2 Satz 2 HGB erforderlich[908].

b. Die Zusatzangaben im Vertragskonzern

Bei der Vertragskonzerntochter, die aufgrund des Weisungsrechts wie eine Betriebsabteilung geführt werden kann, sind Vermögens-, Liquiditäts- und Gewinnverlagerungen durch Konzern- und Steuerumlagen grundsätzlich unbegrenzt möglich. Dasselbe gilt für Preisvorgaben

---

905 *A/D/S*-Teilband 5, § 264 Rn. 139.

906 Die allgemeine Anwendbarkeit des § 264 Abs. 2 Satz 2 HGB auf konzernrechtlich begründete Besonderheiten betont *A/D/S*-Teilband 5, § 264 Rn. 127.

907 So explizit *A/D/S*-Teilband 4, § 311 Rn. 66.

908 *A/D/S*-Teilband 5, § 264 Rn. 127 nennt als berichtspflichtigen Sonderfall den ausstehenden Nachteilsausgleich nach § 311 AktG bei der einfach faktisch konzernierten AG. Bei der GmbH hingegen ist die Schädigung zumindest ohne sofortigen Ausgleich unzulässig.

und Konzernverrechnungspreise im Rahmen des konzerninternen Geschäftsverkehrs. Dadurch ist die Aussagefähigkeit der Position des Gewinns bzw. des abgeführten Gewinns bei Bestehen eines Gewinnabführungsvertrages geschwächt. Denn die Gewinnentstehung kann bereits im Vorfeld gesteuert werden[909]. Soweit aufgrund einer straffen Konzernleitung wesentliche Gewinn- und Vermögensverlagerungen zu Lasten der Tochtergesellschaft veranlaßt werden, haben die außenstehenden Publizitätsadressaten trotz der konzernrechtlichen Ausgleichsmechanismen nach §§ 302 (analog), 304 AktG ein berechtigtes Informationsbedürfnis an der Offenlegung dieser Umstände, die im Vertragskonzern als Besonderheit möglich sind. Das Konzernbilanzrecht hat diese Fälle mit seinen eigenen Schutzmechanismen zu erfassen. Aufgrund der unterschiedlichen Schutzansätze reicht der konzernrechtliche Schutz nicht aus; er kann den bilanzrechtlichen Schutzbedarf nicht auffangen. Durch die eigenständigen Schutzmechanismen ist vielmehr auch die Diskrepanz zwischen dem deutschen Konzernrecht und dem harmonisierten Rechnungslegungsrecht nach dem BiRiLiG zu überwinden. Soweit ein den tatsächlichen Verhältnissen entsprechendes Bild der Vermögens-, Finanz- und Ertragslage nicht gezeichnet wird, weil Vermögen oder Gewinn schon bei ihrer Entstehung im Vorfeld wesentlich beeinflußt wurden, sind zusätzliche Anhangsangaben nach § 264 Abs. 2 Satz 2 HGB zu machen[910]. Dadurch werden insbesondere die Gläubiger in Hinblick auf das Risiko informiert, auf den Verlustausgleich nach § 302 AktG verwiesen zu werden. Dabei sind weniger die Einzelheiten der Gewinnverlagerung, als vielmehr die grundsätzliche Tatsache wesentlicher Verlagerungen aufgrund von Konzernumlagen und von Verrechnungspreisen im Anhang anzugeben. Diese Zusatzangaben sind im Anhang der vertraglich konzernierten Tochtergesellschaft im Falle wesentlicher Vermögens- und Gewinnverlagerungen erforderlich. Sie gleichen das so entstandene Informationsdefizit für die Publizitätsadressaten im Jahresabschluß aus.

3. Die Angaben im Lagebericht zum konzerninternen Geschäftsverkehr

Im Lagebericht der Tochtergesellschaft sind ergänzend ebenfalls Angaben zum konzerninternen Geschäftsverkehr zu machen. Sie verteilen sich auf dessen verschiedene Teile:

a. Die Transparenz im Wirtschaftsbericht nach § 289 Abs. 1 HGB

---

909 Darauf verweist insbesondere das betriebswirtschaftliche Schrifttum immer wieder mit Nachdruck; vgl.: *A/D/S*-Teilband 4, § 300 Rn. 2.

910 Die Bilanzrichtlinien enthalten konsequenterweise keine expliziten Regelungen für das Bilanzrecht der Gesellschaften im Vertragskonzern, da der Vertragskonzern wegen der bislang nicht verabschiedeten 9. Konzernrechtsrichtlinie nicht EG-weit geregelt ist und eine in erster Linie deutsche Besonderheit darstellt. Dazu *Schön*, ZHR 1996, Seite 221, 239.

Im Wirtschaftsbericht ist zunächst ein den tatsächlichen Verhältnissen entsprechendes Bild vom Geschäftsverlauf im Berichtsjahr zu vermitteln. Bei der Nachzeichnung der Entwicklung in den einzelnen Geschäftsbereichen des Tochterunternehmens ist der konzerninterne Geschäftsverkehr beim Bereich der Beschaffung und bei der Entwicklung im Absatz- und Umsatzbereich zu erfassen. Soweit die Umsatzsegmentierung nicht bereits im Anhang erfolgt, sind nun Angaben zu Umfang und Verteilung des Verbundumsatzes zu machen[911]. Im Unternehmensbereich der Finanzierung bestehen Angabepflichten zum konzerninternen Geschäftsverkehr in Form von mittel- und langfristigen Finanzgeschäften durch Darlehen gegenüber anderen verbundenen Unternehmen. Diese werden im Jahresabschluß als Ausleihungen oder Verbindlichkeiten gegenüber verbundenen Unternehmen erfaßt und können insbesondere gegenüber einem als Hausbank fungierenden Konzernunternehmen bestehen. Zur Darstellung des Geschäftsverlaufs in diesen Unternehmensbereichen ist über wesentliche Veränderungen durch den konzerninternen Geschäftsverkehr zu berichten; die Wesentlichkeit beurteilt sich nach dem Informationsinteresse der Publizitätsadressaten, deren Interesse von der jeweiligen Konzernierungsform der Tochtergesellschaft bestimmt wird[912]. Dem Geschäftsverlauf folgend ist im Wirtschaftsbericht stichtagsbezogen ein den tatsächlichen Verhältnissen entsprechendes Bild der Lage mit den Risiken der künftigen Entwicklung der Tochtergesellschaft zu vermitteln[913]. Für die wirtschaftliche Gesamtlage der einzelnen Geschäftsbereiche ist der wesentliche Einfluß des konzerninternen Geschäftsverkehrs zu berücksichtigen.

Für den Berichtsgegenstand bei Geschäftsverlauf und Lage ist auf die Interpretation von § 160 Abs. 3 Nr. 10 AktG 1965 a.F. zurückzugreifen[914]. Nach dieser Vorschrift waren im Geschäftsbericht der Aktiengesellschaft Angaben über die geschäftlichen Beziehungen zu nach § 15 AktG verbundenen Unternehmen mit Sitz im Inland zu machen. Der Rückgriff auf diese Vorschrift ergibt sich aus der tatsächlichen Bedeutung der Konzernierung und des darauf beruhenden Geschäftsverkehrs, die ein den tatsächlichen Verhältnissen entsprechendes Bild

---

911 Die Umsatzsegmentierung im Anhang kann entfallen bei unwesentlichen Verbundanteilen sowie bei kleinen und mittelgroßen Kapitalgesellschaften. Diesen steht die Erleichterung nach § 276 HGB offen. Dann sind in der GuV die Umsatzerlöse nicht gesondert auszuweisen; eine darauf bezogene Erläuterung im Anhang entfällt.

912 Die Maßgeblichkeit der Informationsinteressen der Publizitätsadressaten bestätigen: *Kropff*, in: FS für Goerdeler, Seite 259, 275; sowie: *HFA*, Rechnungslegungsstandard IDW: Aufstellung des Lageberichts, in: Wpg. 1998, Seite 653, 654

913 Zum Begriff der Lage nach § 289 Abs. 1 HGB, siehe oben 4. Kapitel D I 2 a.

914 So explizit: *Kropff*, in: FS für Goerdeler, Seite 259, 274 ff., dessen Argumentation aus dem Wortlaut des § 289 Abs. 1 HGB übertragbar ist, obwohl er sich auf die Angabe zur rechtlichen Beziehung bezieht; *Kort*, ZGR 1987, Seite 46, 64 f. mit zahlreichen Nachweisen, dessen Ausführungen sich allerdings auf den Lagebericht des Mutterunternehmen beziehen. Schließlich: *Burgard*-Offenlegung von Beteiligungen bei der AG, Seite 116. Zu der Vorschrift selbst bereits oben im 3. Kapitel unter D III 4.

nur unter Darstellung der geschäftlichen Verbundbeziehungen ermöglicht[915]. Aus diesem Grundgedanken folgt, daß die frühere Begrenzung der Berichterstattung auf Aktiengesellschaften und auf verbundene Unternehmen mit Sitz im Inland nicht zu übernehmen ist[916]. Gestützt wird der Rückgriff auch dadurch, daß zur Interpretation von Lage und Geschäftsverlauf nach § 289 Abs. 1 HGB auf die Vorgängervorschrift in § 160 Abs. 1 AktG 1965 a.F. zurückzugreifen ist. Diese Vorschrift wurde ihrerseits durch § 160 Abs. 3 Nr. 10 AktG 1965 a.F. konkretisiert[917]. Diese Auslegung ist keine Revision einer bewußten Entscheidung bzw. Erleichterung des Gesetzgebers. Denn die Streichung erfolgte nur in engerer Anlehnung an den Wortlaut der 4. Richtlinie. Der Gesetzgeber ging aufgrund der Konzeption dieser Richtlinie von einer bestehenden Berichtspflicht aus[918]. Deshalb sind auch für Verlauf und Lage nach § 289 Abs. 1 HGB die wirtschaftlichen Auswirkungen des Geschäftsverkehrs mit verbundenen Unternehmen insbesondere in den Bereichen Beschaffung, Absatz und Finanzierung darzulegen. Dazu gehören besonders wesentliche Verträge oder dauerhafte Beziehungen auch tatsächlicher Art[919]. Zu denken ist hier an wichtige Finanzierungsgeschäfte, an Sukzessivlieferungsverträge und an sonstige langfristige Verträge sowohl bei der Finanzierung als auch bei den Lieferungen und Leistungen. Soweit die Sonderposten der Bilanz entsprechende Forderungen und Verbindlichkeiten der Tochtergesellschaft erfassen, sind nähere Angaben über die Auswirkungen derartiger Forderungen erforderlich. Zu den Angaben über die geschäftlichen Beziehungen gehören auch der Einsatz von Verrechnungspreisen und die Festlegung von Steuer- und Konzernumlagen[920]. Diesbezügliche Angaben sind - soweit sie nicht bereits im Anhang zu machen sind - für die außenstehenden Publizitätsadressaten wegen möglicher Eigeninteresseverletzungen und fehlender Informationen im Konzernabschluß besonders wesentlich. Abschließend ist die wirtschaftliche Bedeutung des Geschäftsverkehrs mit den verbundenen Unternehmen für die berichtende Tochtergesellschaft zu erörtern[921]. Diese abschließende Bewertung entspricht in gewisser Weise der zu publizierenden Conclusio des Abhängigkeitsberichts bei der einfach faktisch konzernierten Aktiengesellschaft nach § 312

---

915 *Kropff*, in: FS für Goerdeler, Seite 259, 274 ff.

916 Ebenfalls *Kropff*, a.a.O., der zudem m.w.N. in FN 54 darauf verweist, daß schon nach der alten Rechtslage aufgrund allgemeiner Berichtsgrundsätze über Unternehmen mit Sitz im Ausland zu berichten war. Dazu Geßler/Hefermehl/Eckardt/*Kropff*, § 160 Rn. 106 m.w.N. der h.M. Sowie oben im 3. Kapitel unter D III 4.

917 *Kort*, a.a.O. unter Bezugnahme auf Geßler/Hefermehl/Eckardt/*Kropff*, § 160 Rn. 58.

918 Demgemäß gingen die „Väter des BiRiLiG" von der Fortgeltung der alten Vorschrift aus, vgl.: *Biener/Berneke*, Bilanzrichtliniengesetz, Erl. 2 zu § 289, Seite 276.

919 *GK-Mellerowicz*, § 160 Rn. 46 sowie *A/D/S*, 4. Auflage, § 160 Rn. 202.

920 *GK-Mellerowicz*, a.a.O.

921 *A/D/S*, 4. Auflage, § 160 Rn. 199.

Abs. 3 Satz 3 AktG. Auch diese zunächst im Geschäftsbericht zu machende Angabe hat nach dem Willen des Gesetzgebers heute grundsätzlich im Lagebericht zu erfolgen[922].

b. Die Berichterstattung im Nachtrags- und Prognosebericht

Entsprechend den Angaben im Wirtschaftsbericht ist auch bei den Angaben im Nachtrags- und Prognosebericht der konzerninterne Geschäftsverkehr zu berücksichtigen und gegebenenfalls in die Darstellung aufzunehmen. Insoweit sind unter Rückgriff auf § 160 Abs. 3 Nr. 10 AktG 1965 a.F. auch besondere geschäftliche Vorgänge bei verbundenen Unternehmen mit Auswirkungen auf die Lage der berichtenden Tochtergesellschaft darzustellen, soweit diese besonderen Vorgänge nach Ende des Berichtsjahres und damit im Berichtszeitraum des Nachtragsberichts geschehen oder für die voraussichtliche Entwicklung der Tochtergesellschaft wesentlich sind.

c. erhebliche Vorgänge bei verbundenen Unternehmen

Zur Vollständigkeit der Berichterstattung über Geschäftsverlauf und Lage gehört auch der Bericht über sonstige Vorgänge von Bedeutung, die sich im Verlauf des Berichtsjahres ereigneten[923]. Zu diesen besonderen Vorgängen gehören für das Tochterunternehmen insbesondere auch Vorgänge bei verbundenen Unternehmen, die Bedeutung für das Tochterunternehmen haben[924]. Diese Interpretation des Geschäftsverlaufs erfolgt in Anlehnung an den früheren § 160 Abs. 3 Nr. 10 AktG 1965 a.F., wonach auch über geschäftliche Vorgänge bei verbundenen Unternehmen mit Sitz im Inland zu berichten war, die für die Lage der Gesellschaft von erheblichem Einfluß sein konnten[925]. Dabei ging es nicht um die unmittelbare Beziehung zwischen dem Tochter- und dem verbundenen Unternehmen, sondern um Geschäftsvorgänge der verbundenen Unternehmen, die aufgrund der gemeinsamen Konzernzugehörigkeit mittelbare Auswirkungen auf den konzerninternen Geschäftsverkehr bzw. die Lage des Tochterunternehmens haben[926]. Zu denken ist dabei in erster Linie an Vorgänge auf Ebene des Mutterunternehmens, da dessen geschäftliche Entwicklung starken Einfluß auf das Tochterunternehmen hat. Zu denken ist aber auch an Vorgänge bei anderen verbundenen Unternehmen, mit denen beispielsweise ein umfangreicher Geschäftsverkehr besteht, die

---

[922] Zur Publizität der Schlußerklärung des Abhängigkeitsberichts oben im 4. Kapitel unter D II 1.

[923] *A/D/S*-Teilband 2, § 289 Rn. 79 m.w.N.

[924] Vgl.: *Burgard*-Offenlegung von Beteiligungen bei der AG, Seite 116; *Glade*-Rechnungslegung, § 289 Rn. 6 hingegen fordert die Berichterstattung über besondere Vorgänge bei verbundenen Unternehmen ohne Rückgriff auf § 160 AktG1965 a.F.

[925] Ausdrücklich für die Fortgeltung dieser Vorschrift *Biener/Berneke*, Bilanzrichtliniengesetz, Erl. 2 zu § 289, Seite 276. Wohl auch *A/D/S*, a.a.O., die auf diese Fundstelle Bezug nehmen.

[926] *GK-Mellerowicz*, § 160 Anm. 47 sowie *A/D/S*, 4. Auflage, § 160 Rn. 203.

deren wirtschaftliches "standing" grundlegend berühren. Dies kann beispielsweise bei hohen Verlusten aufgrund von Wertpapier- oder Devisengeschäften oder auch aufgrund der geschäftlichen Entwicklung der Fall sein. Hier hat das Tochterunternehmen über die Verluste bei einem als Geschäftspartner wichtigen verbundenen Unternehmen zu berichten. Diese Berichtspflicht wurde durch das KonTraG gestärkt, da Verluste bei verbundenen Unternehmen ein besonderes Risiko für die geschäftliche Entwicklung des Tochterunternehmens darstellen. Zu berichten ist auch über Umstrukturierungs-, Rationalisierungs- und Sanierungsmaßnahmen bei verbundenen Unternehmen, da hier ein besonderes wirtschaftliches Risiko besteht. Dieses kann sich über den Geschäftsverkehr und die Konzernbindung an sich mittelbar auf die Tochtergesellschaft auswirken. Aufgrund des Risikos besteht auch hier eine Berichtspflicht für den Wirtschaftsbericht.

Ebenso ist im Nachtrags- und Prognosebericht unter Rückgriff auf § 160 Abs. 3 Nr. 10 AktG 1965 a.F. über besondere Vorgänge bei verbundenen Unternehmen insbesondere in den genannten Fällen zu berichten.

III. Zusammenfassung

Die Transparenz der konzernbestimmten Wirtschaftslage des Tochterunternehmens wird durch die konzernbezogene Fortschreibung der Angaben in der Einzelrechnungslegung der Tochtergesellschaft erreicht. Denn die bestehenden Verbundsonderposten der Rechenwerke zeigen nur den finanziellen Niederschlag des konzerninternen Geschäftsverkehrs. Dessen Konditionen, mögliche Vermögens-, Liquiditäts- und Gewinnverlagerungen sowie nicht realisierte Gewinne werden nicht deutlich.

Um dem Einblicksgebot der Generalnorm zu genügen, sind im Jahresabschluß die wesentlichen Verbundumsätze der Umsatzerlöse zu segmentieren (§ 264 Abs. 2 Satz 2 HGB). Dadurch werden der Umfang des konzerninternen Geschäftsverkehrs und die damit verbundene wirtschaftliche Konzernintegration offengelegt. Das Bild der Ertragslage wird ergänzt und verdeutlicht; die Publizitätsadressaten können das Ausmaß der hier bestehenden Risiken abschätzen. Daneben können weitere konkrete Einzelangaben im Anhang nach § 264 Abs. 2 Satz 2 HGB erforderlich sein, die auf der besonderen Stellung der abhängigen Konzerngesellschaft im internen Geschäftsverkehr beruhen. Zusatzangaben sind zu machen bei wesentlichen Vermögens-, Liquiditäts- oder Gewinnverlagerungen insbesondere aufgrund von Preisvorgaben für den konzerninternen Geschäftsverkehr. Diese Verschiebungen betreffen aus Rechtsgründen in erster Linie die vertraglich konzernierte Tochtergesellschaft. Bei der einfach faktisch konzernierten Aktiengesellschaft ist seltener die Erörterung des Nachteilsausgleichs durch eine Zusatzangabe erforderlich. Diese Angaben treten neben die Anhangsangaben zu wesentlichen Vorgaben für die strategischen Geschäftsfelder und besonders wesentliche Strukturveränderungen - insbesondere bei der Vertragstochter -, die ebenfalls Umsatz und Ertragslage wesentlich beeinflussen.

Im Lagebericht ist auf den konzerninternen Geschäftsverkehr bei der Darstellung des Absatz- und Umsatzbereichs einzugehen. Gegebenenfalls ist hier die Umsatzsegmentierung zu erläutern. Für den Finanzbereich sind mittel- und langfristige Finanzgeschäfte in Form von Darlehen gegenüber Verbundunternehmen anzugeben. Bei der Darstellung eines Gesamtbildes ist auf den Berichtsgegenstand nach § 160 Abs. 3 Nr. 10 AktG 1965 a.F. einzugehen, der noch immer aktuell ist. Danach sind die geschäftlichen Beziehungen zu den verbundenen Unternehmen darzustellen. Es sind der Einsatz von Verrechnungspreisen sowie die Zahlung von Konzern- oder Steuerumlagen anzugeben; ebenso die wirtschaftliche Bedeutung des Geschäftsverkehrs für die berichtende Tochtergesellschaft. Auf besondere Vorgänge bei Verbundunternehmen, die Einfluß auf die berichtende Konzerngesellschaft haben, ist ebenfalls einzugehen. Auch im Nachtrags- und Prognosebericht sind die geschäftlichen Beziehungen zu Verbundunternehmen und besondere Vorgänge bei diesen Berichtsgegenstand. Damit ist im Lagebericht - unter Heranziehung von § 160 Abs. 3 Nr. 10 AktG 1965 a.F. - eine umfassende Darstellung des konzerninternen Geschäftsverkehrs und der geschäftlichen Beziehungen mit den verbundenen Unternehmen zu publizieren.

In diesem Sinne ist die defizitäre Regelung, die auch auf der Diskrepanz von harmonisiertem Rechnungslegungsrecht und nationalem Konzernrecht sowie auf dem Abbau des „deutschen Übersolls“ im Bilanzrechts des BiRiLiG beruht, über die Konkretisierung der Zielnormen nach §§ 264, 289 HGB in den Verbalteilen konzernbezogen zu erweitern.

6. Kapitel
Die Transparenz des rechtlichen Konzerngefüges

Die rechtliche Position der Tochter- oder Enkelgesellschaft innerhalb des Konzerns ist Grundlage und Kehrseite der konzerngeprägten Wirtschaftslage. Sie schafft den Rahmen für die wirtschaftliche Integration in die Unternehmensgruppe, die durch die wirtschaftliche Einheit gekennzeichnet ist. Deshalb sind zur Erfassung und Darstellung der wirtschaftlichen Lage der abhängigen Gesellschaft die Informationen über die Position der Tochter- oder Enkelgesellschaft und die Besonderheiten dieser Rechtsposition gegenüber einer unabhängigen Einzelgesellschaft erforderlich. Die rechtliche Stellung wird zum Berichtsgegenstand. Ihre Darstellung ist eng mit der Transparenz der konzernbedingten Wirtschaftslage verknüpft. Nur mit den Informationen über die rechtliche Position können die Adressaten der publizierten Rechnungslegung die Vermögens-, Finanz- und Ertragslage sowie die wirtschaftliche Gesamtlage der Tochtergesellschaft beurteilen[927].

Nach den Regelungen des geschriebenen Rechts wird die rechtliche Position der Tochter- oder Enkelgesellschaft nur ansatzweise sichtbar. Auch insoweit bestehen Defizite. Diesen sind die erforderlichen Informationen entgegenzusetzen. Es ist ein getreues Bild zu zeichnen, um die Gleichwertigkeit der Information in der Rechnungslegung der Tochter- oder Enkelgesellschaft zu erreichen. Wie im vorigen Kapitel sind Lösungsansätze auf dem Boden des geltenden Rechts zu suchen. Auch hier bietet sich die Konkretisierung der Generalklauseln an. Diese regeln nicht nur die Transparenz der konzerngeprägten Wirtschaftslage. Ihr Wortlaut öffnet der Generalklauseln vielmehr auch für die Erfassung rechtlicher Sachverhalte der Gruppe. Insoweit ist die konzernbezogene Fortschreibung der Darstellung der rechtlichen Position der abhängigen Gesellschaft zu untersuchen. Den Publizitätsadressaten ist zu eröffnen, wie die abhängige Gesellschaft in die Haftungs-, Risiko-, Finanzierungs- und Erfolgsgemeinschaft eingebunden ist. Die Darstellung der rechtlichen Position der Tochtergesellschaft wird mit der Darstellung und Transparenz des rechtlichen Konzerngefüges aus Sicht der Tochtergesellschaft erreicht. Die rechtliche Einbindung der Tochtergesellschaft in den Konzern läßt sich als Einbindung in äußeres und inneres rechtliches Konzerngefüge erfassen. Die Untersuchung folgt den Erörterungen für die Realebene. Sie behandelt die rechtliche Einbindung in äußeres und inneres Konzerngefüge getrennt[928]:

---

927 So bereits zur Aktienrechtsnovelle 1931: *S/Q/S*, § 260 a HGB Anm. 7, Seite 137.

928 Zu dieser Trennung auf der Realebene bereits oben im 2. Kapitel unter B II.

A. Die Transparenz des äußeren Konzerngefüges

Auf der Realebene ist das äußere Konzerngefüge dessen gesamte Gestaltung. Dieses Konzerngefüge umfaßt alle dem Konzern zugehörigen Gesellschaften in ihrer jeweiligen Rechtsform und darüber hinaus die konzernrechtlichen Beziehungen zwischen den Gesellschaften[929]. Die konzernrechtlichen Beziehungen sind die rechtlichen Grundlagen der einheitlichen Leitung der konzernabhängigen Tochter- und Enkelunternehmen. Diese Grundlagen sind zum einen unmittelbaren oder mittelbare Kapitalanteile und Beteiligungen des Mutterunternehmens am Grund- und Stammkapital der Tochterunternehmen. Hinzu kommen möglicherweise das Konzernverhältnis näher ausgestaltende Unternehmensverträge. Konzernrechtlich bedeutsam sind insbesondere Beherrschungsverträge und als Spezialform die Eingliederungsverträge bei der AG[930].

Aus Sicht der Tochtergesellschaft beinhaltet die äußere Konzernverfassung zunächst die rechtliche Verbindung zum herrschenden Mutterunternehmen. Dieses übt die einheitliche Leitung (§ 18 Abs. 1 AktG) aus und steht regelmäßig an der Konzernspitze[931]. Geprägt wird die rechtliche Verbindung nicht nur durch Anteile und Verträge, sondern auch durch deren rechtliche Einordnung. Die Verbindung ist als einfache oder qualifiziert faktische Konzernierung sowie als Vertragskonzernierung oder Eingliederung bei der AG zu qualifizieren. Darüber hinaus erfaßt das äußere Konzerngefüge aus Sicht der Tochtergesellschaft die rechtliche Verbindung zu den übrigen Konzernunternehmen. Insoweit bestehen möglicherweise Beteiligungen oder Verträge, die die Verflechtung ausgestalten. Auf dieser Grundlage ist das andere Konzernunternehmen einzuordnen: als weiteres übergeordnetes Unternehmen, als gleichgeordnete Schwester oder als untergeordnete Enkelin. Neben diesen engen Kreis der Konzernunternehmen treten möglicherweise weitere Unternehmen, die wie die Gemeinschaftsunternehmen und die assoziierten Unternehmen nach der Stufenkonzeption des konsolidierten Abschlusses ebenfalls von der Konzernrechnungslegung erfaßt werden[932]. In diesem Sinne erfaßt das äußere Konzerngefüge aus Sicht der Tochtergesellschaft die Ausgestaltung ihrer äußeren rechtlichen Position innerhalb des Konzerngefüges insgesamt.

Nach einer Bewertung der explizit vorgeschriebenen Angaben (unter I) ist die Vervollständigung der Informationen zur äußeren Konzernverfassung zu erläutern (unter II):

---

929 Zur äußeren Konzernverfassungsstruktur bereits oben im 2. Kapitel unter B II 1.

930 *Rehbinder*-Konzernaußenrecht, Seite 40; sowie bereits im 2. Kapitel, a.a.O.

931 Die einheitliche Leitung ist nach hier vertretener Ansicht unteilbar; sie muß aber nicht vom obersten Mutterunternehmen ausgeübt werden. Zur Frage des Konzerns im Konzern oben im 2. Kapitel unter A II 3.

932 Zur Stufenkonzeption bereits oben im 2. Kapitel unter A II 2.

I. Die explizite Information zum äußeren Konzerngefüge

Die rechtliche Stellung der abhängigen Konzerngesellschaft und ihre Position im Gesamtkonzern kommt in verschiedenen Angaben zum Ausdruck. Dies jedoch nur mittelbar. Am deutlichsten ist die Anhangsangabe zum konsolidierenden Mutterunternehmen nach § 285 Nr. 14 HGB. Die Angaben erschließen folgende Teile des Konzerngefüges:

1. Die Identität des Mutterunternehmens nach § 285 Nr. 14 HGB

Die Tochter- oder Enkelgesellschaft hat im Regelfall im Anhang das herrschende Mutterunternehmen mit Name, Sitz und Rechtsform anzugeben (§ 285 Nr. 14 HGB). Die Pflichtangabe bezieht sich jedoch auf die für den größten und den kleinsten Kreis (teil-) konzernabschließende Mutter sowie den Ort der Abschlußoffenlegung[933]. Obwohl der deutsche Gesetzgeber auch die Identität des Mutterunternehmens im Blick hatte, stehen Hinweis auf die Konzernzugehörigkeit der abhängigen Gesellschaft und Nennung des herrschenden Mutterunternehmens nicht im Vordergrund. Die Vorschrift soll vorrangig den publizierten Konzernabschluß und dessen Informationen eröffnen. Denn nach ihrer Konstruktion baut die Anhangsangabe auf der tatsächlichen Erstellung eines konsolierten Abschlusses auf[934]. In den praktisch meisten Fällen ist zwar allein das herrschende Mutterunternehmen anzugeben. Dann ist die Hinweisfunktion erfüllt und der Informationsbedarf der Publizitätsadressaten gedeckt. In manchen Fällen läuft die Hinweisfunktion aber leer. Als Schwachstelle erweist sich einerseits die Bezugnahme auf das Control-Konzept nach § 290 Abs. 2 HGB, das die Konzernabschlußpflicht von der einheitlichen Leitung abkoppelt und damit auch nicht leitende übergeordnete Unternehmen zur Erstellung eines Konzernabschlusses verpflichtet[935]. Im Anhang können ein anderes oder mehrere Muterunternehmen zu nennen sein[936]. Schwachstelle sind andererseits die Befreiungstatbestände für die Erstellung eines Konzernabschlusses[937]. Die Anhangsangabe entfällt, wenn das tatsächlich herrschende Mutterunternehmen nicht zur Erstellung eines Konzernab-

---

933 Zum genauen Inhalt der Vorschrift nach § 285 Nr. 14 HGB bereits oben im 4. Kapitel unter C III 1.

934 Zutreffend *A/D/S*-Teilband 2, § 289 Rn. 246 gegen *BBK-Ellrott*, § 285 Rn. 240. Zur Diskussion über den Zweck der Vorschrift nach § 285 Nr. 14 HGB bereits oben im 4. Kapitel unter C III 2.

935 Das Control-Prinzip bringt eine Ausdehnung des Begriffs des Mutterunternehmens und das Tannenbaumprinzip die Ausdehnung der Konzernabschlußpflicht. Dazu oben im 4. Kapitel unter C III 1. Die Anknüpfung an das Control-Konzept des § 290 Abs. 2 HGB geht auf die 7. Gesellschaftrechtliche Richtlinie zurück und resultiert daraus, daß dem Konzernbegriff der geplanten aber dann nicht verabschiedeten 9. Richtlinie Konzernrechtsrichtlinie nicht vorgegriffen werden sollte.

936 Zu den Pflichtangaben über beide Mutterunternehmen kommt es jedoch nur, wenn in einem mehrstufigen Konzern tatsächlich ein Konzern- und ein Teilkonzernabschluß für den jeweiligen Konzernbereich erstellt wird. Dazu oben im 4. Kapitel unter C III 1.

937 Ein Konzernabschluß entfällt insbesondere nach § 293 HGB. Zu weiteren Fällen oben im 4. Kapitel unter C III 1. *Kropff*, in: FS für Goerdeler, Seite 259, 275 weist zutreffend darauf hin, daß die Angabe von der Erstellung eines Konzernabschlusses abhängt und daher nicht alle Konzernverhältnisse erfaßt; ausführlich auch dazu oben im 4. Kapitel unter C III 1.

schlusses verpflichtet ist. In diesen Fällen wird der Informationsbedarf der Publizitätsadressaten der Tochterrechnungslegung nicht oder nicht hinreichend befriedigt. Dabei ist das gesteigerte Interesse an der Identität des herrschenden Mutterunternehmens, das die einheitliche Leitung ausübt und je nach Konzernform bespielsweise in einer besonderen Haftungspflicht steht, aufgrund des konzernrechtlichen Hintergrundes unverkennbar.

2. Die Anteile des Mutterunternehmens an der Tochtergesellschaft

Angaben zum Kapitalanteil des Mutterunternehmens sind in der Einzelrechnungslegung der Tochter- oder Enkelgesellschaft zunächst nicht ausdrücklich vorgeschrieben. Angaben finden sich dafür im Anhang des inländischen Mutterabschlusses[938]. Nach § 285 Nr. 11 HGB hat die Mutter bei Anteilen über 20 % Name, Sitz, Anteilshöhe, Eigenkapital und Jahresergebnis der Beteiligungsgesellschaften anzugeben. Die Angaben sollen den ausgewiesenen Anteilsbesitz in der Mutterbilanz und damit deren Vermögenslage erläutern[939]. In diesem Rahmen ist der Anteil an den Tochtergesellschaften auszuweisen. Der Ausweis erfolgt aber zusammen mit allen anderen Beteiligungsunternehmen; die Konzernverflechtung spielt nur mittelbar eine Rolle. Weitere Angaben enthält der Konzernanhang, zu dem der Tochterabschluß den Zugang eröffnen soll (§ 285 Nr. 14 HGB). Bei Vollkonsolidierung ist neben Name und Sitz der Tochtergesellschaft der Kapitalanteil anzugeben, der dem konsolidierenden Mutterunternehmen gehört (§ 313 Abs. 2 Nr. 1 HGB). Name, Sitz und Kapitalanteil sind ebenfalls anzugeben (§ 313 Abs. 2 Nr. 2 HGB), wenn die Tochtergesellschaft nach §§ 295, 296 HGB nur nach der Equity-Methode einbezogen wurde. Die Angaben im Konzernanhang dienen in beiden Fällen der Erläuterung des Konsoldierungskreises. Die Konzernverbundenheit ist nur mittelbar Berichtsgegenstand. Der Informationswert dieser Angaben im Anhang des Einzelabschlusses der Muttergesellschaft bzw. im Konzernabschluß steht unter dem Vorbehalt, daß der Einzelabschluß bzw. der Konzernabschluß vom tatsächlich die einheitliche Leitung ausübenden Mutterunternehmen vorliegt[940]. Aufgrund der Befreiungsmöglichkeiten und aufgrund des Control-Konzepts ist dies nicht immer der Fall. Aber auch wenn die Abschlüsse des herrschenden Mutterunternehmens vorliegen stellt sich die Frage, ob und inwieweit es den Publizitätsadressaten der Tochtergesellschaft zuzumuten ist, sich auf die Informationen aus

938 Entsprechende Angaben enthalten auch die Abschlüsse der Mutterunternehmen in anderen europäischen Mitgliedstaaten. Die Angaben beruhen auf Art. 43 Abs. 1 Nr. 2 der 4. Richtlinie.

939 Zum Informationsgehalt des § 285 Nr. 11 HGB bezogen auf den Einzelabschluß der Tochtergesellschaft - es gilt entsprechendes für die Muttergesellschaft - oben im 4. Kapitel unter C II 3. Dort ist auch die Erleichterung nach § 287 HGB erörtert.

940 Zu den Fallkonstellationen, in denen kein Konzernabschluß erstellt wird oder in denen nicht das herrschende Mutterunternehmen den Konzernabschluß erstellt, oben im 4. Kapitel unter C III 1.

dem Mutter- bzw. Konzernanhang verweisen zu lassen[941]. Da das Handelsregister dezentral organisiert ist, stellen sich praktisch oft räumliche Schwierigkeiten. Das Problem der Zumutbarkeit stellt sich aber auch bei ausländischen Abschlüssen, die für den Konzern nach §§ 291, 292 HGB befreiende Wirkung haben. Hier kommt neben der Distanz das Problem der ausländischen Sprache hinzu, die den Wert des Mutterabschlusses bzw. des Konzernabschlusses sowie der jeweiligen Anhänge beträchtlich mindern können. Insgesamt helfen die genannten Angaben kaum darüber hinweg, daß die Informationen nicht direkt im Einzelabschluß der Tochter- oder Enkelgesellschaft enthalten sind. Dessen Information kann zwar in anderen Abschlüssen ergänzt, aber nicht ersetzt werden. Dies gilt insbesondere in Hinblick auf die Publizitätsadressaten der faktisch konzernierten Tochtergesellschaft. Hier steht der Einzelabschluß unverändert im Mittelpunkt, da die Einflußnahmen der Mutter rechtlich beschränkt sind[942]. Aber auch bei der Vertragstochter, wo wegen anderer Informationen das Interesse an der Rechnungslegung und insbesondere der Konzernrechnungslegung der Mutter gesteigert ist, ist die Information im Einzelabschluß kaum ersetzbar.

3. Das Konzernverhältnis zum Mutterunternehmen

Die Einzelrechnungslegung der Tochtergesellschaft und der Konzernabschluß informieren über weitere Ausgestaltung und rechtliche Qualifizierung des Konzernverhältnisses zum Mutterunternehmen nach den ausdrücklich vorgeschriebenen Vorschriften meist mittelbar:

Die möglichen Sonderposten der GuV (§ 277 Abs. 3 Satz 2 HGB) verweisen auf die Rechtsstellung als Tochtergesellschaft. Die Ausgestaltung und Qualifizierung des Konzernverhältnisses bleibt aber oft unklar. Die „Erträge aus Verlustübernahme" können einer unternehmensvertraglich oder qualifiziert faktischen Tochtergesellschaft sowie einer eingegliederten AG zufließen[943]. Damit schließt der Posten lediglich die einfach faktische Konzernierung aus. Da der Posten zudem nur bei Verlust der Tochtergesellschaft auszuweisen ist, ist der Erkenntnisgewinn für das Konzernverhältnis begrenzt. Des weiteren sind „auf Grund einer Gewinngemeinschaft oder eines Gewinn- oder Teilgewinnabführungsvertrages abgeführte Gewinne" gesondert auszuweisen. Die Position informiert im Fall der Gewinnabführung positiv über den entsprechenden Vertrag und das Konzernverhältnis[944]. Entfallen können die Sonderposten jedoch für kleine Tochtergesellschaften. Sie sind nach § 326 HGB von der Offenlegung der GuV befreit.

---

[941] Zum Aspekt der Zumutbarkeit des Verweises auf die Rechnungslegung des Mutterunternehmens oder des Konzerns bereits *A/D/S*, 4. Auflage, Band 1, § 160 AktG, Rn. 200.

[942] Zum Informationsbedarf der Außenseiter der faktisch konzernierten Tochtergesellschaft bereits oben im 1. Kapitel unter A II 3 b (1).

[943] Zu den Einzelheiten des Ausweises unter dieser Position oben im 4. Kapitel unter B II 3 a.

Im Falle der faktischen Konzernierung einer Aktiengesellschaft ist in der Rechnungslegung die Schlußerklärung des Abhängigkeitsberichts im Lagebericht oder im Anhang kleiner Aktiengesellschaften zu publizieren (§ 312 Abs. 3 Satz 3 AktG). Damit wird über die Tatsache der Gestaltungsform einer faktischen Konzernierung der Aktiengesellschaft informiert[945]. Eine entsprechende Angabe für die GmbH fehlt jedoch. Die Regelung nach §§ 311 ff. AktG findet bei ihr keine analoge Anwendung[946].

Schließlich hat der Konzernabschluß im Anhang den zur Konsolidierung verpflichtenden Sachverhalt zu nennen, wenn die Einbeziehung nicht auf einer der Kapitalbeteiligung entsprechenden Mehrheit der Stimmrechte beruht (§ 313 Abs. 2 Nr. 1 HGB). Damit ist beispielsweise nach § 290 Abs. 2 Nr. 3 HGB ein Beherrschungsvertrag mit der Tochtergesellschaft zu nennen. Die Vorschrift dient zwar der Erläuterung des Konsolidierungskreises und damit des Beteiligungsbesitzes des Konzerns, informiert aber indirekt über die Konzernbeziehung zwischen Mutter- und Tochtergesellschaft[947]. Die Angabe ist aber nicht im Einzelabschluß der Tochtergesellschaft selbst enthalten. Es bestehen dieselben Schwierigkeiten wie beim Ausweis der Mutteranteile[948].

4. Die vorgeschriebenen Angaben über die sonstigen verbundenen Unternehmen

Bei den explizit vorgeschriebenen Angaben zu den sonstigen verbundenen Unternehmen zeigt sich die mutterkonzentrische Struktur der Konzernrechnungslegung. Sie wird für die Tochtergesellschaft zum Problem. Denn aus Sicht des Mutterunternehmens sind alle verbundenen Unternehmen untergeordnete Tochter- bzw. Enkelunternehmen. Aus Sicht der Tochtergesellschaft hingegen gibt es darüber hinaus gleichgeordnete Schwesterunternehmen und übergeordnete Mutterunternehmen im bilanziellen Sinn. Diese üben keine Konzernleitungsmacht aus. Generell beziehen sich die Angeabepflichten auf Tochterunternehmen. Schwesterunternehmen sowie die tochterspezifische Konzernposition bleiben grundsätzlich unbeachtet.

a. Die namentliche Nennung der sonstigen verbundenen Unternehmen

---

944 Auch dazu schon oben im 4. Kapitel unter B II 3 a.

945 Dazu oben im 4. Kapitel unter D II 2; nach *Kupsch*, DB 1993, Seite 493, 495 informiert die Schlußerklärung nicht nur über die faktische Konzernierung der AG, sondern auch über die geschäftlichen Beziehungen zwischen der Tochter-AG und dem Mutterunternehmen.

946 Vgl. nur *Lutter/Hommelhoff*, Anh. § 13 Rn. 9.

947 Dazu bereits oben im 4. Kapitel unter E.

948 Dazu bereits oben in diesem Kapitel unter A I 1.

Die Rechnungslegung der Tochtergesellschaft selbst gibt über die Identität weiterer Verbundunternehmen (§ 271 Abs. 2 HGB) keinen Aufschluß[949]. Jedoch sind im Anhang des Konzernabschlusses Name, Sitz und Rechtsform aller konsolidierten Tochtergesellschaften anzugeben (§ 313 Abs. 2 HGB). Er informiert über die Schwestergesellschaften der Tochtergesellschaft. Die Informationen hängen jedoch von der Aufstellung und Offenlegung eines Konzernabschlusses ab. Und da die Angabe primär der Darstellung des Konsolidierungskreises dient, sind nicht alle Schwestergesellschaften erfaßt, wenn der offengelegte Konzernabschluß nicht vom obersten bzw. herrschenden Mutterunternehmen erstellt wird. In diesem Fall sind ganze Konzernzweige von der Konsolidierung ausgeschlossen. Erneut besteht für die Angaben im Konzernabschluß das Problem der Zumutbarkeit des Informationsverweises bei dezentralem Handelsregister bzw. fremdsprachigen Abschlüssen.

b. Die Anteilsverflechtung und die Unternehmensverbindung

Im Anhang der Tochtergesellschaft sind nach § 285 Nr. 11 HGB unmittelbare Anteilsverflechtungen zusammen mit Name und Sitz der Beteiligungsunternehmen zu nennen, soweit sie mehr als 20 % betragen. Diese Vorschrift erfaßt den gesamten Anteilsbesitz der Tochtergesellschaft. Deshalb sind nicht nur die Anteile am Mutter- und den Schwesterunternehmen zu nennen, sondern an allen Beteiligungsunternehmen. Zudem wird aufgrund der Zielsetzung des Anteilsbesitzausweises - er soll die Vermögenslage der Tochtergesellschaft erläutern - weder auf die Tatsache der Konzernverbundenheit mit dem jeweiligen Unternehmen hingewiesen, noch werden Anteile an verbundenen Unternehmen unter 20 % erfaßt[950]. Gänzlich unberücksichtigt bleiben überdies mittelbare Anteilsverflechtungen.

Für die Angabe der Ausgestaltung der Unternehmensverbindung sowie die rechtliche Qualifizierung der Unternehmensverbindung zu anderen verbundenen Unternehmen aus Sicht der Tochtergesellschaft gibt es keine explizite Vorschrift.

5. Zusammenfassung

In der Einzelrechnungslegung der Tochtergesellschaft wird nach den ausdrücklichen Regelungen das äußere rechtliche Konzerngefüge nur ansatzweise transparent. Zentral ist die Anhangsangabe nach § 285 Nr. 14 HGB. Sie informiert aber ebenso nur mittelbar über das äußere Konzerngefüge und die Stellung der Tochtergesellschaft, wie die Sonderposten nach § 277 Abs. 3 Satz 2 HGB. Die Angaben über die Struktur der äußeren Konzernverfassung

---

[949] § 285 Nr. 11 HGB nennt nur die Beteiligungsunternehmen und ist demgemäß für diese Information wenig geeignet.

[950] Zum Zweck der Vorschrift nach § 285 Nr. 11 HGB oben im 4. Kapitel unter C II 3.

sind jeweils in Regelungen enthalten, die in erster Linie einem anderen Zweck dienen. Deshalb laufen die Angaben mitunter leer. Dies gilt auch für die Angaben im Konzern- oder Mutterabschluß. Diese Angaben orientieren sich an der abschlußerstellenden Mutter, die nicht notwendig die Konzernleitung ausübt. Deshalb können ganze Konzernzweige entfallen. Als praktische Schwierigkeit erweist sich auch der Zugang zu Konzern- und Mutterabschluß. Denn die Zugangseröffnung (§ 285 Nr. 14 HGB) gilt europaweit und die Publizitätsadressaten werden auch auf fremdsprachige Mutter- und Konzernabschlüsse verwiesen[951].

II. Die Vervollständigung der Information zum äußeren Konzerngefüge

Der beschriebene Informationstorso zur Position der Tochter- oder Enkelgesellschaft im äußeren Rechtsgefüge des Konzerns ist in der Einzelrechnungslegung zu vervollständigen. Mit dem Ziel eines den tatsächlichen Verhältnissen entsprechenden Bildes ist die Darstellung der Rechtsposition konzernbezogen fortzuschreiben.

1. Die Nennung der Mutter im Anhang nach § 264 Abs. 2 Satz 2 HGB

Unproblematisch erfolgt die namentliche Nennung des Mutterunternehmens in den - wohl überwiegenden - Fällen, in denen sich die Anhangsangabe nach § 285 Nr. 14 HGB allein auf das tatsächlich nach § 18 Abs. 1 AktG herrschende Mutterunternehmen bezieht[952]. In Ausnahmefällen sind jedoch kein oder ein anderes Mutterunternehmen oder auch zwei Mutterunternehmen anzugeben[953]. Dann entfallen bzw. verwischen sowohl die Angaben über das konzernleitende Mutterunternehmen selbst als auch die Informationen aus dem zugehörigen Mutter- und Konzernabschluß. In den Ausnahmefällen läuft die Hinweisfunktion leer. Dieser Leerlauf führt als besonderer Umstand dazu, daß dann die namentliche Nennung des herrschenden Mutterunternehmens als Zusatzangabe im Anhang nach § 264 Abs. 2 Satz 2 HGB

---

951 Zum Einwand der Zumutbarkeit: *A/D/S*, 4. Auflage, Band 1, § 160 AktG, Rn. 200 sowie bereits oben in diesem Kapitel unter A I 2. Hintergrund des Verweises auf den Konzernabschluß ist eine mutterkonzentrische Sicht, für die der Konzernabschluß eine ganz andere Rolle spielt als für die Tochtergesellschaft. Für die Mutter und die daran Beteiligten bietet der Konzernabschluß viele Informationen, während er insbesondere für die Beteiligten der faktisch konzernierten Tochtergesellschaft nicht im Mittelpunkt des Interesses steht. Dieser Ansatz über den konsolidierten Abschluß hat vor allem einen europarechtlichen Hintergrund: Der Konzernabschluß wurde europaweit durch die 7. RL gestärkt. Das Interesse am Konzernabschluß ist bei den Beteiligten der faktisch konzernierten Tochter geringer als bei der vertraglich konzernierten. EG-weit ist aber allein der faktische Konzern verbreitet; der Vertragskonzern ist eine deutsche Besonderheit, die sich historisch aus der steuerrechtlichen Organschaft entwickelt hat. Diese geringe Bedeutung für den weit verbreiteten faktischen Konzern ist scheinbar ein Widerspruch. Der Widerspruch löst sich aber auf, wenn man die Perspektive des Mutterunternehmens in Betracht zieht. Aus deren Sicht war es konsequent zur Informationsverbesserung die Aussagefähigkeit des Konzernabschlusses zu steigern.

952 *A/D/S*-Teilband 5, § 264 Rn. 127 sehen die Nennung des Mutterunternehmens nach § 285 Nr. 14 HGB als zentrale konzernbezogene Information.

953 Zu den Ausnahmen bereits oben im 4. Kapitel unter C III 1.

zu erfolgen hat[954]. Aufgrund der konzernrechtlichen Bedeutung des Mutterunternehmens wird ein den tatsächlichen Verhältnissen entsprechendes Bild der Vermögens-, Finanz- und Ertragslage der Tochtergesellschaft nur unter Angabe der Mutteridentität vermittelt. Die Identität ist eine wesentliche ergänzende Information[955].

Diese Wesentlichkeit der gesamten konzernrechtlichen Beziehung hat der Gesetzgeber früh erkannt. Die Erkenntnis, daß erst die Offenlegung der Konzernbeziehungen ein richtiges Bild vom Geschäftsbetrieb einer konzernverbundenen Aktiengesellschaft erlaubt, veranlaßte ihn schon 1931, entsprechende Angaben vorzuschreiben[956]. Die Angaben wurden als wichtige Ergänzung der Rechenwerke gesehen[957]. Zur nachfolgenden Regelung des § 160 Abs. 3 Nr. 10 AktG 1965 a. F. wurde allgemein vertreten, daß für die Tochtergesellschaft die namentliche Nennung der Konzernobergesellschaft in jedem Falle wesentlich sei[958]. Die Wesentlichkeit der Konzernmutter führte schließlich zur Regelung des § 285 Nr. 14 HGB. Wie festgestellt weicht diese Vorschrift von ihrer Richtlinienvorlage insoweit ab, als bei der Richtlinie der Zweck der Weiterleitung auf den konsolidierten Abschluß deutlicher im Vordergrund steht[959]. Der Gesetzgeber des BiRiLiG hingegen wollte die Angaben zum Mutterunternehmen selbst als eigenständige Information deutlicher herausstellen. Vor diesem Hintergrund ist fraglich, ob der Gesetzgeber Schwäche und Lücken der Regelung des § 285 Nr. 14 HGB gesehen und bewußt belassen hat. Die Information zur Identität des tatsächlich herrschenden Mutterunternehmen ist für die Tochtergesellschaft aber so wesentlich, daß es in jedem Fall zu nennen ist. Beim Ausfall der Regelung des § 285 Nr. 14 HGB hat die Angabe nach § 264 Abs. 2 Satz 2 HGB zu erfolgen. Dafür spricht auch die Gleichwertigkeit der Information der Rechnungslegung aller Tochtergesellschaften. Im Interesse der Publizitätsadressaten hat in den Ausnahmefällen die Nennung des Mutterunternehmens als Pflichtangabe über § 264 Abs. 2 Satz 2 HGB zu erfolgen.

Wesentlich ist die Information für die außenstehenden Publizitätsadressaten unabhängig von der Konzernierungsform der Tochtergesellschaft. Das herrschende Mutterunternehmen bestimmt das Konzerninteresse. Es ist Sitz der Konzernhauptverwaltung und übt die Kon-

---

954 Nach *A/D/S*-Teilband 5, § 264 Rn. 99 ff. wird das Kriterium der besonderen Umstände dabei restriktiv ausgelegt, indem alle abstrahierungs- und vereinfachungsbedingten Einschränkungen als Bildtäuschung entfallen.

955 Zur erhöhten Wesentlichkeit als Voraussetzung einer Zusatzangabe nach § 264 Abs. 2 Satz 2 HGB: *Hoffmann*, DB 1995, Seite 1821, 1824 f. und *A/D/S*-Teilband 5, § 264 Rn. 101.

956 Vgl. zum damaligen § 260a Abs. 2 HGB die Ausführungen von *S/Q/S*, § 260a Anm. 7.

957 *S/Q/S*, § 260a Anm. 2, Seite 134.

958 Dazu *A/D/S*, 4. Auflage, § 160 Rn. 198, wobei zu beachten ist, daß besagte Vorschrift selbst das Wesentlichkeitserfordernis beinhaltete, indem sie in ihrer Formulierung Angaben zu Unternehmen verlangte, die für die Lage der Gesellschaft von erheblichem Einfluß sein konnten.

959 Dazu oben im 4. Kapitel unter C III 2.

zernleitungsmacht aus, die zumindest die Finanzführung umfaßt. Damit hat die Mutter die Eigenkapitalausstattung, die Gewinnverwendung und den Verschuldensgrad der abhängigen Tochtergesellschaft zu bestimmen und die Liquiditätslage zu überwachen, um das Finanzierungsrisiko der wirtschaftlichen Einheit des Gesamtkonzerns zu begrenzen[960]. Soweit rechtlich zulässig kann das Mutterunternehmen die unternehmerischen und wirtschaftlichen Geschicke der Tochter bestimmen. Die Weisungen und Einflußnahmen können auch die Haftung des Mutterunternehmens auslösen. Dann bestehen Ansprüche gegen die Muttergesellschaft. Aufgrund dieser konzernrechtlichen Bedeutung ist die namentliche Nennung der Mutter in der Rechnungslegung der Tochtergesellschaft für die außenstehenden Publizitätsadressaten besonders wesentlich. Auch dies begründet gegebenenfalls die Zusatzangabe.

Anzugeben sind Name, Sitz und Rechtsform des Mutterunternehmens. Für Name und Sitz ist die Handelsregistereintragung maßgeblich[961]. Sofern bei einem ausländischen Mutterunternehmen kein entsprechendes Register besteht, sind statutarischer Name und Sitz maßgeblich[962]. Aus dem Namen bzw. der Firma ergibt sich grundsätzlich auch die Rechtsform der Mutter[963]. Diese Verbindung von Name und Rechtsform ist für deutsche Muttergesellschaften nach dem Firmenrecht in § 4 AktG, § 4 GmbHG bzw. bei einer OHG und KG als Mutter in § 19 Abs. 1 Ziffer 2 und 3 HGB vorgeschrieben[964].

Neben der namentlichen Nennung des Mutterunternehmens sind weitere Informationen über die Konzernverbindung zum Mutterunternehmen von Interesse. Die gebotene Vervollständigung der Konzernverbindung hat sich an den ausdrücklich vorgeschriebenen Angaben der Tochterrechnungslegung zu orientieren[965]. Je nach Bezug zur Vermögens-, Finanz- und Ertragslage beziehungsweise zur allgemeinen Gesamtlage sind die Informationen sowohl im Anhang als auch im Lagebericht der Tochtergesellschaft zu machen[966]:

---

960 Zur einheitlichen Leitung in diesem Sinne oben im 2. Kapitel unter A II 2.

961 Auf diese Eintragung greifen auch die Anhangsvorschriften nach §§ 285 Nr. 11 und 14, 313 Abs. 2 HGB zurück. Diese Vorschriften dienen hier als Vorbild.

962 Vgl.: *A/D/S*-Teilband 2, § 285 Rn. 229 und *dies*. Teilband 3, § 313 Rn. 96; *Glade*-Rechnungslegung, § 285 Rn. 109.

963 *BBK-Ellrott*, § 285 Rn. 220.

964 Zur Verbindung der Rechtsformangabe mit der Namensangabe bei § 285 Nr. 14 HGB siehe oben im 4. Kapitel unter C III 1; zur Registerpublizität, die Unternehmensdaten über die Rechtsverhältnisse der Gesellschaften betrifft, vgl.: *Wiedemann*-Gesellschaftsrecht I, Seite 579 f.

965 Zur Angabe nach § 312 Abs. 3 Satz 3 AktG im Anhang der kleinen AG vgl. oben im 4. Kapitel unter D II 1.

966 Zur Abgrenzung der Angaben im Anhang und im Lagebericht und zur Vermeidung von Überschneidungen: *A/D/S*-Teilband 2, § 289 Rn. 13; sowie schon im 4. Kapitel unter D I 1.

2. Die Mutterverbindung im Anhang der Vertragskonzerntochter

Die vertraglich konzernierte Tochtergesellschaft sowie die eingegliederte AG haben im Jahresabschluß die gesamte Konzernverbindung offenzulegen. Deshalb sind auch der Kapitalanteil der Mutter sowie die weitere Ausgestaltung und die abschließende rechtliche Einordnung der Konzernverbindung zur Mutter anzugeben. Der gesteigerte Einfluß der Konzernleitung im Vertragskonzern auf konzerninternen Geschäftsverkehr, operative Geschäftsfelder und Aufgabenverteilung stellen den notwendigen Bezug zur Vermögens-, Finanz- und Ertragslage des Jahresabschlusses her. Besondere Umstände, die entsprechende Zusatzangaben nach § 264 Abs. 2 Satz 2 HGB erfordern, bestehen in folgendem:

a. Die Ergänzung der vertragstochterspezifischen GuV-Posten

Soweit große und mittelgroße Tochtergesellschaften in ihrer Gewinn- und Verlustrechnung Sonderposten nach § 277 Abs. 3 Satz 2 HGB auszuweisen haben, sind diese Angaben ergänzungsbedürftig[967]. Die Sonderposten zeigen den gesteigerten Einfluß der Konzernleitung auf Finanz- und Ertragslage der unternehmensvertraglich gebundenen Tochter. Die „Erträge aus Verlustübernahme" beruhen auf Verlustausgleichszahlungen nach Abschluß eines Beherrschungs- oder eines Gewinnabführungsvertrages bzw. eines Eingliederungsvertrages mit einer Aktiengesellschaft (§§ 302, 324 AktG). Sie schließen - bei Liquidität des Konzerns - Verluste im Jahresabschluß der Tochtergesellschaft aus. Sie verhindern deren Überschuldung. So wirken Beherrschungs- oder Gewinnabführungsvertrag stark auf die Finanzlage der Tochtergesellschaft[968]. Umgekehrt verhindern „auf Grund einer Gewinngemeinschaft oder eines Gewinn- oder Teilgewinnabführungsvertrags abgeführte Gewinne" den Gewinnausweis im Jahresabschluß der Tochtergesellschaft. Die Verträge haben hier ähnlich starken Einfluß auf die Ertragslage. Im Interesse der Publizitätsadressaten sind die Sonderposten ergänzungsbedürftig. Im geschriebenen Recht fehlt jedoch die Angabepflicht. Bei der Vorgängerregelung im Aktiengesetz 1965 wurden Informationsbedarf der Außenseiter und Erläuterungsbedürftigkeit der GuV-Posten berücksichtigt. Die alte Vorschrift über die Sonderposten nach § 157 Abs. 1 Nr. 15 AktG 1965 a.F. war mit § 160 Abs. 3 Nr. 10 AktG 1965 a.F. verknüpft. Die GuV-Posten waren im Erläuterungsbericht durch Angaben zu den rechtlichen Beziehungen zu - inländischen - verbundenen Unternehmen zu ergänzen. Der Gesetzgeber des BiRiLiG ging vom Fortbestehen der Angabepflicht über die Konzernbeziehungen - allerdings im Lagebericht - aus; er strich die ausdrückliche Vorschrift. Er bezog sich auf die 4. Richtlinie, die diesen Komplex nicht regelt. Ohne die nicht mehr verfolgte 9. Richtlinie stellen Vertragskon-

[967] Kleine Tochtergesellschaften sind nach § 326 HGB von der Offenlegung der GuV befreit.

zernierung und GuV-Sonderposten eine nationale Besonderheit dar[969]. Es erübrigte sich ein Regelung auf Richtlinienebene. Weil im deutschen Recht nur noch die Sonderposten ausdrücklich vorgeschrieben sind, wurde die Verbindung von Sonderposten und Erläuterung aufgebrochen. Dies mag darauf beruhen, daß die Angabe aller rechtlichen und geschäftlichen Beziehungen zu verbundenen Unternehmen (§ 160 Abs. 3 Nr. 10 AktG 1965 a.F.) nicht allein eine Ergänzung der GuV-Posten war[970]. An der Ergänzungsbedürftigkeit der Sonderposten - soweit diese auszuweisen sind - hat sich aber nichts geändert. Die mögliche starke Auswirkung der vertraglichen Konzernierung auf die in der GuV darzustellende Ertragslage besteht unverändert. Der Wegfall der ausdrücklich geregelten Ergänzung sowie die Ergänzungsbedürftigkeit der GuV sind besondere Umstände, die die Informationspflicht nach § 264 Abs. 2 Satz 2 HGB auslösen[971]. Der Konzerneinfluß begründet eine gesteigerte Wesentlichkeit der Informationen für die Ertrags- und Finanzlage der Tochtergesellschaft. Das Informationsdefizit der Publizitätsadressaten hinsichtlich der GuV-Sonderposten der Vertragstochter verlangt die Offenlegung des gesamten Konzernverhältnisses zur Verdeutlichung des Jahresabschlusses.

b. Der gesteigerte Einfluß auf die Vermögens-, Finanz- und Ertragslage

Bei Vertragskonzernierung und Eingliederung bestehen aufgrund des Weisungsrechts gesteigerte Einflußmöglichkeiten des Mutterunternehmens. Verlustausgleich und Gewinnabführung berühren bereits Ertrags- und Finanzlage der Tochtergesellschaft. Das umfassende Weisungsrecht ermöglicht weitergehend die Führung der Tochtergesellschaft wie eine Betriebsabteilung[972]. Insbesondere die Gewinnentstehung kann bereits im Vorfeld gesteuert werden. Ohne daß dies im Einzelfall geschehen muß, ist die Möglichkeit dazu ein besonderer Umstand, der für die Darstellung der Vermögens-, Finanz- und Ertragslage der Tochtergesellschaft wesentlich ist. Entsprechend besteht über die Identität der Mutter hinaus der Informationsbedarf der Außenseiter an der gesamten Vertragskonzernverbindung. Diese beinhaltet Anteilsverflechtung, Unternehmensverträge und weitere die Leitungsmacht begründende Tatsachen nach §

---

968 *A/D/S*-Teilband 5, § 264 Rn. 76 betonen unter diesem Aspekt - der Beherrschungsvertrag schließt die Überschuldung der Tochtergesellschaft aus - die Bedeutung der Nennung der Konzernverbindung für die Beurteilung der Finanzlage der Tochtergesellschaft.

969 Zum Vorentwurf einer neunten gesellschaftsrechtlichen Richtlinie von 1984 vgl. DOK. Nr. III/1639/84 sowie *Lutter*, Europäisches Unternehmensrecht, Seite 279 ff.

970 Eine entsprechende Vorschrift enthielt zunächst der Regierungsentwurf in § 271 Abs. 6 E-HGB. Diese Vorschrift wurde aber mit Beseitigung des deutschen Übersolls gestrichen, vgl. *Helmrich*, WPg 1984, Seite 625.

971 Zur Angabepflicht für konzernrechtliche Sonderfälle nach § 264 Abs. 2 Satz 2 vgl.: *A/D/S*-Teilband 5, § 264 Rn. 127.

972 Dazu und zu den gesetzlichen Schutzmechanismen nach §§ 302 ff. AktG: *Hommelhoff*-Konzernleitungspflicht, Seite 148 ff. sowie oben im 1. Kapitel unter A II 3 b (1).

290 Abs. 2 HGB sowie die rechtliche Einordnung der Konzernierung als Vertragskonzern oder Eingliederung. Die Zusatzangaben (§ 264 Abs. 2 Satz 2 HGB) sind notwendig, um die erweiterte Einflußmöglichkeit auf die Vermögens-, Finanz- und Ertragslage der Tochtergesellschaft offenzulegen und zu erläutern. Der Aspekt der Erläuterung der Vermögens-, Finanz- und Ertragslage der Tochtergesellschaft ist von besonderer Bedeutung auch für die kleine Tochtergesellschaft im Sinne des § 267 Abs. 1 HGB. Denn die kleine Tochtergesellschaft ist nach § 326 HGB von der Offenlegung der GuV befreit. Der Anhang braucht die Angaben zur GuV nicht zu enthalten. Deshalb ist die Erläuterungsbedürftigkeit der GuV-Sonderposten hier kein Argument. Der Einfluß auf die Vermögens-, Finanz- und Ertragslage der Tochtergesellschaft begründet aber auch für die kleine Tochtergesellschaft die Informationspflicht über das Konzernverhältnis zum Mutterunternehmen.

Folglich hat eine Zusatzangabe im Anhang der Vertragstochter (§ 264 Abs. 2 Satz 2 HGB) das gesamte Konzernverhältnis offenzulegen. Neben der Nennung von Name, Sitz und Rechtsform des Mutterunternehmens sind als Grundlage der Vertragskonzernierung Unternehmens- und insbesondere Beherrschungsverträge sowie die Anteilsverflechtung anzugeben. Für die Berechnung der Anteilshöhe ist angelehnt an §§ 271 Abs. 1 und 285 Nr. 11 HGB auf die Regelungen des § 16 Abs. 2 und 4 AktG zurückzugreifen[973]. Die Zusatzangabe beinhaltet grundsätzlich den Status am Jahresende; gegebenenfalls sind Veränderungen im Verlauf des Berichtsjahres anzugeben.

3. Die Mutterverbindung im Lagebericht der faktisch konzernierten Tochter

Im Lagebericht der einfach und der qualifiziert faktischen Tochtergesellschaft sind zur Darstellung des Geschäftsverlaufs und der Gesamtlage im Wirtschaftsbericht (§ 289 Abs. 1 HGB) der Kapitalanteil und die qualifizierende Einordnung der Konzernverbindung zum herrschenden Mutterunternehmen anzugeben. Diese Angaben gehören bei der faktisch konzernierten Tochtergesellschaft nicht in den Anhang, sondern in den Lagebericht. Aufgrund der konzernrechtlichen Vorgaben ist der Einfluß des herrschenden Mutterunternehmens auf die Tochtergesellschaft und deren Vermögens-, Finanz- und Ertragslage begrenzt. Zur wirtschaftlichen Gesamtbeurteilung sind den Publizitätsadressaten aber Informationen über den Kapitalanteil des Mutterunternehmens zu liefern. Der Kapitalanteil ist Grundlage der Konzernleitungsmacht. Im faktischen Konzern ist die Stimmenmehrheit in der Haupt- oder Gesellschafterversammlung der Tochtergesellschaft beruhend auf einem entsprechenden

---

[973] Nach § 16 Abs. 2 AktG bestimmt sich der Anteil der Mutter nach dem Verhältnis des Gesamtnennbetrags der der Mutter gehörenden Anteile zum Nennkapital der Tochter; nach § 16 Abs. 4 AktG gelten als gehörende Anteile auch solche, die einem abhängigen Unternehmen oder einem anderen für Rechnung des Unternehmens oder eines von diesem abhängigen Unternehmens gehören.

Kapitalanteil alleinige Grundlage der Konzernierung der Tochtergesellschaft. Die Höhe des Kapitalanteils des Mutterunternehmens entscheidet darüber hinaus über das Vorhandensein von Minderheitsgesellschaftern. Deren Vorhandensein ist wiederum entscheidend für die Bestimmung des Eigeninteresses der Tochtergesellschaft und der Berücksichtigung des Konzerninteresses, was insbesondere bei der einfach faktisch konzernierten Tochter-GmbH eine wichtige Rolle spielt[974]. Damit ist der Kapitalanteil wichtiger Bestandteil des konzernrechtlichen Verhältnisses der Tochtergesellschaft zum leitenden Mutterunternehmen. Dieses Verhältnis ist im Rahmen der Gesamtlage im ergänzenden Lagebericht zum Schutz der Publizitätsadressaten darzustellen. Der Kapitalanteil an sich besagt aber auch bei entsprechender Mehrheit noch nichts über die Ausübung einheitlicher Leitung nach § 18 Abs. 1 AktG und damit über das Vorliegen von faktischer Konzernierung der Tochtergesellschaft. Dabei ist diese Tatsache aufgrund ihrer konzernrechtlichen Tragweite für die Publizitätsadressaten von besonderem Interesse. Denn zu einem umfassenden Gesamtbild im Wirtschaftsbericht gehören auch die wesentlichen rechtlichen Voraussetzungen und Gegebenheiten der Tochtergesellschaft. Deshalb ist im Sinne eines vollständigen Bildes auch das Bestehen eines faktischen Konzernverhältnisses darzulegen[975]. Überdies ist bei der Interpretation von § 289 Abs. 1 HGB ist auf die frühere Regelung des § 160 Abs. 3 Nr. 10 AktG a. F. zurückzugreifen. Danach waren die „rechtlichen Beziehungen“ zu verbundenen Unternehmen anzugeben[976]. Diese rechtlichen Beziehungen umfassen zunächst die Tatsache der einfachen faktischen Konzernierung der Tochter-AG und der Tochter-GmbH. Darüber hinaus erfassen die rechtlichen Beziehungen auch die Tatsache der Charakterisierung einer entsprechenden Konzernverbindung als qualifiziert faktische Konzernbeziehung, da sich hiernach die anzuwendenden Normen bemessen[977]. Deshalb ist neben dem Kapitalanteil im Lagebericht auch die Tatsache der einfachen oder qualifizierten faktischen Konzernierung, die die Vermögens- und Ertragslage

---

974 *Hommelhoff*-Konzernleitungspflicht, Seite 247 ff.

975 So auch explizit: *HFA*, Entwurf einer Verlautbarung: Zur Aufstellung des Lageberichts, in: WPg 1997, Seite 329, 331 und anschließend: *HFA*, IDW Rechnungslegungsstandard: Aufstellung des Lageberichts, in: WPg 1998, Seite 653, 656. Allerdings läßt der *HFA* offen, ob die Darlegung des Bestehens eines faktischen Konzernverhältnisses auf das Tochter-, das Mutter- oder beide Unternehmen bezogen ist und wie im einzelnen die Darstellung erfolgen soll.

976 So explizit *Kropff*, in: FS für Goerdeler, Seite 259, 274 ff. Zum Rückgriff auf § 160 Abs. 3 Nr. 10 AktG 1965 a.F. im Zusammenhang mit den „geschäftlichen Beziehungen“ und „besonderen Vorgängen“ bei verbundenen Unternehmen bereits oben im 5. Kapitel unter B II 3 a und c, jeweils mit weiteren Nachweisen. Dort auch zum Kreis der erfaßten Unternehmen.

977 *Hommelhoff*-Konzernleitungspflicht, Seite 140; *Kropff*, a.a.O.; *Strohn*-Aktiengesellschaft, Seite 149, wonach sich die Berichtspflicht über die Begründung einer qualifizierten faktischen Konzernierung auf alle folgenden Geschäftsjahre bezieht, so daß der Charakter des Konzernverhältnisses jährlich anzugeben ist.

der Tochtergesellschaft wesentlich beeinflußt, zu nennen[978]; bei der faktischen Tochtergesellschaft ist die gesamte äußere Konzernverbindung im Lagebericht darzustellen.

Die Richtigkeit der angestellten Überlegungen zeigt sich auch in der Regelung des § 312 Abs. 3 Satz 3 AktG. Danach ist die Schlußerklärung des Abhängigkeitsberichts des Vorstandes einer faktisch konzernierten Aktiengesellschaft in den Lagebericht aufzunehmen[979]. Aufgrund der rechtlichen Konstruktion des faktischen AG-Konzerns mit dem Eigeninteresseschutz nach §§ 311 ff. AktG ist die Einflußnahmemöglichkeit der Konzernleitung auch auf wirtschaftlichem Gebiet gering. Die Vermögens-, Finanz- und Ertragslage der Tochter-AG bleibt grundsätzlich unangetastet, weil Nachteile auszugleichen sind. Die Konzernwirkung aufgrund der einheitlichen Leitung betrifft also in erster Linie die allgemeine Gesamtlage der Tochtergesellschaft und ist demgemäß Gegenstand der Lage des Lageberichts nach § 289 Abs. 1 HGB. Diese Überlegung gilt auch für die faktisch konzernierte Tochter-GmbH.

4. Zusätzliche Angaben zu den sonstigen verbundenen Unternehmen

In der Rechnungslegung der Tochtergesellschaft erscheinen die sonstigen verbundenen Unternehmen nur bei der Erläuterung des Anteilsbesitzes nach § 285 Nr. 11 HGB. Deshalb sind zur Vermittlung eines vollständigen und getreuen Bildes von der Position der Tochtergesellschaft innerhalb des Konzerngefüges weitere Angaben zu den übrigen Konzernverbindungen erforderlich.

a. Die Angaben zu weiteren verbundenen Unternehmen im Lagebericht

Im Wirtschaftsbericht ist ein den tatsächlichen Verhältnissen entsprechendes Bild von Geschäftsverlauf und Lage der Tochtergesellschaft zu vermitteln (§ 289 Abs. 1 HGB). Bei der Auslegung der unbestimmten Rechtsbegriffe dieser Zielnorm ist auf die frühere Vorschrift des § 160 Abs. 3 Nr. 10 AktG 1965 a.F. zurückzugreifen. Danach hat die Tochtergesellschaft die wesentlichen „rechtlichen Beziehungen" zu verbundenen Unternehmen offenzulegen. Diese Offenlegung der wesentlichen rechtlichen Beziehungen hängt von den geschäftlichen Beziehungen zu den verbundenen Unternehmen ab[980]. Deshalb sind zum einen die rechtlichen Beziehungen zu den verbundenen Unternehmen offenzulegen, mit denen in wesentlichem Umfang konzerninterne Geschäftsbeziehungen und finanzielle Verflechtungen in Form von Forderungen und Verbindlichkeiten bestehen. Daneben sind zum anderen die verbundenen Unternehmen offenzulegen, mit denen die Tochtergesellschaft über die Aufgabenverteilung

---

978 Zum Einfluß der qualifiziert faktischen Konzernierung auf die Vermögens- und Ertragslage der Tochtergesellschaft: *Strohn*, a.a.O.

979 Dazu oben 4. Kapitel D II.

und eine entsprechende tatsächliche Zusammenarbeit wirtschaftlich verbunden ist. Insoweit hat der Lagebericht den konzerninternen Lieferungs- und Leistungsverkehr mit verbundenen Unternehmen zu ergänzen. Die „Verschachtelung" bzw. die Konzernbeziehungen sind als Grundlage für den Geschäftsverkehr und die konzerninterne Aufgabenverteilung offenzulegen[981]. Manche Rechtsordnungen verpflichten die Tochtergesellschaft (namentlich in Bank- und Versicherungskonzernen) zur Hilfe für ihre Schwestern und andere Konzerngesellschaften. Dieser Risikodurchschlag zur Seite beeinflußt ebenfalls die wirtschaftliche Lage[982]. Gegebenenfalls sind Risikodurchschlag und konzernrechtliche Beziehung im Lagebericht anzugeben. Die Angaben zu den rechtlichen Beziehungen umfassen zum einen die Nennung des verbundenen Unternehmens mit Name, Sitz und Rechtsform und zum anderen die Gestaltung der Konzernverbindung insbesondere durch Anteilsverflechtungen[983]. Die Angaben betreffen dabei nicht nur die Konzernverbindung zu untergeordneten Unternehmen, wie dies auch beim Mutterunternehmen der Fall ist. Vielmehr werden auch gleichgeordnete Schwestergesellschaften und weitere aufgrund des Control-Konzepts nach § 290 Abs. 2 HGB über- oder zwischengeschaltete Mutterunternehmen erfaßt[984]. Durch die Angaben zu sämtlichen wesentlichen verbundenen Unternehmen wird zugleich die Gleichwertigkeit der Rechnungslegung der Tochtergesellschaft mit der des Mutterunternehmens erreicht. Denn das Mutterunternehmen hat in seiner Rechnungslegung den Anteilsbesitz an allen Tochtergesellschaften nach § 285 Nr. 11 HGB und darüber hinaus im Konzernabschluß nach § 313 Abs. 2 HGB die konsolidierten Tochterunternehmen anzugeben.

b. Die Verbundangaben im Forschungs- und Entwicklungsbericht

Soweit die Tochtergesellschaft im Forschungs- und Entwicklungsbericht des Lageberichts nach § 289 Abs. 2 Nr. 3 HGB die Aufgabenteilung mit einem verbundenen Unternehmen anzugeben hat[985], ist zur Vermittlung eines den tatsächlichen Verhältnissen entsprechenden Bildes ergänzend die Konzernverbindung anzugeben. Damit ist beispielsweise die Konzernbeziehung zu dem Unternehmen offenzulegen, das die Forschung für die rechnungslegende Tochtergesellschaft übernommen hat. Nach dem Rechtsgedanken des Wesentlichkeitsprin-

---

980 So schon *A/D/S*, 4. Auflage, § 160 Rn. 198.

981 So schon *S/Q/S* zu § 260a Abs. 2 HGB von 1931 - Anm. 13. Diese Vorschrift der Aktiennovelle galt in ihrem Kern über § 160 Abs. 3 Nr. 10 AktG 1965 a.F. bis zum Inkrafttreten des BiRiLiG 1986 fort.

982 *Forum Europaeum Konzernrecht*, ZGR 1998, Seite 672, 699.

983 Bei deutschen Konzerngesellschaften ergeben sich Name, Sitz und Rechtsform aus der Handelsregistereintragung. Bei ausländischen Konzerngesellschaften ist gegebenenfalls auf die Satzung zurückzugreifen. Dazu bereits oben in diesem Kapitel unter A II 1.

984 Entsprechendes gilt grundsätzlich auch für assoziierte und Gemeinschaftsunternehmen, die jedoch nicht zum engen Kreis der verbundenen Unternehmen gehören.

985 Dazu oben im 5. Kapitel unter A IV 1 c.

zips, wonach die Offenlegung der rechtlichen Beziehungen von der Wesentlichkeit der Geschäftsbeziehungen abhängt, gilt folgender Grundsatz: verbundene Unternehmen sind nur zu nennen, wenn die Zusammenarbeit bei der Forschung und Entwicklung wesentlich ist.

c. Das Konzernschaubild

Das gesamte äußere Konzerngefüge und die Position der Tochtergesellschaft innerhalb dieses Gefüges lassen sich auch in einem Konzernschaubild darstellen. Ort hierfür sind die Verbalteile: der Anhang oder eher noch der Lagebericht. In diesem Schaubild ist zu jeder Konzernverbindung Name, Sitz und Rechtsform des anderen Konzernunternehmens sowie die Verbindung selbst - anteilmäßige Verknüpfung, Art des Unternehmensvertrages und rechtliche Qualifizierung der Unternehmensverbindung - anzugeben. Die Art der Unternehmensverbindung kann mit unterschiedlich gezeichneten Verbindungslinien gekennzeichnet werden[986]. Erfaßt werden kann auch der erweiterte Kreis der assoziierten und Gemeinschaftsunternehmen. Eine Verpflichtung zur Erstellung eines Konzernschaubildes besteht indes nicht, obwohl eine Gestaltung des Schaubildes möglich ist, wonach nur die wesentlichen Unternehmen und die entsprechenden Konzernverbindungen gezeigt werden. Im Sinne einer anlegerorientierten, formellen Bilanzpolitik und von "investor relations" im Geschäftsbericht, ist die Aufnahme eines Konzernschaubildes in den Lagebericht der Tochtergesellschaft geeignet.

5. Zusammenfassung

Die konzernrechtliche Stellung des Mutterunternehmens begründet ein besonderes Interesse der Publizitätsadressaten. Die Tochterrechnungslegung hat ihre Identität offenzulegen. Die Nennung des Mutterunternehmens mit Name, Sitz und Rechtsform erfolgt im Anhang: meist als ergänzende Angabe nach § 285 Nr. 14 HGB oder ausnahmsweise als Zusatzangabe nach § 264 Abs. 2 Satz 2 HGB. Darüberhinaus ist der Status der gesamten Konzernbeziehung am Bilanzstichtag darzustellen. Im Vertragskonzern ist wegen des gesteigerten Einflusses auf die Vermögens-, Finanz- und Ertragslage die gesamte Konzernverbindung - Mutteranteil, Unternehmensvertrag und rechtlicher Einordnung - Berichtsgegenstand des Anhangs. Bei einfach und qualifiziert faktischer Tochtergesellschaft ist die Konzernverbindung - Kapitalanteil und rechtliche Einordnung - im Lagebericht darzustellen. Veränderungen der Beziehung im Berichtsjahr sind im jeweiligen Verbalteil zu erläutern. Auch rechtliche Beziehungen zu anderen Konzernunternehmen sind Berichtsgegenstand des Lageberichts. Diese Offenlegung hängt vom Umfang der geschäftlichen Beziehungen - hier wirkt § 160 Abs. 3 Nr. 10 AktG 1965 a.F. - oder einem Risikodurchschlag zur Seite ab.

---

[986] Dazu *Burgard*-Offenlegung von Beteiligungen bei der AG, Seite 116.

B. Die Transparenz des inneren rechtlichen Konzerngefüges

Die Einbindung der Tochtergesellschaft in die Finanzierungs-, Erfolgs-, Risiko- und Haftungsgemeinschaft der Unternehmensgruppe prägt auch das innere rechtliche Konzerngefüge. Dies ist die interne rechtliche Gestaltung und Organisation des Konzerns[987]. Sie betrifft die Verteilung der Leitungskompetenzen zwischen der Konzernleitung und der Geschäftsführung auf Ebene der Tochtergesellschaft. Sie beinhaltet darüber hinaus den Führungsstil innerhalb des Konzerns. Es sind dies die Formen und Mittel der Entscheidungsfindung sowie die Durchführung der Entscheidungen. Der Durchsetzung von Konzerninteressen dienen auch personelle Verflechtungen im Konzern. Eine besodere Rolle spielen dabei Vorstandsdoppelmandate und die Besetzung des Aufsichtsrats der Tochtergesellschaft mit Vorstandsmitgliedern des Mutterunternehmens[988]. Auf die Vermögens-, Finanz- und Ertragslage der Tochtergesellschaft hat die Struktur des inneren Konzerngefüges keinen unmittelbaren Einfluß. Dennoch ist zu überlegen, ob die Publizitätsadressaten ein berechtigtes Interesse an entsprechender Offenlegung haben.

I. Keine Offenlegung der Leitungsstruktur

Die Ausgestaltung der inneren Leitungsstruktur ist Teil der Geschäftspolitik des Konzerns. Sie unterliegt damit grundsätzlich nicht der Offenlegung in der Rechnungslegung. Demgemäß gibt es auch keine ausdrückliche Vorschrift, die sich mit der Darstellung der Leitungs- und Entscheidungskompetenzen bzw. des Führungsstils im Konzern befaßt. Dies mag aber auch darauf beruhen, daß Fragen der Leitungszentralisation und des Zusammenwirkens verschiedener Managementebenen bei Planung, Durchführung und Kontrolle auf Ebene der Muttergesellschaft keine Probleme bereitet. Die Konflikte sind auf der Ebene der Tochtergesellschaft angelegt. Da in der Diskussion zum Konzernbilanzrecht traditionell die Ebene der Muttergesellschaft im Mittelpunkt steht, verwundert es nicht, daß es praktisch keine Überlegungen zu dieser auf die Tochter bezogenen Problem- und Fragestellung gibt. Dabei ist von außen nicht ohne weiteres zu erkennen, auf wessen Beitrag die geschäftlichen Aktivitäten der Tochtergesellschaft in erster Linie zurückzuführen sind[989].

Anzusetzen ist aber bei der Leitungsstruktur als Teil der Geschäftspolitik. In diesem Bereich sind die Geheimhaltungsinteressen der Konzernführung sehr stark. Auf diese Geheimhaltungsinteressen nimmt das Gesetz grundsätzlich Rücksicht. Bei der faktisch konzernierten

---

987 Die ausführliche Erörterung der tatsächlichen Veränderungen auf der Realebene erfolgte oben im 2. Kapitel unter B II 2.

988 Hoffmann-Becking, ZHR 150 (1986), Seite 570 f.

989 Hommelhoff, in: Das Gesellschaftsrecht der Konzerne im internationalen Vergleich, Seite 91, 111.

Aktiengesellschaft hat der Vorstand nur die Schlußerklärung des Abhängigkeitsberichts offenzulegen (§ 312 Abs. 3 Satz 3 AktG). Die einzelnen Nachteile, die Rückschlüsse auf die Form der Leitungsaktivitäten geben, sind gerade nicht offenzulegen. Diese gesetzgeberische Wertung zugunsten der Geheimhaltungsinteressen der Konzernleitung ist anzuerkennen. Im Zusammenhang mit der Offenlegung des konzerninternen Geschäftsverkehrs oder der konzerninternen Aufgabenzuteilung ist zwar auf geschäftspolitische Entscheidungen des Konzerns einzugehen. Es handelt sich jedoch um Einzelentscheidungen mit Bezug zur konkreten Vermögens-, Finanz- und Ertragslage bzw. zur Gesamtlage des Tochterunternehmens[990]. Darüber hinaus gehende Angaben sind nach der gesetzlichen Wertung nur auf freiwilliger Basis möglich. Die Geschäftsführung der Tochtergesellschaft kann insbesondere im Lagebericht nähere Angaben zur Leitungszentralisation oder zu Formen der Leitungsvorgaben machen.

II. Angaben zur personellen Organverflechtung

Keine Angabepflicht besteht auch hinsichtlich einer Organverflechtung durch die Besetzung der Geschäftsleitung - insbes. Vorstandsdoppelmandate - und des Aufsichtsrats oder Beirats der Tochtergesellschaft mit Mitgliedern der Konzernleitung. Denn zum einen gehören die Organverflechtungen nicht zu den rechtlichen Beziehungen, die nach § 160 Abs. 3 Nr. 10 AktG 1965 a.F. im Lagebericht der Tochter darzustellen sind. Denn erfaßt werden insoweit nur die Grundlagen der rechtlichen Beziehung[991]. Und zum anderen hilft auch nicht der Blick auf den Ausweis der Organbezüge nach dem AktG 1965. Hier war für Mitglieder und ehemalige Mitglieder des Vorstands die Bezüge von verbundenen Unternehmen gesondert auszuweisen[992]. Die Vorschrift wurde unter Hinweis auf die 4. Richtlinie gestrichen[993]. Für die Muttergesellschaft ergeben sich heute Informationen aus dem Konzernanhang nach § 314 Abs. 1 Nr. 6 HGB. Für die Tochtergesellschaft fehlt hingegen eine entsprechende Angabe, wenn sie nicht ausnamsweise einen Teilkonzernabschluß erstellt. Die Angabe der Bezüge von Verbundunternehmen sollte aber die Öffentlichkeit über die genaue Höhe aller Bezüge informieren[994]. Eine Information über Organverflechtungen war nicht beabsichtigt. Informa-

---

990 Dazu oben im 5. Kapitel unter A III 2.

991 *Begründung RegE*, BT-DS 3/1915, S. 179; abgedruckt auch bei *Kropff*, Aktiengesetz, Seite 261; *GK-Mellerowicz*, § 160 Anm. 44; Geßler/Hefermehl/Eckardt/*Kropff*, § 160 Rn. 113. Dazu oben im 3. Kapitel unter D III 4a.

992 § 160 Abs. 3 Nr. 8 Satz 4 und Nr. 9 Satz 3 AktG 1965 a.F. Dazu Geßler/Hefermehl/Eckardt/*Kropff*, § 160 Rn. 95 f. und *GK-Mellerowicz*, § 160 Anm. 39.

993 *Bericht des Rechtsausschusses*, BT-DS 10/4268, Seite 110. Dazu *A/D/S*-Teilband 2, § 285 Rn. 157; *Glade*-Rechnungslegung, § 285 Rn. 69 sowie *K/K-Claussen/Korth*, §§ 284-288 HGB, 160 AktG, Rn. 106.

994 Geßler/Hefermehl/Eckardt/*Kropff*, § 160 Rn. 88.

tionen über personelle Verflechtungen lassen sich daher allenfalls durch den Vergleich der Anhangsangaben über die Mitglieder der Geschäftsführungsorgane und Aufsichtsräte in den verschiedenen Einzelabschlüssen der Konzernunternehmen nach § 285 Nr. 10 HGB gewinnen.

Zusammenfassung der wichtigsten Ergebnisse

I.

1. Sobald eine Gesellschaft in einen Konzern einbezogen ist, reichen die für ihre Rechnungslegung vorgesehenen und ausgestalteten Instrumente nicht mehr aus. Deshalb ist - seit dem Erlaß der 7. Richtlinie europaweit - neben dem Einzelabschluß ein Konzernabschluß vorgeschrieben. Die Diskussion zur Internationalisierung und Globalisierung befaßt sich vordringlich mit diesem Konzernabschluß. Dabei gerät erneut in Vergessenheit, was seit langem die Rechnungslegung in konzernverbundenen Unternehmen kennzeichnet: Der Konzernabschluß ist auf der Ebene der Muttergesellschaft angesiedelt, aber nicht auf der der konzernabhängigen Tochtergesellschaft.

2. Die handelsrechtliche Rechnungslegung der Kapitalgesellschaft hat Informationsfunktion. Das Informationsziel geben die Generalklauseln (§§ 264 Abs. 2 und 289 Abs. 1 HGB) mit dem true-and-fair-view-Prinzip vor. Zum Schutz der Gesellschafter und der Gläubiger haben Jahresabschluß und Lagebericht ein getreues Bild der Vermögens-, Finanz- und Ertragslage sowie der Gesamtgeschäftslage der Kapitalgesellschaft zu vermitteln.

3. Die handelsrechtliche Rechnungslegung orientiert sich konzeptionell am Informationsbedarf der Außenseiter. Dies sind bei der abhängigen Kapitalgesellschaft die Minderheitsgesellschafter sowohl des Tochter- als auch des Mutterunternehmens sowie die Gläubiger. Durch dieses Einrücken der Minderheitsgesellschafter verändert sich in der abhängigen Kapitalgesellschaft die maßgebende Bezugsgruppe für den Informationsbedarf.

4. Der Informationsbedarf der außenstehenden Minderheitsgesellschafter und Gläubiger ist aufgrund des Konzernrechts je nach Konzernform unterschiedlich. Bei der einfach faktisch konzernierten Tochtergesellschaft ist das Interesse an der Einzelrechnungslegung gegenüber der Rechnungslegung einer unabhängigen Kapitalgesellschaft unverändert. Bei der qualifiziert faktischen Tochtergesellschaft und weitergehend bei der Vertragskonzerntochter rücken das Mutterunternehmen und deren Konzernabschluß gegenüber dem Einzelabschluß stärker in den Mittelpunkt. Im Vertragskonzern ist die Einzelrechnungslegung unter bestimmten Voraussetzungen sogar entbehrlich (§ 264 Abs. 3 HGB).

5. Die konsolidierte Konzernrechnungslegung hat allein Informationsfunktion. Sie hat aber keine Ergänzungsfunktion für die Einzelrechnungslegung, insbesondere der Tochtergesellschaften. Die Konzernrechnungslegung ist vielmehr selbständiges Informationsinstrument und allein der Darstellung eines getreuen Bildes der Wirtschaftslage des Gesamtkonzerns

verpflichtet. Diese Konzeption gibt die 7. Richtlinie vor. Der Konzernabschluß enthält deshalb grundsätzlich keine Angaben über die Wirtschaftslage eines einzelnen Tochterunternehmens.

6. Art. 44 Abs. 2 lit. g EGV bestimmt über die 4. Richtlinie die Zielsetzung der §§ 264 ff. HGB. So werden zum Schutz der Gesellschafter und Dritter in der publizierten Rechnungslegung von Kapitalgesellschaften materielle Gleichwertigkeit und formelle Vergleichbarkeit verlangt. Die materielle Gleichwertigkeit gilt für die Rechnungslegung abhängiger Kapitalgesellschaften insbesondere gegenüber der Rechnungslegung selbständiger Kapitalgesellschaften. Die materiell gleichwertige Rechnungslegung dient mit dem Schutz der europäischen Anleger und Gläubiger letztlich der Verwirklichung der Niederlassungsfreiheit.

II.

7. Informationsdefizite sind aufgrund der einheitlichen Leitung und der Konzernverflechtung bestehende Umstände und Besonderheiten, die von dem am Leitbild der rechtlich und wirtschaftlich selbständigen Kapitalgesellschaft orientierten Bilanzrecht nicht angemessen erfaßt werden. Die Berichterstattung über wesentliche konzernbedingte Auswirkungen auf die berichtspflichtige Vermögens-, Finanz- und Ertragslage sowie die Gesamtgeschäftslage des Tochterunternehmens unterbleibt. Dadurch wird der Informationsbedarf der maßgeblichen Publizitätsadressaten nicht ausreichend befriedigt. Das Ziel einer dem true-and-fair-view-Prinzip entsprechenden Darstellung mit dem Hintergrund der EG-weit gleichwertigen Information wird in Frage gestellt.

8. Die Informationsdefizite beruhen auf konzernbedingten Veränderungen. Im wirtschaftlichen Bereich führen die Konzernintegration und die einheitliche Leitung nach Umfang ihrer Ausübung für die Tochtergesellschaft zu folgenden Besonderheiten: Die wirtschaftliche Lage der Tochter wird im operativen Bereich möglicherweise durch die Koordination der strategischen Geschäftsfelder sowie durch integrationsbedingte Umstrukturierungen beeinflußt. Zudem wirken sich der konzerninterne Geschäftsverkehr und der Ausweis nicht realisierter Gewinne auf die tatsächliche Vermögens-, Finanz und Ertragslage der Tochtergesellschaft aus.

9. Die Konzernverflechtung begründet die besondere rechtliche Stellung einer Tochtergesellschaft. Deren rechtliche Lage wird durch die Einbindung in das äußere rechtliche Gefüge des Konzerns und die Einbindung in die innere Organisations- und Leitungsstruktur der Gruppe geprägt.

III.

10. Die rechtshistorische Untersuchung der aktienrechtlichen Rechnungslegung, an deren Leitbild sich die Rechnungslegung nach dem BiRiLiG orientiert, zeigt die Entwicklung des Problembewußtseins und der Lösungsansätze für die konzernbedingten Informationsdefizite bei der Tochtergesellschaft.

11. In den 20er Jahren kam aufgrund des Wandels der Wirtschaftsstruktur eine Diskussion über Konzerne und die Schwierigkeiten von Konzernbildung und Bilanzrecht in Gang. Die Problemsicht war vorrangig auf die Bilanz der Muttergesellschaft bezogen. Lediglich bei den Folgen des konzerninternen Geschäftsverkehrs - Ausweis nicht realisierter Gewinne und Gewinnsteuerung durch Preisvorgaben - geriet auch die Bilanz der Tochtergesellschaft ins Visier. Teilweise wurden die Lösungsansätze zur Offenlegung der Verhältnisse auf die Tochtergesellschaft übertragen. Überwiegend wurde jedoch der Schutz der Außenseiter unter dem Stichwort des konzerninternen Interessenkonflikts und damit im Bereich des Konzernrechts diskutiert.

12. Die Aktienrechtsnovelle 1931 brachte zur Vertrauenssicherung der Anleger durch gesteigerte Publizität und Verwaltungsverantwortung erste Regeln zur Rechnungslegung im Konzern. Die Regelungen galten ausdrücklich auch für Tochtergesellschaften. Das neu eingeführte Gliederungsschema der Bilanz (§ 261 a HGB) enthielt Sonderposten für Beteiligungen sowie Forderungen und Verbindlichkeiten gegenüber Konzerngesellschaften. Als notwendige Ergänzung war im Geschäftsbericht das Rechts- und Geschäftsverhältnis zu anderen Konzerngesellschaften darzulegen (§ 260 a Abs. 2 HGB). Da der Interessenkonflikt auf Tochterebene ungeregelt blieb, sollten Publizitätsverbesserungen den konzernbedingten Gefährdungen entgegentreten. Gewinn- und Verlustverlagerungen durch Preisvorgaben und nicht realisierte Gewinne sollten wenigstens offenzulegen sein.

13. Das Aktiengesetz 1965 wollte entsprechend der bundesrepublikanischen Wirtschaftsverfassung die Stellung der Aktionäre als wirtschaftliche Eigentümer stärken. Dazu wurde auch die Rechenschaftspflicht der Verwaltung erweitert: durch eine verbesserte Publizität der Einzelrechnungslegung und die obligatorische Einführung des Konzernabschlusses. Von der Erweiterung profitierte fast ausschließlich die Muttergesellschaft, da der Konzernabschluß als erweiterter Mutterabschluß konzipiert war. Auf Ebene der Tochtergesellschaft wurde zum Schutz der Außenseiter das kodifizierte Konzernrecht geschaffen. Damit verblieb es im Bereich der Rechnungslegung der Tochter bei den bestehenden zwei Säulen. Dabei wurde die Information des Geschäftsberichts verbessert: Nach § 160 Abs. 3 Nr. 10 AktG 1965

a.F. war umfassend über die rechtlichen und geschäftlichen Beziehungen zu verbundenen und insbesondere Konzernunternehmen zu berichten. Diese Angaben behielten bei der Tochter ihre Bedeutung. Publiziert wurden hier die wichtigen Angaben zur Identität der Muttergesellschaft und zur rechtlichen Stellung der Tochter-AG. Abgerundet wurden die konzernbezogenen Informationen durch die Offenlegung der Schlußerklärung des Abhängigkeitsberichts (§ 312 Abs. 3 Satz 3 AktG).

IV.

14. In der Bilanz der konzernabhängigen Kapialgesellschaft sind die Anteile und Forderungen an verbundene Unternehmen je aufgeteilt in Anlage- und Umlaufvermögen sowie die Verbindlichkeiten gegenüber verbundenen Unternehmen gesondert auszuweisen. Die GuV erfaßt entsprechende Verbundaufwendungen und -erträge. Verbundene Unternehmen sind bei richtlinienkonformer Auslegung des § 271 Abs. 2 HGB alle konzernzugehörigen Gesellschaften. Die Sonderposten gelten für alle Verbundunternehmen. Der Informationsgehalt ist dadurch begrenzt. Denn neben dem Hinweis auf die Konzernverbundenheit informieren die Sonderposten nur über die finanziellen Konzernbeziehungen. Sie zeigen beispielsweise beim konzerninternen Geschäftsverkehr nur den finanziellen Niederschlag. Die Posten haben Sonderqualität, weil je nach Konzernform nicht marktübliche Konditionen hinsichtlich Entstehung, Höhe, Fälligkeit und Verzinsung zugrunde liegen können. Die tatsächliche Beeinflussung der Finanz- und Ertragslage sowie nähere Details und die Identität der Verbundunternehmen sind nicht erkennbar. Dadurch bleiben insbesondere bei den Umsatzerlösen die jeweiligen Erfolgsbestandteile und der Einfluß anderer Konzernunternehmen unklar.

15. Bei der Vertragstochter sind in der GuV die Sonderposten nach § 277 Abs. 3 Satz 2 HGB auszuweisen. Sie zeigen im Falle des Verlusts bzw. bei Gewinnabführung die Konzernform, nämlich die vertraglich Konzernierung, sowie den Zu- oder Abfluss des auf Null gestellten Jahresergebnisses. Sie sind sichtbarer Ausdruck der eingeschränkten Vermögens- und Kapitalbindung bei der Vertragstochtergesellschaft. Gerade für die faktisch konzernierte Tochtergesellschaft fehlen jedoch konzernformspezifische Angaben in den Rechenwerken.

16. Insgesamt erreichen die Sonderposten allein das Informationsziel der Generalnorm kaum. Dehalb sind die Informationen der Rechenwerke durch konzernbezogene Angaben in den Verbalteilen ergänzungsbedürftig.

17. Im Anhang sind neben einzelnen Erläuterungen der Sonderposten die tochterspezifischen Angaben nach § 285 Nr. 14 HGB zu machen. In erster Linie sollen die Angaben den Publizitätsadressaten der Tochter den Zugang zum Konzernabschluß des Mutterunternehmens

und dessen Information eröffnen. Nur in zweiter Linie soll die Konzernverbundenheit und die Identität des konzernherrschenden Mutterunternehmens offengelegt werden. Diese Hinweisfunktion der Anhangsangabe läuft durch die Anlehnung an die tatsächliche Erstellung eines Konzernabschlusses und die Abkopplung von der einheitlichen Leitung durch das Control-Konzept mitunter leer: es ist nicht sichergestellt, daß die Tochter die konzernleitende Mutter anzugeben hat.

18. Der Lagebericht steht selbständig neben dem Jahresabschluß und hat ein auch für bilanzunkundige Leser verständliches Gesamtbild der Wirtschaftslage zu zeichnen. In ihm ist tochterspezifisch nur die Schlußerklärung des Abhängigkeitsberichts der faktisch konzernierten Tochter-AG (§ 312 Abs. 3 Satz 3 AktG) ausdrücklich vorgeschrieben. Deshalb sind weitere Informationen erforderlich, um ein getreues Bild der Lage der Tochtergesellschaft zu vermitteln. Gerade der Lagebericht ist aufgrund seiner Konzeption besonders geeignet, um den Informationsgehalt der Rechnungslegung konzernspezifisch auszubauen und fortzuschreiben und so den Besonderheiten gruppenabhängiger Tochter- und Enkelgesellschaften gerecht zu werden.

V.

19. Die Fortscheibung der konzernbezogenen Rechnungslegung kann auf Grundlage der Konkretisierung der bestehenden Generalklauseln erfolgen. Beide Generalnormen öffnen ihrem Wortlaut nach den Anhang und den Lagebericht für wichtige Zusatzinformationen (§§ 264 Abs. 2 Satz 2, 289 Abs. 1 HGB). Auch die 4. Richtlinie gestaltete die Verbalteile als Ort zusätzlicher - auch konzernbezogener - Information. Der deutsche Gesetzgeber hat diese Konzeption übernommen. Zu erreichen ist ein gegenüber anderen Kapitalgesellschaften EG-weit gleichwertiger Informationsstand.

20. Zur Darstellung der konzernbestimmten Wirtschaftslage der Tochtergesellschaft sind Vorgaben der Konzernleitung für die strategischen Geschäftsfelder grundsätzlich im Lagebericht anzugeben. Bei der faktisch konzernierten Tochter sind nachteilige Vorgaben zu den Geschäftsfeldern aufgrund des Eigeninteresseschutzes nur begrenzt möglich. Der Lagebericht hat ein konzernbezogenes Gesamtbild der Umsatz- und Absatzentwicklung zu zeichnen. Wesentliche Vorgaben - insbesondere preispolitischer Art - oder Expansionen mit Hilfe der Investitions- und Finanzkraft des Konzerns, die die Umsatzerlöse über 10 % beeinflussen, können aber auch als konkrete Einzelangabe im Anhang darzustellen sein. Eine Zusatzangabe (§ 264 Abs. 2 Satz 2 HGB) ist zur Zeichnung eines wahren Bildes der Ertragslage beispielsweise nötig, wenn sich das Tochterunternehmen auf Weisung von einem bisher bedeutenden

Markt zurückzieht. Eine Zusatzangabe im Anhang ist aber auch erforderlich, soweit die Vermögens-, Finanz- und Ertragslage der faktisch konzernierten AG aufgrund besonders umfangreicher Nachteile und deren Ausgleich oder aufgrund eines bislang fehlenden Ausgleichs besonders wesentlich beeinflußt ist.

21. Auf die interne Koordination von Konzernaufgaben zielende Vorgaben, die das wirtschaftliche Unternehmensgefüge der abhängigen Konzerngesellschaft verändern, sind ebenfalls im Lagebericht anzugeben. Sie gehören zum Gesamtbild der wirtschaftlichen Entwicklung und Lage. In Hinblick auf die Risiken der künftigen Entwicklung, die den Informationsbedarf der Außenseiter verstärken, ist darüber hinaus auf gravierendere Umstrukturierungen und funktionale Aufgabenzuteilungen innerhalb des Konzerns einzugehen. Die divisionale Aufgabenverteilung im Spartenkonzern muß wegen des geringeren wirtschaftlichen Risikos von der Tochtergesellschaft regelmäßig nicht offengelegt werden.

22. Im Anhang sind die wesentlichen Verbundumsätze der Umsatzerlöse zu segmentieren, soweit die Tochter nicht nur ein Rohergebnis auszuweisen hat (§ 276 HGB). Die Sonderqualität des konzerninternen Geschäftsverkehrs begründet die Semgentierung. So werden der Umfang des konzerninternen Geschäftsverkehrs und die damit verbundene Konzernintegration offengelegt. Die Publizitätsadressaten können das Ausmaß der bestehenden Risiken abschätzen. Die Zusatzangabe (§ 264 Abs. 2 Satz 2 HGB) sichert ihnen den Einblick in die Ertragslage. Im Anhang können weitere Einzelangaben bei wesentlichen Vermögens-, Liquiditäts- oder Gewinnverlagerungen insbesondere aufgrund von Preisvorgaben erforderlich sein. Diese Verschiebungen betreffen aus Rechtsgründen in erster Linie die vertraglich konzernierte Tochtergesellschaft. Bei der einfach faktisch konzernierten Aktiengesellschaft ist seltener die Erörterung des Nachteilsausgleichs durch eine Zusatzangabe erforderlich.

23. Im Lagebericht hat die Tochtergesellschaft den konzerninternen Geschäftsverkehr in seiner Gesamtheit darzustellen. Er ist Teil der konzernbezogenen Wirtschaftslage. Für die Darstellung des Gesamtbildes ist der Berichtsgegenstand nach § 160 Abs. 3 Nr. 10 AktG 1965 a.F. noch immer aktuell. Es sind die geschäftlichen Beziehungen zu den verbundenen Unternehmen sowie besondere Vorgänge bei den Verbundunternehmen darzustellen. Dies gilt sowohl für den Wirtschaftsbericht (§ 289 Abs. 1 HGB) als auch für den Nachtrags- und Prognosebericht (§ 289 Abs. 2 Nr. 1 und Nr. 2 HGB).

VI.

24. Die rechtliche Position der Tochter- oder Enkelgesellschaft innerhalb des Konzerns ist Grundlage der konzerngeprägten Wirtschaftslage. Dadurch wird die rechtliche Stellung zum Berichtsgegenstand. Nur bei deren Transparenz können Publizitätsadressaten die Vermögens-, Finanz- und Ertragslage sowie die Gesamtlage der Tochtergesellschaft beurteilen.

25. Zur Darstellung des äußeren rechtlichen Konzerngefüges ist die Identität des Mutterunternehmens im Tochternnhang anzugeben. Dies ergibt sich aus § 285 Nr. 14 HGB oder ausnahmsweise aus § 264 Abs. 2 Satz 2 HGB; der Leerlauf der Hinweisfunktion ist besonderer Umstand. Unabhängig von der Konzernform ist das Mutterunternehmen wegen seiner konzernrechtlichen Bedeutung für die Tochterrechnungslegung wesentlich. Die Vertragskonzerntochter hat zudem die gesamte Konzernverbindung (Kapitalanteil, Unternehmensvertrag, rechtliche Einordnung) im Anhang offenzulegen (§ 264 Abs. 2 Satz 2 HGB). Besonderer Umstand ist entweder schon die Ergänzungsbedürftigkeit der GuV-Posten nach § 277 Abs. 3 Satz 2 HGB; ansonsten der gesteigerte Konzerneinfluß auf Vermögens-, Finanz- und Ertragslage im Vertragskonzern. Die einfach oder qualifiziert faktische Tochtergesellschaft hat die Konzernbeziehung im Lagebericht offenzulegen (§ 289 Abs. 1 HGB). Bei ihr ist der Einfluß des herrschenden Mutterunternehmens begrenzt.

26. Die rechtlichen Beziehungen zu anderen Konzernunternehmen sind im Lagebericht der Tochtergesellschaft darzustellen. Diese Offenlegung hängt vom Umfang der geschäftlichen Beziehungen - wie schon nach § 160 Abs. 3 Nr. 10 AktG 1965 a.F. - oder einem Risikodurchschlag zur Seite ab. Als freiwillige Angabe zur Transparenz des rechtlichen Konzerngefüges ist ein Konzernschaubild möglich, das alle Konzernunternehmen und die jeweiligen Konzernverbindungen sowie weitergehend auch assoziierte und Gemeinschaftsunternehmen angibt.

27. Das innere rechtliche Konzerngefüge unterliegt grundsätzlich nicht der Offenlegung in der Rechnungslegung. Die Verteilung der Leitungskompetenzen zwischen den

Managementebenen sowie der Führungsstil gehören zur Geschäftspolitik des Konzerns. Die gesetzgeberische Wertung zugunsten der Geheimhaltungsinteressen in diesem Bereich ist anzuerkennen, soweit kein echter Bezug zur Vermögens-, Finanz- und Ertragslage der Tochtergesellschaft besteht. Dies gilt auch für personelle Verflechtungen durch Vorstandsdoppelmandate und die Besetzung von Aufsichtsrat oder Beirat der Tochtergesellschaft mit Mitgliedern der Konzernleitung.

ABKÜRZUNGSVERZEICHNIS

a.A.	anderer Ansicht
a.a.O.	am angegebenen Ort
ABl. EG	Amtsblatt der Europäischen Gemeinschaft
Abs.	Absatz
ADHGB	Allgemeines Deutsches Handelsgesetzbuch von 1861
a.F.	alter Fassung
AG	Aktiengesellschaft
AG	Die Aktiengesellschaft, Zeitschrift für das gesamte Aktienwesen (seit 1956)
AktG	Aktiengesetz
Alt.	Alternative
Anh.	Anhang
Anm.	Anmerkung
Art.	Artikel
Artt.	Artikel (Plural)
BB	Betriebsberater
BetrVG	Betriebsverfassungsgesetz
BGB	Bürgerliches Gesetzbuch
BGBl.	Bundesgesetzblatt
BGH	Bundesgerichtshof
BiRiLiG	Bilanzrichtlinien-Gesetz
BR-DS	Drucksachen des Deutschen Bundesrats
bspw.	beispielsweise
BStBl.	Bundessteuerblatt (seit 1951)
BT-DS	Drucksachen des Deutschen Bundestags

BVerfGE	Entscheidungen des Bundesverfassungsgerichts
bzw.	beziehungsweise
DB	Der Betrieb
ders.	derselbe
dies.	dieselben
DJT	Deutscher Juristentag
DStR	Deutsches Steuerrecht
EG	Europäische Gemeinschaft
EGAktG	Einführungsgesetz zum Aktiengesetz
EGHGB	Einführungsgesetz zum Handelsgesetzbuch
EGV	Vertrag zur Gründung der Europäischen Gemeinschaft
E-HGB	Entwurf des Handelsgesetzbuchs
Einl.	Einleitung
EStG	Einkommensteuergesetz
EuGH	Europäischer Gerichtshof
EUV	Vertrag über die Europäische Union
f.	folgende (Seite)
FASB	Federal Accounting Standards Bureau
ff.	folgende (Seiten)
FG	Fachgutachten des Instituts der Wirtschaftsprüfer in Deutschland e.V.
FN	Fußnote
FS	Festschrift

GG	Grundgesetz
GmbH	Gesellschaft mit beschränkter Haftung
GmbHG	Gesetz betreffend die Gesellschaften mit beschränkter Haftung
GoB	Grundsätze ordnungsmäßiger Buchführung
GoL	Grundsätze ordnungsmäßiger Lageberichterstattung
GuV	Gewinn- und Verlustrechnung
HFA	Hauptfachausschuß des Instituts der Wirtschaftsprüfer in Deutschland e.V.
HGB	Handelsgesetzbuch
h.M.	herrschende Meinung
Hrsg.	Herausgeber
IAS	International Accounting Standards
IASC	International Accounting Standards Committee
IDW	Institut der Wirtschaftsprüfer
i.e.S.	im engeren Sinne
InsO	Insolvenzordnung
i.V.m.	in Verbindung mit
i.w.S.	im weiteren Sinne
JW	Juristische Wochenschrift
JZ	Juristen-Zeitung
KapAEG	Kapitalaufnahmeerleichterungsgesetz
KG	Kommanditgesellschaft
KGaA	Kommanditgesellschaft auf Aktien

KonTraG	Gesetz zur Kontrolle und Transparenz im Unternehmensbereich
KritV	Kritische Justiz
lit.	Buchstabe
Mio.	Millionen
m.w.N.	mit weiteren Nachweisen
NJW	Neue Juristische Wochenschrift
NotVO	Notverordnung
Nr.	Nummer
m.z.N.	mit zahlreichen Nachweisen
OHG	Offene Handelsgesellschaft
PublG	Publizitätsgesetz
RabelsZ	Rabels Zeitschrift für ausländisches und internationales Privatrecht
RegE	Regierungsentwurf
RGBl.	Reichsgesetzblatt
RGZ	Reichsgericht in Zivilsachen
Rn.	Randnummer
sog.	sogenannte
u.a.	und andere

Verf.	Verfasser
vgl.	vergleiche
Vorbem.	Vorbemerkung
WM	Wertpapier-Mitteilungen
WPg	Die Wirtschaftsprüfung
WRV	Weimarer Reichsverfassung
z.B.	zum Beispiel
ZGR	Zeitschrift für Unternehmens- und Gesellschaftsrecht
ZHR	Zeitschrift für das gesamte Handelsrecht und Wirtschaftsrecht
ZIP	Zeitschrift für Wirtschaftsrecht und Insolvenzpraxis
zit.	zitiert

LITERATURVERZEICHNIS

Adler / Düring / Schmalz: Rechnungslegung und Prüfung der Aktiengesellschaft, bearbeitet von Karl-Heinz Forster, Reinhard Goerdeler, Hans Havermann, 4. Auflage, Stuttgart 1968 - 1972,

- Band 1, Rechnungslegung, §§ 148 - 160, 311 - 313 AktG 1965, § 14 EGAktG, Stuttgart 1968,

- Band 2, Prüfung / Feststellung / Rechtsbehelfe, §§ 161 - 178, 256 - 261 Akt G 1965, Stuttgart 1971

- Band 3, Rechnungslegung im Konzern, §§ 329 - 338 AktG 1965, Stuttgart 1972

(zit.: A/D/S, 4. Auflage)

Adler / Düring / Schmalz: Rechnungslegung und Prüfung der Unternehmen, Kommentar zum HGB, AktG, GmbHG, PublG nach den Vorschriften des Bilanzrichtlinien-Gesetzes, bearbeitet von Karl-Heinz Forster, Reinhard Goerdeler, Josef Lefermann, Hans-Peter Müller, Günter Siepe, Klaus Stolberg, 6. Auflage, Stuttgart 1995 - 1998

- Teilband 1: Vorbemerkung zu §§ 252 - 256; §§ 252 - 263, Stuttgart 1995

- Teilband 2: §§ 284 - 289 HGB, Stuttgart 1995

- Teilband 3: Vorbemerkung zu §§ 290 - 315; §§ 290 - 315, Stuttgart 1996

- Teilband 4: Vorschriften in AktG, GmbHG, PublG, Stuttgart 1997

- Teilband 5: §§ 264 - 274, 274 a, 275 - 283 HGB, Stuttgart 1997

- Teilband 6: Vorbemerkung zu §§ 238 - 241; §§ 238 - 251, Stuttgart 1998

(zit.: A/D/S-Teilband 1)

Baetge, Jörg: Bilanzen, 4. Auflage, Düsseldorf 1997

ders.: Konzernbilanzen, 3. Auflage, Düsseldorf 1997

Baetge, Jörg / Fischer, Thomas R. / Paskert, Dierk: Der Lagebericht - Aufstellung, Prüfung und Offenlegung, Stuttgart 1989

Ballwieser, Wolfgang: Die Analyse von Jahresabschlüssen nach neuem Recht, WPg 1987 Seite 57 ff.

ders.: Zum Nutzen handelsrechtlicher Rechnungslegung, in: Rechnungslegung - warum und wie, Festschrift für Hermann Clemm zum 70. Geburtstag; Hrsg.: Wolfgang Ballwieser, Adolf Moxter, Rolf Nonnenmacher, München 1996, Seite 1 ff.

Basedow, Jürgen: Zielkonflikte und Zielhierarchien im Vertrag über die Europäische Gemeinschaft, in: Festschrift für Ulrich Everling, Band I, Hrsg.: Ole Due, Marcus Lutter, Jürgen Schwarze, Baden-Baden 1995, Seite 49 ff.

Baumann, Karl-Hermann: Die Segment-Berichterstattung im Rahmen der externen Finanzpublizität, in: Bilanz- und Konzernrecht, Festschrift zum 65. Geburtstag von Reinhard Goerdeler, Hrsg.: Hans Havermann, Düsseldorf 1987, Seite 1 ff.

Baumbach, Adolf / Hopt, Klaus J.: Handelsgesetzbuch, Kommentar, 30. Auflage, München 2000

Baumbach, Adolf / Hueck, Alfred: Kommentar zum GmbH-Gesetz, 16. Auflage, München 1996 (zit.: Baumbach/Hueck-Bearbeiter)

Beck'scher Bilanz-Kommentar: Handels- und Steuerrecht - §§ 238 bis 339 HGB, Hrsg.: Wolfgang Dieter Budde, Herrmann Clemm, Max Panko, Manfred Sarx, 3. Auflage, München 1995 (zit.: BBK-Bearbeiter)

Beisse, Heinrich: Zehn Jahre „True and fair view", in: Rechnungslegung - warum und wie, Festschrift für Herrmann Clemm zum 70. Geburtstag, Hrsg.: Wolfgang Ballwieser, Adolf Moxter, Rolf Nonnenmacher, München 1996, Seite 27 ff.

Biener, Herbert / Berneke, Wilhelm: Bilanzrichtliniengesetz, Düsseldorf 1986

Born, Karl E.: Die deutsche Bankenkrise 1931, München 1967

Brechmann, Winfried: Die richtlinienkonforme Auslegung, München 1994

Buchwald, Bruno: Die wirtschaftlichen Strukturwandlungen und die Reform des Aktienrechts, in: Ausschuß zur Untersuchung der Erzeugungs-und Absatzbedingungen der deutschen Wirtschaft (Hrsg.), Enquête-Bericht, I. Unterausschuß, 3. Arbeitsgruppe, Erster Teil: Wandlungen in den Rechtsformen der Einzelunternehmungen und Konzerne, Berlin 1928 (zit.: Buchwald, wirtschaftliche Strukturwandlungen und Reform des Aktienrechts)

Budde, Wolfgang Dieter: Müssen die börsennotierten Gesellschaften eigene Wege gehen? in: Rechnungslegung - warum und wie, Festschrift für Hermann Clemm zum 70. Geburtstag; Hrsg.: Wolfgang Ballwieser, Adolf Moxter, Rolf Nonnenmacher, München 1996, Seite 81 ff.

Bühler, Ottmar: Konzernbilanzen und Konzernbesteuerung, in: Betriebsgröße und Unternehmenskonzentration, Nürnberger Abhandlungen zu den Wirtschafts- und Sozialwissenschaften - Heft 10, Berlin 1959, Seite 229 ff.

Burgard, Ulrich: Die Offenlegung von Beteiligungen, Abhängigkeits- und Konzernlagen bei der Aktiengesellschaft, Darmstadt 1990; (zit.: Burgard-Offenlegung von Beteiligungen bei der AG)

Busse von Colbe, Walther: Lexikon des Rechnungswesens, 3. Auflage, München, Wien 1994

ders.: Die neuen Rechnungslegungsvorschriften aus betriebswirtschaftlicher Sicht, WPg 1987, Seite 117 ff.

Busse von Colbe, Walther / Ordelheide, Dieter: Konzernabschlüsse, 5. Auflage, Wiesbaden 1984

von Caemmerer, Ernst: .... in das Frankfurter Publizitätsgespräch, Hrsg.: Carl Hans Barz, Carsten Peter Claussen u.a., Frankfurt a.M. 1962

Clemm, Herrmann: Unternehmerische Rechnungslegung - Aufgaben, Möglichkeiten und Grenzen, in: Bilanz- und Konzernrecht, Festschrift zum 65. Geburtstag von Reinhard Goerdeler, Hrsg.: Hans Havermann, Düsseldorf 1987, Seite 93 ff.

Coenenberg, Adolf Gerhard: Jahresabschluß und Jahresabschlußanalyse - Grundfragen der Bilanzierung nach betriebswirtschaftlichen, handelsrechtlichen, steuerrechtlichen und internationalen Grundsätzen, 16. Auflage, Landsberg/Lech 1997 (zit.: Coenenberg, Jahresabschluß und Jahresabschlußanalyse)

Düringer, Adelbert / Hachenburg, Max: Das Handelsgesetzbuch, 3. Auflage, III. Band / 1. Teil: Einleitung: Die Aktiengesellschaft im Leben der Wirtschaft und §§ 178 - 230 a, Mannheim, Berlin, Leipzig 1934

Deutscher Anwaltverein: Zur Reform des Aktienrechts, Antworten des Deutschen Anwaltvereins auf die Fragen des Reichsjustizministers I. und II. Teil, Leipzig 1929

DJT-Unternehmensrecht: siehe Studienkommission des deutschen Juristentages

Döllerer, Georg: Gläubigerschutz und Aktionärsschutz im neuen Aktienrecht - ein Scheingegensatz, BB 1966, Seite 629 ff.

Dörner, Dietrich: Der Prognosebericht nach § 289 Abs. 2 Nr. 2 HGB - Überlegungen zur Verminderung der Diskrepanz zwischen Publizitätsanforderungen und Publizitätspraxis, in: Rechnungslegung, Prüfung und Beratung, Festschrift für Rainer Ludewig, Hrsg.: Baetge, Jörg u.a., Düsseldorf 1996, Seite 218 ff.

Ebenroth, Carsten Thomas: Die verdeckten Vermögenszuwendungen im transnationalen Unternehmen, Bielefeld 1979

Emmerich, Gerhard / Künnemann, Martin: Zum Lagebericht der Kapitalgesellschaft, WPg 1986, Seite 145 ff.

Emmerich, Volker / Sonnenschein, Jürgen: Konzernrecht, 6. Auflage, München 1997; (zit.: Emmerich/Sonnenschein)

Fey, Gerd: Die Angabe bestehender Zweigniederlassungen im Lagebericht nach § 289 Abs. 2 Nr. 4, DB 1994, Seite 485 ff.

Flechtheim, Julius: Die Strukturwandlungen der Wirtschaft und des Aktienrechts, in: Ausschuß zur Untersuchung der Erzeugungs-und Absatzbedingungen der deutschen Wirtschaft (Hrsg.), Enquête-Bericht, I. Unterausschuß, 3. Arbeitsgruppe, Erster Teil:

Wandlungen in den Rechtsformen der Einzelunternehmungen und Konzerne, Berlin 1928 (zit.: Flechtheim, Die Strukturwandlungen)

Forster, Karl-Heinz: Abschlußprüfung nach dem Regierungsentwurf des KonTraG, WPg 1998, Seite 41 ff.

Forum Europaeum Konzernrecht: Konzernrecht für Europa, ZGR 1998, Seite 672 ff.

Geiler, Karl: Die wirtschaftlichen Strukturwandlungen und die Reform des Aktienrechts, in: Ausschuß zur Untersuchung der Erzeugungs- und Absatzbedingungen der deutschen Wirtschaft (Hrsg.), Enquête-Bericht, I. Unterausschuß, 3. Arbeitsgruppe, Erster Teil: Wandlungen in den Rechtsformen der Einzelunternehmungen und Konzerne, Berlin 1928 (zit.: Geiler, Strukturwandlungen und Reform des Aktienrechts)

GK-HGB: Gemeinschaftskommentar zum Handelsgesetzbuch von Jürgen Ernsthaler (Hrsg.), 5. Auflage, Neuwied, Kriftel, Berlin 1997 (zit.: GK-HGB-Bearbeiter)

Geßler, Ernst: Bestandsschutz der beherrschten Gesellschaft im Vertragskonzern? ZHR 140 (1976), Seite 433 ff.

Geßler, Ernst / Hefermehl, Wolfgang / Eckardt, Ulrich / Kropff, Bruno: Kommentar zum Aktiengesetz, München 1973 ff. (zit.: Geßler/Hefermehl/Eckardt/Kropff-Bearbeiter)

- Band I - §§ 1 - 75, München 1973

- Band III - §§ 148 - 178, München 1973

- Band VI - §§ 291 - 410, München 1976 - 1994

Glade, Anton: Praxishandbuch der Rechnungslegung und Prüfung - Systematische Darstellung und Kommentar zum Bilanzrecht, 2. Auflage, Herne, Berlin 1995 (zit.: Glade-Rechnungslegung)

Grabitz, Eberhard / Hilf, Meinhard: Kommentar zur Europäischen Union, Band I: EUV und Art. 1 - 189e EGV, Loseblattsammlung, München, Stand Juli 1997 (zit.: Bearbeiter, in Grabitz/Hilf, KommEU)

Groeben, Hans von der / Thiesing, Jochen / Ehlermann, Claus-Dieter (Hrsg.): Kommentar zum EU-/EG-Vertrag, Band 1: Artikel E - F EUV und Artikel 1 - 84 EGV, 5. Auflage, Baden-Baden 1997 (zit.: Bearbeiter, in Groeben/Thiesing/Ehlermann, KommEU)

Großfeld, Bernhard: Bilanzrecht, 3. Auflage, Heidelberg 1997

ders.: Bilanzrecht für Juristen - Das Bilanzrichtlinien-Gesetz vom 19. 12. 1985, NJW 1986, Seite 953 ff.

Großkommentar zum Aktiengesetz, bearbeitet von Carl Hans Barz, Herbert Brönner, Ulrich Klug, Konrad Mellerowicz, Joachim Meyer-Landrut, Wolfgang Schilling, Herbert Wiedemann, Hans Würdinger,

- 2. Band: §§ 148 - 178, 3. Auflage, Berlin 1970

- 4. Band: §§ 291 - 410, 3. Auflage, Berlin 1975 (zit.: GK-Bearbeiter)

Hachenburg, Max: Großkommentar zum Gesetz betreffend die Gesellschaften mit beschränkter Haftung (GmbHG), 8. Auflage, herausgegeben von Peter Ulmer

- Erster Band - Allgemeine Einleitung, §§ 1 - 34, Berlin, New York 1992

- Zweiter Band - §§ 35 - 52, Berlin, New York 1997

- Dritter Band - §§ 53 - 85; Register, Berlin, New York 1997

Hakenberg, Waltraud: Grundzüge des Europäischen Wirtschaftsrechts, München 1994

Handkommentar zum Vertrag über die Europäische Union (EUV/EGV) von Hailbronner, Kay / Klein, Eckart / Magiera, Siegfried / Müller-Graff, Peter-Christian; Stand Lieferung 6, Köln, Berlin, Bonn, München 1997 (zit.: HandkommEUV-Bearbeiter)

Helmrich, Herbert: Bilanzrichtlinien-Gesetz - Amtliche Texte und Entwicklungen, Begründungen, Stellungnahmen und Protokolle, München 1986 *ders.*: Gesetzgeberische Grundsatzentscheidungen beim Bilanzrichtlinien-Gesetz, in: Handelsrecht und Steuerrecht, Festschrift für Georg Döllerer, Hrsg.: Brigitte Knobbe-Keuk, Franz Klein, Adolf Moxter, Düsseldorf 1988, Seite 219 ff.

ders.: Umsetzung der Bilanz- und Konzernbilanzrichtlinie in das deutsche Recht, WPg 1984, Seite 625 ff.

Herrmann, Harald: Der ungedeckte Fehlbetrag nach § 268 Abs. 3 HGB und die Folgepflichten für Abschlußprüfer und Gesellschaftsorgane in AG und GmbH, ZGR 1989, Seite 273 ff.

Heymann, Ernst: Handelsgesetzbuch - Kommentar, Band 3, Drittes Buch §§ 238 - 342, Berlin, New York, 1989 (zit.: Heymann-Bearbeiter)

Hoffmann, Manfred Karsten: Jahresabschlußpolitik und die Generalnorm des § 264 Abs. 2 HGB, DB 1995, Seite 1821ff.

ders.: Jahresabschlußpolitische Implikationen von Sale-and-lease-back-Geschäften, DStR 1995, Seite 1520 ff.

ders.: Pensionsgeschäfte als Aktionsparameter der sachverhaltsgestaltenden Jahresabschluß-politik, BB 1997, Seite 249 ff.

Hoffmann, Wolf-Dieter: Wann liegen „Verbundene Unternehmen im Einzelabschluß von ausländisch beherrschten Konzernen vor?, BB 1987, Seite 2192 ff.

Hoffmann-Becking, Michael: Vorstands-Doppelmandate im Konzern, ZHR 150 (1986), Seite 570 ff.

Hommelhoff, Peter: Anlegerinformationen im Aktien-, Bilanz- und Kapitalmarktrecht, ZGR 2000, Seite 748 ff.

ders.: Eigenkapital-Ersatz im Konzern und in Beteiligungsverhältnissen, WM 1984, Seite 1105 ff.

ders.: Die Konzernleitungspflicht - Zentrale Aspekte eines Konzernverfassungsrechts, Köln 1982 *ders.*: Die qualifizierte faktische Unternehmensverbindung: ihre Tatbestandsmerkmale nach dem TBB-Urteil und deren rechtsdogmatisches Fundament, ZGR 1994, Seite 395 ff.

ders.: Europäisches Bilanzrecht im Umbruch, RabelsZ 62 (1998), Seite 381 ff.

ders.: Jahresabschluß und Gesellschafterinformation in der GmbH, ZIP 1983, Seite 383 ff.

ders.: Praktische Erfahrungen mit dem Abhängigkeitsbericht - Ergebnisse einer rechtstatsächlichen Umfrage, ZHR 156 (1992), Seite 295 ff.

ders.: Rechtliche Überlegungen zur Vorbereitung der GmbH auf das Bilanzrichtlinie-Gesetz, WPg 1984, Seite 629 ff.

ders.: Unternehmensführung in der mitbestimmten GmbH, ZGR 1978, Seite 119 ff.

Hommelhoff, Peter / Mattheus, Daniela: Corporate Governance nach dem KonTraG, AG 1998, Seite 249 ff.

Hopt, Klaus: Handels- und Gesellschaftsrecht, Band II Gesellschaftsrecht, 4. Auflage, München 1996

ders.: Vom Aktien- und Börsenrecht zum Kapitalmarktrecht ? Teil 2: Die deutsche Entwicklung im internationalen Vergleich, ZHR 141 (1977), Seite 389 ff.

von Hoyningen-Huene, Gerrick: Der Konzern im Konzern, ZGR 1978, Seite 515 ff.

Hüffer, Uwe: Aktiengesetz, 4. Auflage, München 1999 (zit.: Hüffer-AktG)

Kallfass, Hermann H.: Ökonomische Analyse der Konzernbildung, in: Das Gesellschaftsrecht der Konzerne im internationalen Vergleich: ein Symposium des Max-Planck-Instituts für ausländisches und internationales Privatrecht, Hamburg, Hrsg.: Ernst-Joachim Mestmäcker und Peter Behrens, 1. Auflage, Baden-Baden 1991, Seite 19 ff.

Kiene, Hans-Erich: Konzernwirkungen und aktienrechtlicher Minderheitenschutz im faktischen Konzern, DB 1974, Seite 321 ff.

Kirchner, Christian: Zur Funktion eines harmonisierten Konzernrechnungslegungsrechts für die Niederlassungsfreiheit in der Europäischen Gemeinschaft - Konsequenzen für die Interpretation von Konzernrechnungslegungsvorschriften, in: Bilanzrecht und Kapitalmarkt, Festschrift zum 65. Geburtstag von Adolf Moxter, Hrsg.: Wolfgang Ballwieser, Hans-Joachim Böcking, Jochen Drukarczyk, Reinhard H. Schmidt, Düsseldorf 1994, Seite 601 ff.

Klausing, Friedrich: Reform des Aktienrechts - Unter besonderer Berücksichtigung der Teilreform des Jahres 1931, Berlin, Wien 1933 (zit.: Klausing, Die Teilreform des Aktienrechts)

Kleindiek, Detlef: Geschäftsleitertätigkeit und Geschäftsleiterkontrolle: Treuhänderische Vermögensverwaltung und Rechnungslegung, ZGR 1998, Seite 466 ff.

Kloos, Gerhard: Die Transformation der 4. EG-Richtlinie (Bilanzrichtlinie) in den Mitgliedstaaten der Europäischen Gemeinschaft, Mannheim 1993

Knop, Wolfgang: Die Gliederungskonzeption des Bilanzrichtlinie-Gesetzes, DB 1984, Seite 569 ff.

Kölner Kommentar zum Aktiengesetz, Hrsg.: Wolfgang Zöllner

- Band 1, §§ 1 - 75 AktG, Köln, Berlin, Bonn, München, 2. Auflage 1986/88

- Band 4, Rechnungslegung der Aktiengesellschaft, §§ 238 - 289, 316 - 330, 340 - 340o HGB, 150, 152, 170 - 176 AktG, Köln, Berlin, Bonn, München, 2. Auflage 1989/1991

- Band 6, 1. Lieferung, §§ 291 - 328, 2. Auflage - Stand Mai 1987 (zit.: K/K-Bearbeiter)

Koller, Ingo / Roth, Wulf-Henning / Morck, Winfried: Handelsgesetzbuch, 2. Auflage, München 1999 (zit.: Koller/Roth/*Morck*)

Kort, Michael: Das Informationsrecht des Gesellschafters der Konzernobergesellschaft, ZGR 1987, Seite 46 ff.

Kropff, Bruno: Aktiengesetz - Textausgabe des Aktiengesetzes vom 6.9.1965 mit Begründung des Regierungsentwurfs, Bericht des Rechtsausschusses des Deutschen Bundestags, Verweisungen und Sachverzeichnis, Düsseldorf 1965

ders.: Das Konzernrecht des Aktiengesetzes 1965, BB 1965, Seite 1281 ff.

ders.: Der „faktische Konzern" als Rechtsverhältnis (Teil II), DB 1967, Seite 2204 ff.

ders.: Übergangsfragen zu den Rechnungslegungsvorschriften, DB 1966, Seite 669 ff. und 709 ff.

ders.: Zur Konzernleitungspflicht, ZGR 1984, Seite 112 ff.

ders.: „Verbundene Unternehmen" im Aktiengesetz und im Bilanzrichtlinien-Gesetz, DB 1986, Seite 364 ff.

ders.: Konzerneingangskontrolle bei der qualifiziert konzerngebundenen Aktiengesellschaft, In: Bilanz- und Konzernrecht, Festschrift zum 65. Geburtstag von Reinhard Goerdeler, Hrsg.: Hans Havermann, Düsseldorf 1987, Seite 259 ff.

ders.: Der Konzernabschluß - eine Randerscheinung im Gesellschaftsrecht?, in: Festschrift für Carsten Peter Claussen, Hrsg.: Klaus-Peter Martens, Harm Peter Westermann, Wolfgang Zöllner, Köln, Berlin, Bonn, München 1997, Seite 659 ff.

Kübler, Friedrich: Gesellschaftsrecht, 5. Auflage, Heidelberg 1998

ders.: Institutioneller Gläubigerschutz oder Kapitalmarkttransparenz, ZHR 159 (1995), Seite 550 ff.

ders.: Rechtsbildung durch Gesetzgebungswettbewerb, KritV 1994, Seite 79 ff.

Kümpel, Siegfried: Bank- und Kapitalmarktrecht, Köln 1995

ders.:Institutioneller Anlegerschutz oder Kapitalmarkttransparenz, ZHR 159 (1995), Seite 550 ff.

Küting, Karlheinz: Verbundene Unternehmen nach HGB und AktG, DStR 1987, Seite 347 ff.

ders.: Der Wahrheitsgehalt deutscher Bilanzen, DStR 1997, Seite 84 ff.

Küting, Karlheinz / Weber, Claus-Peter: Die Bilanzanalyse - Lehrbuch zur Beurteilung von Einzel- und Konzernabschlüssen, 3. Auflage, Stuttgart 1997 (zit.: Küting/Weber-Bilanzanalyse)

dies.: Handbuch der Rechnungslegung - Kommentar zur Bilanzierung und Prüfung, 3. Auflage, Stuttgart 1990 (zit.: Küting/Weber-Bearbeiter, 3. Auflage)

dies.: Handbuch der Rechnungslegung - Kommentar zur Bilanzierung und Prüfung, Band Ia, 4. Auflage, Stuttgart 1995 (zit.: Küting/Weber-Bearbeiter, Band Ia)

Kupsch, Peter: Die Auswirkungen einer fehlenden Schlußerklärung nach § 312 Abs. 3 AktG im Lagebericht auf den Bestätigungsvermerk des Abschlußprüfters, DB 1993, Seite 493 ff.

Landesberger, Julius: Welche Maßregeln empfehlen sich für die rechtliche Behandlung der Industrie-Kartelle ? in: Verhandlungen des 26. DJT II, Seite 294 ff., Berlin 1902

Leffson, Ulrich: Die beiden Generalnormen, in: Bilanz- und Konzernrecht, Festschrift zum 65. Geburtstag von Reinhard Goerdeler, Hrsg. Hans Havermann, Düsseldorf 1987, Seite 315 ff.

ders.: Die Grundsätze ordnungsmäßiger Buchführung, 7. Auflage, Düsseldorf 1987 (zit.: Leffson-GoB)

Leffson, Ulrich / Rückle, Dieter / Großfeld, Bernhard (Hrsg.): Handwörterbuch unbestimmter Rechtsbegriffe im Bilanzrecht des HGB, Köln 1986

Lutter, Marcus / Hommelhoff, Peter: GmbH-Gesetz - Kommentar, 15. Auflage, Köln 2000

Lutter, Marcus: Europäisches Unternehmensrecht, 4. Auflage, Berlin, New York 1996

ders.: Die Auslegung angeglichenen Rechts, JZ 1992, Seite 593 ff.

ders. (Hrsg.): Holding-Handbuch, 3. Auflage, Köln 1998

ders.: Organzuständigkeiten im Konzern, in: Festschrift für Walter Stimpel zum 68. Geburtstag am 29. November 1985, Hrsg. Marcus Lutter, Hans-Joachim Mertens, Peter Ulmer, Berlin, New York 1985, Seite 825 ff.

ders.: Rechnungslegung als Rechenschaftslegung, in: Das vereinigte Deutschland im Europäischen Markt - Bericht über die Fachtagung 1991des IDW, Düsseldorf 1992, Seite 409 ff.

ders.: Verdeckte Leistungen und Kapitalschutz, in: Festschrift für Ernst C. Stiefel zum 80. Geburtstag, Hrsg. Marcus Lutter u.a., München 1987, Seite 505 ff.

ders.: Die zivilrechtliche Haftung in der Unternehmensgruppe, ZGR 1982, Seite 244 ff.

Moxter, Adolf: Bilanzlehre Band I - Einführung in die Bilanztheorie, 3. Auflage, Wiesbaden 1984 (zit.: Moxter, Bilanzlehre, Band I)

ders.: Bilanzlehre Band II - Einführung in die Bilanztheorie, 3. Auflage, Wiesbaden 1986 (zit.: Moxter, Bilanzlehre, Band II)

ders.: Der Einfluß von Publizitätsvorschriften auf das unternehmerische Verhalten, Köln und Opladen 1962

Mülbert, Peter O.: Aktiengesellschaft, Unternehmensgruppe und Kapitalmarkt, München 1995

Müller, Jürgen: Stetigkeitsprinzip im neuen Bilanzrecht, Frankfurt a.M. 1988

Müller, Welf: Unternehmensverbindungen in: Institut der Wirtschaftsprüfer (Hrsg.), Wirtschaftsprüfer-Handbuch 1996, Band I - Handbuch für Rechnungslegung, Prüfung und Beratung, 11. Auflage, Düsseldorf 1996, Seite ....

Münchner Handbuch des Gesellschaftsrechts, Band 4 Aktiengesellschaft, Hrsg.: Michael Hoffmann-Becking, München 1998

Niessen, Hermann: Zur Angleichung des Bilanzrechts in der EG, RabelsZ 1984, Seite 81 ff.

ders.: Bindungen und Freiheiten der Mitgliedstaaten der Europäischen Union bei der Umsetzung von Richtlinien am Beispiel der Angleichung des Bilanzrechts, Festschrift für Ulrich Everling, Band II, Hrsg.: Ole Due, Marcus Lutter, Jürgen Schwarze, Baden-Baden 1995, Seite 971 ff.

Nösser, Gerhard: Verbundene Unternehmen im Bilanzrecht, Münster 1991

Nonnenmacher, Rolf: Abschlußprüfung und wirtschaftliche Lage des Unternehmens, in: Rechnungslegung - Warum und Wie, Festschrift für Herrmann Clemm zum 70. Geburtstag. Hrsg.: Wolfgang Ballwieser, Adolf Moxter, Rolf Nonnenmacher, München 1996, Seite 261 ff.

Passow, Richard: Betrieb, Unternehmen, Konzern, Berlin 1924

Pausenberger, Ehrenfried: Der Ausweis von Konzernbeziehungen im Jahresabschluß der Aktiengesellschaft, WPg 1965, Seite 1 ff.

Quassowski, Leo: Die Vorschriften der Aktienrechtsnovelle über Publizität, eigene Aktien und Einziehung der Aktien, JW 1931, Seite 2914 ff.

Rasch, Harold: Deutsches Konzernrecht, 5. Auflage, Köln, Berlin, Bonn, München 1974

Rehbinder, Eckard: Konzernaußenrecht und allgemeines Privatrecht, Bad Homburg v.d.H., Berlin, Zürich 1969 (zit.: Rehbinder-Konzernaußenrecht)

Rosendorff, Richard: Das neue deutsche Aktienrecht - Systematische Darstellung der Vorschriften über AG und KGaA nach den Verordnungen des Reichspräsidenten vom 19. September und vom 6. Oktober 1931, 2. Auflage, Berlin 1932

Scheffler, Eberhard: Konzernmanagement - Betriebswirtschaftliche und rechtliche Grundlagen der Konzernführungspraxis, München 1992 (zit.: Scheffler-Konzernmanagement)

ders.: Angaben zum Mutterunternehmen, B 436 im Beck'schen Handbuch der Rechnungslegung *ders.*: Zur Problematik der Konzernleitung, in: Bilanz- und Konzernrecht - Festschrift zum 65. Geburtstag von Reinhard Goerdeler, Hrsg.: Hans Havermann, Düsseldorf 1987, Seite 469 ff.

Schildbach, Thomas: Der handelsrechtliche Konzernabschluß, 4. Auflage, München - Wien 1996 (zit.: Schildbach-Konzernabschluß)

Schindler, Joachim / Rabenhorst, Dirk: Auswirkungen des KonTraG auf die Abschlußprüfung, BB 1998, Seite 1886 ff. und Seite 1939 ff.

Schlegelberger, Franz / Quassowski, Leo / Schmölder, Karl: Verordnung über Aktienrecht vom 19. September 1931 nebst den Durchführungsbestimmungen, Berlin 1932 (zit.: S/Q/S)

Schlegelberger, Franz / Quassowski, Leo: Das Aktiengesetz, Berlin 1937 (zit.: S/Q-Aktiengesetz)

Schmölder, Karl: Die amtliche Enquete zur Vorbereitung der Reform des Aktienrechts, JW 1929, Seite 1338 ff und 2090 ff.

ders.: Pflichtprüfung und Verwaltungsreform in der Aktienrechtsnovelle, JW 1931, Seite 2925 ff.

Schneider, Uwe H.: Die Personengesellschaft als herrschendes Unternehmen in Konzern, ZHR 143 (1979), Seite 485 ff.

Schön, Wolfgang: Mindestharmonisierung im europäischen Gesellschaftsrecht, ZHR 160 (1996), Seite 221 ff.

Schruff, Wienand: Einflüsse der 7. EG-Richtlinie auf die Aussagefähigkeit des Konzernabschlusses, Münster 1984

Schubert, Werner / Hommelhoff, Peter (Hrsg.): Die Aktienrechtsreform am Ende der Weimarer Republik * Die Protokolle der Verhandlungen im Aktienrechtsausschuß des Vorläufigen Reichswirtschaftsrats unter Vorsitz von Max Hachenburg, Berlin, New York 1987 *dies.*: Hundert Jahre modernes Aktienrecht, Eine Sammlung von Texten und Quellen zur Aktienrechtsreform 1884 mit zwei Einführungen, Berlin, New York 1985

Schwark, Eberhard, Spartenorganisation in Großunternehmen und Unternehmensrecht, ZHR 142 (1978), Seite 203 ff

Schweitzer, Michael / Hummer, Waldemar: Europarecht, 5. Auflage, Neuwied, Kriftel, Berlin 1996

Selchert, Friedrich W.: Die Aufgliederung der Umsatzerlöse gemäß § 285 Nr. 4 HGB, BB 1986, Seite 560 ff.

Semler, Johannes, Die Überwachungsaufgabe des Aufsichtsrats, Bochum 1980

ders.: Rechtsfragen der divisionalen Organisationsstruktur in der unabhängigen Aktiengesellschaft, in: Handelsrecht und Steuerrecht; Festschrift für Georg Döllerer, Hrsg.: Brigitte Knobbe-Keuk, Franz Klein, Adolf Moxter, Düsseldorf 1988, Seite 571 ff.

Sieben, Günter: Offene Fragen bei der Erstellung und Prüfung des Lageberichts, in: Bilanz- und Konzernrecht; Festschrift zum 65. Geburtstag von Reinhard Goerdeler, Hrsg.: Hans Havermann, Düsseldorf 1987, Seite 581 ff.

Slongo, Bruno: Der Begriff der einheitlichen Leitung als Bestandteil des Konzernbegriffs - Betriebswirtschaftliche Analyse und Folgerungen für einen Konzern de lege ferenda, Zürich 1980

Spindler, Gerald: Recht und Konzern: Interdependenzen der Rechts- und Unternehmensentwicklung in Deutschland und den USA zwischen 1870 und 1933, Tübingen 1993

Stimpel, Walter: „Durchgriffshaftung“ bei der GmbH: Tatbestände, Verlustausgleich, Ausfallhaftung, in: Bilanz- und Konzernrecht; Festschrift zum 65. Geburtstag von Reinhard Goerdeler, Hrsg.: Hans Havermann, Düsseldorf 1987, Seite 601 ff.

Stobbe, Thomas: Die Verknüpfung handelsrechtlicher und steuerrechtlicher Rechnungslegung - Maßgeblichkeitsausprägungen de lege lata et ferenda, Berlin 1991

Strohn, Lutz: Die Verfassung der Aktiengesellschaft im faktischen Konzern, Köln Berlin Bonn München 1977 (zit.: Strohn-Aktiengesellschaft)

Studienkommission des deutschen Juristentages: Untersuchungen zur Reform des Unternehmensrechts, Teil I, Tübingen 1955

Studienkommission des deutschen Juristentages: Untersuchungen zur Reform des Konzernrechts, Tübingen 1965

Timmermans, Christiaan W. A.: Die europäische Rechtsangleichung im Gesellschaftsrecht - Eine integrations- und rechtspolitische Analyse, RabelsZ 1984, Seite 1 ff.

Tubbesing, Günter: „A True and Fair View" im englischen Verständnis und 4. EG-Richtlinie, AG 1979, Seite 91 ff.

Ullmann, Fritz: Zur Reform des Aktienrechts, JW 1929, Seite 2089 ff.

ders.: Aktienrechtsreform, JW 1930, Seite 2635 ff.

Ulmer, Peter: Begriffsvielfalt im Recht der verbundenen Unternehmen als Folge des Bilanzrichtlinien-Gesetzes - Eine systematische Analyse -, in: Bilanz- und Konzernrecht, Festschrift zum 65. Geburtstag von Reinhard Goerdeler, Hrsg.: Hans Havermann, Düsseldorf 1987, Seite 623 ff.

ders.: Verlustübernahmepflicht des herrschenden Unternehmens als konzernspezifischer Kapitalerhaltungsschutz, Zur analogen Anwendung der §§ 302, 303 AktG im qualifiziert faktischen GmbH-Konzern, AG 1986, Seite 123 ff.

Ulrich, Hans: Die Unternehmung als produktives soziales System, Grundlagen der allgemeinen Unternehmenslehre, Bern, Stuttgart 1968

Veit, Klaus-Rüdiger: Funktion und Aufbau des Berichts zu Zweigniederlassungen, BB 1997, Seite 461 ff.

Vossel, Herbert: Auskunftsrechte im Aktienkonzern, Bonn 1996

Wiedemann, Herbert: Gesellschaftsrecht - Band I *Grundlagen, München 1980 *ders.*: Grundfragen der Unternehmensverfassung, ZGR 1975, Seite 385 ff.

Wiedemann, Herbert / Strohn, Lutz: Die Zulässigkeit einer Konzernumlage im Aktienrecht, AG 1979, Seite 113 ff.

Wiese, Mayk / Dykxhoorn, Hans J. / Sinning, Kathleen E.: Wie deutsche Banken die Qualität von Prüfungsberichten beurteilen - Eine empirische Untersuchung, DB 1996, Seite 2031 ff.

Wohlgemut, Michael: Überblick über das System der verbundenen Unternehmen nach dem AktG und nach dem HGB (Teil II), DStR 1991, Seite 1529 ff.

Zilias, Manfred: Zum Unternehmensbegriff im neuen Bilanzrecht (Drittes Buch des HGB), DB 1986, Seite 1110 ff.

SACHREGISTER

V

W

Z

Kolibri 360 GmbH
Ferdinand-Jühlke-Straße 7
99095 Erfurt, Deutschland
produktsicherheit@kolibri360.de

Druck:
CPI Druckdienstleistungen GmbH
im Auftrag der
Kolibri 360 GmbH
Ferdinand-Jühlke-Str. 7
99095 Erfurt